제5판

쉽게 배우는

경영·경제수학

표용수 · 어윤양 · 성덕현 · 우창화 지음

KM 경문사

머리말

수학은 논리적 측면에서 그 자체로도 의의가 있으나, 다양한 응용분야에서 문제해결은 물론, 이론 전개에 있어서 유용한 도구로 활용되고 있다. 경영·경제수학의 목표는 경영학과 경제학 분야를 전공하는 학생들에게 필요한 수리적 기초 개념을 제공하여 제반 이론들을 이해하고 활용하도록 하는 데 있다. 따라서 이 책에서는 경영학과 경제학 분야에서 이미 개발되어 체계화된 이론들을 이해하고 실제 의사결정 문제 적용에 필요한 수학적 분석 및 접근방법을 다룬다.

이 책은 경영학 또는 경제학을 전공하려는 학생들을 위해 집필하였으며, 수학적인 논리 전개와 함께 실제 상황을 도입하여 그 응용을 체험할 수 있도록 하고자 하였다. 이를 위하여, 수열과 함수의 극한, 미분법과 그 응용, 부정적분과 정적분의 계산, 벡터와 행렬의 연산, 행렬식과 성질, 연립일차방정식의 해법, 고윳값과 고유벡터, 편미분법과 라그랑주 승수법, 선형계획 문제 등을 중심으로 다루었으며, 절제된 이론의 전개와 연습으로 독자들이 교과내용을 쉽게 이해하고 활용할 수 있도록 다양한 문제를 수록하였다. 그리고 제6장 Mathematica 실습에서는 최신 버전의 Mathematica 프로그램 사용법을 명료하게 설명하고, 학생 스스로 실습이 가능하도록 120개의 예제와 함께, 별도의 실습문제를 수록하여 수학적 개념의 구체화 및 시각화를 통해 학습내용을 이해하는 데 도움을 주고자 하였으며, 쉬어가는 곳을 두어 수학 교과에 흥미를 가질 수 있도록 배려하였다. 제5판에서는 이전 판에서 다소 그 표현이 명확하지 않았던 내용을 수정하고 보완하였으며, 계산이 복잡하거나 이해가 어려운 예제와 연습문제는 풀이가 비교적 간단한 문제들로 교체함과 동시에 유용한 문제들을 새로 추가하였다.

이 책을 읽는 대부분의 독자들이 고등학교 문과 졸업생임을 감안하여, 고등학교 과정의 수학교과 내용부터 다루었으므로 이론 전개에 큰 어려움은 없을 것으로 생각하지만, 학습 상황에 따라 시간이 부족한 경우는 2.3절의 후반부, 2.5~2.7절과 3.6절은 생략하여도 내용을 이해하는 데 큰 어려움이 없도록 구성하였다. 아울러 엄밀한 수학적 이론을 필요로 하는 학습 내용에 대해서는 기초 개념에 대한 충분한 이해와 문제풀이 중심의 수업을 진행하는 것이 보다 효과적일 것으로 생각한다.

마지막으로, 이 책이 독자들의 전공 학습에 많은 도움이 되길 바라며, 그동안 저자와 함께 경영수학을 강의해 오면서 교재 집필과 개정에 많은 도움을 주신 신현주, 한주완 박사님과 영광스럽게도 공동저자로 흔쾌히 참여해 주신 경영학을 전공하시는 어윤양, 성덕현 교수님과 수학을 전공하시는 우창화 교수님께 진심으로 감사드린다. 아울러 출판을 맡아주신 경문사 조경희 대표님을 비롯한 임직원 여러분께도 감사의 말씀을 드린다.

2021년 3월

대표저자 표용수 씀

차례

머리말 iii

제1장 함수와 연속

1.1 함수 2
1.2 수열의 극한 12
1.3 함수의 극한 20
1.4 함수의 연속 27

제2장 미분과 적분

2.1 미분계수와 도함수 38
2.2 미분공식 44
2.3 평균값 정리 57
2.4 함수의 극값 65
2.5 부정적분 74
2.6 정적분과 성질 79
2.7 정적분의 계산 87

제3장 행렬과 행렬식

3.1 벡터와 연산 ······ 98
3.2 행렬과 연산 ······ 105
3.3 특수한 형태의 행렬 ······ 121
3.4 행렬식과 성질 ······ 131
3.5 연립일차방정식 ······ 147
3.6 고윳값과 고유벡터 ······ 169

제4장 편미분법과 라그랑주 승수법

4.1 다변수함수 ······ 192
4.2 편도함수 ······ 199
4.3 다변수함수의 극값 ······ 208
4.4 라그랑주 승수법 ······ 218

제5장 선형계획법

5.1 선형계획 문제 ······ 242
5.2 기하학적 해법 ······ 247
5.3 심플렉스법과 Charnes의 M법 ······ 252
5.4 쌍대문제 ······ 268

제6장 Mathematica 실습

6.1 Mathematica 소개 ······ 282
6.2 기본 명령어 ······ 296
6.3 집합과 함수의 그래프 ······ 308

6.4 수열과 함수의 극한 ····· 319
6.5 미분법과 그 응용 ····· 326
6.6 적분법과 그 응용 ····· 334
6.7 이변수함수와 편미분법 ····· 344
6.8 행렬과 연립일차방정식 ····· 350
6.9 행렬식과 고윳값 ····· 360
6.10 WolframAlpha ····· 370

연습문제 해답 ····· 383

참고문헌 ····· 393

찾아보기 ····· 395

제1장

함수와 연속

이 장에서는 수학에서 가장 기본적 내용인 함수의 개념, 수열의 극한과 함수의 극한 및 연속에 대해서 다룬다. 또한 연속함수에 대한 여러 성질들을 알아본다.

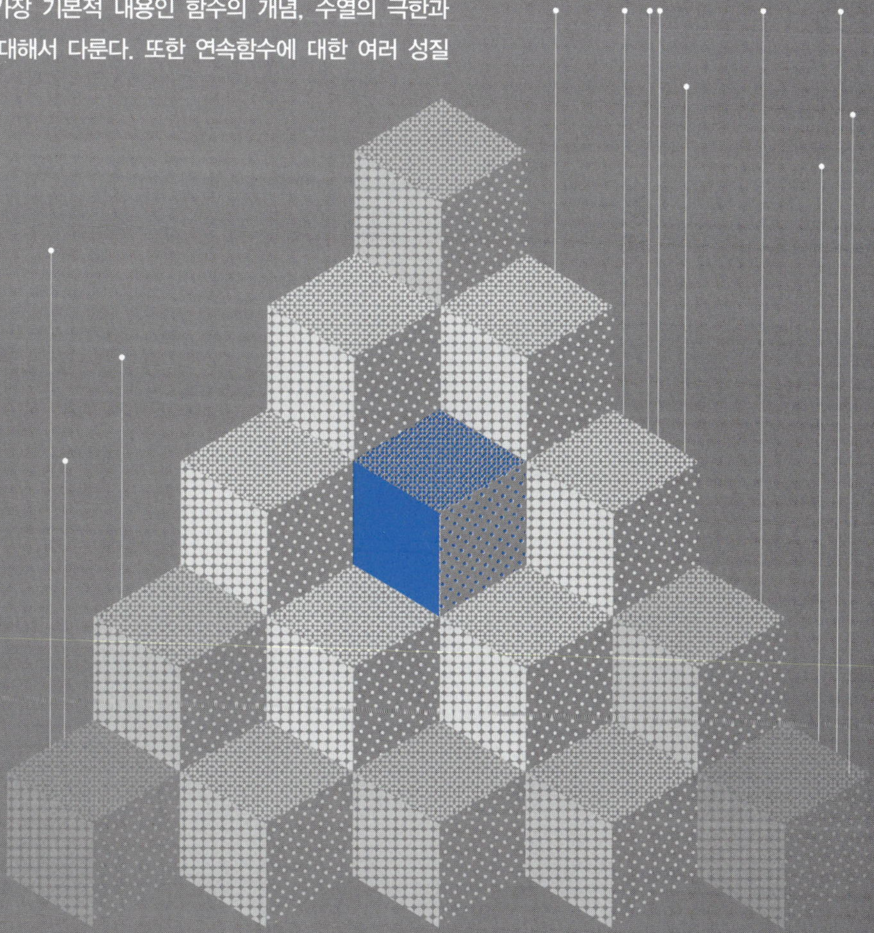

1.1 함수

함수는 수학의 모든 분야에서 가장 기초적인 내용 중의 하나이다. 이 절에서는 여러 종류의 함수와 그 성질에 대해 알아본다.

정의

두 집합 A와 B에서 $f : A \to B$가 **함수**(function)라 함은 A의 임의의 원소 x에 대응하는 $f(x)$가 하나로 정해지는 규칙을 말한다. 즉, 함수 $f : A \to B$는 다음 두 조건을 만족할 때이다.

(1) A의 임의의 원소 x에 대하여 $y = f(x)$를 만족하는 $y \in B$가 존재한다.

(2) $y_1 = f(x)$이고 $y_2 = f(x)$이면, $y_1 = y_2$이다.

함수 $f : A \to B$에서 집합 A를 **정의역**(domain), B는 **공역**(codomain)이라 하고, f의 **치역**(range)은 모든 상들의 집합

$$f(A) = \{f(x) \mid x \in A\}$$

으로 공역의 한 부분집합이다. 달리 말하면, 정의역을 "변하는 양"(독립변수)으로, 치역을 "따라서 변하는 양"(종속변수)으로 설명할 수 있다. 또한 두 함수 f, g의 정의역과 공역이 각각 같고, 정의역에 속하는 모든 x에 대하여 함수의 값이 항상 같으면, 즉 $f(x) = g(x)$이면 이들은 **같은 함수**(equal function)라 하고, $f = g$로 나타낸다.

함수 $f : A \to B$에서 곱집합

$$A \times B = \{(x, y) \mid x \in A,\ y \in B\}$$

의 부분집합인

$$G = \{(x, f(x)) \mid x \in A\}$$

를 함수 f의 **그래프**(graph)라 한다. 그래프를 좌표평면 위에 나타내는 것만으로 생각하기 쉬우나, 이와 같이 순서쌍의 집합으로도 나타낼 수 있음을 알아두자.

이 책에서 정의역이 주어져 있지 않는 경우에는 함수 $f(x)$가 정의되는 모든 실수의 집합을 정의역으로 한다.

예제 1.1.1 다음의 각 그래프는 실수 전체의 집합 $\mathbb{R}$에서 $\mathbb{R}$로의 함수가 되는지 설명하여라.

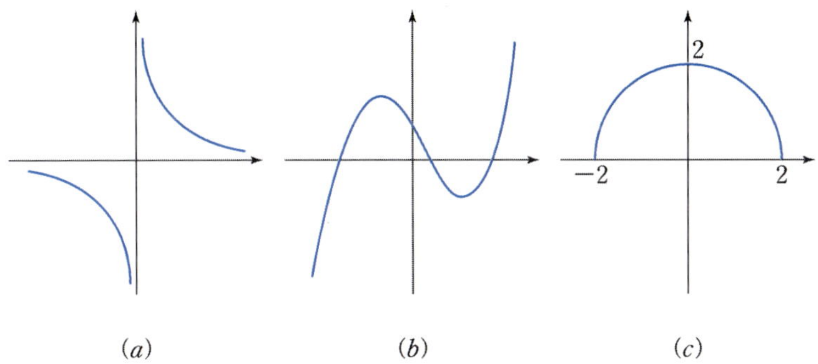

그림 1.1

풀이 (a)는 $x=0$에서 (c)는 $\{x \mid -2 \le x \le 2\}$를 제외한 실수의 범위에서는 함수의 값이 정의되지 않았으므로 함수가 아니고, (b)는 함수이다. (a)와 (c)는 정의역을 적당히 조정하여 함수가 되게 할 수 있다.

정의

함수 $f : A \to B$에 대하여

(1) **단사함수**(injective function)는 임의의 $x_1,\ x_2 \in A$에 대해 $x_1 \ne x_2$이면 $f(x_1) \ne f(x_2)$인 함수이다. 다시 말하면, $f(x_1) = f(x_2)$이면 $x_1 = x_2$를 만족하는 함수이다.

(2) **전사함수**(surjective function)는 $f(A) = B$인 함수이다.

(3) **전단사함수**(bijective function)는 단사이면서 동시에 전사인 함수를 말한다.

참고 단사함수는 **일대일함수**(one-to-one function)라고도 하며, 정의역의 서로 다른 원소는 치역의 서로 다른 원소에 대응함을 의미한다. 그리고 함수 $f : A \to B$가 전사함수이면, 공역

B는 f의 치역으로

$$f(A)=\{f(x)\,|\,x\in A\}=B$$

이다. 따라서 전사함수를 증명할 때, $f(A)\subset B$는 함수의 정의에 의해 당연하므로 $B\subset f(A)$임을 증명하면 된다. 즉, 임의의 $y\in B$에 대해서 $f(x)=y$를 만족하는 $x\in A$가 항상 존재함을 보이면 된다. $f:A\to B$가 전단사함수일 때, f를 **일대일 대응**(one-to-one correspondence)이라고도 하는데, 이때 B의 임의의 원소 y에 대해서 $f(x)=y$를 만족하는 A의 원소 x가 유일하게 존재한다.

정의

집합 A에 속하는 모든 원소 x에 대하여, $I_A(x)=x$를 만족하는 함수 $I_A:A\to A$를 A에서의 **항등함수**(identity function)라 한다.

참고 (1) 집합 A, B에서 A의 원소 개수가 m개, B의 원소 개수가 n개이면, A에서 B로의 함수는 n^m개 만들 수 있다.

(2) 두 유한집합 A, B에서 $f:A\to B$가 단사함수가 되려면, A의 원소 개수는 B의 원소 개수보다 적거나 같아야 하고, 또한 f가 전사함수가 되려면 A의 원소 개수는 B의 원소 개수보다 많거나 같아야 한다. 따라서 f가 전단사함수가 되기 위해서는 먼저 두 집합 A와 B의 원소 개수가 같아야만 한다. 유한집합과 무한집합의 엄밀한 정의는 다음에 소개한다.

예제 1.1.2 $A=\{1,\ 2,\ 3\}$, $B=\{a,\ b\}$일 때, 다음 물음에 답하여라.

(1) A에서 B로의 함수는 모두 몇 개나 만들 수 있는가?

(2) A에서 B로의 전사함수는 모두 몇 개나 만들 수 있는가?

(3) A에서 B로의 단사함수는 모두 몇 개나 만들 수 있는가?

(4) A에서 B로의 전단사함수는 존재하는가?

풀이 A의 원소 개수는 3개, B의 원소 개수는 2개이므로, A에서 B로의 함수의 개수는 $2^3=8$이고, 전사함수는 전체 함수 8개에서 B의 하나의 원소로 대응하는 2개의 함수를 제외한 6개이다. 단사함수와 전단사함수는 존재하지 않는다.

이제, 합성함수와 역함수에 대하여 알아보자.

그림 1.2에서와 같이 두 함수 $f : A \to B$와 $g : B \to C$가 주어졌을 때, 임의의 $x \in A$를 집합 C의 원소 $g(f(x))$에 대응시킴으로써 A를 정의역, C를 공역으로 하는 새로운 함수를 정의할 수 있다.

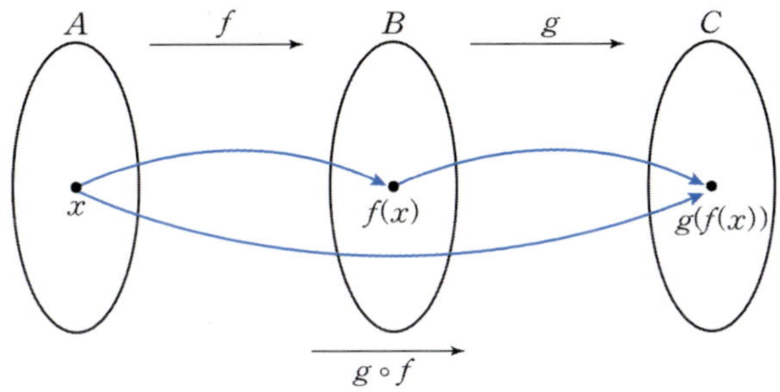

그림 1.2

이러한 함수를 f와 g의 **합성함수**(composition function)라 하고, 기호로는

$$g \circ f : A \to C$$

로 나타낸다. 즉, $g \circ f : A \to C$는 임의의 $x \in A$에 대하여

$$(g \circ f)(x) = g(f(x))$$

이다.

예제 1.1.3 세 함수 $f, g, h : \mathbb{R} \to \mathbb{R}$가 다음과 같이 주어졌다고 할 때

$$f(x) = x^2 - 5, \quad g(x) = x + 3, \quad h(x) = 2x - 3$$

(1) $(g \circ f)(3)$와 $(f \circ g)(3)$를 구하여라.

(2) $(h \circ g) \circ f$와 $h \circ (g \circ f)$의 상은 일치하는가?

풀이 (1) $x = 3$에서 함숫값을 구하면

$$(g \circ f)(3) = g(f(3)) = g(4) = 7,$$
$$(f \circ g)(3) = f(g(3)) = f(6) = 31$$

(2) 임의의 $x \in \mathbb{R}$ 에 대하여

$$((h \circ g) \circ f)(x) = (h \circ g)(x^2 - 5) = h(x^2 - 2) = 2x^2 - 7,$$
$$(h \circ (g \circ f))(x) = h((g \circ f)(x)) = h(x^2 - 2) = 2x^2 - 7$$

이므로, 두 함수의 상은 일치한다.

예제 1.1.4 함수 $f(x) = 2x + 1$, $g(x) = x^2 - 1$에 대하여, 합성함수 $g \circ f$와 $f \circ g$의 함숫값을 구하여라.

풀이 함수 f, g의 정의역과 공역은 모두 실수 전체의 집합이므로, 두 합성함수 $g \circ f$와 $f \circ g$는 정의되고, 그 함수의 값은 다음과 같다.

$$(g \circ f)(x) = g(f(x)) = g(2x + 1) = 4x(x + 1),$$
$$(f \circ g)(x) = f(g(x)) = f(x^2 - 1) = 2x^2 - 1$$

함수 $f : A \to B$가 전단사함수이면, B의 임의의 원소 y에 대해서, $f(x) = y$인 A의 원소 x가 유일하게 존재한다. 따라서 임의의 원소 $y \in B$를 $f(x) = y$를 만족하는 $x \in A$에 대응시켜 B를 정의역, A를 공역으로 하는 새로운 함수를 정의할 수 있다. 이 새로운 함수를 f의 **역함수**(inverse function)라 하고

$$f^{-1} : B \to A$$

로 나타낸다. 함수 $y = f(x)$의 역함수가 존재하면, 다음이 성립한다.

$$y = f(x) \Leftrightarrow x = f^{-1}(y)$$

이로부터

$$(f^{-1} \circ f)(x) = f^{-1}(f(x)) = f^{-1}(y) = x,$$
$$(f \circ f^{-1})(y) = f(f^{-1}(y)) = f(x) = y$$

이므로, 합성함수 $f^{-1} \circ f$는 A에서의 항등함수이고 $f \circ f^{-1}$는 B에서의 항등함수이다. 즉, 다음을 만족한다.

$$f^{-1} \circ f = I_A, \quad f \circ f^{-1} = I_B$$

참고 다음은 역함수와 관련된 정리들이다.

(1) $f : A \to B$가 전단사함수이면, 역함수 $f^{-1} : B \to A$도 전단사함수이다.

(2) 두 함수 $f : A \to B$와 $g : B \to C$가 전단사함수이면, 다음이 성립한다.

$$(g \circ f)^{-1} = f^{-1} \circ g^{-1}$$

(3) 함수 $y = f(x)$와 그 역함수 $y = f^{-1}(x)$의 그래프는 직선 $y = x$에 대하여 대칭이다(그림 1.3 참조). 따라서 역함수는 주어진 함수가 전단사함수인지를 먼저 확인한 다음, 주어진 함수를 x에 관하여 풀어서 x와 y를 서로 바꾸어 구한다.

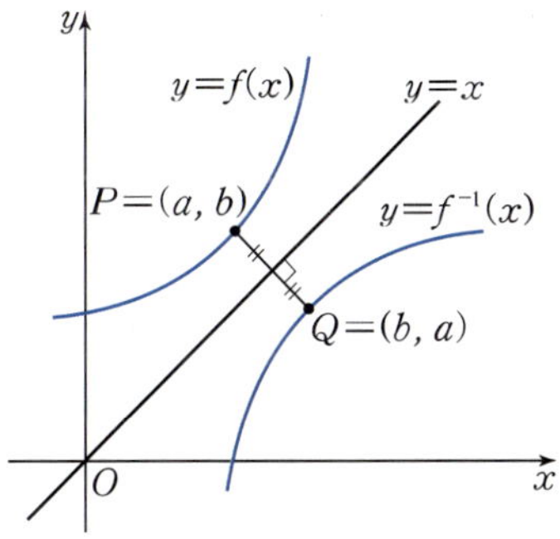

그림 1.3

예제 1.1.5 함수 $y = 3x + 2$의 역함수를 구하여라.

풀이 함수 $y = 3x + 2$는 실수 전체의 집합 $\mathbb{R}$에서 $\mathbb{R}$로의 전단사함수이므로, 역함수가 존재한다. $y = 3x + 2$를 x에 관하여 풀면

$$x = \frac{1}{3}(y - 2)$$

이고, x와 y를 서로 바꾸면 구하려는 역함수는 다음과 같다.

$$y = \frac{1}{3}(x - 2)$$

앞에서 유한집합 A, B 에 대하여 전단사함수 $f : A \to B$가 존재하면, A와 B 의 원소의 개수는 같음을 설명하였다.

정의

집합 X, Y에 대하여 X에서 Y로의 전단사함수가 존재할 때, X와 Y는 **대등**(equipotent)하다고 하고, $X \approx Y$로 나타낸다. 즉

$$X \approx Y \Leftrightarrow \text{전단사함수 } f : X \to Y\text{가 존재한다.}$$

예제 1.1.6

(1) 집합 $X = \{1, 2, 3, 4, 5\}$와 $Y = \{6, 7, 8, 9, 10\}$은 집합의 원소의 개수가 같으므로 전단사함수를 만들 수 있다. 그러므로 $X \approx Y$이다.

(2) $X = \{1, 2, 3\}$과 $Y = \{a, b\}$에서 X에서 Y로의 함수는 $2^3 = 8$개 만들 수 있으나 이 중에는 전단사함수가 하나도 없으므로, X와 Y는 대등하지 않다

(3) 자연수의 집합 $\mathbb{N}$과 $X = \{1^2, 2^2, 3^2, \ldots\}$은 대등하다. 왜냐하면, $f : \mathbb{N} \to X$를 $f(n) = n^2$으로 정의하면 f는 전단사함수이기 때문이다. 여기서, $X \subset \mathbb{N}$이고 $X \neq \mathbb{N}$이지만 $X \approx \mathbb{N}$이다. 유한집합에서는 이러한 성질을 만족하지 않는다.

(4) 실수의 집합 $\mathbb{R}$의 두 부분집합 $[0, 1]$과 $[0, 2]$에 대하여 $f : [0, 1] \to [0, 2]$를 $f(x) = 2x$로 대응시키는 함수는 전단사함수이다. 따라서 $[0, 1] \approx [0, 2]$이다.

유한집합과 무한집합의 엄밀한 정의는 다음과 같다.

정의

집합 A가 그와 대등한 한 진부분집합을 가질 때, A를 **무한집합**(infinite set)이라 하고, 무한집합이 아닌 집합을 **유한집합**(finite set)이라 한다.

예제 1.1.7 집합 $X = \{1, 2, 3\}$은 유한집합임을 설명하여라.

풀이 X가 유한집합임을 보이기 위해서는 무한집합이 아님을 보여야 한다. X의 진부분집합은 $\varnothing$, $\{1\}$, $\{2\}$, $\{3\}$, $\{1, 2\}$, $\{1, 3\}$, $\{2, 3\}$인데, 이들 중 어느 것도 $\{1, 2, 3\}$과 대등하지 않으므로 유한집합이다.

예제 1.1.8 자연수의 집합 $\mathbb{N}$과 정수의 집합 $\mathbb{Z}$는 무한집합임을 설명하여라.

풀이 자연수의 집합 $\mathbb{N}$이 짝수의 집합 $2\mathbb{N}$과 정수의 집합 $\mathbb{Z}$와 대등함을 보임으로, 주어진 두 집합이 무한집합임을 보이자.

먼저 함수 $f : \mathbb{N} \to 2\mathbb{N}$을 $f(n) = 2n$으로 정의하면 f는 전단사함수이다. 따라서 $\mathbb{N}$과 $2\mathbb{N}$은 대등하고 자연수 집합 $\mathbb{N}$은 무한집합이다.

다음으로 함수 $g : \mathbb{N} \to \mathbb{Z}$를

$$g(n) = \begin{cases} \dfrac{1-n}{2}, & n : \text{홀수} \\ \dfrac{n}{2}, & n : \text{짝수} \end{cases}$$

으로 정의하면 g는 전단사함수이고, $\mathbb{N}$과 $\mathbb{Z}$는 대등하다. 따라서 정수의 집합 $\mathbb{Z}$도 무한집합이다.

연습문제 1.1

1 $f:[-5,\ 10) \to \mathbb{R}$, $f(x)=x^2$인 함수에 대하여, 다음 물음에 답하여라.

(a) 함숫값 $f(0)$, $f(-5)$, $f(7)$, $f(8)$을 구하여라.

(b) f의 정의역, 공역과 치역을 구하여라.

(c) f는 어떤 함수인가?

2 두 함수 $f(x)=x-2$, $g(x)=x^2-4$에서 합성함수 $g \circ f$, $f \circ g$와 $f \circ f$의 함수식을 모두 구하여라.

3 두 함수 $f(x) = ax+b$, $g(x) = bx+a$에 대하여, $g \circ f = f \circ g$가 성립할 a, b의 조건을 구하여라.

4 두 함수 $y= -2x+3$과 $y = -\dfrac{1}{2}(x-3)$의 역함수를 각각 구하여라.

5 두 함수 $f(x)=x-2$, $g(x)=3x+1$에서 $(g \circ f)^{-1}=f^{-1} \circ g^{-1}$가 성립함을 확인하여라.

6 함수 $f : A \to B$, $g : B \to C$, $h : C \to D$에서 다음이 성립함을 증명하여라.

$$h \circ (g \circ f) = (h \circ g) \circ f$$

7 함수 $f : A \to B$, $g : B \to C$에 대하여, 다음이 성립함을 증명하여라.

(a) f, g가 단사함수이면, $g \circ f$도 단사함수이다.

(b) f, g가 전사함수이면, $g \circ f$도 전사함수이다.

(c) f, g가 전단사함수이면, $g \circ f$도 전단사함수이다.

8 함수 $f : A \to B$, $g : B \to C$에 대하여, 다음이 성립함을 증명하여라.

(a) $g \circ f$가 단사함수이면, f는 단사함수이다.

(b) $g \circ f$가 전사함수이면, g는 전사함수이다.

9 전단사함수가 아니면, 왜 역함수를 정의할 수 없는지 설명하여라.

10 상품 A를 k개 만들 때, 총비용함수는 다음과 같이 주어진다고 한다.

$$C(k) = k^3 - 20k^2 + 400k + 300$$

(a) 10개를 만들 때, 총비용을 구하여라.

(b) 11번째 제품을 만드는 비용을 구하여라.

1.2 수열의 극한

자연수 집합 $\mathbb{N}$에서 실수 집합 $\mathbb{R}$로의 함수 $a : \mathbb{N} \to \mathbb{R}$을 **수열**(sequence)이라고 한다. 편의상 $a(n)$을 a_n으로 나타내어 수열 a를 $\{a_n \mid n \in \mathbb{N}\}$ 또는 간단히 $\{a_n\}$으로 나타낸다.

예제 1.2.1 다음은 수열의 예들이다.

(1) $\{(-1)^n \mid n \in \mathbb{N}\}$ 또는 $\{-1, 1, -1, 1, \ldots\}$

(2) $\{2n \mid n \in \mathbb{N}\}$ 또는 $\{2, 4, 6, 8, \ldots\}$

정의

$\{a_n\}$이 수열일 때, 임의로 주어진 $\varepsilon > 0$에 대하여 적당한 자연수 $n_0(\varepsilon)$이 존재하여 $n \geq n_0(\varepsilon)$인 모든 자연수 n에 대하여

$$|a_n - a| < \varepsilon$$

을 만족하면, 수열 $\{a_n\}$은 a에 **수렴한다**(converge)고 하고

$$\lim_{n \to \infty} a_n = a \text{ 또는 } a_n \to a$$

로 나타낸다. 이때 a를 수열 $\{a_n\}$의 **극한**(limit value)이라고 한다. 수열이 극한을 가지지 않을 때는 **발산한다**(diverge)고 한다.

수렴하는 수열의 극한 a의 ε-근방에는 양수 ε의 선택에 관계없이 무수히 많은 수열의 항이 존재하며, 임의로 주어진 $\varepsilon > 0$에 대해 존재하는 자연수 $n_0(\varepsilon)$은 ε의 값에 의존함을 알 수 있다.

예제 1.2.2 $\lim_{n \to \infty} \dfrac{1}{n} = 0$임을 보이고, $\varepsilon = 0.1$과 $\varepsilon = 0.01$에 대응하는 자연수 $n_0(\varepsilon)$을 구하여라.

풀이 임의의 $\varepsilon > 0$에 대하여

$$n_0(\varepsilon) = \left[\frac{1}{\varepsilon} + 1\right]$$

로 택하자. 여기서, $[x]$는 Gauss 기호로서 x를 넘지 않는 최대 정수를 의미한다. 그러면 $n \geq n_0(\varepsilon)$인 모든 n에 대하여, $n_0(\varepsilon) > \frac{1}{\varepsilon}$이므로

$$\left|\frac{1}{n} - 0\right| = \frac{1}{n} \leq \frac{1}{n_0(\varepsilon)} < \varepsilon$$

이다. 따라서 정의에 의해 $\lim_{n \to 0} \frac{1}{n} = 0$이다.

$\varepsilon = 0.1$이면, $n_0(0.1) = \left[\frac{1}{0.1} + 1\right] = 11$이고

$\varepsilon = 0.01$이면, $n_0(0.01) = \left[\frac{1}{0.01} + 1\right] = 101$이다.

참고 극한은 유일하게 결정되는데, 이를 **극한의 일의성**(uniqueness of limits)이라 한다.

정의

공집합이 아닌 실수의 부분집합 S에 대하여

(1) S에 속하는 모든 원소보다 더 크거나 같은 실수 c가 존재할 때, 집합 S는 **위로 유계**(bounded above)라 하고 c를 S의 한 **상계**(upper bound)라 한다. 또한, 상계들 중에서 최소가 되는 것을 S의 **상한**(supremum) 또는 **최소상계**(least upper bound)라 하고, $\sup S$로 나타낸다.

(2) (1)의 쌍대개념으로 S에 속하는 모든 원소보다 더 작거나 같은 실수 d가 존재할 때, S는 **아래로 유계**(bounded below)라 하고 d를 S의 한 **하계**(lower bound)라 한다. 또한 하계 중에서 최대인 것을 S의 **하한**(infimum) 또는 **최대하계**(greatest lower bound)라 하고, $\inf S$로 나타낸다.

(3) 집합 S가 위와 아래로 모두 유계일 때, 즉 상계와 하계를 모두 가지면 S는 **유계**(bounded)라고 말한다. 이 경우에는 임의의 $x \in S$에 대하여 $|x| \leq M$을 만족하는 수 $M > 0$이 존재한다.

예제 1.2.3 $S=\left\{\frac{1}{n}\right\}$이면, $\inf S=0$이고 $\sup S=1$이다. 따라서 S는 유계집합이다.

정리 1.2.1

수렴하는 모든 수열은 유계이다.

증명 $\lim_{n\to\infty} a_n = a$라 가정하자. $\varepsilon=1$이라 두면, $n \geq n_0(1)$인 자연수 n에 대하여 $|a_n - a| < 1$을 만족하는 자연수 $n_0(1)$이 존재한다. 따라서 $n \geq n_0(1)$인 모든 자연수 n에 대하여

$$|a_n| = |(a_n-a)+a| \leq |a_n-a|+|a| < |a|+1$$

이므로

$$M = \{|a_1|,\ |a_2|,\ \cdots,\ |a_{K(1)-1}|,\ |a|+1\}$$

이라 두면, 임의의 n에 대하여 $|a_n| \leq M$이다. 따라서 수열 $\{a_n\}$의 치역 $a(\mathbb{N})$은 유계이다.

참고 정리 1.2.1의 역은 성립하지 않는다. 예로, $a_n=(-1)^n$이라 하면 $\{a_n\}$은 유계이다. 그러나 $\{a_n\}$은 진동하므로, 수렴하지 않는다.

극한의 직관적 의미는 $\lim_{n\to\infty} a_n = a$는 $n\to\infty$일 때, a_n과 a 사이의 거리 $|a_n-a|$가 0에 가까이 간다는 것을 나타낸다.

극한의 엄밀한 정의를 이용하여 다음 극한정리들을 구체적으로 증명할 수 있지만, 여기서는 극한 개념의 직관적인 의미로써 간략히 증명한다.

정리 1.2.2 수열의 극한정리

$\lim_{n\to\infty} a_n = a$, $\lim_{n\to\infty} b_n = b$이면, 다음이 성립한다.

(1) $\lim_{n\to\infty}(a_n + b_n) = a + b$

(2) $\lim_{n\to\infty} a_n b_n = ab$

(3) $\lim_{n\to\infty} \dfrac{a_n}{b_n} = \dfrac{a}{b}$ $(b \neq 0)$

증명 (1)은

$$\begin{aligned}|(a_n + b_n) - (a + b)| &= |(a_n - a) + (b_n - b)| \\ &\le |a_n - a| + |b_n - b|\end{aligned}$$

로부터 성립한다.

(2)는

$$\begin{aligned}|a_n b_n - ab| &= |a_n(b_n - b) + b(a_n - a)| \\ &\le |a_n|\,|b_n - b| + |b|\,|a_n - a| \\ &\le M \cdot |b_n - b| + |b|\,|a_n - a|\end{aligned}$$

이므로 성립한다. 여기서 M은 수렴하는 수열 $\{a_n\}$의 한 상계이다.

(3)의 증명은 (2)에 의하여 $\lim_{n\to\infty} \frac{1}{b_n} = \frac{1}{b}$임을 증명하면 충분하다.

$$\left|\frac{1}{b_n} - \frac{1}{b}\right| = \frac{|b_n - b|}{|b_n|\,|b|} \le \frac{M}{|b|} \cdot |b_n - b|$$

여기서 M은 모든 n에 대하여 $\frac{1}{|b_n|} \le M$을 만족하는 수이다. 실제로 M은 다음과 같은 방법으로 구할 수 있다.

$\lim_{n\to\infty} b_n = b$이므로, $\varepsilon = \frac{|b|}{2}$라 두면 임의의 자연수 $n \ge n_0$에 대하여

$$\big||b_n| - |b|\big| \le |b_n - b| < \frac{|b|}{2}$$

를 만족하는 적당한 수 $n_0 = n_0\left(\frac{|b|}{2}\right)$가 존재한다. 이때 $n \geq n_0$인 모든 자연수 n에 대하여 $|b_n| > \frac{|b|}{2}$이므로

$$M = \max\left\{\frac{1}{|b_1|},\ \frac{1}{|b_2|},\ \dots,\ \frac{1}{|b_{n_0-1}|},\ \frac{2}{|b|}\right\}$$

로 두면 된다.

정의

수열 $\{a_n\}$이 모든 n에 대하여 $a_1 \leq a_2 \leq \cdots \leq a_n \cdots$을 만족하면 **단조증가**(monotone increasing), $a_1 \geq a_2 \geq \cdots \geq a_n \cdots$을 만족하면 **단조감소**(monotone decreasing)한다고 한다.

단조수열에 대해서, 다음 정리가 성립한다.

정리 1.2.3

위로(또는 아래로) 유계인 단조증가(또는 감소) 수열 $\{a_n\}$은 수렴하며, 그 수렴값은 $\{a_n\}$의 상한(또는 하한)이다. 즉, 다음이 성립한다.

(1) [위로 유계인 단조증가 수열]

$$a_n \to \sup\{a_1,\ a_2,\ \dots\} \quad (n \to \infty)$$

(2) [아래로 유계인 단조감소 수열]

$$a_n \to \inf\{a_1,\ a_2,\ \dots\} \quad (n \to \infty)$$

증명 (2)의 증명도 (1)과 유사하게 할 수 있으므로, 여기서는 (1)에 대해서만 증명한다. 수열 $\{a_n\}$은 위로 유계이므로, $\sup\{a_1,\ a_2,\ \dots\} = a$가 존재한다. 이때 임의의 $\varepsilon > 0$에 대하여 $a - \varepsilon$는 상계가 아니므로

$$a-\varepsilon < a_{n_0} \le a$$

를 만족하는 자연수 n_0가 존재한다. 한편 수열 $\{a_n\}$은 단조증가이므로 모든 $n \ge n_0$에 대하여

$$a-\varepsilon < a_{n_0} \le a_n \le \cdots \le a < a+\varepsilon$$

이므로, $|a_n - a| < \varepsilon$을 만족한다. 따라서 $\lim_{n \to \infty} a_n = a$이다.

예제 1.2.4 수열 $\left\{\left(1+\frac{1}{n}\right)^n\right\}$은 수렴한다.

증명

$$\begin{aligned}
a_n &= \left(1+\frac{1}{n}\right)^n = \sum_{r=0}^{n} {}_nC_r\, 1^{n-r}\left(\frac{1}{n}\right)^r \\
&= 1 + {}_nC_1 \frac{1}{n} + {}_nC_2\left(\frac{1}{n}\right)^2 + \cdots + {}_nC_n\left(\frac{1}{n}\right)^n \\
&= 1 + \frac{n}{1!}\left(\frac{1}{n}\right) + \frac{n(n-1)}{2!}\left(\frac{1}{n}\right)^2 + \cdots + \frac{n(n-1)\cdots 2\cdot 1}{n!}\left(\frac{1}{n}\right)^n \\
&= 1 + \frac{1}{1!} + \frac{1}{2!}\left(1-\frac{1}{n}\right) + \cdots + \frac{1}{n!}\left(1-\frac{1}{n}\right)\left(1-\frac{2}{n}\right)\cdots\left(1-\frac{n-1}{n}\right) \\
&< 1+1+\frac{1}{2!} + \cdots + \frac{1}{n!}
\end{aligned}$$

이고, $n > 2$에 대하여 $n! > 2^{n-1}$이므로

$$a_n < 1+1+\frac{1}{2} + \cdots + \frac{1}{2^{n-1}} = 3 - \frac{1}{2^{n-1}} < 3$$

이다. 따라서 $\{a_n\}$은 위로 유계이다.

같은 방법으로

$$
\begin{aligned}
a_{n+1} &= \left(1+\frac{1}{n}\right)^{n+1} \\
&= 1+\frac{1}{1!}+\frac{1}{2!}\left(1-\frac{1}{n+1}\right)+\cdots \\
&\quad +\frac{1}{n!}\left(1-\frac{1}{n+1}\right)\left(1-\frac{2}{n+1}\right)\cdots\left(1-\frac{n-1}{n+1}\right) \\
&\quad +\frac{1}{(n+1)!}\left(1-\frac{1}{n+1}\right)\left(1-\frac{2}{n+1}\right)\cdots\left(1-\frac{n}{n+1}\right)
\end{aligned}
$$

이 되므로 $a_n < a_{n+1}$이다. 즉, $\{a_n\}$은 단조증가 수열이다.

그러므로 정리 1.2.3에 의하여, 수열 $\left\{\left(1+\frac{1}{n}\right)^n\right\}$은 수렴한다.

참고 예제 1.2.4의 수열 $\left\{\left(1+\frac{1}{n}\right)^n\right\}$의 극한은 2.7182818284590⋯으로 무리수이고, 이를 e로 표기한다. 즉

$$\lim_{n\to\infty}\left(1+\frac{1}{n}\right)^n = e$$

우리가 잘 알고 있는 원주율 π의 발견과 더불어 무리수 e의 발견은 수학에서 아주 중요한 역할을 한다. 이 기호는 1739년 오일러(L. Euler, 1707~1783)에 의하여 처음으로 표기되어, **오일러 수**(Euler number)라고도 부른다.

예제 1.2.5 수열 $\{a_n\} = \left\{\left(1+\frac{1}{3n}\right)^n\right\}$의 극한은 다음과 같다.

$$\lim_{n\to\infty}\left(1+\frac{1}{3n}\right)^n = \lim_{n\to\infty}\left(1+\frac{1}{3n}\right)^{3n\times\frac{1}{3}} = e^{\frac{1}{3}}$$

연습문제 1.2

1 다음 각 수열에서 수렴 또는 발산을 판정하여라. 만약 수렴하면, 그 극한을 구하여라.

(a) $a_n = \dfrac{5n^2+3}{n^2+n}$　　(b) $a_n = \sqrt{n+2}-\sqrt{n}$

(c) $a_n = \dfrac{3^n}{2^{n+1}}$　　(d) $a_n = \left(1+\dfrac{3}{n}\right)^{3n}$

2 다음 두 집합의 상한과 하한을 구하여라. 그리고 상계와 하계의 범위도 구하여라.

(a) $S_1 = \left\{1-\dfrac{(-1)^n}{n} \;\middle|\; n \in \mathbb{N}\right\}$　　(b) $S_2 = \left\{\dfrac{1}{n^2}+\dfrac{1}{m^2} \;\middle|\; n,\ m \in \mathbb{N}\right\}$

3 두 수열 $\{a_n\}$과 $\{b_n\}$이 수렴한다고 하자. 모든 n에 대하여 항상 $a_n < b_n$이면, $\lim\limits_{n\to\infty} a_n < \lim\limits_{n\to\infty} b_n$은 항상 성립하는가? 성립하지 않는다면, 그 예를 들어 보아라.

4 유계이면서 수렴하지 않는 수열의 예를 들어 보아라.

5 $a_n \to a$일 때, $b_n = \frac{1}{n}(a_1+a_2+\ \cdots\ +a_n)$이라 두면 $b_n \to a$임을 증명하여라.

1.3 함수의 극한

먼저 직관적이고 비형식적인 방법으로 함수의 극한을 정의해 보자.

정의

점 a의 근방에서 정의된 함수 $f(x)$에 대해서 x가 a에 한없이 가까워질 때 $f(x)$가 일정한 수 L에 한없이 가까워지면, 이것을

$$x \to a \text{일 때} \quad f(x) \to L \quad \text{또는} \quad \lim_{x \to a} f(x) = L$$

로 나타내고, L을 $x \to a$일 때 함수 $f(x)$의 **극한**(limit value)이라 한다.

주의 (1) 기호 $x \to a$는 x가 a에 한없이 가까워지되 $x \neq a$를 의미하며, $f(x)$ 역시 $x = a$에서 정의되지 않더라도 극한은 생각할 수 있다.

(2) x가 a에 한없이 가까워질 때, x가 a보다 큰 쪽(오른쪽)에서부터 a에 가까워지는 경우에는 $x \to a^+$, 작은 쪽(왼쪽)에서 a에 가까워지는 경우에는 $x \to a^-$로써 구별하여 나타낸다. 극한 L이 존재하는 경우에는

$$\lim_{x \to a^+} f(x) = \lim_{x \to a^-} f(x) = L$$

임을 알 수 있다. 보다 엄격한 형식적 정의를 이용하면 그 역도 성립함을 알 수 있다.

예제 1.3.1 만약 $f(x) = x$ (항등함수)이면

$$\lim_{x \to a} f(x) = \lim_{x \to a} x = a$$

이고, $f(x) = c$ (상수함수)이면

$$\lim_{x \to a} f(x) = \lim_{x \to a} c = c$$

이다.

어떤 함수는 정의역에 속하는 점에서 극한을 가지지 못하는 경우도 있다. 예로서

$$f(x) = \begin{cases} 0, & x < 0 \\ 1, & x \geq 0 \end{cases}$$

과 같은 **단위계단함수**(unit step function)는 $x = 0$에서 도약하기 때문에 $x \to 0$인 경우에 $f(x)$의 극한은 존재하지 않는다. 실제로 음의 방향에서 x가 0에 한없이 가까워지면 $f(x) = 0$이고, 양의 방향에서 0에 한없이 가까워지면 $f(x) = 1$이므로, $x \to 0$일 때 $f(x)$는 일정한 값에 수렴하지 않는다.

이제부터는 좀 더 엄밀하고 형식적인 방법으로 극한을 정의해 보자.

정의

임의의 $\varepsilon > 0$에 대하여

$$0 < |x - a| < \delta \Rightarrow |f(x) - L| < \varepsilon$$

을 만족하는 $\delta > 0$가 존재하는 경우에, $x \to a$일 때 $f(x)$는 극한 L에 **수렴한다**고 하고, 다음과 같이 나타낸다 (그림 1.4 참조).

$$\lim_{x \to a} f(x) = L$$

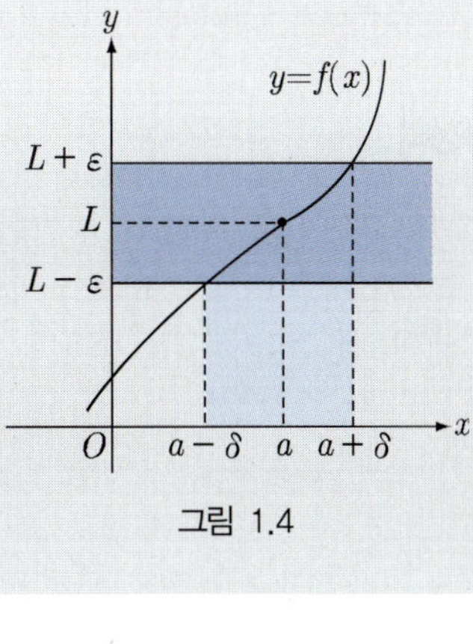

그림 1.4

다음 예제로부터 임의로 주어진 $\varepsilon > 0$에 대하여, 대수적으로 $\delta > 0$를 구하는 방법을 알아보자.

예제 1.3.2 $\lim_{x \to 2}(3x+2) = 8$임을 증명하여라.

증명 임의의 $\varepsilon > 0$에 대해서

$$0 < |x-2| < \delta \text{이면 } |(3x+2)-8| < \varepsilon$$

을 만족하는 $\delta > 0$를 구하여야 한다. 여기서 $|3x-6| < \varepsilon$을 만족하여야 하므로, $|x-2| < \frac{\varepsilon}{3}$로부터 $\delta = \frac{\varepsilon}{3}$이다. 실제로 $0 < \delta \le \frac{\varepsilon}{3}$로 δ를 택하면 충분하다.

예제 1.3.3 $\lim_{x \to 0}\frac{x}{|x|}$이 존재하면, 그 값을 구하여라.

풀이 $\lim_{x \to 0^+}\frac{x}{|x|} = \lim_{x \to 0^+}1 = 1$, $\lim_{x \to 0^-}\frac{x}{|x|} = \lim_{x \to 0^-}(-1) = -1$이므로, $\lim_{x \to 0}\frac{x}{|x|}$는 존재하지 않는다.

수열의 극한정리인 정리 1.2.2를 이용하여, 함수의 극한에 대한 다음 정리를 증명할 수 있다.

정리 1.3.1 함수의 극한정리

$\lim_{x \to a}f(x) = L$이고 $\lim_{x \to a}g(x) = M$이면, 다음이 성립한다.

(1) $\lim_{x \to a}\{f(x)+g(x)\} = L+M$

(2) $\lim_{x \to a}\{f(x)g(x)\} = LM$

(3) $\lim_{x \to a}kf(x) = kL$ (k는 상수)

(4) $\lim_{x \to a}\frac{f(x)}{g(x)} = \frac{L}{M}$ $(M \neq 0)$

예제 1.3.4 함수의 극한정리로부터, 다음의 극한을 구해보자.

(1) $\lim_{x\to 2}(5x+1)=\lim_{x\to 2}5x+\lim_{x\to 2}1=11$

(2) $\lim_{x\to 0}\dfrac{x+1}{x^2+1}=\dfrac{\lim_{x\to 0}(x+1)}{\lim_{x\to 0}(x^2+1)}=1$

(3) $\lim_{x\to 0}\dfrac{x^3-x^2-2x}{x^2+x}=\lim_{x\to 0}\dfrac{x(x+1)(x-2)}{x(x+1)}=\lim_{x\to 0}(x-2)=-2$

(4) $$\begin{aligned}\lim_{x\to 2}\frac{1-\sqrt{x-1}}{x-2}&=\lim_{x\to 2}\frac{(1-\sqrt{x-1})(1+\sqrt{x-1})}{(x-2)(1+\sqrt{x-1})}\\&=\lim_{x\to 2}\frac{-(x-2)}{(x-2)(1+\sqrt{x-1})}=-\frac{1}{2}\end{aligned}$$

극한 $\lim_{x\to a}\frac{f(x)}{g(x)}$가 존재할 때, $\lim_{x\to a}g(x)=0$이면 $\lim_{x\to a}f(x)=0$이어야 한다. 왜냐하면 $\lim_{x\to a}f(x)\neq 0$이면 주어진 분수식의 극한은 발산하므로, 가정에 모순되기 때문이다.

예제 1.3.5 $\lim_{x\to 1}\dfrac{x^2+ax+b}{x-1}=3$를 만족하는 a와 b를 구하여라.

풀이 분모의 극한이 0이므로, 분자의 극한도 0이어야 한다. 즉

$$\lim_{x\to 1}(x^2+ax+b)=0$$

이다. 따라서

$$1+a+b=0,\ 즉\ b=-a-1$$

이다. 이를 주어진 식에 대입하면

$$\lim_{x\to 1}\frac{x^2+ax-a-1}{x-1}=\lim_{x\to 1}\frac{(x-1)(x+a+1)}{x-1}=2+a=3$$

이므로, $a=1$이고 $b=-2$이다.

한편 변수 x가 임의의 양수보다 커질 때 $x \to \infty$, x가 임의의 음수보다 작아질 때는 $x \to -\infty$로 나타낸다. 무한대는 변수의 변동 상태를 나타내는 기호일 뿐이며, 수로서 도입된 것은 아니다.

정리 1.3.2 조임정리

$x=a$의 근방에서 항상 $f(x) \le h(x) \le g(x)$이고

$$\lim_{x \to a} f(x) = \lim_{x \to a} g(x) = L$$

이면, $\lim_{x \to a} h(x) = L$이다.

연습문제 1.3

1 다음의 극한을 구하여라.

(a) $\lim_{x \to 2} \frac{x-2}{x^2-4}$ (b) $\lim_{x \to \infty} \frac{2x^2+1}{3x^2+2x}$

(c) $\lim_{x \to -1} \frac{\sqrt{x+2}-1}{x+1}$ (d) $\lim_{x \to \infty} (\sqrt{x^2+2x}-x)$

2 함수

$$f(x) = \begin{cases} x, & x < 1 \\ x+1, & x > 1 \end{cases}$$

에서 $\lim_{x \to 1} f(x) \neq 2$임을 설명하여라.

3 $\lim_{x \to -1} \frac{x^2+ax+b}{x+1} = 1$이 성립하도록 a와 b를 구하여라.

4 조임정리를 이용하여, $\lim_{x \to 0} x^{\frac{3}{2}} = 0 \ (x > 0)$임을 증명하여라.

5 다음의 그림은 용당기업에서 화공약품을 매일 $x\,\mathrm{kg}$씩 생산하고 판매하여 얻는 이윤을 함수 $P(x)$로 나타낸 것이다. 다음 물음에 답하여라.

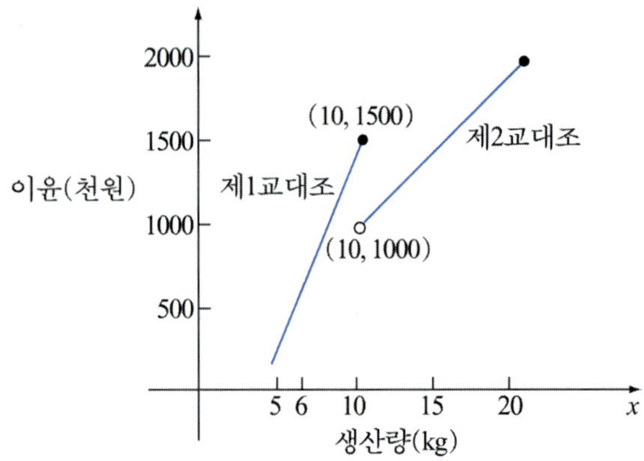

(a) 그림으로부터 다음 극한을 구하여라.

(i) $\lim_{x \to 6} P(x)$ (ii) $\lim_{x \to 10} P(x)$ (iii) $\lim_{x \to 15} P(x)$

(b) 함숫값 $P(6)$, $P(10)$, $P(15)$를 구하여, (a)의 극한들과 비교하여 보아라.

6 자유도 k인 t분포의 평균은 0이고, 분산은 $\dfrac{k}{k-2}$ $(k>2)$인 좌우대칭의 종 모양을 이룬다. 자유도가 증가할수록 t분포의 분산은 어떻게 되는가? 참고로 표준정규분포는 평균 0, 분산 1인 좌우대칭의 종 모양을 이룬다.

1.4 함수의 연속

함수 $f(x)$가 $x=a$에서 **연속**(continuity)이란 극한 $\lim_{x\to a} f(x)$와 함숫값 $f(a)$가 모두 존재하여 서로 일치하는 경우를 말한다. 즉

$$\lim_{x\to a} f(x) = f(a)$$

이다. 이것을

$$\lim_{h\to 0} f(a+h) = f(a)$$

로도 나타낼 수 있다.

이제 다음과 같이 연속함수를 엄밀하게 정의해보자.

임의의 양수 ε에 대해서

$$|x-a| < \delta \text{이면 항상 } |f(x)-f(a)| < \varepsilon$$

을 만족하는 $\delta > 0$가 존재하는 경우에 $f(x)$는 $x=a$에서 **연속**(continuity)이라 한다. 그리고 $f(x)$가 $x=a$에서 연속이 아닐 때, $f(x)$는 $x=a$에서 **불연속**(discontinuity)이라고 한다. 또한 $f(x)$가 주어진 구간에 속하는 모든 점에서 연속이면, $f(x)$는 그 구간에서 **연속**이라 정의한다.

예제 1.4.1 $f(x)=\dfrac{|x|}{x}$ $(x \neq 0)$은 $x=0$에서 불연속이다.

풀이 $f(0)$가 정의되지 않고 $\lim_{x\to 0} f(x)$도 존재하지 않으므로, 주어진 함수는 $x=0$에서 불연속이다.

예제 1.4.2 $f(x)=\dfrac{x^2-1}{x-1}$은 $x=1$에서 불연속임을 보이고, $x=1$에서 연속이 되도록 함숫값을 정의해 보아라.

풀이 $f(1)$이 존재하지 않으므로, $f(x)$는 $x=1$에서 불연속이다. 한편

$$\lim_{x\to 1} f(x) = \lim_{x\to 1}(x+1) = 2$$

이므로, $x=1$에서의 함숫값을 2로 하는 새로운 함수

$$F(x) = \begin{cases} \dfrac{x^2-1}{x-1}, & x \neq 1 \\ 2, & x = 1 \end{cases}$$

은 모든 점에서 연속이다.

함수에 대한 극한정리 1.3.1로부터, 다음 정리를 알 수 있다.

정리 1.4.1

두 함수 $f(x)$와 $g(x)$가 $x=a$에서 연속이면, $f(x)+g(x)$, $f(x)g(x)$와 $\frac{f(x)}{g(x)}$ $(g(x) \neq 0)$는 $x=a$에서 연속이다.

증명 가정에서 $\lim_{x\to a} f(x) = f(a)$이고 $\lim_{x\to a} g(x) = g(a)$이므로, 극한정리에 의하여 다음이 성립한다.

(1) $\lim_{x\to a} \{f(x)+g(x)\} = \lim_{x\to a} f(x) + \lim_{x\to a} g(x) = f(a)+g(a)$

(2) $\lim_{x\to a} \{f(x)g(x)\} = \lim_{x\to a} f(x) \cdot \lim_{x\to a} g(x) = f(a)\,g(a)$

(3) $\lim_{x\to a} \dfrac{f(x)}{g(x)} = \dfrac{\lim_{x\to a} f(x)}{\lim_{x\to a} g(x)} = \dfrac{f(a)}{g(a)}$ $(g(a) \neq 0)$

따라서 $x=a$에서 연속이다.

정리 1.4.2

함수 $f(x)$가 $x=a$에서 연속이고 함수 $g(y)$는 $y=f(a)$에서 연속이면, 합성함수 $(g \circ f)(x)$도 $x=a$에서 연속이다.

증명 임의의 양수 ε에 대하여

$$|x-a| < \delta \Rightarrow |(g \circ f)(x)-(g \circ f)(a)| < \varepsilon$$

을 만족하는 δ를 구하여야 한다. 가정에서 $g(y)$가 $y=f(a)$에서 연속이므로

$$|y-f(a)| < \delta_1 \Rightarrow |g(y)-g(f(a))| < \varepsilon$$

을 만족하는 δ_1이 존재한다. 따라서

$$|f(x)-f(a)| < \delta_1 \Rightarrow |g(f(x))-g(f(a))| < \varepsilon$$

이 성립한다. 한편 $f(x)$가 $x=a$에서 연속이고 δ_1은 양수이므로

$$|x-a| < \delta_2 \Rightarrow |f(x)-f(a)| < \delta_1$$

이 되는 δ_2가 존재한다. 그러므로 구하려는 δ는 $\delta=\delta_2$로 택하면 충분하다.

정리 1.4.3

함수 g가 $\lim_{x\to a} f(x)=b$에서 연속이면, 다음이 성립한다.

$$\lim_{x\to a} g(f(x)) = g\left(\lim_{x\to a} f(x)\right)$$

증명 함수 $F(x)$를

$$F(x)=\begin{cases} f(x), & x \neq a \\ b, & x=a \end{cases}$$

로 정의하면

$$\lim_{x\to a} F(x) = \lim_{x\to a} f(x) = b = F(a)$$

이므로 $F(x)$는 $x=a$에서 연속이다. 따라서 정리 1.4.2에 의하여 $g(F(x))$ 역시 $x=a$에서 연속이고, $x \neq a$일 때 $f(x)=F(x)$이므로

$$\lim_{x \to a} g(f(x)) = \lim_{x \to a} g(F(x)) = g(F(a))$$

$$= g(b) = g\left(\lim_{x \to a} f(x)\right)$$

을 만족한다.

다음 두 정리는 연속함수에 대한 중요한 정리들이나, 이들의 증명은 생략한다.

정리 1.4.4 사잇값 정리

함수 $f(x)$가 닫힌 구간 $[a, b]$에서 연속이고 $f(a) \neq f(b)$이면, $f(a)$와 $f(b)$ 사이의 임의의 값 k에 대하여 $f(c) = k$를 만족하는 c가 a와 b 사이에 적어도 하나 존재한다(그림 1.5 참조).

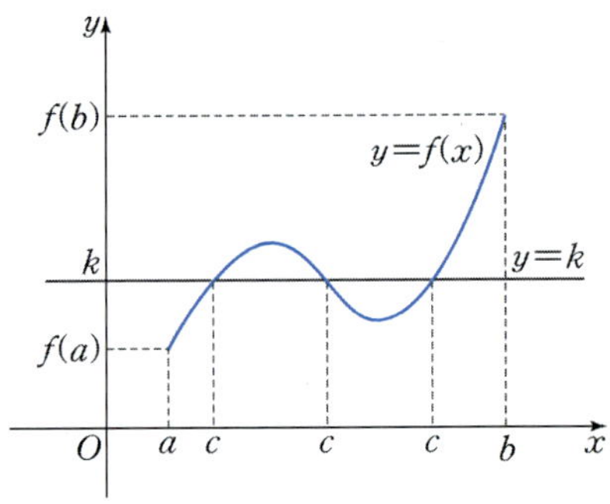

그림 1.5

사잇값 정리의 응용으로서, 함수 $f(x)$가 닫힌 구간 $[a, b]$에서 연속이고 $f(a)$와 $f(b)$의 부호가 서로 다르면, 즉 $f(a) \cdot f(b) < 0$이면 방정식 $f(x) = 0$은 열린 구간 (a, b)에서 적어도 하나의 실근을 가짐을 알 수 있다.

예제 1.4.3 방정식 $x^2 + 2x - 4 = 0$는 1과 2 사이에서 적어도 하나의 실근을 가짐을 보여라.

풀이 $f(x) = x^2 + 2x - 4$라 두면, 함수 $f(x)$는 닫힌 구간 $[1, 2]$에서 연속이고

$$f(1) = -1 < 0,\ f(2) = 4 > 0$$

이므로, 사잇값 정리에 의해 $f(c)=0$를 만족하는 열린 구간 $(1,\ 2)$에 속하는 점 c가 적어도 하나 존재한다. 따라서 $f(x)=0$를 만족하는 실근이 1과 2 사이에 적어도 하나 존재한다.

정리 1.4.5 최대 · 최솟값 정리

함수 $f(x)$가 닫힌 구간 $[a,\ b]$에서 연속이면, $f(x)$는 주어진 구간에서 최댓값과 최솟값을 갖는다.

일반적으로 함수의 최댓값과 최솟값은 그래프를 그려서 구하는 것이 편리하다. 예를 들면, 함수 $f(x)=x^2-1$은 닫힌 구간 $[-1,\ 2]$에서 최솟값 $f(0)=-1$과 최댓값 $f(2)=3$을 갖는다.

연습문제 1.4

1 다음 함수에서 불연속점이 있으면 구하여라.

(a) $f(x) = x^3 - 2x + 3$ (b) $f(x) = \dfrac{x-4}{x^2-16}$

(c) $f(x) = \dfrac{x}{x^2+1}$ (d) $f(x) = \begin{cases} x^2+1, & x \geq 1 \\ x^2-1, & x < 1 \end{cases}$

2 $f(x) = a_0 + a_1 x + a_2 x^2 + \cdots + a_n x^n$ (a_i는 상수)는 실수 전체에서 연속임을 보여라.

3 $f(x) = x^2 + \frac{x^2}{1+x^2} + \frac{x^2}{(1+x^2)^2} + \cdots + \frac{x^2}{(1+x^2)^n} + \cdots$은 $x=0$에서 연속인가?

4 다음의 함수 $f(x)$가 모든 x에 대하여 연속이고

$$f(x) = \begin{cases} \dfrac{x^2+ax+b}{x-1}, & x \neq 1 \\ 2, & x = 1 \end{cases}$$

이 성립할 때, a와 b를 구하여라.

5 방정식 $x^2 + 3x - 2 = 0$은 -1과 1 사이에 적어도 하나의 실근을 가짐을 보여라.

6 방정식 $x^3 - 2x^2 - 3x + 4 = 0$은 2와 3 사이에서 적어도 하나의 실근을 가짐을 보여라.

7 구간 $[0, 3]$에서 함수 $y = -x^2 + 4x - 2$의 최댓값과 최솟값을 구하여라.

쉬어 가기

피타고라스와 배신자

피타고라스(Pythagoras)

피타고라스(Pythagoras, 기원전 582?~497?)는 만물의 근원을 수(number)라고 주장한 고대 그리스의 수학자이며 철학자이다. 그는 실용적 산수를 이론적 수학으로 바꾼 학자로 수학은 물론 천문학과 음악 이론의 발전에도 지대한 공헌을 하였다. 피타고라스는 오랫동안 외국에서 유학한 후, 고향인 사모스 섬으로 돌아와 그곳에 학교를 세웠으나 실패하였다. 이는 그가 너무 오랫동안 고향을 떠나 있었던 탓으로 그를 환영하는 사람이 적었기 때문이었다. 피타고라스는 다시 고향을 떠나 역시 그리스의 식민지였던 이탈리아 크로톤에 학교를 설립하여 수학, 철학 및 자연과학을 가르치면서 제자들과 열심히 연구를 계속하였다. 이 학교에는 학문에 뜻을 두고 진리를 갈구하는 많은 젊은 학도들이 모여들었다. 당시 피타고라스는 '그리스인 중에서 가장 현명하고 가장 용감한 자'라는 존칭을 받았으며, 그는 흰 가운에 별 모양의 5각형 무늬를 새긴 모자를 쓰고 교단에 섰다고 한다. 또한 피타고라스학파에서는 그리스어인 마테마(mathema)로부터 수학(mathematics)이라는 단어를 만들었다고 한다.

피타고라스학파는 영혼의 불멸을 논하는 일종의 종교 단체로서 의식을 거행하고 비밀을 엄수하였으므로, 누가 어떤 내용을 발견하였는지 전혀 알 수가 없었으며, 모두 피타고라스 자신의 업적으로 발표하였다. 따라서 피타고라스의 발견이라고 불리는 것들은 모두 피타고라스학파의 발견이라고 불러야 한다는 학자들도 있다. 이 학파에 들어오는 사람은 자신의 모든 재산을 학회에 헌납하였는데, 학회를 탈퇴할 때에는 헌납한 재산의 2배를 돌려주고 기념비까지 세워주었다고 한다. 피타고라스학파는 점차 세력이 커지면서 사람들의 선망과 질시의 표적이 되어 반대파로부터 불의의 공격을 받게 된다. 학교는 불태워지고 피타고라스는 체포되어 암살당하게 되지만, 그의 학파는 그리스의 여기저기로 흩어져 이후에도 200여 년간 활동하였다.

피타고라스학파는 만물의 근원을 수로 보았다. 그들은 모든 물질의 근원을 수로 파악하고 삼각수, 사각수 등 기하학적인 표현을 위해 노력하였다. 그들은 우주의 근본은 수이며, 특히 정수와 이들의 비(분수)로 모든 것을 나타낼 수 있다고 믿었다. 피타고라스는 수에서의 조화 관계에 의한 영혼의 정화를 인생의 목적으로 삼았으며, 영혼의 불멸과 윤회를 믿고 엄격한 금욕생활을 하였다. 모든 자연수는 1을 유한 번 더하여 얻어지므로 1은 모든 수의 신성한 창조자로, 2는 첫 번째 짝수로서 여성을 상징하는 수로 다양한 의미와 연관되어 사용되었으며, 3은 남성을 상징하는 첫 번째 수로 1과 2의 조합으로 이루어진 조화의 수로 받아들였다. 4는 정의를 상징하였으며, 5는 2와 3의 합이므로 혼인을 상징하였다. 이러한 방법으로 각 자연수는 평화, 완전, 풍부, 자기 연민 등의 의미와 연결되어 있었다.

수학에서의 피타고라스학파의 주요 업적으로, 자연수를 짝수와 홀수로 분류하였으며, 삼각수와 사각수의 배열, 완전수, 과잉수, 부족수, 친화수, 피타고라스 수 등의 여러 수에 대해 연구하였다. 또한 등차, 등비 및 조화수열, 무리수와 삼각형의 내각의 합, 피타고라스 정리를 증명하기도 하였다. 아울러 그들은 황금분할과 정오각형의 각도에 대해서도 연구하였다.

이 중에서 '직각삼각형에서 빗변의 제곱은 다른 두 변의 제곱의 합과 같다'고 하는 피타고라스 정리는 매우 중요하며 다양하게 응용되고 있다. 파피루스에 따르면, 이집트인들은 기원전 2300년경, 3 : 4 : 5의 길이를 이용하여 직각을 만들었으며, 인도에서는 기원전 400~500년경 15, 36, 39를 세 변으로 하는 삼각형으로 직각을 만들었다고 한다. 피타고라스학파에서는 피타고라스 정리를 증명한 뒤, 그 기쁨으로 황소 100마리를 잡아 신에게 제사지냈다고 한다. 한편으로 피타고라스는 '영혼은 불멸하고 윤회하는 것'이라고 믿어 피를 흘리는 것을 좋아하지 않았기 때문에 신에게 바친 것은 살아있는 소가 아니고, 밀가루로 만든 소 한 마리였다는 이야기도 있다.

$a^2+b^2=c^2$의 관계식으로부터 $(3,\ 4,\ 5)$, $(5,\ 12,\ 13)$ 등과 같이 피타고라스 정리를 만족하는 많은 자연수 쌍들이 있는데, 이것은 **피타고라스 수**로 알려져 있다. 그러나 빗변을 제외한 길이가 모두 1인 직각이등변삼각형의 경우는 빗변의 길이가 $\sqrt{2}$로서, 이를 표현할 수 있는 자연수는 존재하지 않는다. 즉, 유리수가 아닌 무리수가 최초로 발견되었던 셈이다. 피타고라스학파에서는 이로 인해 큰 충격을 받았으나, 이를 철저히 비밀에 부치고 세상에 알리지 않기로 굳게 맹세하였다. 왜냐하면 자연수로 모든 것을 설명할 수 있다는 자신들의 수학적 신념이 깨지는 것이 너무나 두려웠기 때문이었다.

그들은 끝까지 $\sqrt{2}$를 자연수의 분수 형태로 나타내려고 노력하였으며, $\sqrt{2}$와 같은 것은 수가 아니라고 강변하기도 하였다.

그러나 피타고라스학파의 한 사람인 히파수스(Hippasus)는 무리수의 발견을 외부에 누설하였고, 그리하여 그는 분노한 피타고라스학파인 동료들에 의해 바다로 던져져 죽임을 당했다고 한다. 일설에 의하면 히파수스는 바다에 빠져 사망한 것이 아니라 죽음을 가장하기 위해 가짜 무덤을 만들고 비석을 세웠다고도 한다. 여하튼 그는 무리수의 존재를 입증하여 사람들에게 알리고, 그로 인하여 피타고라스학파로부터 쫓겨난 것은 분명한 사실로 보인다. 새로운 수인 무리수의 발견은 아주 감격스러운 것이었으나, 피타고라스학파의 믿음에 대한 배반이기도 하였다. 아마도 히파수스는 자기가 속한 학파의 교리를 위해 함구하는 것이 옳은 것인지, 아니면 감출 수 없는 진리를 밝히는 것이 옳은 것인지에 대한 수많은 고민 끝에 터뜨린 발설이었을 것이다. 배신자의 말로가 죽음이라면 여러분은 배신과 진실 중에서 어느 것을 택하겠는가?

제2장

미분과 적분

이 장에서는 여러 함수의 미분법과 미적분학의 기본 정리인 평균값 정리와 Taylor 정리 및 함수의 극값 등을 중심으로 알아본다. 또한 미분의 역관계인 부정적분을 구하는 방법과 구분구적법을 기반으로 한 정적분의 기본개념 및 그 계산 방법을 중심으로 다룬다.

2.1 미분계수와 도함수

$x=a$를 포함하는 한 구간에 정의된 함수 $y=f(x)$에서 x의 값이 a에서 그 구간 내에 있는 $a+\Delta x$로 변할 때, y의 값은 $f(a)$에서 $f(a+\Delta x)$로 변한다. 이때 Δx를 x의 **증분**(increment), $\Delta y=f(a+\Delta x)-f(a)$를 y의 **증분**이라 한다. 만약 극한

$$\lim_{\Delta x\to 0}\frac{\Delta y}{\Delta x}=\lim_{\Delta x\to 0}\frac{f(a+\Delta x)-f(a)}{\Delta x}$$

가 존재하면, $f'(a)$로 나타내고 $x=a$에서의 함수 $y=f(x)$의 **미분계수**(differential coefficient)라고 한다. 그리고 $x=a$에서의 미분계수가 존재할 때, 함수 $f(x)$는 $x=a$에서 **미분가능**(differentiable)하다고 정의한다. 그리고

$$\lim_{\Delta x\to 0^+}\frac{f(a+\Delta x)-f(a)}{\Delta x},\quad \lim_{\Delta x\to 0^-}\frac{f(a+\Delta x)-f(a)}{\Delta x}$$

가 존재할 때, 이들을 각각 $x=a$에서의 **우미분계수**(right side differential coefficient)와 **좌미분계수**(left side differential coefficient)라 부른다.

함수 $y=f(x)$가 $x=a$에서 미분가능할 필요충분조건은 $x=a$에서의 우미분계수와 좌미분계수가 존재하고 서로 같아야 함은 극한의 정의로부터 쉽게 알 수 있다. 한 구간 내의 각 점에서 $f(x)$가 미분가능할 때, $f(x)$는 주어진 구간에서 **미분가능**하다고 한다. 이때 $f(x)$의 미분계수는 다시 x의 함수가 되는데, 이를 함수 $f(x)$의 **도함수**(derivative)라고 한다. 도함수 $f'(x)$를 일반적으로

$$y',\quad \frac{dy}{dx},\quad \frac{d}{dx}f(x),\quad Df(x)$$

등으로 나타낸다. $f'(x)$를 구하는 것을 $f(x)$를 x에 관해서 **미분한다**(differentiate)고 말하고, 미분하는 과정을 **미분법**(differentiation)이라 한다.

함수 $f(x)$의 도함수는 다음과 같이 여러 형태로 표현할 수 있다.

$$f'(x)=\lim_{\Delta x\to 0}\frac{f(x+\Delta x)-f(x)}{\Delta x}$$

$$= \lim_{h \to 0} \frac{f(x+h) - f(x)}{h}$$

$$= \lim_{y \to x} \frac{f(y) - f(x)}{y - x}$$

예제 2.1.1 $f(x) = x^2$일 때, $x = 3$에서의 미분계수와 도함수를 정의에 의하여 구하여라.

풀이 $x = 3$에서의 미분계수는

$$f'(3) = \lim_{h \to 0} \frac{f(3+h) - f(3)}{h} = \lim_{h \to 0} \frac{(3+h)^2 - 3^2}{h}$$
$$= \lim_{h \to 0}(6+h) = 6$$

이고, 도함수는 다음과 같다.

$$f'(x) = \lim_{h \to 0} \frac{f(x+h) - f(x)}{h} = \lim_{h \to 0} \frac{2xh + h^2}{h}$$
$$= \lim_{h \to 0}(2x+h) = 2x$$

예제 2.1.2 $f(x) = \sqrt{x}$ 의 도함수를 정의에 의하여 구하여라.

풀이 $$f'(x) = \lim_{h \to 0} \frac{\sqrt{x+h} - \sqrt{x}}{h} = \lim_{h \to 0} \frac{(x+h) - x}{h(\sqrt{x+h} + \sqrt{x})}$$
$$= \lim_{h \to 0} \frac{1}{\sqrt{x+h} + \sqrt{x}} = \frac{1}{2\sqrt{x}}$$

예제 2.1.3 $f(x) = \dfrac{1}{x}$ 의 도함수를 정의에 의하여 구하여라.

풀이 $$f'(x) = \lim_{h \to 0} \frac{\frac{1}{x+h} - \frac{1}{x}}{h} = -\lim_{h \to 0} \frac{1}{x(x+h)} = -\frac{1}{x^2}$$

정리 2.1.1

함수 $f(x)$가 열린 구간 I에서 미분가능하면, $f(x)$는 I에서 연속이다.

증명 a가 열린 구간 I 내의 임의의 점이라 하자. $f(x)$가 I에서 미분가능하므로

$$f'(a) = \lim_{x \to a} \frac{f(x) - f(a)}{x - a}$$

가 존재한다. 따라서

$$\begin{aligned}\lim_{x \to a} (f(x) - f(a)) &= \lim_{x \to a} \frac{f(x) - f(a)}{x - a}(x - a) \\ &= f'(a) \cdot 0 = 0\end{aligned}$$

이 성립하므로, $\lim_{x \to a} f(x) = f(a)$이다. 그러므로 $f(x)$는 $x = a$에서 연속이고 $f(x)$는 I에서 연속이다.

주의 정리 2.1.1의 역은 일반적으로 성립하지 않는다. 즉, 함수 $f(x)$가 어떤 점 $x = a$에서 연속이라고 하여 그 점에서 반드시 미분가능하다고 할 수는 없다.

예제 2.1.4 함수 $f(x) = |x|$는 $x = 0$에서 연속이지만, 미분가능하지 않음을 보여라.

풀이 $\lim_{x \to 0} f(x) = \lim_{x \to 0} |x| = 0 = f(0)$이므로, $f(x)$는 $x = 0$에서 연속이지만

$$\lim_{\Delta x \to 0^+} \frac{|0 + \Delta x| - |0|}{\Delta x} = \lim_{\Delta x \to 0^+} \frac{\Delta x}{\Delta x} = 1,$$

$$\lim_{\Delta x \to 0^-} \frac{|0 + \Delta x| - |0|}{\Delta x} = \lim_{\Delta x \to 0^-} \frac{-\Delta x}{\Delta x} = -1$$

이므로, 함수 $f(x)$는 $x = 0$에서 미분가능하지 않다.

예제 2.1.5 $f(x) = x^{\frac{2}{3}}$으로 정의된 함수는 $x = 0$에서 연속이지만, 미분가능하지 않음을 보여라.

풀이 $\lim_{x \to 0} f(x) = \lim_{x \to 0} x^{\frac{2}{3}} = 0 = f(0)$이므로, $f(x)$는 $x = 0$에서 연속이지만

$$\lim_{x \to 0^+} \frac{f(x) - f(0)}{x - 0} = \lim_{x \to 0^+} x^{-\frac{1}{3}} = \infty$$

$$\lim_{x \to 0^-} \frac{f(x) - f(0)}{x - 0} = \lim_{x \to 0^-} x^{-\frac{1}{3}} = -\infty$$

이므로, $f(x)$는 $x = 0$에서 미분가능하지 않다.

예제 2.1.6 어떤 상품 x개를 생산하여 판매한다고 할 때, 원가를 $C(x)$원, 수익을 $R(x)$원이라 하면, 이익 $\pi(x)$는

$$\pi(x) = R(x) - C(x) \text{ (원)}$$

으로 주어진다. 이때 $C'(x)$는 **한계원가**(marginal cost), $R'(x)$는 **한계수익**(marginal revenue), $\pi'(x)$는 **한계이익**(marginal profit)이라고 한다. 즉, 도함수는 경영학에서 **한계**(marginal)의 의미를 갖는다.

이제 미분계수의 기하학적 의미에 대해 살펴보기로 하자.

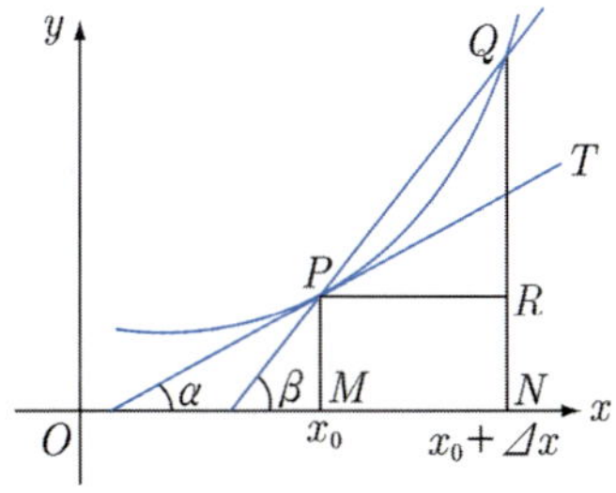

그림 2.1

그림 2.1에서와 같이 연속함수 $y = f(x)$ 위의 두 점 P, Q를 택하여 이 두 점의 x좌표를 각각 x_0, $x_0 + \Delta x$라 하면, y좌표는 각각 $f(x_0)$, $f(x_0 + \Delta x)$가 된다. P와 Q에서 x축에 수선을 내려 그 발을 각각 M과 N이라 하고, P에서 x축에 평행선을

그어 NQ와의 교점을 R이라 하면 다음이 성립한다.

$$\Delta y = f(x_0 + \Delta x) - f(x_0) = QN - RN = QR, \quad \Delta x = MN = PR$$

직선 PQ가 x축과 만나는 양의 각을 β라 하면

$$\frac{\Delta y}{\Delta x} = \frac{QR}{RP} = \tan\beta$$

이다. 여기서 $\Delta x \to 0$이면 $Q \to P$가 되어 직선 PQ는 점 P에서의 접선에 한없이 접근하며, P에서의 접선이 x축과 이루는 각을 α라 하면

$$\lim_{\Delta x \to 0} \frac{\Delta y}{\Delta x} = \tan\alpha$$

이다. 따라서 미분계수 $f'(x_0)$는 $x = x_0$에서의 접선의 기울기를 나타낸다. 즉, $f'(x)$는 곡선상의 각 점에서의 기울기이다. 그러므로 $y = f(x)$의 $x = x_0$에서의 **접선의 방정식**은

$$y - f(x_0) = f'(x_0)(x - x_0)$$

임을 알 수 있다.

예제 2.1.7 곡선 $y = \sqrt{x}$ 위의 점 $(4,\ 2)$에서의 접선의 방정식을 구하여라.

풀이 예제 2.1.2에서 $y' = \dfrac{1}{2\sqrt{x}}$이므로, 점 $(4,\ 2)$에서의 접선의 방정식은 다음과 같다.

$$y - 2 = \frac{1}{4}(x - 4), \quad 즉 \quad y = \frac{1}{4}x + 1$$

연습문제 2.1

1 $x=2$에서 다음 함수의 미분계수를 정의에 의하여 구하여라.

(a) $y=x^3$

(b) $y=\dfrac{1}{x^2}$

(c) $y=3x^2+5$

(d) $y=\sqrt{x^2+1}$

(e) $y=x-\dfrac{1}{x}$

(f) $y=\dfrac{5}{x+3}$

2 다음 함수의 도함수를 정의에 의하여 구하여라.

(a) $y=x^3$

(b) $y=\dfrac{1}{x^2}$

(c) $y=\sqrt{2x+1}$

(d) $y=x^2-5x$

(e) $y=-x^2+3x+4$

(f) $y=(2x+3)^2$

3 곡선 $y=x^2$ 위의 점 $(2,\ 4)$에서의 접선의 방정식을 구하여라.

2.2 미분공식

미분의 정의로부터, 다음 미분공식을 증명할 수 있다.

정리 2.2.1

1. $\dfrac{d}{dx}(x^n) = nx^{n-1}$ (n은 자연수)
2. $f(x)$, $g(x)$가 미분가능하면, 상수 c에 대하여 다음 식이 성립한다.
   (1) $\dfrac{d}{dx}(c) = 0$
   (2) $\dfrac{d}{dx}\{cf(x)\} = cf'(x)$
   (3) $\dfrac{d}{dx}\{f(x) \pm g(x)\} = f'(x) \pm g'(x)$
   (4) $\dfrac{d}{dx}\{f(x)g(x)\} = f'(x)g(x) + f(x)g'(x)$
   (5) $\dfrac{d}{dx}\left\{\dfrac{f(x)}{g(x)}\right\} = \dfrac{f'(x)g(x) - f(x)g'(x)}{\{g(x)\}^2}$ $(g(x) \neq 0)$
3. (**합성함수 미분법**) $y = f(x)$, $z = g(y)$가 미분가능하면, $z = (g \circ f)(x)$도 미분가능하고 다음 식이 성립한다.
$$\frac{dz}{dx} = \frac{dz}{dy}\frac{dy}{dx}$$
4. (**역함수 미분법**) $y = f(x)$가 $[a, b]$에서 미분가능한 함수이고 $x = g(y)$가 그 역함수이면, 다음 식이 성립한다.
$$g'(y) = \frac{1}{f'(x)}, \text{ 즉 } \frac{dx}{dy} = 1 \Big/ \frac{dy}{dx}$$
5. (**매개변수함수 미분법**) $x = f(t)$, $y = g(t)$가 각각 미분가능하고 $f'(t) \neq 0$이면, 다음 식이 성립한다.
$$\frac{dy}{dx} = \frac{g'(t)}{f'(t)} = \frac{dy}{dt} \Big/ \frac{dx}{dt}$$

예제 2.2.1 다음 각 함수의 도함수를 구하여라.

(1) $y = x^{100}$ (2) $y = 2x^3 + x^2 - 7x$

(3) $y = (x^4 - x^2 + 1)(x^2 + 1)$ (4) $y = \dfrac{x^3}{x+1}$

풀이 (1) $y' = 100 \cdot x^{100-1} = 100x^{99}$

(2) $y' = (2x^3)' + (x^2)' - (7x)' = 6x^2 + 2x - 7$

(3) $y' = (x^4 - x^2 + 1)'(x^2 + 1) + (x^4 - x^2 + 1)(x^2 + 1)' = 6x^5$

(4) $y' = \dfrac{3x^2(x+1) - x^3 \cdot 1}{(x+1)^2} = \dfrac{x^2(2x+3)}{(x+1)^2}$

예제 2.2.2 $y = x^n$ (n은 음의 정수)일 때, $y' = nx^{n-1}$임을 보여라.

풀이 $n = -m$ $(m > 0)$이라 두면, $y = x^n = \dfrac{1}{x^m}$이므로 정리 2.2.1의 2(5)에 의하여 다음이 성립한다.

$$y' = \frac{-mx^{m-1}}{(x^m)^2} = -mx^{-m-1} = nx^{n-1}$$

예제 2.2.3 $y = \dfrac{1}{x^4}$의 도함수를 구하여라.

풀이 $y = \dfrac{1}{x^4} = x^{-4}$이므로, $y' = -4x^{-5} = -\dfrac{4}{x^5}$이다.

예제 2.2.4 $y = (x^2 - x + 1)^5$을 미분하여라.

풀이 $u = x^2 - x + 1$이라 두면, $y = u^5$이므로 다음이 성립한다.

$$\frac{dy}{dx} = \frac{dy}{du}\frac{du}{dx} = 5u^4(2x-1) = 5(x^2 - x + 1)^4(2x-1)$$

예제 2.2.5 $y=x^r$ (r은 0이 아닌 유리수)이면, $y'=rx^{r-1}$임을 보여라.

풀이 $r=\frac{q}{p}$ (p, q는 서로소인 정수)라고 두면, $y=x^r=x^{\frac{q}{p}}$이다. 따라서 $y^p=x^q$의 양변을 x에 관해서 미분하면

$$\frac{d}{dy}(y^p)\frac{dy}{dx}=\frac{d}{dx}(x^q),\quad py^{p-1}\frac{dy}{dx}=qx^{q-1}$$

이므로, 다음을 얻는다.

$$\frac{dy}{dx}=\frac{q}{p}\frac{x^{q-1}}{y^{p-1}}=\frac{q}{p}x^{\frac{q}{p}-1}=rx^{r-1}$$

예제 2.2.6 다음 함수의 도함수를 구하여라.

(1) $y=\sqrt[3]{x}$

(2) $y=\sqrt{x^2+x+1}$

풀이 (1) $y=\sqrt[3]{x}=x^{\frac{1}{3}}$이므로, $y'=\frac{1}{3}x^{-\frac{2}{3}}=\frac{1}{3\sqrt[3]{x^2}}$이다.

(2) $x^2+x+1=u$라 두면, $y=\sqrt{u}=u^{\frac{1}{2}}$이다. 따라서 다음을 얻는다.

$$y'=\frac{dy}{dx}=\frac{dy}{du}\frac{du}{dx}=\frac{1}{2}u^{-\frac{1}{2}}(2x+1)=\frac{2x+1}{2\sqrt{x^2+x+1}}$$

예제 2.2.7 $x=\sqrt{y^2+1}$일 때, $\frac{dy}{dx}$를 구하여라.

풀이

$$\frac{dx}{dy}=\frac{2y}{2\sqrt{y^2+1}}=\frac{y}{\sqrt{y^2+1}}$$

이므로, 역함수의 미분은 다음과 같다.

$$\frac{dy}{dx}=1\bigg/\frac{dx}{dy}=\frac{\sqrt{y^2+1}}{y}\quad(y\neq 0)$$

예제 2.2.8 $x=t^2+1$이고 $y=t^3+3t^2+5$일 때, $\frac{dy}{dx}$를 구하여라.

풀이 $\frac{dx}{dt}=2t$, $\frac{dy}{dt}=3t^2+6t$이므로, 다음을 얻는다.

$$\frac{dy}{dx}=\frac{dy}{dt}\bigg/\frac{dx}{dt}=\frac{3}{2}(t+2)$$

예제 2.2.9 수요함수가 $Q=80-4P$로 주어졌을 때, 수요의 가격탄력성 ϵ_d를 구하여라.

풀이 주어진 수요함수의 한계함수와 평균함수를 구하면 각각

$$\frac{dQ}{dP}=-4,\quad \frac{Q}{P}=\frac{80-4P}{P}$$

이므로, 이들의 비율로 주어지는 수요의 가격탄력성 ϵ_d는 다음과 같이 구해진다.

$$\epsilon_d=-\frac{dQ/dP}{Q/P}=\frac{P}{20-P}$$

여기서 수요의 가격탄력성 ϵ_d는 P의 함수로 주어짐을 알 수 있다. 예를 들어, $P=10$일 때 $\epsilon_d=1$이므로 수요는 이 가격에서 탄력적이지만, $P=5$일 때 $\epsilon_d=\frac{1}{3}$이므로 수요는 이 가격에서 비탄력적이다.

예제 2.2.10 기업의 총 수입함수는 $R=R(y)$이고 산출량 y는 노동투입량 L의 함수, 즉 $y=f(L)$이라고 하자. 여기서 산출량 1단위의 추가판매에 의해서 증가되는 총수입의 변화인 한계수입함수는 $MR=\frac{dR}{dy}$이고, 노동 1단위를 추가 투입함으로써 발생하는 산출량의 변화인 노동의 한계생산함수는 $MP_L=\frac{dy}{dL}$이다. 따라서 노동 1단위를 추가 투입함으로써 발생하는 노동의 한계수익생산함수는 $MRP_L=\frac{dR}{dL}$로 표현된다. 이때 $\frac{dR}{dL}$은 합성함수 미분법에 의해서 다음과 같이 구할 수 있다.

$$\frac{dR}{dL}=\frac{dR}{dy}\cdot\frac{dy}{dL}=R'(y)\cdot f'(L)$$

이는 $MRP_L = MR \cdot MP_L$의 관계를 만족한다.

음함수 미분법

x의 함수 y가 $y = f(x)$ 형태의 방정식으로 주어졌을 때, y를 x의 **양함수**(explicit function)라 하고, x의 함수 y가 $F(x, y) = 0$ 꼴의 방정식으로 주어지면 y를 x의 **음함수**(implicit function)라고 한다. x의 함수 y가 $F(x, y) = 0$의 꼴로 주어진 음함수의 도함수 y'는 방정식 $F(x, y) = 0$의 각 항을 x에 관하여 미분하여 y'를 구할 수 있다.

예제 2.2.11 음함수 $x^2 + y^2 + x + y - 5 = 0$에서 y'를 구하여라.

풀이 y를 x의 함수로 보고 양변을 x에 관해서 미분하면, $2x + 2yy' + 1 + y' = 0$이므로 다음을 얻는다.

$$y' = -\frac{2x+1}{2y+1} \quad (2y+1 \neq 0)$$

지수함수와 로그함수 미분법

1이 아닌 양의 상수 a에 대하여, 함수 $y = a^x$를 a를 밑으로 하는 x의 **지수함수**(exponential function)라 한다. 이 지수함수의 그래프는 그림 2.2에서 보는 바와 같다. 즉, x의 어떤 값에 대해서도 a^x의 값은 항상 양수이고, $x = 0$일 때는 $y = a^0 = 1$이다. 따라서 이 지수함수의 그래프는 x축의 위쪽에 있고, 항상 점 (0, 1)을 지난다.

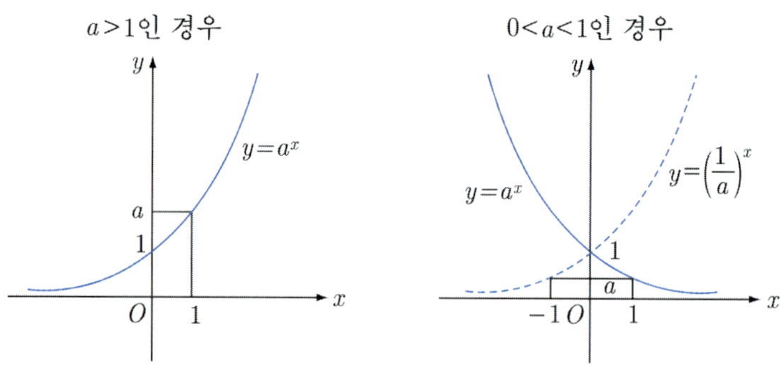

그림 2.2

1이 아닌 양수 a와 양수 y에 대해서 $a^m = y$를 만족하는 실수 m은 오직 하나가 존재한다. 이 지수 m을 a를 밑으로 하는 y의 **로그**(logarithm)라 하며

$$m = \log_a y$$

로 나타내고, y를 로그 m의 **진수**(anti-logarithm)라 한다.

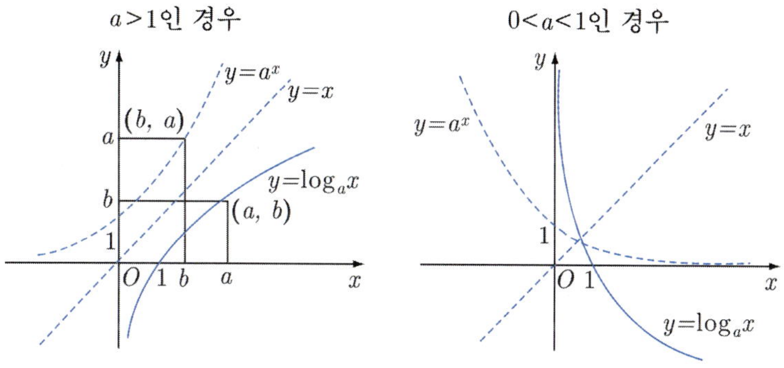

그림 2.3

$y = \log_a x$를 a를 밑으로 하는 **로그함수**(logarithmic function)라 한다. 실제로 지수함수와 로그함수는 다음 관계를 갖는다.

$$y = a^x \Leftrightarrow x = \log_a y$$

예제 2.2.12 다음 값을 구하여라.

(1) $\log_3 81$ (2) $\log_4 32$ (3) $\log_{10} 0.0001$

풀이 (1) $81 = 3^4$이므로, $\log_3 81 = 4$이다.

(2) $32 = 2^5 = (4^{\frac{1}{2}})^5 = 4^{\frac{5}{2}}$이므로, $\log_4 32 = \frac{5}{2}$이다.

(3) $0.0001 = 10^{-4}$이므로, $\log_{10} 0.0001 = -4$이다.

로그가 정의되는 경우에 다음 성질이 성립한다.

$$\log_a xy = \log_a x + \log_a y, \qquad \log_a \frac{x}{y} = \log_a x - \log_a y$$

$$\log_a x^n = n\log_a x, \qquad \log_a b = \frac{\log_c b}{\log_c a}$$

우리는 일상생활에서 십진법을 사용하므로, 십진법으로 나타낸 수의 계산은 밑이 10인 로그를 이용하는 것이 편리하다. $\log_{10} x$와 같이 밑을 10으로 하는 로그를 **상용로그**(common logarithm)라 하고, 흔히 밑 10을 생략하고 $\log x$로 나타낸다.

예제 2.2.13 $\log 2 = 0.3010$, $\log 3 = 0.4771$일 때, 다음 값을 구하여라.

(1) $\log 24$ (2) $\log 15$

풀이 (1) $\log 24 = \log(2^3 \cdot 3) = \log 2^3 + \log 3$
$= 3\log 2 + \log 3 = 1.3801$

(2) $\log 15 = \log \dfrac{3 \cdot 10}{2} = \log 3 + \log 10 - \log 2 = 1.1761$

예제 1.2.4의 참고에서 $\lim_{n\to\infty}\left(1+\frac{1}{n}\right)^n = e$임을 알고 있다. 이 무리수 e를 밑으로 하는 로그함수를 **자연로그**(natural logarithm)라 하고, 다음과 같이 $\ln x$로 표기한다.

$$\ln x = \log_e x$$

자연로그는 응용분야에서 광범위하게 활용되고 있다. 또한 e는 연속변수 x에 대한 다음 정리의 극한으로 잘 알려져 있다. 이는 지수함수와 로그함수의 극한을 구하는 데 유용하다.

정리 2.2.2

$$\lim_{x\to\pm\infty}\left(1+\frac{1}{x}\right)^x = e$$

증명 (i) $x > 0$인 경우

$n \le x < n+1$을 만족하는 자연수 n을 택하면, $\dfrac{1}{n+1} < \dfrac{1}{x} \le \dfrac{1}{n}$이므로

$$1+\frac{1}{n+1} < 1+\frac{1}{x} \le 1+\frac{1}{n}$$

이다. 따라서

$$\left(1+\frac{1}{n+1}\right)^{n} < \left(1+\frac{1}{x}\right)^{x} < \left(1+\frac{1}{n}\right)^{n+1}$$

이다. 그리고

$$\lim_{n\to\infty}\left(1+\frac{1}{n+1}\right)^{n} = \lim_{n\to\infty}\left(1+\frac{1}{n+1}\right)^{n+1}\left(1+\frac{1}{n+1}\right)^{-1} = e$$

이고, 또한

$$\lim_{n\to\infty}\left(1+\frac{1}{n}\right)^{n+1} = \lim_{n\to\infty}\left(1+\frac{1}{n}\right)^{n}\left(1+\frac{1}{n}\right) = e$$

이므로, 조임정리(정리 1.3.2)로부터 다음이 성립한다.

$$\lim_{x\to\infty}\left(1+\frac{1}{x}\right)^{x} = e$$

(ii) $x < 0$인 경우

$x=-z$로 치환하자. z의 범위는 $z > 0$이고, $x\to-\infty$이면 $z\to\infty$이므로, (i)에 의하여

$$\lim_{x\to-\infty}\left(1+\frac{1}{x}\right)^{x} = \lim_{z\to\infty}\left(1-\frac{1}{z}\right)^{-z} = \lim_{z\to\infty}\left(\frac{z}{z-1}\right)^{z}$$

$$= \lim_{z\to\infty}\left(1+\frac{1}{z-1}\right)^{z-1}\left(1+\frac{1}{z-1}\right) = e\cdot 1 = e$$

이다. 따라서 (i)과 (ii)에 의하여 정리가 증명된다.

참고 정리 2.2.2로부터, $\lim_{x \to 0}(1+x)^{\frac{1}{x}} = e$ 임을 알 수 있다.

예제 2.2.14 다음 극한을 구하여라.

(1) $\lim_{x \to \infty}\left(1+\frac{2}{x}\right)^x$　　(2) $\lim_{x \to 0}(1+3x)^{\frac{1}{x}}$　　(3) $\lim_{x \to 0}\frac{\ln(1+x)}{x}$

풀이 (1) $\frac{x}{2} = t$로 치환하면, $x \to \infty$ 일 때 $t \to \infty$ 이므로, 극한은 다음과 같다.

$$\lim_{x \to \infty}\left(1+\frac{2}{x}\right)^x = \lim_{x \to \infty}\left\{\left(1+\frac{2}{x}\right)^{\frac{x}{2}}\right\}^2$$

$$= \lim_{t \to \infty}\left\{\left(1+\frac{1}{t}\right)^t\right\}^2 = e^2$$

(2) $3x = t$로 치환하면, $x \to 0$일 때 $t \to 0$이므로, 극한은 다음과 같다.

$$\lim_{x \to 0}(1+3x)^{\frac{1}{x}} = \lim_{x \to 0}\left\{(1+3x)^{\frac{1}{3x}}\right\}^3$$

$$= \lim_{t \to 0}\left\{(1+t)^{\frac{1}{t}}\right\}^3 = e^3$$

(3) $\frac{\ln(1+x)}{x} = \frac{1}{x}\ln(1+x) = \ln(1+x)^{\frac{1}{x}}$ 에서, 극한은 다음과 같다.

$$\lim_{x \to 0}\frac{\ln(1+x)}{x} = \lim_{x \to 0}\ln(1+x)^{\frac{1}{x}} = \ln e = 1$$

예제의 풀이에서, 다항함수 및 로그함수의 연속성과 정리 1.4.3을 이용하였다.

정리 2.2.3

로그함수의 미분은 다음과 같다.

(1) $y = \log_a x$이면, $y' = \frac{1}{x} \log_a e$이다.

(2) $y = \ln x$이면, $y' = \dfrac{1}{x}$이다.

증명 (1) y의 증분 Δy는

$$\Delta y = \log_a (x + \Delta x) - \log_a x = \log_a \frac{x + \Delta x}{x} = \log_a \left(1 + \frac{\Delta x}{x}\right)$$

이므로, $z = \frac{\Delta x}{x}$라 두면

$$\frac{\Delta y}{\Delta x} = \frac{1}{xz} \log_a (1 + z) = \frac{1}{x} \log_a (1 + z)^{\frac{1}{z}}$$

이다. $\Delta x \to 0$일 때 $z \to 0$이고, $\log_a x$는 연속함수이므로 정리 2.2.2의 $\lim\limits_{x \to \infty} \left(1 + \frac{1}{x}\right)^x = e$를 이용하면, 다음이 성립한다.

$$y' = \lim_{x \to 0} \frac{\Delta y}{\Delta x} = \frac{1}{x} \lim_{z \to 0} \log_a (1 + z)^{\frac{1}{z}} = \frac{1}{x} \log_a e$$

(2) (1)의 결과에 $a = e$를 대입하면, 다음 식을 얻는다.

$$y' = \frac{1}{x}$$

예제 2.2.15 (1) $y = \log (3x + 2)$이면, 도함수는 다음과 같다.

$$y' = \frac{1}{3x + 2} \log e \cdot (3x + 2)' = \frac{3}{3x + 2} \log e$$

(2) $y = \ln (2x + 1)$이면, 도함수는 다음과 같다.

$$y' = \frac{1}{2x + 1} \cdot (2x + 1)' = \frac{2}{2x + 1}$$

예제 2.2.16 $y=\ln\left(x\sqrt[8]{\dfrac{x-1}{x+1}}\right)$일 때, y'를 구하여라.

풀이 $y=\ln x+\dfrac{1}{8}\ln(x-1)-\dfrac{1}{8}\ln\ (x+1)$이므로, 다음이 성립한다.

$$y'=\frac{1}{x}+\frac{1}{8(x-1)}-\frac{1}{8(x+1)}=\frac{4x^2+x-4}{4x(x^2-1)}$$

예제 2.2.17 α가 임의의 실수일 때, $y=x^{\alpha}\ (x>0)$의 도함수를 구하여라.

풀이 $\ln y=\alpha\ln x$의 양변을 x로 미분하면

$$\frac{1}{y}y'=\frac{\alpha}{x}$$

이므로, y'는 다음과 같다.

$$y'=x^{\alpha}\frac{\alpha}{x}=\alpha x^{\alpha-1}$$

함수 $f(t)$에 대하여

$$\frac{d}{dt}\{\ln f(t)\}=\frac{f'(t)}{f(t)}$$

를 $f(t)$의 **상대적 변화율**(relative rate of change), 이에 100을 곱한 것을 **%변화율**(percentage rate of change)이라 한다.

예제 2.2.18 t년도 상품 A와 상품 B의 단가를 각각 $f(t)$, $g(t)$라 할 때, $f'(t)$, $g'(t)$는 각각 두 상품에 대한 가격의 변화량을 나타낸다. 만약, $f'(t_0)=1000$이고 $g'(t_0)=2000$이면, 이는 t_0년도에 상품 A는 1,000원, 상품 B는 2,000원이 인상되었음을 의미한다. 이 경우, B가 A보다 가격이 더 많이 인상되었다고 단정할 수는 없다. 왜냐하면 각 상품의 인상률을 고려하여야 하기 때문이다. 예로, t_0년도의 상품

A의 단가가 20,000원이고 상품 B의 단가가 50,000원이었다면, A와 B의 상대적 변화율은 각각

$$\frac{f'(t_0)}{f(t_0)} = \frac{1000}{20000} = 0.05, \quad \frac{g'(t_0)}{g(t_0)} = \frac{2000}{50000} = 0.04$$

이므로, A가 B보다 더 많이 인상되었음을 알 수 있다.

정리 2.2.4

지수함수의 미분은 다음과 같다.

(1) $y = e^x$이면, $y' = e^x$이다.

(2) $y = a^x$이면, $y' = a^x \ln a$이다.

증명 (1) $\Delta y = e^{x+\Delta x} - e^x = e^x(e^{\Delta x} - 1)$과 $\lim\limits_{x \to 0} \dfrac{e^x - 1}{x} = 1$을 이용하면

$$\begin{aligned} y' &= \lim_{\Delta x \to 0} \frac{\Delta y}{\Delta x} = \lim_{\Delta x \to 0} \frac{e^x(e^{\Delta x} - 1)}{\Delta x} \\ &= e^x \lim_{\Delta x \to 0} \frac{e^{\Delta x} - 1}{\Delta x} = e^x \end{aligned}$$

이다.

(2) $y = a^x = e^{x \ln a}$이므로, 다음이 성립한다.

$$y' = e^{x \ln a}(x \ln a)' = e^{x \ln a} \ln a = a^x \ln a$$

예제 2.2.19

(1) $y = 2^{3x+1}$이면, $y' = 2^{3x+1}(\ln 2)(3x+1)' = 2^{3x+1} \ln 8$이다.

(2) $y = x^2 e^{2x}$이면, $y' = 2xe^{2x} + x^2(2e^{2x}) = 2xe^{2x}(x+1)$이다.

연습문제 2.2

1 다음 함수의 도함수를 구하여라.

(a) $y = x\sqrt[3]{x}$

(b) $y = (3x+2)(x^2-1)$

(c) $y = \dfrac{x^2+1}{x^2-1}$

(d) $y = (3x-2)^7$

2 다음 함수에서 $\dfrac{dy}{dx}$를 구하여라.

(a) $x^3 + y^3 - 3xy = 0$

(b) $\sqrt{x} + \sqrt{y} = 3$

(c) $y = \dfrac{1}{u-1}$, $u = \dfrac{1}{x+1}$

3 다음의 극한을 구하여라.

(a) $\displaystyle\lim_{x \to 0}\left(1+\frac{x}{3}\right)^{\frac{1}{x}}$

(b) $\displaystyle\lim_{x \to \infty}\left(1+\frac{2}{x}\right)^{3x}$

(c) $\displaystyle\lim_{x \to 0}\frac{\ln(1+3x)}{x}$

4 다음 함수를 미분하여라.

(a) $y = e^{2x}$

(b) $y = x\ln x - x$

(c) $y = e^x \ln x$

(d) $y = \dfrac{x}{\ln x}$

5 어느 국가의 t년도 국민총생산 $f(t)$가 $f(t) = 500 + 4t + 3e^{-t}$로 주어졌다고 하자. 이때 $t=0$와 $t=1$에서의 %변화율을 구하여라

6 함수 $f(t)$의 상대적 변화율이 k로 항상 일정하면, $f(t) = Ce^{kt}$ (C는 상수)로 주어짐을 보여라.

2.3 평균값 정리

이 절에서는 평균값 정리와 Taylor 정리를 중심으로 다룬다. 이들에 앞서 고계도함수에 대해 알아보자.

함수 $y=f(x)$의 도함수 $f'(x)$가 미분가능할 때, 즉

$$\lim_{\Delta x \to 0} \frac{f'(x+\Delta x)-f'(x)}{\Delta x}$$

가 존재하면, 이를 처음 주어진 함수 $y=f(x)$의 **제2계도함수**(derivative of 2nd order)라 하고 $f''(x)$로 나타낸다. 마찬가지로 $f''(x)$의 도함수를 $f(x)$의 **제3계도함수**(derivative of 3rd order)라 하고 $f'''(x)$로 나타낸다. 이와 같이 $f(x)$의 **제n계도함수**(derivative of nth order)를 정의할 수 있고 이것을 $f^{(n)}(x)$로 나타낸다. 다시 말하면

$$f^{(n)}(x)=\lim_{\Delta x \to 0} \frac{f^{(n-1)}(x+\Delta x)-f^{(n-1)}(x)}{\Delta x}$$

와 같이 나타낼 수 있다. $y=f(x)$의 제n계도함수를

$$y^{(n)}, \quad f^{(n)}, \quad \frac{d^n y}{dx^n}, \quad \frac{d^n f(x)}{dx^n}$$

등으로 나타내며, 2계 이상의 도함수를 $f(x)$의 **고계도함수**(derivative of higher order)라 한다.

예제 2.3.1 다음 각 함수의 제2계도함수와 제3계도함수를 구하여라.

(1) $y=x^5+3x^3+2x+5$ (2) $y=xe^x$

풀이 (1) $y'=5x^4+9x^2+2$에서 $y''=20x^3+18x$이고 $y'''=60x^2+18$이다.

(2) $y'=e^x+xe^x=e^x(x+1)$이므로

$$y''=e^x(x+1)+e^x=e^x(x+2), \quad y'''=e^x(x+3)$$

예제 2.3.2 다음 함수의 제n계도함수 $y^{(n)}$을 구하여라.

(1) $y = 3^x$ (2) $y = \ln x$

풀이 (1) $y' = 3^x \ln 3$이므로, $y^{(n)} = 3^x (\ln 3)^n$이다.

(2) $y' = \frac{1}{x}$, $y'' = -\frac{1}{x^2}$, $y''' = \frac{2}{x^3}$, ...이므로, 제n계도함수는 다음과 같다.

$$y^{(n)} = (-1)^{(n-1)} \frac{(n-1)!}{x^n}$$

정리 2.3.1 Leibniz의 정리

$y = f(x)g(x)$일 때, y의 제n계 도함수는 다음과 같다.

$$\begin{aligned} y^{(n)} &= f^{(n)}(x)g(x) + {}_nC_1 f^{(n-1)}(x)g'(x) + \cdots \\ &\quad + {}_nC_r f^{(n-r)}(x)g^{(r)}(x) + \cdots + f(x)g^{(n)}(x) \end{aligned}$$

예제 2.3.3 $y = x^2 e^x$의 제n계도함수를 구하여라.

풀이 $f(x) = e^x$, $g(x) = x^2$이라 두면

$$\begin{aligned} & f'(x) = f''(x) = \cdots = f^{(n)}(x) = e^x, \\ & g'(x) = 2x, \ g''(x) = 2, \ g'''(x) = \cdots = g^{(n)}(x) = 0 \end{aligned}$$

이므로, 제n계도함수는 다음과 같다.

$$\begin{aligned} y^{(n)} &= e^x x^2 + {}_nC_1 e^x 2x + {}_nC_2 e^x \cdot 2 + {}_nC_3 e^x \cdot 0 + \cdots + 0 \\ &= e^x (x^2 + 2nx + n^2 - n) \end{aligned}$$

먼저 평균값 정리의 특수한 경우인 Rolle 정리에 대해서 알아보자.

정리 2.3.2 Rolle 정리

함수 $f(x)$가 닫힌 구간 $[a, b]$에서 연속이면서 열린 구간 (a, b)에서 미분가능하고 $f(a)=f(b)=0$이면 $f'(c)=0$ $(a<c<b)$를 만족하는 c가 적어도 하나 존재한다.

증명 $[a, b]$에 속하는 모든 x에 대하여 $f(x)=0$이면, $f'(x)=0$이므로 정리는 당연히 성립한다.

$f(x)\neq 0$임을 가정하면, $f(x_0)\neq 0$을 만족하는 $x_0\in[a, b]$가 존재한다. 여기서 $f(x_0)>0$이라고 가정하면, 닫힌 구간 $[a, b]$에서 연속인 함수 $f(x)$는 한 점 $c\in[a, b]$에서 양수인 최댓값 $f(c)$를 갖는다. 따라서

$$\Delta x>0\text{일 때는 } \frac{f(c+\Delta x)-f(c)}{\Delta x}\leq 0,$$

$$\Delta x<0\text{일 때는 } \frac{f(c+\Delta x)-f(c)}{\Delta x}\geq 0$$

이고, $f(x)$는 $x=c$에서 미분가능하므로

$$0\leq \lim_{\Delta x\to 0^-}\frac{f(c+\Delta x)-f(c)}{\Delta x}=f'(c)=\lim_{\Delta x\to 0^+}\frac{f(c+\Delta x)-f(c)}{\Delta x}\leq 0$$

이 성립한다. 따라서 $f'(c)=0$ $(a<c<b)$이다.

$f(x_0)<0$인 경우에도 $[a, b]$에서 $f(x)$의 최솟값을 생각하여 같은 방법으로 증명할 수 있다.

정리 2.3.3 평균값 정리

함수 $f(x)$가 닫힌 구간 $[a, b]$에서 연속이고, 열린 구간 (a, b)에서 미분가능하면

$$f'(c)=\frac{f(b)-f(a)}{b-a}\quad(a<c<b)$$

를 만족하는 c가 적어도 하나 존재한다.

증명 Rolle 정리를 이용하기 위하여

$$g(x)=f(x)-\left\{\frac{f(b)-f(a)}{b-a}(x-a)+f(a)\right\}$$

라 두자. $g(a)=g(b)=0$이므로, Rolle 정리로부터 $g'(c)=0$을 만족하는 점 $c\in(a,\ b)$가 존재한다. 그러므로

$$f'(c)=\frac{f(b)-f(a)}{b-a}\quad(a<c<b)$$

인 c가 적어도 하나 존재한다.

다음 예제는 Rolle 정리와 평균값 정리에서 미분가능조건을 제외할 수 없음을 보여준다.

예제 2.3.4 $f(x)=1-|x|$는 $(-1,\ 1)$에서 $f'(c)=0$인 점 c가 존재하지 않음을 보여라.

풀이 $f(x)$는 $[-1,\ 1]$에서 연속이고, $f(-1)=f(1)=0$이다.

$$\lim_{\Delta x\to 0^+}\frac{(1-|0+\Delta x|)-(1-|0|)}{\Delta x}=\lim_{\Delta x\to 0^+}\frac{-|\Delta x|}{\Delta x}=-1,$$

$$\lim_{\Delta x\to 0^-}\frac{(1-|0+\Delta x|)-(1-|0|)}{\Delta x}=\lim_{\Delta x\to 0^-}\frac{-|\Delta x|}{\Delta x}=1$$

이므로, $x=0$에서 $f(x)$는 미분불가능하고, $f'(c)=0$을 만족하는 점 c가 $(-1,\ 1)$에 존재하지 않는다.

예제 2.3.5 $f(x)=x^2+3x+5$에 닫힌 구간 $[1,\ 2]$에서 평균값 정리를 적용하려고 할 때, c의 값을 구하여라.

풀이 $f(x)$는 $[1,\ 2]$에서 연속이고, $(1,\ 2)$에서 미분가능하다. 따라서 평균값 정리에 의해

$$\frac{f(2)-f(1)}{2-1} = 6 = f'(c) = 2c+3$$

를 만족하는 c $(1 < c < 2)$가 존재한다. 실제로 c는 $2c+3=6$을 만족하면서 1과 2 사이에 있어야 하므로, $c=\frac{3}{2}$이다.

정리 2.3.4

함수 $f(x)$가 구간 $[a, b]$에서 연속이고 (a, b)의 모든 점 x에서 $f'(x)=0$이면, $f(x)$는 $[a, b]$에서 상수이다.

증명 $x_1, x_2 \in [a, b]$ $(x_1 < x_2)$라 하면, 평균값 정리에 의해서

$$f(x_2) = f(x_1) + (x_2 - x_1)f'(c)$$

인 c $(x_1 < c < x_2)$가 존재한다. 가정에 의해서 $f'(c)=0$이므로

$$f(x_2) = f(x_1)$$

이다. 따라서 $f(x)$는 $[a, b]$에서 상수이다.

다음의 Taylor 정리는 평균값 정리를 확장한 것이다.

정리 2.3.5 Taylor 정리

$f(x)$, $f'(x)$, ..., $f^{(n)}(x)$가 $[a, b]$에서 연속이고, (a, b)에서 $f^{(n)}(x)$가 미분가능하면

$$f(b) = f(a) + f'(a)(b-a) + \frac{f''(a)}{2!}(b-a)^2 + \cdots + \frac{f^{(n)}(a)}{n!}(b-a)^n + R_{n+1},$$

$$R_{n+1} = \frac{f^{(n+1)}(c)}{(n+1)!}(b-a)^{n+1} \qquad (a < c < b)$$

을 만족하는 c가 적어도 하나 존재한다.

정리 2.3.5에서 R_{n+1}을 Lagrange의 나머지 항이라고 부르며, $c=a+\theta(b-a)$ $(0<\theta<1)$라고 두면

$$R_{n+1}=\frac{f^{(n+1)}(a+\theta(b-a))}{(n+1)!}(b-a)^{n+1}$$

이 된다. 또한 식에서 $b=a+h$라 두면, Taylor 정리는

$$f(a+h)=f(a)+\frac{f'(a)}{1!}h+\cdots+\frac{f^{(n)}(a)}{n!}h^n$$
$$+\frac{f^{(n+1)}(a+\theta h)}{(n+1)!}h^{n+1}\quad(0<\theta<1)$$

이 된다. 특히 $a=0,\ h=x$인 경우에는

$$f(x)=f(0)+\frac{f'(0)}{1!}x+\cdots+\frac{f^{(n)}(0)}{n!}x^n$$
$$+\frac{f^{(n+1)}(\theta x)}{(n+1)!}x^{n+1}\quad(0<\theta<1)$$

이 성립하는데, 이를 Maclaurin 정리라 하고, 우변을 Maclaurin 전개식이라 부른다.

주의 (1) Taylor 정리에서 $n=1$인 경우가 평균값 정리이다.

(2) Taylor 정리에서 $a<b$를 가정하고 있으나 $a>b$일 때도 성립한다. 따라서 Maclaurin 정리는 $x<0$일 때도 성립한다. 곧, Maclaurin 정리는 모든 x에 대하여 성립한다.

(3) Taylor 정리에서 $b=x$일 때, 우변을 $x=a$에서의 Taylor 전개식이라 한다. 즉, $x=a$에서의 Taylor 전개식은 다음과 같다.

$$f(x)=f(a)+\frac{f'(a)}{1!}(x-a)+\frac{f''(a)}{2!}(x-a)^2+\cdots+\frac{f^{(n)}(a)}{n!}(x-a)^n+R_{n+1}$$

(단, $R_{n+1}=\dfrac{f^{(n+1)}(a+\theta(x-a))}{(n+1)!}(x-a)^{n+1}\ (0<\theta<1)$이다.)

예제 2.3.6 $f(x)=e^x$의 Maclaurin 전개식을 구하여라.

풀이 $(e^x)'=(e^x)''= \cdots =e^x$이므로, $f(x)=f'(0)=f''(0)= \cdots =1$이다. 따라서 다음을 얻는다.

$$f(x)=1+x+\frac{1}{2!}x^2+ \cdots +\frac{1}{n!}x^n+R_{n+1}$$

단, $R_{n+1}=\dfrac{e^c}{(n+1)!}x^{n+1}\ (0<c<x)$이다.

연습문제 2.3

1 다음 함수의 제2계도함수와 제3계도함수를 구하여라.

(a) $y = 2x^3 + x^2 - 7x$ (b) $y = (2x-5)^5$

(c) $y = e^{3x} + x^2$ (d) $y = x \ln x - x$

2 다음 함수의 제n계도함수를 구하여라.

(a) $y = e^{2x}$ (b) $y = x^2(\ln x - 2)$

(c) $y = \ln ax$ (d) $y = x^2 e^{ax}$

3 $g(x)$가 두 번 미분가능한 함수이고 $f(x) = xg(x^2)$일 때, $f''(x)$를 g, g', g''로 나타내보아라.

4 두 함수 $f(x)$, $g(x)$가 $[a, b]$에서 연속이고 (a, b)에서 미분가능할 때, (a, b)에 속하는 모든 x에 대해 $f'(x) = g'(x)$이면, $[a, b]$ 내의 모든 x에 대하여 $f(x) - g(x) = k$를 만족하는 상수 k가 존재함을 평균값 정리를 이용하여 증명하여라.

5 다음에 주어진 함수에서 $x = a$에서의 Taylor 전개식을 구하여라.

(a) $f(x) = e^x$; $a = -1$ (b) $f(x) = \ln x$; $a = 2$

6 다음 함수의 Maclaurin 전개식을 구하여라.

(a) $f(x) = e^{x+1}$ (b) $f(x) = \ln(x+1)$

2.4 함수의 극값

함수 $f(x)$가 구간 I에 속하는 임의의 수 x_1, x_2에 대해, $x_1 < x_2$인 경우에 $f(x_1) < f(x_2)$(또는 $f(x_1) > f(x_2)$)이면, $f(x)$는 구간 I에서 **증가**(또는 **감소**)한다고 한다. 함수의 증감은 주어진 함수의 도함수의 부호로 판정할 수 있다.

정리 2.4.1

(1) 함수 $f(x)$가 구간 I를 포함하는 열린 구간에서 미분가능할 때, 구간 I에서 항상 $f'(x) > 0$이면 $f(x)$는 주어진 구간 I에서 증가한다.

(2) 함수 $f(x)$가 구간 I를 포함하는 열린 구간에서 미분가능할 때, 구간 I에서 항상 $f'(x) < 0$이면 $f(x)$는 주어진 구간 I에서 감소한다.

증명 (1) 구간 I에 속한 $x_1 < x_2$인 임의의 두 점 x_1, x_2를 잡으면, 평균값 정리에 의하여

$$f(x_2) - f(x_1) = f'(c)(x_2 - x_1) \quad (x_1 < c < x_2)$$

을 만족하는 c가 적어도 하나 존재한다. 가정에 의해서 $f'(c) > 0$이므로 $f(x_2) - f(x_1) > 0$이다. 따라서 $f(x_1) < f(x_2)$가 성립한다.

(2)도 (1)과 같은 방법으로 증명할 수 있다.

예제 2.4.1 함수 $f(x) = \dfrac{1}{3}x^3 - 2x^2 - 5x$의 증가하는 구간과 감소하는 구간을 구하여라.

풀이 $f'(x) = x^2 - 4x - 5 = (x+1)(x-5)$이므로, $f(x)$는 $(-\infty, -1) \cup (5, \infty)$에서 증가하고 $(-1, 5)$에서 감소한다.

예제 2.4.2 함수 $f(x) = x(\ln x - 2)$의 증가하는 구간과 감소하는 구간을 구하여라.

풀이 주어진 함수의 미분 $f'(x) = (\ln x - 2) + x \cdot \dfrac{1}{x} = \ln x - 1$에서 $f'(e) = 0$ 이다. 따라서 함수 $f(x)$는 구간 $(0, e)$에서 $f'(x) < 0$이므로 감소하고, (e, ∞)에서는 $f'(x) > 0$이므로 증가한다.

구간 I에서 함숫값 $f(x)$가 곡선 $y = f(x)$ 위의 두 점 $(a, f(a))$와 $(b, f(b))$ $(a < b)$를 잇는 직선

$$\left\{\left(x, \frac{f(b) - f(a)}{b - a}(x - a) + f(a)\right) \,\middle|\, a \le x \le b\right\}$$

의 아래쪽에 있을 때, 즉 $x \in I$에 속하는 임의의 원소 x에 대하여

$$f(x) \le \frac{f(b) - f(a)}{b - a}(x - a) + f(a)$$

이면, 함수 $f(x)$는 구간 I에서 **아래로 볼록**(convex down)하다고 한다. 또한 곡선 $y = -f(x)$가 구간 I에서 아래로 볼록할 때, 곡선 $y = f(x)$는 구간 I에서 **위로 볼록**(convex up)하다고 한다. 그리고 구간 I상에서 함수 $y = f(x)$의 곡선이 아래로 볼록에서 위로 볼록으로 바뀌거나 또는 위로 볼록에서 아래로 볼록으로 바뀌는 경계점 $(a, f(a))$를 곡선 $y = f(x)$의 **변곡점**(point of inflection)이라 한다.

정리 2.4.2

구간 I를 포함하는 구간에서 함수 $f(x)$가 두 번 미분가능할 때

(1) $x \in I$인 임의의 x에 대해서 $f''(x) > 0$이면, 함수 $f(x)$는 구간 I에서 아래로 볼록하다.

(2) $x \in I$인 임의의 x에 대해서 $f''(x) < 0$이면, 함수 $f(x)$는 구간 I에서 위로 볼록하다.

(3) $a \in I$이고 $f''(a) = 0$이고 x가 a를 지날 때, $f''(a)$의 부호가 바뀌면 점 $(a, f(a))$는 곡선 $y = f(x)$의 변곡점이다.

함수 $f(x)$에서 $0 < |h| < \delta$인 모든 h에 대해 $f(a+h) > f(a)$를 만족하는 양수 δ가 존재할 때, $f(x)$는 $x = a$에서 **극소**(local minimum)라 하고 $f(a)$를 $f(x)$의 **극솟**

값(local minimum value)이라 한다. 그리고 $0<|h|<\delta$인 모든 h에 대해서 $f(a+h)<f(a)$를 만족하는 양수 δ가 존재할 때, $f(x)$는 $x=a$에서 **극대**(local maximum)라 하고 $f(a)$를 $f(x)$의 **극댓값**(local maximum value)이라 한다. 극댓값과 극솟값을 합하여 **극값**(extreme value)이라 한다.

정리 2.4.3

함수 $f(x)$가 $x=a$를 포함하는 구간에서 미분가능할 때, $f(x)$가 $x=a$에서 극값을 가지면 $f'(a)=0$이다.

증명 (1) $f(x)$가 $x=a$에서 극솟값을 가진다고 가정하자. 이때 $0<|h|<\delta$인 모든 h에 대해서 $f(a+h)>f(a)$가 되는 양수 δ가 존재한다. 따라서 다음을 만족한다.

$$\lim_{h\to 0^+}\frac{f(a+h)-f(a)}{h}\geq 0, \qquad \lim_{h\to 0^-}\frac{f(a+h)-f(a)}{h}\leq 0$$

또한 함수 $f(x)$가 $x=a$에서 미분가능하므로

$$f'(a)=\lim_{h\to 0^+}\frac{f(a+h)-f(a)}{h}=\lim_{h\to 0^-}\frac{f(a+h)-f(a)}{h}$$

이고, 따라서 $f'(a)=0$이다.

(2) $f(x)$가 $x=a$에서 극댓값을 가지는 경우도 같은 방법으로 증명한다.

정리 2.4.4

함수 $f(x)$가 $x=a$를 포함하는 구간에서 두 번 미분가능하다고 가정하자.

(1) $f'(a)=0$, $f''(a)>0$, $f''(x)$가 $x=a$에서 연속이면, $f(x)$는 $x=a$에서 극솟값 $f(a)$를 가진다.

(2) $f'(a)=0$, $f''(a)<0$, $f''(x)$가 $x=a$에서 연속이면, $f(x)$는 $x=a$에서 극댓값 $f(a)$를 가진다.

예제 2.4.3 함수 $f(x)=x^3-3x^2+7$의 극값을 구하여라.

풀이 $f'(x)=3x^2-6x=3x(x-2)$이므로, $x=0,\ 2$에서 $f'(x)=0$이다. 또한 제2계도함수 $f''(x)=6(x-1)$에서 $f''(0)=-6<0$이므로 $f(x)$는 $x=0$에서 극댓값을 가지고, $f''(2)=6>0$이므로 $f(x)$는 $x=2$에서 극솟값을 가진다. 따라서 극댓값은 $f(0)=7$이고, 극솟값은 $f(2)=3$이다.

상품 A에 대한 어떤 소비자의 선호도를 나타내는 **효용함수**(utility function)가 $U(x)$로 표현되었다고 하자. 여기서 x는 상품 수를 나타낸다. 일반적으로 x가 증가하면 만족도도 증가할 것이므로, $U(x)$는 증가함수일 것이다. 즉, $U'(x)>0$라고 할 수 있다. 또한 **한계효용체감의 법칙**(the law of diminishing marginal utility)은 x가 증가할수록 한계효용 $U'(x)$가 감소함을 의미하므로, $U''(x)<0$이다. 따라서 효용함수는 위로 볼록하다.

Taylor 정리를 이용하여, 다음 정리를 얻을 수 있다.

정리 2.4.5

함수 $f(x)$가 $x=a$를 품는 구간에서 $2n$번 미분가능하다고 가정하자.

(1) $f'(a)=f''(a)=\cdots=f^{(2n-1)}(a)=0$, $f^{(2n)}(a)>0$, $f^{(2n)}(x)$가 $x=a$에서 연속이면, $f(x)$는 $x=a$에서 극솟값을 가지고

(2) $f'(a)=f''(a)=\cdots=f^{(2n-1)}(a)=0$, $f^{(2n)}(a)<0$, $f^{(2n)}(x)$가 $x=a$에서 연속이면, $f(x)$는 $x=a$에서 극댓값을 가진다.

함수 $f(x)$가 구간 $[a,\ b]$의 모든 x에 대해서 $f(x)\le f(\alpha)$ $(a\le\alpha\le b)$일 때, $f(x)$는 $x=\alpha$에서 **최대**가 된다고 하고 $f(\alpha)$를 이 구간에서 $f(x)$의 **최댓값**(absolute maximum)이라 한다. $f(x)\ge f(\beta)$ $(a\le\beta\le b)$일 때, 이 함수는 $x=\beta$에서 **최소**가 된다고 하고 $f(\beta)$를 이 구간에서 $f(x)$의 **최솟값**(absolute minimum)이라 한다.

예제 2.4.4 함수 $f(x) = e^x + e^{-x} - x^2$은 $x = 0$에서 극솟값을 가짐을 보여라.

풀이 $f'(x) = e^x - e^{-x} - 2x$이므로, $f'(0) = 0$이다.

$f''(x) = e^x + e^{-x} - 2$에서 $f''(0) = 0$이고,

$f'''(x) = e^x - e^{-x}$에서 $f'''(0) = 0$이다. 한편 $f^{(4)}(x) = e^x + e^{-x}$에서

$f^{(4)}(0) = 2 > 0$이므로, $f(x)$는 $x = 0$에서 극솟값 2를 갖는다.

예제 2.4.5 구간 $[0, 4]$에서 함수 $f(x) = |x-2|e^x$의 최댓값과 최솟값을 구하여라.

풀이 (i) $x = 2$에서 $f(x)$는 미분불가능하고, $f(2) = 0$이다.

(ii) $x > 2$인 경우, $f(x) = (x-2)e^x$이고 $f'(x) = (x-1)e^x > 0$이므로, $f(x)$는 $x > 2$에서 증가한다.

(iii) $x < 2$이면 $f(x) = (-x+2)e^x$이므로, $f'(x) = -(x-1)e^x$이다. 여기서 $f'(1) = 0$이고, $f''(x) = xe^x$이므로 $f''(1) = e > 0$이다. 따라서 $f(x)$는 극솟값 $f(1) = e$을 가진다.

한편 $f(4) = 2e^4$이고 $f(0) = 2$이므로, 함수 $f(x)$의 최댓값은 $f(4) = 2e^4$이고 최솟값은 $f(2) = 0$이다.

연습문제 2.4

1 다음 함수의 증가하는 구간과 감소하는 구간을 구하여라.

(a) $y = x^4 - 2x^2$ (b) $y = x^2 e^{-x}$ (c) $f(x) = \dfrac{\ln x}{x}$

2 다음 함수에서 위로 볼록 또는 아래로 볼록한 x의 범위와 변곡점을 구하여라.

(a) $y = x^3 - 3x^2$ (b) $y = x^2(\ln x - 2)$

3 다음 함수의 극값을 구하여라.

(a) $f(x) = x(x-1)^2$ (b) $f(x) = e^x + e^{-x}$

(c) $f(x) = x^3 - \dfrac{3}{2}x^2 - 6x + 1$

4 다음 함수의 최대, 최솟값이 존재하면 구하여라.

(a) $f(x) = x^2 - 3x - 1$ (b) $f(x) = \dfrac{x}{x^2 + 1}$ $(x \geq 0)$

아르키메데스와 유레카

아르키메데스(Archimedes)

우리는 대개 그리스어 한 마디는 알고 있다. 바로 아르키메데스(Archimedes, 기원전 287~212)가 외쳤다는 유레카(Eureka)이다. 유레카라는 말을 들으면 아마도 벌거벗고 길거리를 달리고 있는 아르키메데스가 떠오를 것이다.

당시 아르키메데스를 아끼고 후원하던 히에론 왕은 금세공인에게 금으로 왕관을 만들도록 지시하였다. 금세공인이 왕관을 만들어 왔을 때, 그가 금을 빼돌리고 다른 물질을 섞어 왕관을 만들지 않았을까 하는 의심이 든 왕은 아르키메데스에게 왕관을 손상하지 않고 진위를 식별해 달라는 부탁을 하였다. 이로 인해 고심에 고심을 거듭하던 아르키메데스는 우연히 목욕탕에 들어갔을 때, 물이 넘치는 것을 보고 물속에서는 물체의 부피만큼 무게가 가벼워짐을 알게 되었다. 흥분한 그는 옷도 입지 않은 채 목욕탕에서 뛰쳐나와 '알아냈다! 알아냈다!(Eureka! Eureka!)'라고 외치며 집을 향해 달려갔다. 그리고 저울의 한쪽 접시 위에는 왕관을 올려놓고 다른 접시 위에는 똑같은 무게의 순금을 올려놓은 다음, 물속으로 집어넣어 저울대가 순금 쪽으로 기우는 것을 보고 금관이 위조품인 것을 알아내었던 것이다. 그는 이를 응용하여 유명한 **아르키메데스의 원리**를 발견하였다. 즉, 위조왕관에는 은이 섞여 있어 같은 무게의 순금보다도 부피가 크고 따라서 그만큼 부력도 커진다는 것이다.

아르키메데스는 히에론 왕에게 종종 수학을 가르치곤 하였다. 왕이 '수학을 배워서 어디에다 쓰는가?'라고 물었을 때, 그는 지렛대와 도르래로 무거운 물체를 들어 올릴 수 있는 것도 수학적 원리를 이용한 것이고, 포물선의 성질을 이용한 포물거울로 햇빛을 모아 로마함대를 무찌를 수 있었던 것도 수학 덕분이라고 설명하였다. 아르키메데스는 거대한 군함을 원하는 왕의 뜻에 따라 군함을 만들었다. 그러나 군함을 어떻게 육지에서 바다로 가져가 띄울 수 있을까가 걱정이었다. 그는 거대한 지렛대 장치를 만들어 간단히 바다로 옮긴 후, "지탱할 곳만 있다면, 지구도 들어 올릴 수 있다"는 유명한 말을 남겼다고 한다.

플루타르코스 영웅전에 나와 있는 아르키메데스의 최후는 매우 유명하다. 지중해의 패권을 차지하기 위한 로마와 카르타고 사이의 제2차 포에니전쟁 때, 아르키메데스가 살던 시라쿠사는 카르타고의 편을 들어 로마군의 공격을 받게 되었다. 로마군의 지휘관 마르켈루스는 여덟 척의 군함을 연결하여 그 위에 높다란 하프형의 대를 만들어 대포를 설치하였다. 자만심에 들뜬 마르켈루스는 자신들의 명성과 많은 배를 보기만 하여도 시라쿠사인들이 항복하리라고 생각하였다. 그러나 시라쿠사인들은 아르키메데스가 만들어 낸 거대한 투석기로 큰 돌들을 연이어 쏘아 로마군의 배를 파괴하였으며, 커다란 볼록렌즈를 이용하여 배를 불태웠다고 한다. 또한 기다랗게 생긴 기중기와 쇠로 된 갈고리로 성벽 너머에 가까이 오는 배를 잡아 휘둘러서 바윗돌에 던져 가루로 만들어 버리거나 침몰하게 하였다. 그 후, 정면 공격을 단념한 로마군은 배후에서 시라쿠사로 쳐들어 왔다.

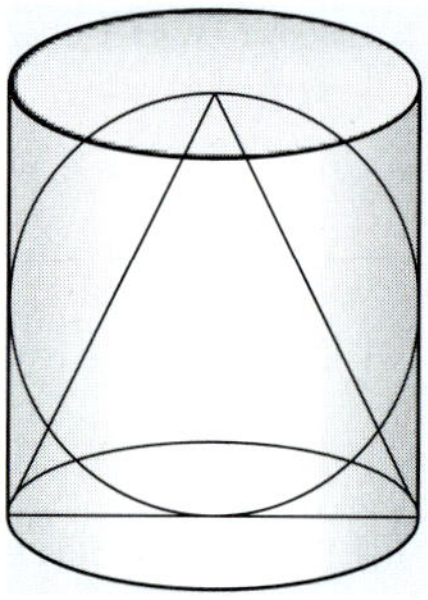

시라쿠사가 함락되는 그 시간에도 아르키메데스는 모래 위에 도형을 그리고 있었다. 연구에 몰두하던 그는 로마병사에게 '방해하지 말라'고 하자 어이가 없던 로마병사는 단칼에 아르키메데스를 죽여 버렸다고 한다. 그는 죽는 순간까지도 단순한 기술자가 아닌 기하학자로서의 면모를 보여 주었던 것이다. 비록 서로 적이었지만 아르키메데스를 만나고자 했던 마르켈루스는 그의 죽음을 애석하게 생각하고, 평소 그의 소원에 따라 원뿔, 구, 원기둥이 각각 내접하는 오른쪽 그림을 묘비에 새겨주었다. 수학자 화이트헤드(Whitehead)는 아르키메데스의 죽음에 빗대어 "로마에는 수학의 작도에 몰두하여 생명을 잃은 사람은 하나도 없다"고 말했다고 한다.

이제 내접하는 원뿔, 구, 원기둥 사이에는 어떤 조화로움이 있는지 알아보자. 원기둥의 밑면의 반지름을 r, 높이를 h라 하면, 원뿔, 구와 원기둥의 부피는 각각 $\frac{1}{3}\pi r^2 h$, $\frac{4}{3}\pi r^3$과 $\pi r^2 h$이다. 한편 구는 원기둥에 내접하므로 $h=2r$이다. 그러므로 세 입체도형의 부피 사이에는

원뿔의 부피 : 구의 부피 : 원기둥의 부피 = 1 : 2 : 3

의 관계가 성립한다. 아르키메데스는 세 입체도형의 부피의 비를 발견하고 매우 아름답다고 생각하였다. 그는 우주는 수학적으로 조화롭게 이루어져 있으며, 그중에서도 1, 2, 3, ...과 같은 자연수는 그 기본을 이룬다고 생각하였다.

아르키메데스가 죽은 지 137년이 지난 기원전 75년, 키케로가 로마의 감찰관으로 시칠리아 섬에 갔을 때, 그는 아르키메데스의 무덤을 찾기 위해 모든 공동묘지의 묘비를 조사하던 중 덤불과 관목이 우거진 사이로 조금 튀어나온 묘비를 찾아내었다. 그러나 세월이 흘러 묘비는 다시 자취를 감추었다가, 1965년 호텔의 기초 공사를 위해 땅을 파다가 원기둥에 내접하는 구의 그림이 새겨진 묘비를 발견하게 되었다.

아르키메데스가 커다란 볼록렌즈를 사용하여 로마군의 배를 불태우고 투석기, 기중기 등의 병기를 발명하여 조국을 지키며, 생활을 편리하게 하는 여러 가지 기계를 발명한 것은 현실을 개선하려는 끊임없는 연구 결과일 것이다. 학문에 대한 열정과 집중력은 물론, 현실을 그대로 받아들이지 않고 그것을 극복하고 한발 더 나아가려는 그의 정신은 이 세상 그 무엇보다 더 고귀하다고 할 것이다.

2.5 부정적분

함수 $f(x)$가 $F(x)$의 도함수, 즉

$$\frac{d}{dx}F(x) = f(x)$$

일 때

$$\int f(x)dx = F(x) + C \quad (C\text{는 상수})$$

로 나타내고 이를 $f(x)$의 **부정적분**(indefinite integral), C를 **적분상수**(integral coefficient), $f(x)$를 **피적분함수**(integrand), x를 **적분변수**(integral variable)라고 정의한다.

함수 $f(x)$의 부정적분을 미분하면, 다음과 같이 $f(x)$를 다시 얻을 수 있다.

$$\frac{d}{dx}\left(\int f(x)dx\right) = f(x)$$

미분공식에 의해 다음의 적분공식과 부정적분의 성질을 유도할 수 있다.

(1) $\int x^{\alpha}dx = \frac{x^{\alpha+1}}{\alpha+1} + C \ (\alpha \neq -1)$

(2) $\int \frac{1}{x}dx = \ln|x| + C$

(3) $\int e^{x}dx = e^{x} + C$

(4) $\int a^{x}dx = \frac{a^{x}}{\ln a} + C \ (a \neq 1,\ a > 0)$

(5) $\int kf(x)dx = k\int f(x)dx$ (k는 0 아닌 상수)

(6) $\int \{f(x) + g(x)\}dx = \int f(x)dx + \int g(x)dx$

예제 2.5.1 다음을 구하여라.

(1) $\int (3x^2 - 2x)dx$

(2) $\int \left(2\sqrt{x} - \frac{2}{x}\right)dx$

(3) $\int \frac{3}{x-1}dx$ (4) $\int 3^x dx$

풀이 (1) $\int (3x^2 - 2x)dx = x^3 - x^2 + C$

(2) $\int \left(2\sqrt{x} - \frac{2}{x}\right)dx = \frac{4}{3}x^{\frac{3}{2}} - 2\ln x + C$

(3) $\int \frac{3}{x-1}dx = 3\ln|x-1| + C$

(4) $\int 3^x dx = \frac{3^x}{\ln 3} + C$

치환적분법

함수 $f(x)$의 한 부정적분 $F(x)$를 직접 구하기 어려운 경우에는 변수를 적당히 변환하면, 부정적분을 쉽게 구할 수 있다. $u = g(x)$가 미분가능하면

$$\int f(g(x))g'(x)dx = \int f(u)du$$

이다. 이 방법에 의한 적분계산을 **치환적분법**(integration by substitution)이라 한다.

예제 2.5.2 다음을 구하여라.

(1) $\int (x^2+2x-3)^2(x+1)dx$ (2) $\int \sqrt{3x-1}\,dx$

(3) $\int t\sqrt{1-t^2}\,dt$ (4) $\int x e^{x^2} dx$

풀이 (1) $u = x^2 + 2x - 3$으로 두면, $2(x+1)dx = du$이므로 다음을 얻는다.

$$\begin{aligned}\int (x^2+2x-3)^2(x+1)dx &= \int u^2 \cdot \frac{1}{2}du = \frac{1}{2} \cdot \frac{1}{3}u^3 + C \\ &= \frac{1}{6}(x^2+2x-3)^3 + C\end{aligned}$$

(2) $u = 3x - 1$이라 두면, $3\,dx = du$이므로 다음을 얻는다.

$$\int \sqrt{3x-1}\,dx = \frac{1}{3}\int u^{\frac{1}{2}}du = \frac{2}{9}u^{\frac{3}{2}} + C$$
$$= \frac{2}{9}(3x-1)^{\frac{3}{2}} + C$$

(3) $u = 1 - t^2$이라 두면, $2t\,dt = -du$이므로 다음을 얻는다.

$$\int t\sqrt{1-t^2}\,dt = -\frac{1}{2}\cdot\frac{2}{3}u^{\frac{3}{2}} + C$$
$$= -\frac{1}{3}\sqrt{(1-t^2)^3} + C$$

(4) $u = x^2$이라 두면, $2x\,dx = du$이므로 다음을 얻는다.

$$\int x e^{x^2} dx = \frac{1}{2}\int e^u\,du = \frac{1}{2}e^u + C = \frac{1}{2}e^{x^2} + C$$

부분적분법

함수 $f(x)$와 $g(x)$가 미분가능하면, $\{f(x)g(x)\}' = f(x)g'(x) + f'(x)g(x)$이므로

$$f(x)g'(x) = \{f(x)g(x)\}' - f'(x)g(x)$$

이다. 따라서 양변을 x에 관해서 적분하면

$$\int f(x)g'(x)dx = \int (f(x)g(x))'dx - \int f'(x)g(x)dx$$
$$= f(x)g(x) - \int f'(x)g(x)dx$$

가 얻어지고, 이 방법에 의한 적분계산을 **부분적분법**(integration by parts)이라 한다.

예제 2.5.3 $\int \ln x\,dx$를 구하여라.

풀이 $f(x) = \ln x$, $g'(x) = 1$이라 두면, $f'(x) = \frac{1}{x}$, $g(x) = x$이므로 다음을 얻는다.

$$\int \ln x\,dx = x\ln x - \int 1\,dx = x\ln x - x + C$$

예제 2.5.4 $\int x \ln x\, dx$를 구하여라.

풀이 $f(x) = \ln x$, $g'(x) = x$라 두면, $f'(x) = \frac{1}{x}$, $g(x) = \frac{1}{2}x^2$이므로 다음을 얻는다.

$$\begin{aligned}\int x \ln x\, dx &= \frac{1}{2}x^2 \ln x - \frac{1}{2}\int x\, dx \\ &= \frac{1}{2}x^2 \ln x - \frac{1}{2}\cdot\frac{1}{2}x^2 + C \\ &= \frac{1}{4}x^2(2\ln x - 1) + C\end{aligned}$$

예제 2.5.5 $\int xe^x dx$를 구하여라.

풀이 $f(x) = x$, $g'(x) = e^x$라 두면, $f'(x) = 1$, $g(x) = e^x$이므로 다음을 얻는다.

$$\int xe^x dx = xe^x - \int e^x dx = xe^x - e^x + C$$

예제 2.5.6 상품 A를 생산하는 부경기업에서 A를 x개 생산할 때, 한계원가 $C'(x)$는

$$C'(x) = 25000 - 40x$$

로 주어지고, 처음 한 개를 생산하는 데 30,000원의 비용이 필요하다고 한다. 이때 이 상품의 원가함수와 100개를 생산할 때의 원가를 구하여라.

풀이 구하려는 원가함수를 $C(x)$라 두면

$$C(x) = \int C'(x)\, dx = \int (25000 - 40x)\, dx = -20x^2 + 25000x + C$$

이고, $C(1) = 30000$에서 $C = 5020$이다. 따라서 원가함수는

$$C(x) = -20x^2 + 25000x + 5020$$

이고, 100개를 생산할 때의 원가는 $C(100) = 2305020$(원)이다.

연습문제 2.5

1 다음 함수의 부정적분을 구하여라.

(a) $f(x) = 5x^4 - 3x^2 + 6$ (b) $f(x) = x^2\sqrt{x}$

(c) $f(x) = x^2(x-2)^2$ (d) $f(x) = (2x-1)^{\frac{3}{2}}$

(e) $f(x) = \dfrac{x^5 + 2x^2 - 1}{x^4}$ (f) $f(x) = \dfrac{x^3 + x^2 + x + 3}{x+1}$

2 다음 함수의 부정적분을 구하여라.

(a) $f(x) = (4x-1)^3$ (b) $f(x) = x^2(x^3+1)^3$

(c) $f(x) = \dfrac{x}{\sqrt{x^2-1}}$ (d) $f(x) = \dfrac{x^2-1}{\sqrt{x}}$

3 다음 함수의 부정적분을 구하여라.

(a) $f(x) = x^2e^x$ (b) $f(x) = xe^{-x}$

(c) $f(x) = (\ln x)^2$ (d) $f(x) = xe^{3x}$

4 $F'(x) = e^x - 2$이고 $F(0) = 2$인 함수 $F(x)$를 구하여라.

5 어떤 상품 x개를 생산할 때의 한계원가는 $100x^{\frac{1}{3}}$이고, 8개를 생산하는 데 70,000원의 비용이 필요하다고 한다. 이때 이 상품의 원가함수와 216개를 생산할 때의 원가를 구하여라.

2.6 정적분과 성질

평면 위의 다각형의 넓이는 다각형을 삼각형으로 나누어 각 삼각형의 넓이의 합으로 구할 수 있고, 곡선으로 둘러싸인 부분의 넓이는 그 도형에 근사하는 다각형의 넓이의 극한으로써 구할 수 있다. 이와 같이 주어진 평면도형을 적당히 분할하여 그 넓이의 합을 구한 다음에 분할을 한없이 세분하여 그 합의 극한으로 도형의 넓이를 구하는 방법을 **구분구적법**(measuration by parts)이라 한다.

예제 2.6.1 반지름이 r인 원의 넓이를 구분구적법으로 구하여라.

풀이 반지름이 r인 원에 내접하는 정n각형의 넓이를 S_n이라고 하면

$$S_n = n(\triangle OAB\text{의 넓이}) = n\left(\frac{1}{2}h\,\overline{AB}\right) = \frac{1}{2}nh\,\overline{AB}$$

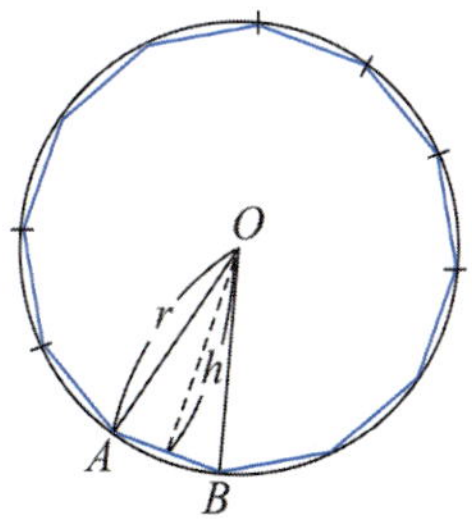

그림 2.4

이다. 여기서 $n\overline{AB}$는 내접하는 정n각형의 둘레인데, 이를 l이라 두면 $S_n = \frac{1}{2}hl$이다(그림 2.4 참조). 만약 $n \to \infty$이면, $h \to r$이고 $l \to 2\pi r$이므로, 원의 넓이는 $S = \pi r^2$임을 알 수 있다.

예제 2.6.2 포물선 $y = x^2$, x축 및 직선 $x = 1$로 둘러싸인 부분의 넓이를 구하여라.

풀이 원점을 O, 직선 $x=1$과 x축과의 교점을 $A(1,\ 0)$이라 하고, 선분 $\overline{OA}$를 n등분하는 점을 차례로 $A_1,\ A_2,\ \dots,\ A_{n-1}$로 하자. 그리고 그림 2.5에서와 같이 각 구간 $\overline{OA_1},\ \overline{A_1A_2},\ \dots,\ \overline{A_{n-1}A}$에서 각 구간의 오른쪽 끝점의 함숫값을 높이로 하는 직사각형을 만들면, 이들 직사각형의 높이는 왼쪽에서부터 차례로

$$\left(\frac{1}{n}\right)^2,\ \left(\frac{2}{n}\right)^2,\ \left(\frac{3}{n}\right)^2,\ \dots,\ \left(\frac{n}{n}\right)^2$$

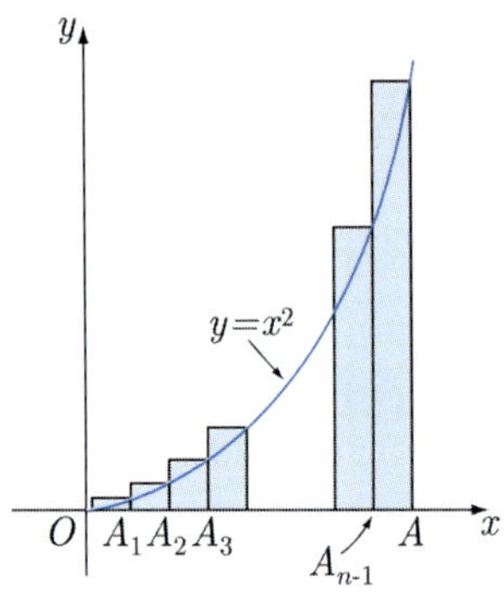

그림 2.5

이므로, 외접하는 직사각형의 넓이의 합은 $S_n=\sum_{k=1}^{n}\frac{1}{n}\left(\frac{k}{n}\right)^2$이다. 따라서 구하려는 넓이 S는 다음과 같이 구할 수 있다.

$$\begin{aligned} S &= \lim_{n\to\infty} S_n = \lim_{n\to\infty}\sum_{k=1}^{n}\frac{1}{n}\left(\frac{k}{n}\right)^2 \\ &= \lim_{n\to\infty}\frac{1}{6}\left(1+\frac{1}{n}\right)\left(2+\frac{1}{n}\right)=\frac{1}{3} \end{aligned}$$

예제 2.6.3 밑면의 반지름이 r이고 높이가 h인 원뿔의 부피를 구분구적법으로 구하여라.

풀이 그림 2.6에서와 같이 원뿔의 높이를 n등분하여 각 분점을 지나서 밑면에 평행한 평면으로 원뿔을 자르고, 자른 자리의 넓이를 위로부터 차례로 $A_1,\ A_2,\ \dots,$

A_{n-1}이라 하면 각 넓이는 다음과 같다.

$$A_1 = \frac{1}{n^2}\pi r^2, \quad A_2 = \frac{2^2}{n^2}\pi r^2, \quad \ldots, \quad A_{n-1} = \frac{(n-1)^2}{n^2}\pi r^2$$

자른 자리를 윗면, $\dfrac{h}{n}$를 높이로 하는 $(n-1)$개의 원기둥의 부피의 합을 V_n이라 하면, V_n은 다음과 같다.

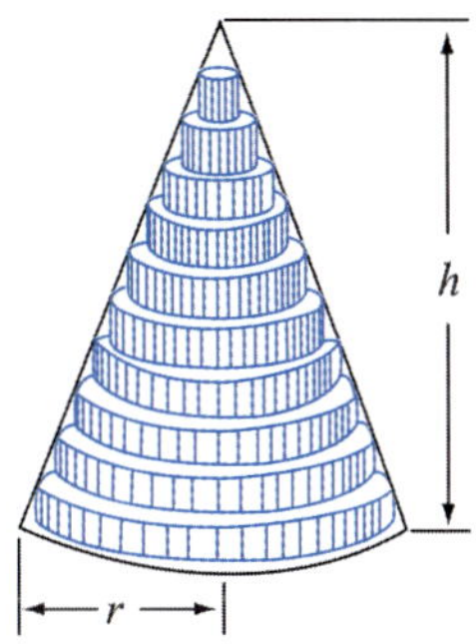

그림 2.6

$$\begin{aligned} V_n &= \frac{h}{n}\left\{\frac{1}{n^2}\pi r^2 + \frac{2^2}{n^2}\pi r^2 + \cdots + \frac{(n-1)^2}{n^2}\pi r^2\right\} \\ &= \frac{\pi r^2 h}{n^3}\{1^2 + 2^2 + \cdots + (n-1)^2\} \\ &= \frac{\pi r^2 h}{n^3}\left\{\frac{(n-1)n(2n-1)}{6}\right\} \\ &= \frac{\pi r^2 h}{3}\left(1 - \frac{1}{n}\right)\left(1 - \frac{1}{2n}\right) \end{aligned}$$

따라서 구하려는 부피 V는 다음과 같다.

$$V = \lim_{n\to\infty} V_n = \lim_{n\to\infty} \frac{\pi r^2 h}{3}\left(1 - \frac{1}{n}\right)\left(1 - \frac{1}{2n}\right) = \frac{1}{3}\pi r^2 h$$

함수 $f(x)$가 닫힌 구간 $[a, b]$에서 $f(x) > 0$이고 연속일 때, 그림 2.7에서와 같이

곡선 $f(x)$와 세 직선 $x = a$, $x = b$, $y = 0$으로 둘러싸인 부분의 넓이를 구분구적법으로 구해보자.

$[a, b]$의 한 분할

$$a = x_0 < x_1 < x_2 < \cdots < x_{n-1} < x_n = b$$

에서, 각 $i = 1, 2, \ldots, n$에 대해 각 구간 $[x_{i-1}, x_i]$에서의 $f(x)$의 최댓값을 M_i, 최솟값을 m_i라 하고

$$\overline{S_n} = M_1 \Delta x_1 + M_2 \Delta x_2 + \cdots + M_n \Delta x_n = \sum_{i=1}^{n} M_i \Delta x_i$$

$$\underline{S_n} = m_1 \Delta x_1 + m_2 \Delta x_2 + \cdots + m_n \Delta x_n = \sum_{i=1}^{n} m_i \Delta x_i$$

라 두면, $\underline{S_n} \le \overline{S_n}$이다. 여기서 곡선 $y = f(x)$와 세 직선 $x = a$, $x = b$, $y = 0$에 의해 둘러싸인 부분의 넓이를 S라고 하면 $\underline{S_n} \le S \le \overline{S_n}$을 만족한다. 한편 함수 $f(x)$의 연속성에 의해 $\lim_{\max \Delta x_i \to 0} (\overline{S_n} - \underline{S_n}) = 0$이므로, 조임정리에 의해

$$S = \lim_{\max \Delta x_i \to 0} \overline{S_n} = \lim_{\max \Delta x_i \to 0} \underline{S_n}$$

임을 알 수 있다.

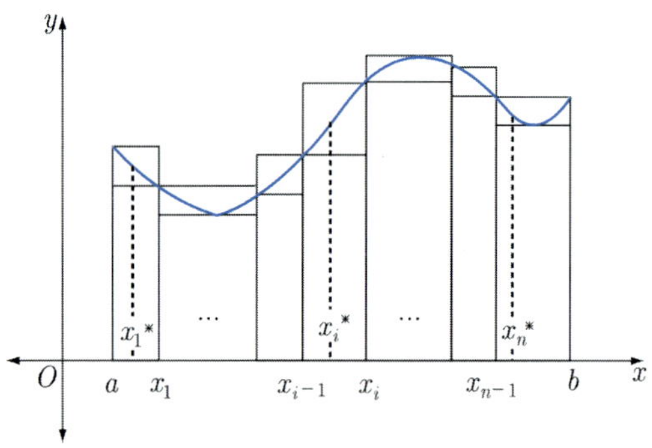

그림 2.7

더욱이 각 i에 대해 $[x_{i-1}, x_i]$에서 임의의 점 x_i^*를 택하면 $m_i \le f(x_i^*) \le M_i$이

므로, 곡선 $y=f(x)\,(>0)$와 세 직선 $x=a$, $x=b$, $y=0$에 의해 둘러싸인 부분의 넓이 S는 다음과 같이 나타낼 수 있다.

$$S = \lim_{\max \Delta x_i \to 0} \sum_{i=1}^{n} f(x_i^*)\Delta x_i \quad (x_{i-1} \le x_i^* \le x_i)$$

따라서 함수 $f(x)$가 구간 $[a, b]$에서 $f(x)>0$이고 연속일 때, $\sum_{i=1}^{n} f(x_i^*)\Delta x_i$는 곡선 $y=f(x)$와 세 직선 $x=a$, $x=b$, x축으로 둘러싸인 부분의 넓이에 수렴함을 알 수 있다.

일반적으로 $f(x)$가 구간 $[a, b]$에서 연속이면, 그림 2.8에서와 같이

$$\sum_{i=1}^{n} f(x_i^*)\Delta x_i$$

는 x축 위쪽에 있는 부분의 넓이와 x축 아래쪽에 있는 부분의 넓이에 $(-)$의 부호를 붙인 것의 합에 수렴함을 알 수 있다. 즉, $f(x)$가 구간 $[a, b]$에서 연속이면, $\max\Delta x_i \to 0$일 때, $\sum_{i=1}^{n} f(x_i^*)\Delta x_i$는 수렴한다.

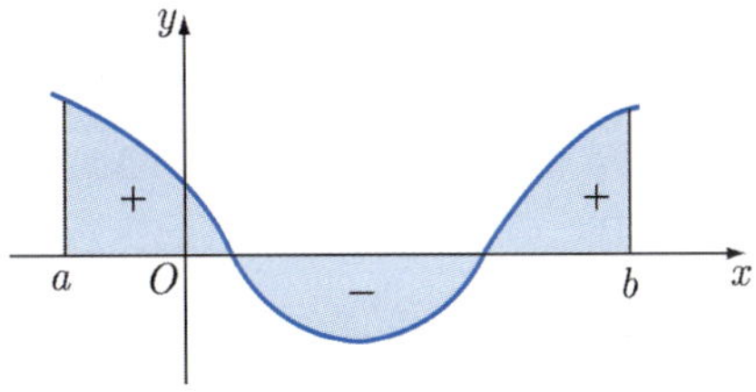

그림 2.8

이때 이 극한을 a에서 b까지 $f(x)$의 **정적분**(definite integral)이라 하고, 다음과 같이 나타낸다.

$$\int_a^b f(x)dx = \lim_{\max \Delta x_i \to 0} \sum_{i=1}^{n} f(x_i^*)\Delta x_i \quad (x_{i-1} \le x_i^* \le x_i)$$

닫힌 구간 $[a, b]$를 n등분으로 분할하는 경우, $\Delta x_i = \dfrac{b-a}{n}$이므로 정적분은 다음과 같이 나타낼 수 있다.

$$\int_a^b f(x)dx = \lim_{n\to\infty} \sum_{i=1}^{n} f(x_i^*) \frac{b-a}{n}$$

$$\left(a + \frac{(b-a)(i-1)}{n} \le x_i^* \le a + \frac{(b-a)i}{n}\right)$$

이제부터는 정적분의 성질에 대하여 알아보자. 정적분에서도 부정적분에서와 같이 다음 정리들이 성립한다.

정리 2.6.1

함수 $f(x)$, $g(x)$가 닫힌 구간 $[a, b]$에서 연속이면, 다음을 만족한다.

(1) $\int_a^b kf(x)dx = k\int_a^b f(x)dx$ (k는 상수)

(2) $\int_a^b \{f(x)+g(x)\}dx = \int_a^b f(x)dx + \int_a^b g(x)dx$

증명 (1) $F(x) = kf(x)$라 하면

$$\begin{aligned}\int_a^b kf(x)dx &= \lim_{\max \Delta x_i \to 0} \sum_{i=1}^{n} F(x_i^*)\Delta x_i \\ &= k \lim_{\max \Delta x_i \to 0} \sum_{i=1}^{n} f(x_i^*)\Delta x_i = k\int_a^b f(x)dx\end{aligned}$$

이다.

(2) $F(x) = f(x) + g(x)$라 하면 $F(x_i^*) = f(x_i^*) + g(x_i^*)$이므로, 같은 방법으로 증명한다.

지금까지는 $a < b$인 경우에 정적분 $\int_a^b f(x)dx$를 정의하였으나, 이제는

$$a > b\text{일 때, } \int_a^b f(x)dx = -\int_b^a f(x)dx$$

$$a = b\text{일 때, } \int_a^b f(x)dx = 0$$

으로 정적분의 정의를 확장하자. 이 경우에도 정리 2.6.1이 성립함은 명백하다.

정리 2.6.2

함수 $f(x)$와 $g(x)$가 닫힌 구간 $[a, b]$에서 연속이고 $f(x) \leq g(x)$를 만족하면, 다음이 성립한다.

$$\int_a^b f(x)dx \leq \int_a^b g(x)dx$$

정리 2.6.3 적분에 대한 평균값 정리

함수 $f(x)$가 닫힌 구간 $[a, b]$에서 연속이면, 다음 식을 만족하는 c가 존재한다.

$$\int_a^b f(x)dx = f(c)(b-a) \quad (a \leq c \leq b)$$

증명 $f(x)$가 $[a, b]$에서 연속이므로, 최댓값 M과 최솟값 m을 갖는다. 따라서

$$m(b-a) \leq \int_a^b f(x)dx \leq M(b-a)$$

이므로

$$m \leq \frac{1}{b-a}\int_a^b f(x)dx \leq M$$

이 성립하고, 사잇값 정리에서

$$\frac{1}{b-a}\int_a^b f(x)dx = f(c) \qquad (a \leq c \leq b)$$

를 만족하는 c가 존재한다.

정적분의 정의로부터 다음 정리도 쉽게 증명할 수 있다.

정리 2.6.4

함수 $f(x)$가 실수 a, b, c를 포함하는 닫힌 구간에서 연속이면, 다음이 성립한다.

$$\int_a^b f(x)dx = \int_a^c f(x)dx + \int_c^b f(x)dx$$

연습문제 2.6

1 밑면은 한 변의 길이가 a인 정사각형이고 높이가 h인 각뿔의 부피를 V라 하면, $V=\frac{1}{3}a^2h$임을 구분구적법으로 증명하여라.

2 다음으로 둘러싸인 부분의 넓이를 구분구적법으로 구하여라.

(a) $y=x^2+1$, $x=1$, x축, y축 (b) $y=x^3$, $x=2$, x축

3 다음에서 적분에 대한 평균값 정리를 만족시키는 c의 값을 구하여라.

(a) $\int_1^2 x^3 dx$ (b) $\int_0^3 (x^2+2x-5)dx$

4 다음 부등식을 증명하여라.

(a) $\log n > \frac{1}{2}+\frac{1}{3}+\cdots+\frac{1}{n}$ (b) $1-\frac{1}{n} > \frac{1}{2^2}+\frac{1}{3^2}+\cdots+\frac{1}{n^2}$

2.7 정적분의 계산

함수 $f(x)$가 닫힌 구간 $[a, b]$에서 연속일 때, 구간 $[a, b]$에 속하는 한 점 x에 대해 $\int_a^x f(t)dt$는 단 하나의 값으로 결정된다. 따라서

$$F(x) = \int_a^x f(t)dt$$

는 $[a, b]$에서의 함수이고, 다음과 같이 나타낼 수 있다.

$$F(x+\Delta x) - F(x) = \int_a^{x+\Delta x} f(t)dt - \int_a^x f(t)dt = \int_x^{x+\Delta x} f(t)dt$$

따라서 평균값 정리에 의해서

$$\frac{F(x+\Delta x) - F(x)}{\Delta x} = \frac{1}{\Delta x}\int_x^{x+\Delta x} f(t)dt = f(c)$$

를 만족하는 c가 x와 $x+\Delta x$ 사이에 적어도 하나 존재한다. 그러므로 $\Delta x \to 0$일 때 $c \to x$이고, $f(x)$가 연속이므로

$$\frac{dF(x)}{dx} = \lim_{\Delta x \to 0}\frac{F(x+\Delta x) - F(x)}{\Delta x} = \lim_{c \to x} f(c) = f(x)$$

이다. 이로부터 다음 정리를 얻는다.

정리 2.7.1

$f(x)$가 연속함수이면, $F(x) = \int_a^x f(t)dt$는 $f(x)$의 한 부정적분이다. 즉, $F'(x) = f(x)$이다.

정리 2.7.2

닫힌 구간 $[a, b]$에서 연속인 함수 $f(x)$의 한 부정적분을 $G(x)$라 하면, 다음이

성립한다.

$$\int_a^b f(x)dx = G(b) - G(a)$$

증명 정리 2.7.1에서 $F(x) = \int_a^x f(t)dt$는 $f(x)$의 한 부정적분이므로

$$F(x) = G(x) + C$$

가 성립한다. 그런데 $F(a) = \int_a^a f(t)dt = 0$, 즉 $G(a) + C = 0$이므로

$$C = -G(a)$$

이다. 따라서

$$\int_a^b f(x)dx = F(b) = G(b) - G(a)$$

이다. 여기서 $G(b) - G(a)$를 종종 기호 $[G(x)]_a^b$로 나타낸다.

예제 2.7.1 $\int_1^3 (x^3 - 4x)dx$를 구하여라.

풀이
$$\int_1^3 (x^3 - 4x)dx = \left[\frac{x^4}{4} - 2x^2\right]_1^3$$
$$= \frac{1}{4}(3^4 - 1^4) - 2(3^2 - 1^2) = 4$$

예제 2.7.2 다음 정적분의 값을 구하여라.

(1) $\int_1^2 \ln x \, dx$ (2) $\int_{-1}^1 |x| \, dx$

풀이 (1) 예제 2.5.3으로부터 $\int_1^2 \ln x \, dx = [x \ln x - x]_1^2 = 2\ln 2 - 1$이다.

(2) $\int_{-1}^{1} |x|\,dx = \int_{-1}^{0}(-x)dx + \int_{0}^{1} x\,dx = \frac{1}{2} + \frac{1}{2} = 1$

예제 2.7.3 다음 함수 $f(x)$에 대하여, $\int_0^2 f(x)dx$를 구하여라.

$$f(x) = \begin{cases} x^2, & 0 \le x \le 1 \\ 2x - x^2, & 1 \le x \le 2 \end{cases}$$

풀이 $[0,\ 1]$과 $[1,\ 2]$에서 $f(x)$가 나타내는 식이 다르므로, 다음과 같이 두 구간으로 나누어 계산하여야 한다.

$$\begin{aligned} \int_0^2 f(x)dx &= \int_0^1 x^2 dx + \int_1^2 (2x - x^2)dx \\ &= \left[\frac{x^3}{3}\right]_0^1 + \left[x^2 - \frac{x^3}{3}\right]_1^2 = \frac{1}{3} + \frac{2}{3} = 1 \end{aligned}$$

치환적분법

정적분 $\int_a^b f(x)dx$를 $x = \phi(t)$로 치환하여 그 값을 구하려고 할 때, 함수 $\phi(t)$가 α와 β $(\phi(\alpha) = a,\ \phi(\beta) = b)$ 사이에서 부호가 일정한 연속인 도함수를 가지는 경우를 생각해 보자. $f(x)$의 한 부정적분을 $F(x)$라 하면

$$\frac{d}{dt}F(\phi(t)) = F'(\phi(t))\phi'(t) = f(\phi(t))\phi'(t)$$

이므로, 다음이 성립한다.

$$\int_\alpha^\beta f(\phi(t))\phi'(t)dt = [F(\phi(t))]_\alpha^\beta = F(b) - F(a) = \int_a^b f(x)dx$$

예제 2.7.4 다음 정적분의 값을 구하여라.

(1) $\int_0^1 (x+1)^4 dx$ (2) $\int_0^2 x(x-1)^6 dx$ (3) $\int_0^4 \frac{x}{\sqrt{2x+1}}\,dx$

풀이 (1) $x+1=t$라 두면 $dx=dt$이고, $x=0$일 때 $t=1$, $x=1$일 때 $t=2$이므로, 다음의 값을 얻는다.

$$\int_0^1 (x+1)^4 dx = \int_1^2 t^4 dt = \left[\frac{t^5}{5}\right]_1^2 = \frac{31}{5}$$

(2) $x-1=t$라 두면, $x=t+1$이고 $dx=dt$이므로

$$\int_0^2 x(x-1)^6 dx = \int_{-1}^1 (t+1)t^6 dt = \int_{-1}^1 (t^7+t^6) dt$$

$$= \left[\frac{t^8}{8}+\frac{t^7}{7}\right]_{-1}^1 = \frac{2}{7}$$

이다.

(3) $\sqrt{2x+1}=t$라 두면, $2x+1=t^2$으로부터 $2x=t^2-1$, $dx=tdt$이므로 다음의 값을 얻는다.

$$\int_0^4 \frac{x}{\sqrt{2x+1}} dx = \frac{1}{2}\int_1^3 \frac{(t^2-1)t}{t} dt = \frac{1}{2}\int_1^3 (t^2-1) dt$$

$$= \frac{1}{2}\left[\frac{t^3}{3}-t\right]_1^3 = \frac{10}{3}$$

예제 2.7.5 정적분 $\int_1^2 x\sqrt{2-x}\,dx$의 값을 구하여라.

풀이 $2-x=t$라 두면, $x=2-t$로부터 $dx=-dt$이다. 그리고 $x=1$이면 $t=1$이고, $x=2$이면 $t=0$이므로 다음의 값을 얻는다.

$$\int_1^2 x\sqrt{2-x}\,dx = \int_1^0 (2-t)\sqrt{t}(-1)dt = \int_0^1 \left(2t^{\frac{1}{2}}-t^{\frac{3}{2}}\right)dt$$

$$= \left[2\cdot\frac{2}{3}t^{\frac{3}{2}}-\frac{2}{5}t^{\frac{5}{2}}\right]_0^1 = \frac{14}{15}$$

예제 2.7.6 $f(x)$가 우함수이면 $\int_{-a}^{a} f(x)dx = 2\int_{0}^{a} f(x)dx$이고, $f(x)$가 기함수이면 $\int_{-a}^{a} f(x)dx = 0$이다.

풀이 $\int_{-a}^{a} f(x)dx = \int_{-a}^{0} f(x) + \int_{0}^{a} f(x)dx$에서 치환 $x = -t$에 의해

$$\int_{-a}^{0} f(x)dx = \int_{a}^{0} f(-t)(-1)dt = \int_{0}^{a} f(-t)dt = \int_{0}^{a} f(-x)dx$$

이므로

$$\int_{-a}^{a} f(x)dx = \int_{0}^{a} \{f(-x) + f(x)\}dx$$

이다. 한편 $f(x)$가 우함수이면 $f(-x) + f(x) = 2f(x)$이고, 기함수이면 $f(-x) + f(x) = 0$이므로, 예제가 증명된다.

부분적분법

닫힌 구간 $[a, b]$에서 함수 $f(x)$와 $g(x)$가 연속이고, 또한 연속인 도함수를 가지면

$$\{f(x)g(x)\}' = f'(x)g(x) + f(x)g'(x)$$

이므로

$$\int_{a}^{b} \{f(x)g'(x) + f'(x)g(x)\}dx = [f(x)g(x)]_a^b$$

이고, 따라서 다음을 얻는다.

$$\int_{a}^{b} \{f(x)g'(x)\}dx = [f(x)g(x)]_a^b - \int_{a}^{b} f'(x)g(x)dx$$

예제 2.7.7 다음 정적분의 값을 구하여라.

(1) $\int_{0}^{1} x e^{x}\, dx$ (2) $\int_{1}^{e} x \ln x\, dx$

풀이 (1) $f(x)=x$, $g'(x)=e^x$이라 두면, $f'(x)=1$, $g(x)=e^x$이므로 정적분의 값은 다음과 같다.

$$\begin{aligned}\int_0^1 x e^x\,dx &= \left[x e^x\right]_0^1 - \int_0^1 e^x\,dx \\ &= (e-0)-(e-1)=1\end{aligned}$$

(2) $f(x)=\ln x$, $g'(x)=x$라 두면, $f'(x)=\frac{1}{x}$, $g(x)=\frac{1}{2}x^2$이므로

$$\begin{aligned}\int_1^e x\ln x\,dx &= \left[\frac{1}{2}x^2\ln x\right]_1^e - \int_1^e \frac{1}{x}\cdot\frac{1}{2}x^2dx \\ &= \frac{1}{2}e^2-\left[\frac{1}{4}x^2\right]_1^e=\frac{1}{4}(e^2+1)\end{aligned}$$

이다.

예제 2.7.8 $\int_0^1 x^2 e^x\,dx$를 구하여라.

풀이 부분적분법을 이용하면

$$\int x^2 e^x\,dx = e^x(x^2-2x+2)+C$$

이므로, 구하려는 정적분의 값은 다음과 같다.

$$\int_0^1 x^2 e^x\,dx = \left[e^x(x^2-2x+2)\right]_0^1 = e-2$$

연습문제 2.7

1 다음 정적분의 값을 구하여라.

(a) $\int_1^4 x\sqrt{x}\,dx$

(b) $\int_0^1 (2x+1)^3\,dx$

(c) $\int_{-3}^1 \sqrt{1-t}\,dt$

(d) $\int_0^1 \frac{1}{e^x}\,dx$

(e) $\int_0^1 \frac{x}{\sqrt{1+x^2}}\,dx$

(f) $\int_1^{e^2} \frac{1}{x}\,dx$

2 다음 정적분의 값을 구하여라.

(a) $\int_2^{10} \frac{1}{\sqrt{x-1}}\,dx$

(b) $\int_0^1 x^2\sqrt{1-x}\,dx$

(c) $\int_1^e \ln x\,dx$

(d) $\int_1^e x^2 \ln x\,dx$

(e) $\int_1^e \frac{\ln x}{x^2}\,dx$

(f) $\int_0^2 x^2 e^x\,dx$

3 $\int_0^2 |\sqrt{x}-1|\,dx$를 구하여라.

쉬어 가기

뉴턴과 라이프니츠

뉴턴(Newton)

17세기 말에 접어들면서 뉴턴(Newton, 1642~1727)과 라이프니츠(Leibniz, 1646~1716)는 미적분학을 창시하였다. 미적분학의 발견은 수백 년간 진전이 없었던 수학을 급속도로 발전시켰으며, 기하학과 대수학의 세계에서 해석학으로 비약하여 물리학에도 큰 영향을 주었다. 미적분학의 발견을 둘러싸고 뉴턴과 라이프니츠에 대한 많은 논쟁이 있었으나, 결국 두 사람이 각각 독립적으로 발전시킨 것으로 귀결되었다. 미적분학의 발견은 뉴턴이, 이론에 대한 결과의 발표는 라이프니츠가 먼저 하였다. 고등학교나 대학 교양수학 등에서 미분을 먼저 공부한 후에 적분을 공부하는 관습적인 순서와는 반대로, 역사적으로는 적분학이 미분학보다 먼저 시작되었다. 적분학은 넓이, 부피 또는 호의 길이 등을 구하는 과정에서 착안되었으며, 그보다 약간 늦게 미분학은 곡선의 접선에 관한 문제와 함수의 최대·최소에 관한 문제로 시작되었다. 그 이후, 적분과 미분은 서로 역연산의 관계에 있다는 사실이 밝혀졌다.

뉴턴은 1671년에 미적분학을 체계화하여 중력의 법칙, 빛의 입자설 등 찬란한 업적들을 많이 남겼다. 뉴턴은 오늘날 미분학으로 알려진 **유율법**을 발표하였는데, 그는 곡선을 점의 연속운동에 의하여 만들어지는 점의 자취로 생각하였다. 또한 그는 변량은 변하는 양, 유율은 변량의 변화하는 비율, 주유율은 변량의 일정한 증가율, 모멘트는 하나의 변량이 시간 0인 극히 작은 구간에서 증가하는 양으로 정의하였다. 따라서 미분은 변량으로부터 유율을 구하는 것이고, 적분은 유율로부터 변량을 구하는 것이다. 뉴턴은 극대와 극소, 곡선의 접선과 곡률, 변곡점 및 곡선의 요철 등을 결정하는 데 유율법을 응용하였으며, 구적법과 곡선의 길

라이프니츠(Leibniz)

이를 구하는 문제에도 적용하였다.

미적분의 발명에서 뉴턴의 경쟁자였던 라이프니츠는 1673년과 1676년 사이에 미적분학을 착안하였다. 그가 카발리에리(Cavalieri)의 불가분량의 합을 나타내는 라틴어 summa(합)의 첫 글자인 s를 세로로 길게 늘인 $\int$을 적분기호로 처음 사용하였다. 그는 미분학에 관한 최초 논문을 1684년에 발표하였는데, dx를 임의의 유한구간으로 하여 dy를

$$dy : dx = y : \text{접선영}$$

으로 정의하였다. 라이프니츠가 사용한 수학 용어나 기호는 세련되고 단순하면서도 사물의 본질을 잘 나타내고 있어서 쉽게 이해할 수 있고 다루는 방법도 간편하였다. 현재 우리가 사용하고 있는 미적분학 용어와 기호의 대부분은 라이프니츠로부터 이어받은 것이다. 이탈리아 수학자인 카발리에리는 적분학의 기초가 된 기하학을 발전시켰다. 그는 유클리드의 업적에 자극을 받아 수학에 관심을 갖게 되었고 갈릴레오를 만난 이후 스스로를 그의 제자로 생각하였다고 한다. 카발리에리는 자신이 발전시킨 극소량법을 갈릴레오가 그와 비슷한 연구를 하고 있다는 것을 알고서는 그에 대한 경의로 6년간 자신의 연구결과를 발표하지 않았다고 한다.

카발리에리(Cavalieri)

어느 날 친구 몇 명을 집으로 초대하여 저녁을 대접하던 뉴턴은 포도주를 가지러 방을 나갔다가 잠시 다른 생각에 잠겼다고 한다. 한번 생각에 빠지면 다른 모든 것을 잊어버리는 뉴턴은 옷을 걸쳐 입고 교회로 가버렸다는 일화가 있을 정도로 집중력이 강한 사람이었다.

수학에서 아주 중요하게 취급되고 있는 함수는 1694년 라이프니츠에 의해 처음으로 도입되었다. 그는 함수와 같이 연속적인 양에 대한 수학은 물론, 확률과 같이 흩어져있는 양에 대한 수학에도 많은 관심을 가져 훌륭한 업적들을 남겼다. 또한 라이프니츠가 만든 계산기는 파스칼의 것보다 훨씬 뛰어났다. 파스칼이 만든 계산기는 덧셈과 뺄셈만 할 수 있었지만, 그가 만든 것은 곱셈과 나눗셈은 물론 제곱근도 구할 수 있었다. 그런데 라이프니츠가 발표한 논문의 대부분은 여기저기 돌아다니면서 바람막이도 없는 덜컹거리는 마차에서 작성한 것이라고 한다. 그는 왜 그렇게 바쁘게 돌아다녔을까? 라이프니츠는 수학 이외에 법률학, 정치, 역사, 문학, 논리학, 형이상학 등에 관해서도 업적을 남겼듯이 다양한 재능을 가지고 있었다. 그는 각 분야에서 보통 사람이 평생 이룩한 것보다 많은 성과를 남겼다고 평가받고 있다. 실제로 라이프니츠는 많은 돈과 명예를 얻기 위하여 인생의 대부분을 보냈다

고 하는 편이 옳을 것이다. 그는 자기에게 높은 급료를 주는 왕후의 사생아를 위해 죽을 때까지 헌신하였으며, 뛰어난 법률 지식을 이용하여 왕후나 귀족의 재산을 늘려주는 일 등에 몰두하였다고 한다. 만약 천재적인 재능을 지닌 라이프니츠가 세속적인 것을 추구하지 않고 수학에 몰두하였다면, 지금 알려진 것보다 훨씬 더 위대한 수학적 지식을 우리에게 남겼을 것이다.

제3장

행렬과 행렬식

이 장에서는 벡터와 행렬의 연산, 여러 가지 특수한 형태의 행렬과 행렬식을 정의하여 그 성질들을 조사하고 역행렬을 구하는 방법에 대해 알아본다. 또한 Gauss 소거법과 Gramer 법칙으로 연립일차방정식의 해를 구하는 방법과 행렬의 고윳값과 고유벡터에 대해서도 소개한다.

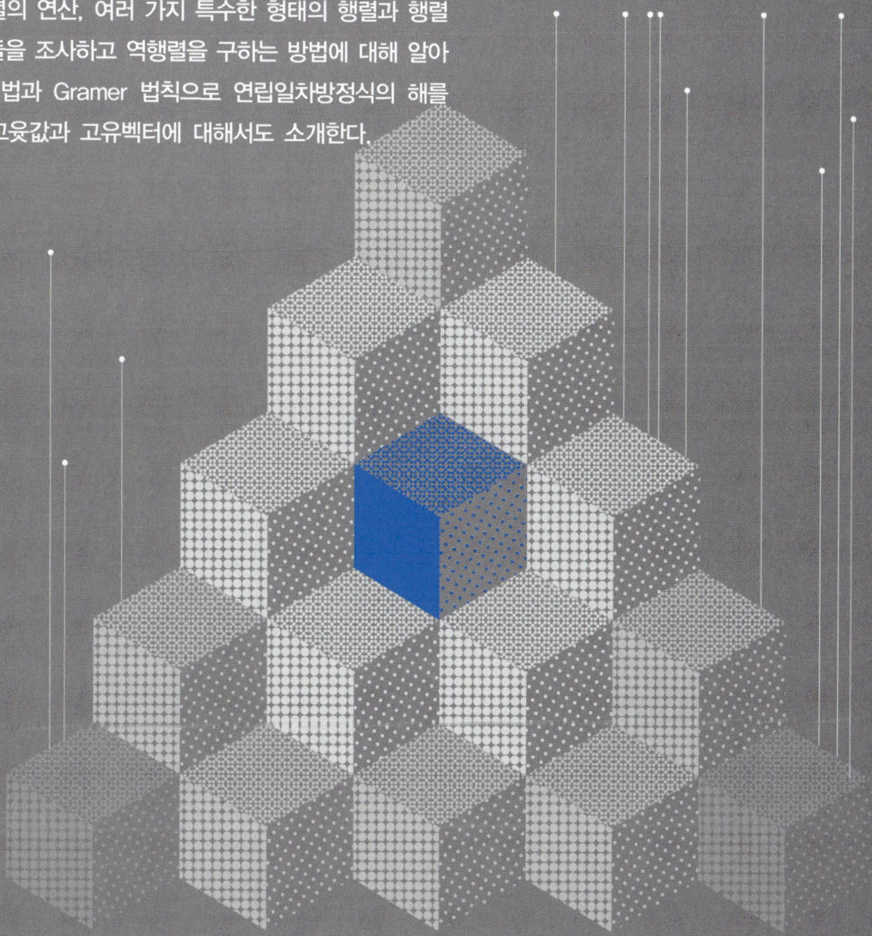

3.1 벡터와 연산

그림 3.1

벡터(vector)는 속도나 가속도, 힘, 변위 등과 같이 크기와 방향을 갖는 물리적인 양을 나타내기 위하여 도입되었다. 벡터는 그림 3.1에서와 같이 평면이나 공간에서 화살표를 사용하여, $\overrightarrow{AB}$ 와 같이 표시한다. 이때 선분 AB의 길이는 벡터의 크기를 나타내고, 화살표의 방향은 벡터의 방향을 나타낸다. 또한 점 A와 B는 각각 벡터 $\overrightarrow{AB}$ 의 **시점**(initial point)과 **종점**(terminal point)이라고 한다.

벡터를 간단히 하나의 문자로 나타낼 때는 주로 $\mathbf{x}$, $\mathbf{y}$, $\mathbf{z}$ 등과 같이 진한 글씨체로 나타내어 스칼라와 구별한다. 그리고 두 벡터 $\mathbf{x}$와 $\mathbf{y}$의 크기와 방향이 서로 같으면, $\mathbf{x}$와 $\mathbf{y}$는 **같은 벡터**(same vector)라 하고 $\mathbf{x} = \mathbf{y}$로 나타낸다. 결과적으로 벡터 $\mathbf{x}$를 평행이동하여 벡터 $\mathbf{y}$와 일치시킬 수 있으면, $\mathbf{x}$와 $\mathbf{y}$는 같은 벡터이다. 시점과 종점이 같은 벡터는 특별한 방향이 정해지지는 않지만 크기가 0인 벡터로 간주하여 **영벡터**(zero vector)라 하고 $\mathbf{0}$으로 나타낸다. 특히 크기가 1인 벡터를 **단위벡터**(unit vector)라 한다.

이제 벡터의 기본연산인 덧셈과 스칼라배에 대해 알아보자.

두 벡터 $\mathbf{a} = \overrightarrow{AB}$, $\mathbf{b} = \overrightarrow{BC}$에 대하여 **벡터의 합**(sum of vectors) $\mathbf{a}+\mathbf{b}$는

$$\mathbf{a}+\mathbf{b} = \overrightarrow{AC}$$

로 정의한다. 그림 3.2에서와 같이 $\mathbf{b}$를 $\mathbf{a}$의 종점을 시점으로 하는 벡터로 택하면, $\mathbf{a}+\mathbf{b}$는 $\mathbf{a}$와 시점이 같고 $\mathbf{b}$와 종점이 같은 벡터이다. 또한 시점이 모두 O인 두 벡터 $\mathbf{a}$와 $\mathbf{b}$의 합은 그림 3.3과 같이 두 벡터 $\mathbf{a} = \overrightarrow{OA}$, $\mathbf{b} = \overrightarrow{OB}$로 이루어진 평행사변형 $AOBC$의 대각선에 대응하는 벡터 $\overrightarrow{OC}$임을 알 수 있다.

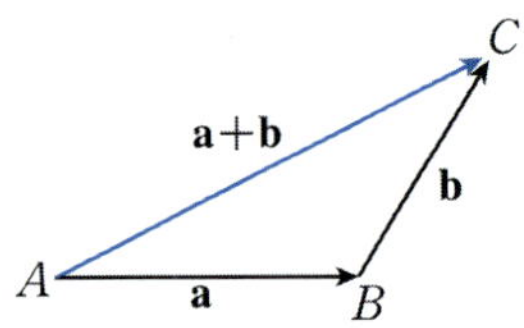

그림 3.2

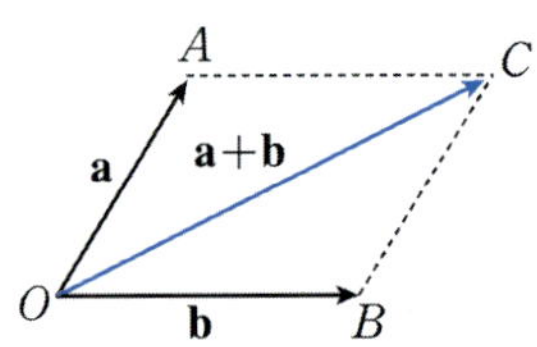

그림 3.3

벡터의 합으로 정의된 벡터의 연산을 **벡터의 덧셈**(addition of vectors)이라고 한다. 벡터의 덧셈에서는 다음의 연산법칙이 성립한다.

정리 3.1.1

임의의 벡터 $\mathbf{x}, \mathbf{y}, \mathbf{z}$에 대하여, 다음 성질이 성립한다.

(1) $\mathbf{x}+\mathbf{y} = \mathbf{y}+\mathbf{x}$ (교환법칙)

(2) $(\mathbf{x}+\mathbf{y})+\mathbf{z} = \mathbf{x}+(\mathbf{y}+\mathbf{z})$ (결합법칙)

(3) $\mathbf{x}+\mathbf{0} = \mathbf{0}+\mathbf{x} = \mathbf{x}$ (항등원의 존재)

(4) $\mathbf{x}+(-\mathbf{x}) = (-\mathbf{x})+\mathbf{x} = \mathbf{0}$ (역원의 존재)

예제 3.1.1 벡터의 덧셈에 대한 교환법칙과 결합법칙이 성립함을 그림을 이용하여 설명해보아라.

풀이 임의의 벡터 $\mathbf{x}$와 $\mathbf{y}$에 대하여, 그림 3.4와 같이 $\mathbf{x} = \overrightarrow{OA}$, $\mathbf{y} = \overrightarrow{OB}$가 되도록 세 점 O, A, B를 택하고 사각형 $OAPB$가 평형사변형이 되도록 점 P를 정하면

$$\mathbf{x}+\mathbf{y} = \overrightarrow{OP} = \mathbf{y}+\mathbf{x}$$

이므로, 벡터의 덧셈에 대하여 교환법칙이 성립한다.

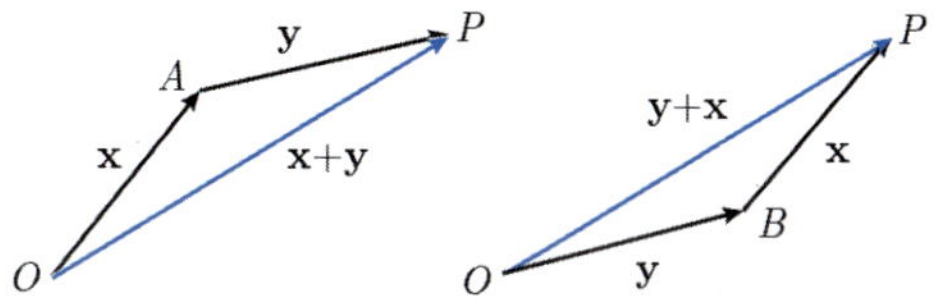

그림 3.4

마찬가지로 세 벡터 $\mathbf{x}, \mathbf{y}, \mathbf{z}$에 대하여, 그림 3.5로부터

$$(\mathbf{x}+\mathbf{y})+\mathbf{z} = \mathbf{x}+(\mathbf{y}+\mathbf{z})$$

를 만족한다. 따라서 결합법칙이 성립한다.

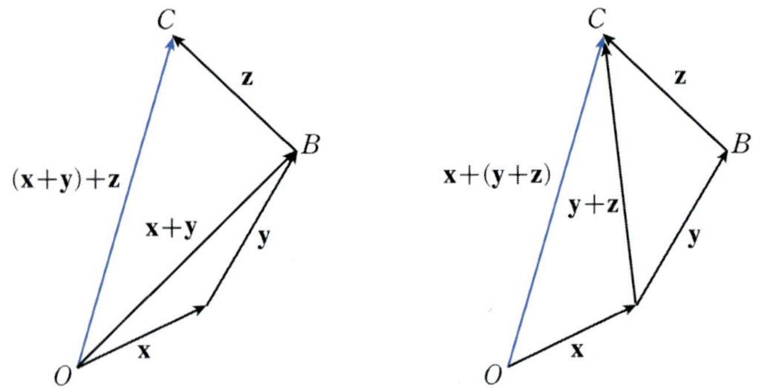

그림 3.5

다음으로, 실수 α에 대해서 $\alpha\mathbf{x}$는 다음과 같이 정의한다.

α가 양의 실수이면 그림 3.6과 같이 $\mathbf{x}$와 방향이 같고 크기가 $\mathbf{x}$의 크기의 α배인 벡터를 $\alpha\mathbf{x}$로 정의한다. 그리고 α가 음의 실수이면 그림 3.7에서와 같이 $\mathbf{x}$와 방향이 반대이고 크기가 $-\alpha$배인 벡터를 $\alpha\mathbf{x}$로 정의한다.

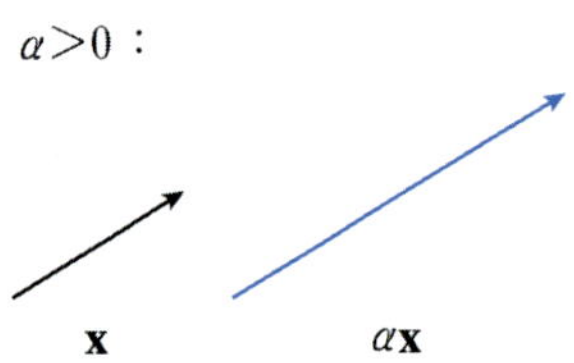

그림 3.6

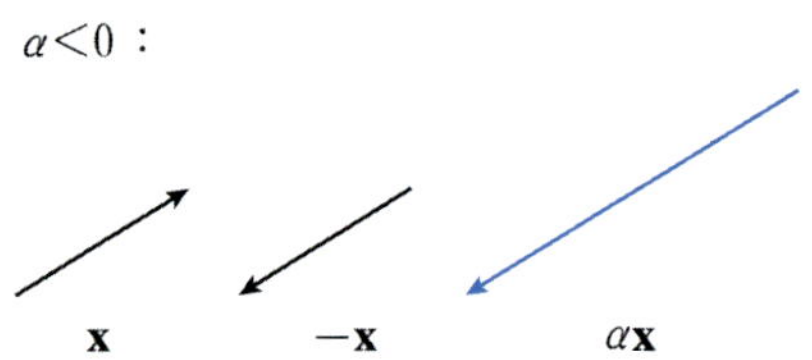

그림 3.7

즉, 임의의 실수 α와 벡터 $\mathbf{x}$에 대해서, $\mathbf{x}$의 α배인 $\alpha\mathbf{x}$는 다음과 같이 정의된 벡터이다.

(1) $\alpha > 0$일 때, $\alpha\mathbf{x}$는 $\mathbf{x}$와 같은 방향이고 크기는 $\mathbf{x}$의 크기의 α배이다.

(2) $\alpha < 0$일 때, $\alpha\mathbf{x}$는 $\mathbf{x}$와 반대 방향이고 크기가 $\mathbf{x}$의 크기의 $-\alpha$배이다.

(3) $0\mathbf{x} = 0$이다.

벡터의 실수 배에 의하여 정의된 연산을 **스칼라배**(scalar multiple)라 부른다. 벡터의 덧셈과 스칼라배에 대하여 다음의 연산법칙이 성립한다.

정리 3.1.2

임의의 실수 α, β와 벡터 $\mathbf{x}, \mathbf{y}$에 대하여, 다음의 성질이 성립한다.

(1) $\alpha(\beta\mathbf{x}) = (\alpha\beta)\mathbf{x}$

(2) $\alpha\mathbf{x} + \beta\mathbf{x} = (\alpha+\beta)\mathbf{x}$

(3) $\alpha(\mathbf{x}+\mathbf{y}) = \alpha\mathbf{x} + \alpha\mathbf{y}$

예제 3.1.2 정리 3.1.2(3)의 성질이 성립함을 그림으로 설명해보아라.

풀이 그림 3.8에서와 같이, 닮음의 성질을 이용한다.

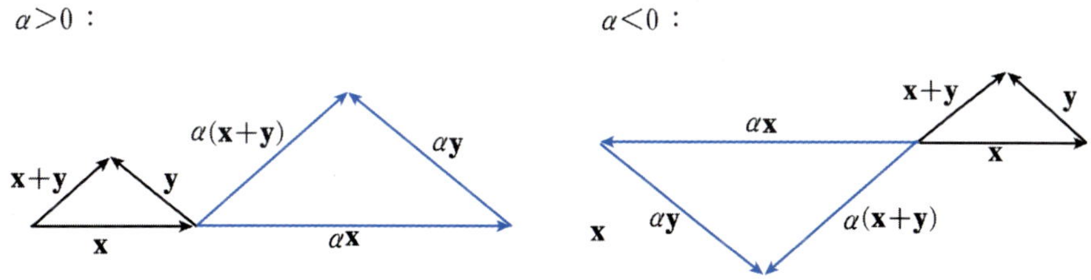

그림 3.8

다음의 그림 3.9와 같이, 두 벡터 $\mathbf{a}$와 $\mathbf{b}$에 대하여 $\mathbf{a}-\mathbf{b} = \mathbf{a}+(-\mathbf{b})$로 나타낸다. $\mathbf{a} = \overrightarrow{OA}$, $\mathbf{b} = \overrightarrow{OB}$일 때, $\mathbf{a}-\mathbf{b}$는 벡터 $\overrightarrow{BA}$임을 알 수 있다(그림 3.10 참조).

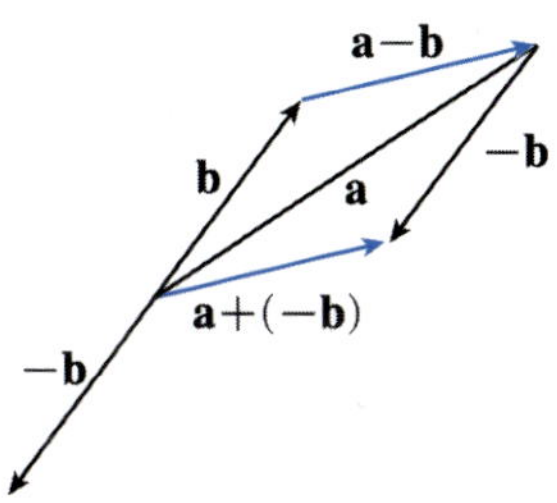

그림 3.9

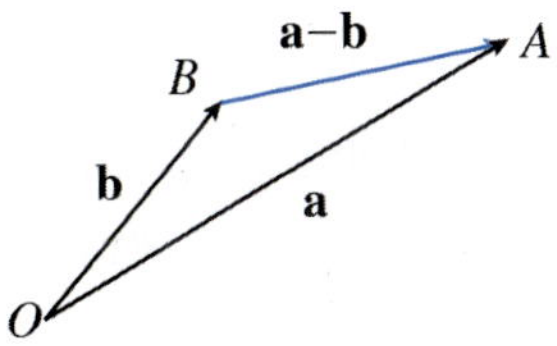

그림 3.10

예제 3.1.3 다음 벡터의 식을 간단히 하여라.

(1) $3(2\mathbf{a}-5\mathbf{b})-6(\mathbf{a}-2\mathbf{b})$　　(2) $7(\mathbf{a}+2\mathbf{b})-4\mathbf{a}-8\mathbf{b}$

풀이 (1) $3(2\mathbf{a}-5\mathbf{b})-6(\mathbf{a}-2\mathbf{b})=6\mathbf{a}-15\mathbf{b}-6\mathbf{a}+12\mathbf{b}=-3\mathbf{b}$

(2) $7(\mathbf{a}+2\mathbf{b})-4\mathbf{a}-8\mathbf{b}=7(\mathbf{a}+2\mathbf{b})-4(\mathbf{a}+2\mathbf{b})=3(\mathbf{a}+2\mathbf{b})$

평면이나 공간에서의 벡터는 임의의 점을 시점으로 하여 나타낼 수 있다. 그러나 한 정점을 시점으로 정하여 모든 벡터를 나타내는 것이 편리할 때가 많다. 좌표평면이나 좌표공간에서 원점 O를 시점, 임의의 점 P를 종점으로 하는 벡터 $\overrightarrow{OP}$를 점 P의 **위치벡터**(position vector)라 한다. 평면이나 공간의 임의의 점 P는 그 위치벡터와 일대일로 대응된다. 이때 점 P와 P의 위치벡터를 동일시하여 점 P의 위치벡터 $\overrightarrow{OP}$를 간단히 P로 나타내기도 한다.

평면벡터 $\mathbf{x}$를 그림 3.11에서와 같이 좌표평면의 원점 O에 대한 위치벡터로 나타낼 때, 벡터 $\mathbf{x}$는 종점 P의 평면좌표에 의하여 결정된다. 종점 P의 x좌표, y좌표가 각각 $x_1,\ x_2$일 때, 이들을 $\mathbf{x}$의 **성분**(component)이라 하고 $\mathbf{x}=(x_1,\ x_2)$로 나타낸다. 이를 평면벡터 $\mathbf{x}$의 **성분표시**라 한다. 이때 두 평면벡터 $\mathbf{x}=(x_1,\ x_2)$, $\mathbf{y}=(y_1,\ y_2)$에 대하여, $\mathbf{x}=\mathbf{y}$일 필요충분조건은 $x_1=y_1,\ x_2=y_2$이다. 임의의 두 벡터 $\mathbf{x}=(x_1,\ x_2)$, $\mathbf{y}=(y_1,\ y_2)$와 실수 α에 대해, 벡터의 덧셈과 스칼라배는 다음과 같이 벡터의 성분으로 나타낼 수 있다.

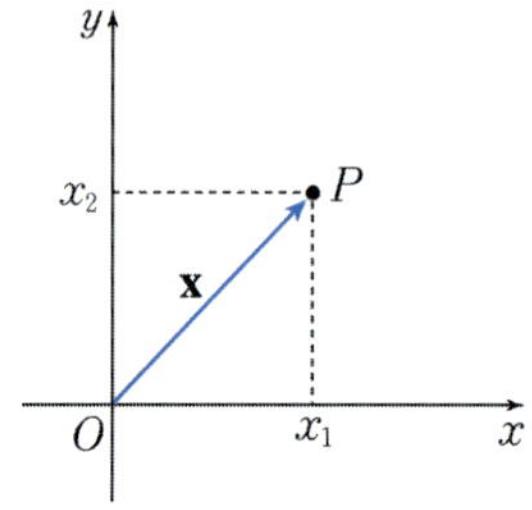

그림 3.11

$$\mathbf{x}+\mathbf{y}=(x_1+y_1,\ x_2+y_2),\quad \alpha\mathbf{x}=(\alpha x_1,\ \alpha x_2)$$

평면벡터와 마찬가지로, 공간벡터도 성분표시로 나타낼 수 있다. 공간벡터 $\mathbf{x}$는 그림 3.12에서와 같이 좌표공간의 원점 O에 대한 위치벡터로 나타낼 수 있다. 즉, 벡터 $\mathbf{x}$는 종점 P의 좌표에 의하여 결정된다. 종점 P의 x좌표, y좌표, z좌표가 각각 $x_1,\ x_2,\ x_3$일 때, 이들을 $\mathbf{x}$의 **성분**(component)이라 하고 $\mathbf{x}=(x_1,\ x_2,\ x_3)$로 나타낸다. 이때 두 공간벡터 $\mathbf{x}=(x_1,\ x_2,\ x_3)$, $\mathbf{y}=(y_1,\ y_2,\ y_3)$에 대해서 $\mathbf{x}=\mathbf{y}$

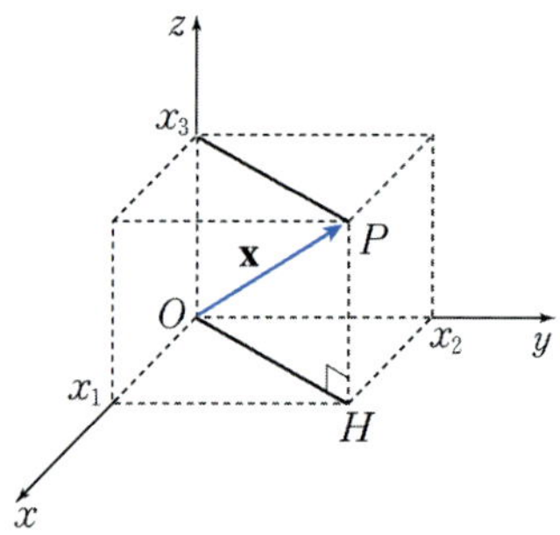

그림 3.12

일 필요충분조건은 $x_1 = y_1,\ x_2 = y_2,\ x_3 = y_3$ 이다. 또한 임의의 두 공간벡터 $\mathbf{x} = (x_1, x_2, x_3)$, $\mathbf{y} = (y_1, y_2, y_3)$와 실수 α에 대하여, 벡터의 덧셈과 스칼라배를 성분으로 나타내면 다음과 같다.

$$\mathbf{x} + \mathbf{y} = (x_1 + y_1,\ x_2 + y_2,\ x_3 + y_3), \quad \alpha\mathbf{x} = (\alpha x_1,\ \alpha x_2,\ \alpha x_3)$$

평면과 공간에서의 벡터의 개념은 그 성분표시와 함께 n-순서쌍으로 이루어진 n차원 유클리드 벡터로 일반화할 수 있다. 즉, n차원 **유클리드 벡터공간** $\mathbb{R}^n$은

$$\mathbb{R}^n = \{(x_1, x_2, \ldots, x_n) | x_i \in \mathbb{R}\}$$

로 나타낼 수 있다. 이때 임의의 두 벡터 $\mathbf{x} = (x_1, x_2, \cdots, x_n)$, $\mathbf{y} = (y_1, y_2, \cdots, y_n)$과 실수 α에 대하여, 벡터의 덧셈과 α배는 다음과 같이 정의한다.

$$\mathbf{x} + \mathbf{y} = (x_1 + y_1,\ x_2 + y_2,\ \cdots,\ x_n + y_n),$$
$$\alpha\mathbf{x} = (\alpha x_1,\ \alpha x_2,\ \cdots,\ \alpha x_n)$$

그리고 n차원 유클리드 벡터 $\mathbf{x} = (x_1, x_2, \cdots, x_n)$의 **크기**(length) $|\mathbf{x}|$는

$$|\mathbf{x}| = \sqrt{x_1^2 + x_2^2 + \cdots + x_n^2}$$

으로 정의한다.

연습문제 3.1

1 다음 식을 만족하는 벡터 $\mathbf{x}$를 $\mathbf{a}$와 $\mathbf{b}$를 사용하여 나타내어라.

(1) $\mathbf{x}+\mathbf{a} = 2(\mathbf{x}+2\mathbf{a}+\mathbf{b})$ (2) $2\mathbf{x}-\mathbf{b}+3\mathbf{a}=2\mathbf{b}-\mathbf{x}$

2 세 벡터 $\mathbf{a}=(2, 3)$, $\mathbf{b}=(x, -1)$, $\mathbf{c}=(-4, y)$에서 $2\mathbf{a}-\mathbf{b}=\mathbf{b}+\mathbf{c}$가 성립할 때, 실수 x, y를 각각 구하여라.

3 세 벡터 $\mathbf{a}=(1, 2)$, $\mathbf{b}=(-1, 3)$, $\mathbf{c}=(3, 5)$에 대하여, $2(\mathbf{a}-2\mathbf{b})+3(2\mathbf{a}-\mathbf{c})$를 성분으로 나타내어라.

4 두 4차원 유클리드 벡터 $\mathbf{a}=(1, -1, 0, 2)$, $\mathbf{b}=(1, 1, -1, 1)$에 대하여, $\mathbf{a}+2\mathbf{b}$와 $2\mathbf{a}-\mathbf{b}$를 성분으로 나타내고, 그 길이를 각각 구하여라.

3.2 행렬과 연산

다음 예와 같이, **행렬**(matrix)은 스칼라를 직사각형 모양으로 배열하여 괄호로 묶어서 나타낸 것을 말한다.

$$(1\ 3\ 4),\quad \begin{pmatrix} 3 & 6 \\ 5 & -1 \end{pmatrix},\quad \begin{pmatrix} 2 & 3 & 1 \\ 5 & 6 & 9 \end{pmatrix}$$

스칼라는 특별한 언급이 없는 한 실수라고 가정한다. 그리고 행렬을 대문자 A, B, C 등으로 나타내기로 하자.

일반적으로 A가 m개의 행과 n개의 열로 이루어진 $m \times n$ 행렬이면

$$A = \begin{pmatrix} a_{11} & a_{12} & \cdots & a_{1n} \\ a_{21} & a_{22} & \cdots & a_{2n} \\ \vdots & \vdots & & \vdots \\ a_{m1} & a_{m2} & \cdots & a_{mn} \end{pmatrix}$$

으로 표현되고, 이를 간단히 $A = (a_{ij})$로 나타낸다. 이때 a_{ij}는 행렬 A의 i번째 행과 j번째 열에 있는 성분을 표시하며 $(i,\ j)$ **성분**(entry)이라 한다. n개의 스칼라로 이루어진 순서쌍이 $1 \times n$ 행렬로 표현되면 **행벡터**(row vector), $n \times 1$ 행렬로 표현되면 **열벡터**(column vector)라고 한다.

$A = (a_{ij})$가 $m \times n$ 행렬이면, A의 i번째 행벡터는

$$(a_{i1},\ a_{i2},\ \ldots,\ a_{in}),\quad i = 1,\ 2,\ \ldots,\ m$$

으로 주어지고, j번째 열벡터는

$$\begin{pmatrix} a_{1j} \\ a_{2j} \\ \vdots \\ a_{mj} \end{pmatrix},\quad j = 1,\ 2,\ \ldots,\ n$$

으로 주어진다.

두 행렬 A와 B의 형태가 같고 서로 대응하는 성분이 모두 같으면, A와 B는 **같은**

행렬(same matrix)이라 하고, $A = B$로 나타낸다.

예를 들어, 2×3 행렬

$$A = \begin{pmatrix} a_{11} & a_{12} & a_{13} \\ a_{21} & a_{22} & a_{23} \end{pmatrix}, \quad B = \begin{pmatrix} b_{11} & b_{12} & b_{13} \\ b_{21} & b_{22} & b_{23} \end{pmatrix}$$

에 대하여, $A = B$일 조건은 다음과 같다.

$$a_{11} = b_{11}, \quad a_{12} = b_{12}, \quad a_{13} = b_{13},$$
$$a_{21} = b_{21}, \quad a_{22} = b_{22}, \quad a_{23} = b_{23}$$

예제 3.2.1 두 행렬

$$A = \begin{pmatrix} 1 & 0 & 2 \\ 0 & 1 & 3 \end{pmatrix}, \quad B = \begin{pmatrix} 1 & 0 & b \\ 0 & a & c \end{pmatrix}$$

에서, $A = B$일 필요충분조건은 $a = 1$, $b = 2$, $c = 3$이다.

이제 행렬의 두 가지 기본연산인 덧셈과 스칼라배에 대하여 알아보자. 먼저 행렬의 덧셈은 수의 연산처럼 가장 기본적인 연산의 하나로 다음과 같이 정의한다.

$A = (a_{ij})$와 $B = (b_{ij})$가 $m \times n$ 행렬일 때, 두 **행렬의 합**(sum of matrices) $A + B$는 (i, j) 성분이 $a_{ij} + b_{ij}$인 $m \times n$ 행렬을 말한다. 예를 들면, 다음과 같다.

$$\begin{pmatrix} 3 & 2 & 1 \\ 4 & 5 & 6 \end{pmatrix} + \begin{pmatrix} 2 & 2 & 2 \\ 1 & 2 & 3 \end{pmatrix} = \begin{pmatrix} 5 & 4 & 3 \\ 5 & 7 & 9 \end{pmatrix},$$
$$\begin{pmatrix} 2 \\ 1 \\ 8 \end{pmatrix} + \begin{pmatrix} -8 \\ 3 \\ 2 \end{pmatrix} = \begin{pmatrix} -6 \\ 4 \\ 10 \end{pmatrix}$$

A가 행렬이고 α가 스칼라일 때, **스칼라배** αA는 A의 각 성분에 α를 곱하여 생긴 행렬을 말한다. 예를 들면

$$A = \begin{pmatrix} 4 & 8 & 2 \\ 6 & 8 & 10 \end{pmatrix}$$

일 때, $\frac{1}{2}$배와 3배는 다음과 같다.

$$\frac{1}{2}A = \begin{pmatrix} 2 & 4 & 1 \\ 3 & 4 & 5 \end{pmatrix}, \quad 3A = \begin{pmatrix} 12 & 24 & 6 \\ 18 & 24 & 30 \end{pmatrix}$$

그리고 $A-B=A+(-1)B$로 정의하면 $A-B$는 A의 각 성분에서 그에 대응하는 B의 각 성분을 뺀 것임을 알 수 있다.

모든 성분이 0이고 A와 같은 형태를 갖는 **영행렬**(zero matrix)을 O로 표시하면

$$A+O=O+A=A$$

이다. 즉, $m \times n$ 영행렬은 모든 $m \times n$ 행렬의 집합에서 가법에 대한 단위원의 역할을 한다. 그리고 각 $m \times n$ 행렬은 가법에 대한 역원을 갖는다. 왜냐하면

$$A+(-1)A=O=(-1)A+A$$

이기 때문이다. 따라서 A의 역원을 $-A$라 나타내면

$$-A=(-1)A$$

이다.

행렬의 곱을 정의하기에 앞서, 다음의 예를 살펴보자.

두 과일가게 M과 N에서 팔고 있는 사과와 배의 가격은 다음의 표 3.1과 같고, 갑과 을 두 사람이 사려고 하는 사과와 배의 수량은 표 3.2와 같다고 하자.

표 3.1

	사과	배
M	a	b
N	c	d

표 3.2

	갑	을
사과	x	u
배	y	v

위의 표들을 행렬 A와 B로 나타내면, 다음과 같다.

$$A = \begin{pmatrix} a & b \\ c & d \end{pmatrix}, \quad B = \begin{pmatrix} x & u \\ y & v \end{pmatrix}$$

그리고 갑과 을이 M과 N의 두 과일가게에서 각각 사과와 배를 살 때, 지불할 금액은 다음 표와 같다.

표 3.3

	갑	을
M	$ax+by$	$au+bv$
N	$cx+dy$	$cu+dv$

이를 행렬 C로 나타내면, 다음과 같다.

$$C = \begin{pmatrix} ax+by & au+bv \\ cx+dy & cu+dv \end{pmatrix}$$

위에서 행렬 A의 성분은 가격, 행렬 B의 성분은 구매량, 행렬 C의 성분은 지불할 금액을 각각 나타내고 있다. 따라서 행렬 C는

(가격) · (수량) = (금액)

이라는 계산과정을 다음과 같은 방법으로 정리한 것으로 생각할 수 있다.

$$\begin{pmatrix} a & b \\ c & d \end{pmatrix}\begin{pmatrix} x & u \\ y & v \end{pmatrix} = \begin{pmatrix} ax+by & au+bv \\ cx+dy & cu+dv \end{pmatrix}$$

행렬 A의 열의 개수와 행렬 B의 행의 개수가 같으면, A와 B의 곱이 가능하도록 행렬의 곱을 다음과 같이 정의한다.

정의

$A=(a_{ij})$가 $m \times n$ 행렬이고 $B=(b_{ij})$가 $n \times r$ 행렬일 때, 두 행렬 A와 B의 **행렬 곱**(matrix multiplication) $AB = C = (c_{ij})$는 $m \times r$ 행렬로서 그 성분은 다음과 같이 정의된다.

$$c_{ij} = \sum_{k=1}^{n} a_{ik} b_{kj}$$

두 행렬을 곱한 행렬의 $(i,\ j)$ 성분은 A의 i 행과 B의 j 열에서 대응하는 성분을 서로 곱하여 모두 더한 것이다. 이런 방법으로 성분들을 짝짓기 위해서는 A의 열의 개수와 B의 행의 개수가 같아야 한다. 이들의 개수가 같지 않으면 곱이 정의되지 않는다.

두 행렬 A와 B가 $n\times n$ 행렬인 경우, AB와 BA 모두 $n\times n$ 행렬이지만, 일반적으로 같지는 않다. 즉, 행렬의 곱셈은 교환법칙이 성립하지는 않는다.

예제 3.2.2 $A=\begin{pmatrix} 1 & 1 \\ 0 & 0 \end{pmatrix}$이고, $B=\begin{pmatrix} 1 & 1 \\ 2 & 2 \end{pmatrix}$

이면

$$AB=\begin{pmatrix} 1 & 1 \\ 0 & 0 \end{pmatrix}\begin{pmatrix} 1 & 1 \\ 2 & 2 \end{pmatrix}=\begin{pmatrix} 3 & 3 \\ 0 & 0 \end{pmatrix}$$

이고

$$BA=\begin{pmatrix} 1 & 1 \\ 2 & 2 \end{pmatrix}\begin{pmatrix} 1 & 1 \\ 0 & 0 \end{pmatrix}=\begin{pmatrix} 1 & 1 \\ 2 & 2 \end{pmatrix}$$

이므로, $AB\neq BA$이다.

예제 3.2.3 $A=\begin{pmatrix} -2 & 1 & 3 \\ 4 & 1 & 6 \end{pmatrix}$, $B=\begin{pmatrix} 3 & -2 \\ 2 & 4 \\ 1 & -3 \end{pmatrix}$

이면, 다음에서 보는 바와 같이 $AB\neq BA$이다.

$$AB=\begin{pmatrix} -2\cdot 3+1\cdot 2+3\cdot 1 & 2\cdot 2+1\cdot 4-3\cdot 3 \\ 4\cdot 3+1\cdot 2+6\cdot 1 & -4\cdot 2+1\cdot 4-6\cdot 3 \end{pmatrix}=\begin{pmatrix} -1 & -1 \\ 20 & -22 \end{pmatrix}$$

$$BA=\begin{pmatrix} -3\cdot 2-2\cdot 4 & 3\cdot 1-2\cdot 1 & 3\cdot 3-2\cdot 6 \\ -2\cdot 2+4\cdot 4 & 2\cdot 1+4\cdot 1 & 2\cdot 3+4\cdot 6 \\ -1\cdot 2-3\cdot 4 & 1\cdot 1-3\cdot 1 & 1\cdot 3-3\cdot 6 \end{pmatrix}=\begin{pmatrix} -14 & 1 & -3 \\ 12 & 6 & 30 \\ -14 & -2 & -15 \end{pmatrix}$$

예제 3.2.4 두 행렬

$$A = \begin{pmatrix} 3 & 4 \\ 1 & 2 \end{pmatrix}, \quad B = \begin{pmatrix} 1 & 2 \\ 4 & 5 \\ 3 & 6 \end{pmatrix}$$

에서 A에 B를 곱하는 것은 불가능하다. 왜냐하면 A의 열의 개수와 B의 행의 개수는 다르기 때문이다. 그러나 다음과 같이 B에 A를 곱하는 것은 가능하다.

$$BA = \begin{pmatrix} 1 & 2 \\ 4 & 5 \\ 3 & 6 \end{pmatrix} \begin{pmatrix} 3 & 4 \\ 1 & 2 \end{pmatrix} = \begin{pmatrix} 5 & 8 \\ 17 & 26 \\ 15 & 24 \end{pmatrix}$$

대수법칙

다음 정리는 행렬계산에 유용하게 사용된다.

정리 3.2.1

임의의 스칼라 α, β와 임의의 행렬 A, B, C에 대하여, 다음 명제는 항상 성립한다. 여기서 주어진 연산은 정의된다고 가정한다.

(1) $A + B = B + A$

(2) $(A+B)+C = A+(B+C)$

(3) $(AB)C = A(BC)$

(4) $A(B+C) = AB + AC$

(5) $(A+B)C = AC + BC$

(6) $(\alpha\beta)A = \alpha(\beta A)$

(7) $\alpha(AB) = (\alpha A)B = A(\alpha B)$

(8) $(\alpha+\beta)A = \alpha A + \beta A$

(9) $\alpha(A+B) = \alpha A + \alpha B$

증명 여기서는 (3)과 (4)만 증명하기로 한다.

(3)의 증명

$A=(a_{ij})$는 $m\times n$ 행렬, $B=(b_{ij})$는 $n\times r$ 행렬, $C=(c_{ij})$는 $r\times s$ 행렬이라 하면, $(AB)C$와 $A(BC)$의 $(i,\ j)$ 성분은 각각

$$\sum_{l=1}^{r}\left(\sum_{k=1}^{n} a_{ik}b_{kl}\right)c_{lj} \text{와 } \sum_{k=1}^{n} a_{ik}\left(\sum_{l=1}^{r} b_{kl}c_{lj}\right)$$

이므로, $(AB)C=A(BC)$가 성립한다.

(4)의 증명

$A=(a_{ij})$는 $m\times n$ 행렬이고 $B=(b_{ij})$와 $C=(c_{ij})$는 $n\times r$ 행렬이라 두면, $A(B+C)$와 $AB+AC$의 $(i,\ j)$ 성분은 각각

$$\sum_{k=1}^{n} a_{ik}(b_{kj}+c_{kj}) \text{와 } \sum_{k=1}^{n} a_{ik}b_{kj}+\sum_{k=1}^{n} a_{ik}c_{kj}$$

이므로, $A(B+C)=AB+AC$가 성립한다.

예제 3.2.5 다음 세 행렬에 대해서, $A(BC)=(AB)C$와 $A(B+C)=AB+AC$임을 확인하여라.

$$A=\begin{pmatrix}1&2\\3&4\end{pmatrix},\quad B=\begin{pmatrix}2&1\\-3&2\end{pmatrix},\quad C=\begin{pmatrix}1&0\\2&1\end{pmatrix}$$

풀이

$$A(BC)=\begin{pmatrix}1&2\\3&4\end{pmatrix}\begin{pmatrix}4&1\\1&2\end{pmatrix}=\begin{pmatrix}6&5\\16&11\end{pmatrix}$$

$$(AB)C=\begin{pmatrix}-4&5\\-6&11\end{pmatrix}\begin{pmatrix}1&0\\2&1\end{pmatrix}=\begin{pmatrix}6&5\\16&11\end{pmatrix}$$

로부터

$$A(BC)=\begin{pmatrix}6&5\\16&11\end{pmatrix}=(AB)C$$

이다. 그리고

$$A(B+C)=\begin{pmatrix}1&2\\3&4\end{pmatrix}\begin{pmatrix}3&1\\-1&3\end{pmatrix}=\begin{pmatrix}1&7\\5&15\end{pmatrix}$$

$$AB+AC=\begin{pmatrix}-4&5\\-6&11\end{pmatrix}+\begin{pmatrix}5&2\\11&4\end{pmatrix}=\begin{pmatrix}1&7\\5&15\end{pmatrix}$$

이므로

$$A(B+C) = AB + AC$$

가 성립한다.

$(AB)C = A(BC)$이므로 괄호를 생략하고, 간단히 ABC로 나타내기로 한다. 네 개 이상의 행렬의 곱에 대해서도 마찬가지다. $n \times n$ 행렬인 A를 여러 번 곱할 때 지수로 나타내면 편리하다. 즉, k가 자연수이면 A^k은 다음을 의미한다.

$$A^k = \underbrace{AA \cdots A}_{k\text{번}}$$

예제 3.2.6 $A = \begin{pmatrix} 1 & 1 \\ 1 & 1 \end{pmatrix}$이면

$$A^2 = \begin{pmatrix} 1 & 1 \\ 1 & 1 \end{pmatrix}\begin{pmatrix} 1 & 1 \\ 1 & 1 \end{pmatrix} = \begin{pmatrix} 2 & 2 \\ 2 & 2 \end{pmatrix}$$

이고

$$A^3 = AAA = AA^2 = \begin{pmatrix} 1 & 1 \\ 1 & 1 \end{pmatrix}\begin{pmatrix} 2 & 2 \\ 2 & 2 \end{pmatrix} = \begin{pmatrix} 4 & 4 \\ 4 & 4 \end{pmatrix}$$

이다. 일반적으로 다음이 성립한다.

$$A^n = \begin{pmatrix} 2^{n-1} & 2^{n-1} \\ 2^{n-1} & 2^{n-1} \end{pmatrix}$$

이제부터는 행렬대수를 이용한 두 응용문제를 다루고자 한다.

응용문제 1 한 제조업자가 A, B, C의 세 가지 제품을 한국과 미국시장에 판매하고 있다. 이 제조업자는 지난해에 세 가지 제품을 각 시장에서 다음의 행렬 T에 나타낸 수량만큼 판매하였다고 한다. 행렬 T의 제 1행은 한국에서 판매된 수량이고 제 2행은 미국에서 판매된 수량을 의미하며, 각 열은 순서에 따라 A, B, C 세 제품의 판매량을 나타낸 것이다. 그리고 행렬 P는 A, B, C 세 상품의 단위당 가격행렬이고, 행렬 S는 세 상품의 단위당 원가행렬을 나타낸 것이다.

$$T=\begin{pmatrix} 5000 & 2000 & 1500 \\ 2000 & 3000 & 1000 \end{pmatrix},\ P=\begin{pmatrix} 20000 \\ 40000 \\ 30000 \end{pmatrix},\ S=\begin{pmatrix} 18000 \\ 35000 \\ 25000 \end{pmatrix}$$

이때 행렬의 곱 TP, TS와 $TP-TS$를 구하고, 이 행렬들의 의미를 설명하여라.

풀이 다음의 행렬 TP는 이 제조업자의 매출총액을 나타내는 행렬이다.

$$TP=\begin{pmatrix} 5000 & 2000 & 1500 \\ 2000 & 3000 & 1000 \end{pmatrix}\begin{pmatrix} 20000 \\ 40000 \\ 30000 \end{pmatrix}=\begin{pmatrix} 225000000 \\ 190000000 \end{pmatrix}$$

즉, 한국시장에서 225,000,000원어치를, 미국시장에서는 190,000,000원어치를 판매하여 지난해의 총매출액은 415,000,000원이다. 또한 다음의 TS는 이 제조업자의 원가총액을 나타내는 행렬이다.

$$TS=\begin{pmatrix} 5000 & 2000 & 1500 \\ 2000 & 3000 & 1000 \end{pmatrix}\begin{pmatrix} 18000 \\ 35000 \\ 25000 \end{pmatrix}=\begin{pmatrix} 197500000 \\ 166000000 \end{pmatrix}$$

즉, 한국시장에서 판매된 세 상품의 원가는 197,500,000원이고, 미국시장에서 판매된 상품의 원가는 166,000,000원이다. 따라서 지난해의 판매된 상품의 원가총액은 363,500,000원이다. 그러므로 $TP-TS$는 이익을 나타내는 행렬이다.

$$TP-TS=\begin{pmatrix} 225000000 \\ 190000000 \end{pmatrix}-\begin{pmatrix} 197500000 \\ 166000000 \end{pmatrix}=\begin{pmatrix} 27500000 \\ 24000000 \end{pmatrix}$$

행렬 $TP-TS$에서 보는 바와 같이, 세 상품의 판매활동으로 한국시장에서는 27,500,000원을, 미국시장에서는 24,000,000원의 이익을 얻어서 지난해 세 상품의 판매로 얻은 총이익은 51,500,000원이다.

응용문제 2 우리나라의 라면시장을 A, B 두 회사가 장악하고 있다고 가정하자. 매년 A회사 제품의 라면을 구입하던 소비자 중에서 80%는 계속하여 A회사의 라면을 구입하지만, 나머지 20%는 B회사 제품의 라면으로 바꾼다고 하자. 마찬가지로 매년 B회사 라면 소비자의 60%는 계속하여 B회사의 라면을 구입하고, 나머지 40%는 A회사 제품의 라면으로 바꾼다고 가정하자. 현재의 A회사와 B회사의 시장점유율이 각각 75%와 25%이면, 2년 후 두 회사의 시장점유율은 어떻게 되겠는가?

풀이 문제의 조건에 따르면 현재의 시장점유율은

$$X=\begin{pmatrix} 0.75 \\ 0.25 \end{pmatrix}$$

이므로, 1년 후의 두 회사의 시장점유율은 각각

$$0.8\times 0.75+0.4\times 0.25=0.7,$$
$$0.2\times 0.75+0.6\times 0.25=0.3$$

이다. 따라서 변환행렬 T는

$$T=\begin{pmatrix} 0.8 & 0.4 \\ 0.2 & 0.6 \end{pmatrix}$$

이다. 이때 1년 후 두 회사의 시장점유율은 다음과 같이 나타낼 수 있다.

$$TX=\begin{pmatrix} 0.8 & 0.4 \\ 0.2 & 0.6 \end{pmatrix}\begin{pmatrix} 0.75 \\ 0.25 \end{pmatrix}=\begin{pmatrix} 0.7 \\ 0.3 \end{pmatrix}$$

따라서 2년 후, 두 회사의 시장점유율은 T^2X이며 다음과 같이 주어진다.

$$T^2X = T(TX)=\begin{pmatrix} 0.8 & 0.4 \\ 0.2 & 0.6 \end{pmatrix}\begin{pmatrix} 0.7 \\ 0.3 \end{pmatrix}=\begin{pmatrix} 0.68 \\ 0.32 \end{pmatrix}$$

즉, 2년 후 A회사와 B회사의 우리나라 라면시장 점유율은 각각 68%와 32%가 될 것이다.

연습문제 3.2

1 행렬 $\begin{pmatrix} x+2 & -4 \\ -5 & z+w \end{pmatrix}$와 $\begin{pmatrix} 1 & x-y \\ 2z-1 & 1 \end{pmatrix}$이 같도록 x, y, z, w의 값을 정하여라.

2 $A=\begin{pmatrix} 3 & 1 & 4 \\ -2 & 0 & 1 \\ 1 & 2 & 2 \end{pmatrix}$, $B=\begin{pmatrix} 1 & 0 & 2 \\ -3 & 1 & 1 \\ 2 & -4 & 1 \end{pmatrix}$일 때, 다음을 구하여라.

(a) $2A$ (b) $A+B$ (c) $2A-3B$ (d) AB (e) BA

3 다음에 주어진 각 행렬의 쌍에 대하여 앞의 행렬에 뒤의 행렬을 곱할 수 있는지를 결정하고, 곱할 수 있다면 그 곱을 구하여라.

(a) $\begin{pmatrix} 3 & 5 & 1 \\ -2 & 0 & 2 \end{pmatrix}\begin{pmatrix} 2 & 1 \\ 1 & 3 \\ 4 & 1 \end{pmatrix}$ (b) $\begin{pmatrix} 4 & -2 \\ 6 & -4 \\ 8 & -6 \end{pmatrix}\begin{pmatrix} 1 & 2 & 3 \end{pmatrix}$

(c) $\begin{pmatrix} 1 & 4 & 3 \\ 0 & 1 & 4 \\ 0 & 0 & 2 \end{pmatrix}\begin{pmatrix} 3 & 2 \\ 1 & 1 \\ 4 & 5 \end{pmatrix}$ (d) $\begin{pmatrix} 4 & 6 \\ 2 & 1 \end{pmatrix}\begin{pmatrix} 3 & 1 & 5 \\ 4 & 1 & 6 \end{pmatrix}$

4 다음 행렬 A에서 A^2과 A^3을 계산하라. A^{2n}과 A^{2n+1}은 어떻게 되겠는가?

$$A=\begin{pmatrix} \frac{1}{2} & -\frac{1}{2} & -\frac{1}{2} & -\frac{1}{2} \\ -\frac{1}{2} & \frac{1}{2} & -\frac{1}{2} & -\frac{1}{2} \\ -\frac{1}{2} & -\frac{1}{2} & \frac{1}{2} & -\frac{1}{2} \\ -\frac{1}{2} & -\frac{1}{2} & -\frac{1}{2} & \frac{1}{2} \end{pmatrix}$$

5 다음 표는 세 가지 식품의 각 단위당 비타민 함량을 나타내고 있다. 각 비타민 가격은 20원, 40원, 50원, 40원이라고 한다.

비타민	A	B	C	D
식품 I	0.5	0.5	0	0
식품 II	0.3	0	0.2	0.1
식품 III	0.1	0.1	0.2	0.5

(a) 식품 I 을 3단위, 식품 II 를 5단위, 식품 III 을 4단위 먹었을 때, 각 비타민의 섭취량은 얼마인가?

(b) 각 식품의 가격을 [비타민 함량×비타민 가격]으로 정의한다면, 각 식품의 가격은 얼마이며, (a)에서 먹은 음식의 총비용은 얼마이겠는가?

6 용당건설회사는 5채의 한옥, 7채의 양옥, 12채의 절충식 건물의 신축을 주문받았다. 각 건물 1채에 소요되는 자원은 철근, 목재, 유리, 페인트, 인력이다. 다음 표는 각 건축형식에 소요되는 자원의 양을 나타낸 것이다.

건축형식	철근	목재	유리	페인트	인력
한옥	5	20	16	7	17
양옥	7	18	12	9	21
절충식	8	25	8	5	13

(a) 건축에 필요한 각 자원의 소요량을 구하여라.

(b) 철근, 목재, 유리, 페인트, 인력의 단위당 가격이 5만원, 8만원, 3만원, 5만원, 10만원이라고 할 때, 각 건축형식의 원가는 얼마인가?

7 어느 지역의 간장 소비시장은 A, B 두 회사에 의해 양분되어 있으며, 이 지역 소비자의 간장에 대한 변환행렬은 다음 표와 같다고 가정하자.

이번 달 \ 다음 달	A회사 간장	B회사 간장
A회사 간장	0.75	0.25
B회사 간장	0.30	0.70

현재 A회사와 B회사의 시장점유율이 60 : 40이라고 할 때, 다음에 답하여라.

(a) 다음 달의 간장에 대한 시장점유율은 어떻게 변하겠는가?

(b) 두 달 후의 시장점유율은 어떠하겠는가?

8 철도청에서는 내년도 철도 차량의 수리계획을 수립하면서, 수리에 필요한 부품과 그 비용을 예측해 보려고 한다. 철도청은 기관차, 객차, 화물차의 세 종류의 차량을 보유하고 있다. 다음의 행렬 N은 전국 4개 지역의 철도사무소에서 보관하고 있는 차량 수를 종류별로 나타낸 것으로, 제1행부터 제4행까지는 서울, 대전, 광주, 부산 지역사무소를, 제1열부터 제3열까지는 기관차, 객차, 화물차를 나타내고 있다. 또한 각 차량의 주요 부품은 바퀴, 나사, 축, 스프링의 네 가지이다. 과거 경험에 따르면 차량 종류별 1대당 소요 부품수는 다음의 행렬 R로 주어진다고 한다. 행렬 R의 제1행부터 제3행까지는 차량 종류(기관차, 객차, 화물차 순)를, 제1열부터 제4열까지는 차량의 주요 부품(바퀴, 나사, 축, 스프링 순)을 나타내고 있다. 그리고 각 부품의 단위당 가격은 바퀴, 나사, 축, 스프링의 순으로 다음 행렬 C로 주어진다고 하자.

$$N=\begin{pmatrix} 1,600 & 4,000 & 5,000 \\ 1,500 & 3,000 & 2,000 \\ 1,000 & 1,000 & 1,500 \\ 1,200 & 4,000 & 3,000 \end{pmatrix}$$

$$R=\begin{pmatrix} 1.7 & 12.0 & 0.9 & 4.0 \\ 1.6 & 8.0 & 0.75 & 6.5 \\ 1.5 & 5.0 & 0.5 & 6.0 \end{pmatrix},\quad C=\begin{pmatrix} 12,500 \\ 800 \\ 30,000 \\ 35,000 \end{pmatrix}$$

이때 철도 차량 수리에 필요한 부품의 소요예산을 각 지역별로 구하여라. 그리고 전국적으로 필요한 예산 총액은 얼마인지 구하여라.

쉬어 가기

역설과 수학의 발전

역설을 의미하는 영어 paradox는 para(넘어서)와 dox(진술)를 어원으로 한다. 표면적으로는 모순되는 것 같지만, 그 진술 너머에서 진실을 드러내고 있는 수사기법이다. 이처럼 표현된 것과 은폐하고 있는 표현의 구조가 반어와 유사하므로, 역설을 반어의 한 종류로 간주하기도 한다.

그리스 철학자 제논(Zenon, 기원전 490?~429?)은 당시 반박하기 어려운 여러 가지 역설로 사람들을 당황하게 하였다고 한다. 그는 역설 때문에 왕에게 미움을 받아 처형을 받게 되었는데, 형장에서 마지막으로 왕에게 직접 전해야 할 중대한 비밀이 있다며 왕에게 가까이 가서 왕의 귀를 물어뜯었다고 한다. 왕을 호위하고 있던 병사의 칼로 목이 잘려진 뒤에도 그의 입에는 왕의 귀가 물려 있었다는 전설이 있을 정도로 집념이 강한 사람이었다고 한다.

제논의 역설 중에서 가장 유명한 것이 '아킬레스와 거북이의 달리기 경주'이다. 만약 거북이가 먼저 출발한다면 어느 누구도 거북이를 이길 수 없다는 것이다. 그리스 신화에 등장하는 달리기의 명수 아킬레스와 거북이가 달리기 시합을 한다고 하자.

위의 그림에서와 같이 출발 지점을 A라고 하고, 거북이가 B에 도착하였을 때, 아킬레스가 출발한다고 하자. 아킬레스가 거북이를 잡으려면 B까지 달려가야 하는데, 아킬레스가 B까지 달려갈 동안 거북이는 이미 C까지 가게 될 것이고, 또 아킬레스가 C까지

달려가면 거북이는 D를 지나가게 될 것이라는 것이다. 이와 같이 계속 달리다 보면 아킬레스는 거북이를 앞지르기 위해서 거북이가 앞서 있던 곳까지 뛰어야 하고, 그동안 거북은 조금이라도 앞으로 더 나아가게 된다. 따라서 이렇게 무한히 계속되는 구간을 통과하는데 약간의 시간은 걸릴 것이므로, 아킬레스가 거북이를 앞지르기 위해서는 무한히 많은 시간이 걸리게 되어, 아킬레스는 거북이를 앞지를 수 없다는 것이다. 이 경주에서의 문제점은 끝없는 구간을 따라가야 한다는 설정에 있다. 실제로 아킬레스는 끝없는 구간을 따라가는 것이 아니라 어느 순간에 거북이를 휙 지나치게 된다.

다음으로, 제논의 '이분법의 역설'은 움직이고 있는 물체는 결코 종착점에 도달하지 못한다는 것이다. 그 이유는 움직이는 물체는 종착점에 도달하기 이전에 반드시 경주로에 있는 중간지점을 모두 통과하여야 하는데, 중간지점이 무한히 많아 움직이는 물체는 유한한 시간 안에는 종착점에 결코 도달하지 못하기 때문이라는 것이다. 다시 말하면, 도착점에 도달하려면 중간지점을 통과하여야 하고, 중간지점에 도달하기 전에 먼저 4분의 1 지점을 반드시 통과해야 하고, 그 이전에는 8분의 1 지점을 통과하여야 하는데 결국에는 출발조차 할 수가 없다는 것이다. 제논의 역설들은 시간과 공간을 무한히 나눌 수 있고, 움직임은 불연속의 조합이라고 믿었던 당시 철학자들에게 파문을 던졌다. 제논의 역설은 1800년대 칸토어(Cantor, 1829~1920)의 무한론으로 2000년이 지나서야 극복되었다.

그럼 아킬레스는 어떻게 그 무한의 공간을 통과하고 거북이를 앞지를 수 있게 되었을까? 19세기말 수렴의 개념이 생기기 전에는

$$\lim_{n\to\infty}\left(\frac{1}{2}\right)^n = 0$$

이라는 것은 이상한 궤변일 뿐이었다. 칸토어의 무한론에 따르면 자연수와 유리수의 무한의 양은 같지만, 자연수의 무한과 실수의 무한의 양은 다르다. 즉, 실수가 자연수보다 훨씬 큰 무한을 나타낸다. 결과적으로 시간을 실수의 무한으로 등분하는 것과 자연수의 무한으로 나누는 것은 다르다. 여기에 등장한 수렴의 개념은 양수의 무한한 합은 무한이라는 예상을 깨고

$$\frac{1}{2}+\frac{1}{4}+\frac{1}{8}+\cdots=1$$

의 값을 얻는다. 결국 제논의 역설은 무한이라는 새로운 개념으로 미궁을 빠져나올 수

있게 된 것이다.

옛날에 한 뛰어난 수학자가 있었는데, 왕의 명성보다 더 훌륭한 평판을 받고 있는 이 수학자를 시기한 왕은 그를 죽이기 위해 잡아들여 다음과 같이 말하였다.

"만약 그대가 지금 이 자리에서 하는 말이 진실이면 그대를 살려줄 것이고, 그렇지 않으면 죽일 것이다. 자 이제, 사실을 말하여라."

물론 왕은 어떠한 말이라도 거짓이라고 하여 수학자를 죽이려고 생각하고 있었다. 이때 왕의 마음을 알아차린 수학자는 다음과 같이 말하여 위기를 모면하였다고 한다.

"왕께서는 저를 죽이실 것입니다."

이 한마디로 왕은 난처한 입장에 빠지게 되었다. 왜냐하면 그 수학자의 말이 거짓이라면 그를 살려주어야 하고, 수학자를 살려주면 그의 말이 틀렸으므로 죽여야 하기 때문이다. 그래서 왕은 그 수학자를 죽이지도 살리지도 못하는 처지가 된 것이다.

러셀(Russel)

러셀(Russel, 1872~1970)은 수학은 진실을 갖고 있을 뿐만 아니라 최상의 아름다움을 지니고 있는데, 그것은 조각품이 갖고 있는 것과 같은 냉철하고 엄격한 아름다움이라고 하였다. 해석학 분야의 연구를 위해 시작된 집합론은 처음에는 무한 개념에 익숙하지 못했던 수학자들로부터 외면을 당하였으나, 점차 집합론의 중요성이 인식되어 수학의 각 영역에서 중요한 위치를 차지하게 되면서 다양한 역설이 발견되었다. 수학자들은 여러 역설에서 나타나는 모순의 원인과 내용을 철저히 연구하여 적당한 형식주의를 도입함으로써 모순에서 벗어날 수 있었다.

3.3 특수한 형태의 행렬

이 절에서는 대각행렬, 삼각행렬, 단위행렬과 대칭행렬 등의 특수한 형태의 행렬과 역행렬, 전치행렬 및 기본행렬에 대해 소개한다.

대각행렬과 삼각행렬

행과 열의 개수가 같은 행렬을 **정방행렬**(square matrix) 또는 **정사각행렬**이라 한다. $i > j$일 때, $a_{ij} = 0$인 정방행렬을 **상삼각행렬**(upper triangular matrix)이라 하고, $i < j$일 때, $a_{ij} = 0$인 행렬을 **하삼각행렬**(lower triangular matrix)이라 한다. 그리고 상삼각행렬 또는 하삼각행렬을 합하여 **삼각행렬**(triangular matrix)이라 한다. 예를 들어, 3×3 행렬

$$\begin{pmatrix} 3 & 2 & 1 \\ 0 & 2 & 1 \\ 0 & 0 & 5 \end{pmatrix}, \quad \begin{pmatrix} 1 & 0 & 0 \\ 6 & 2 & 0 \\ 1 & 4 & 3 \end{pmatrix}$$

은 둘 다 삼각행렬인데, 첫 번째는 상삼각행렬이고 두 번째는 하삼각행렬이다.

또한 $a_{ij} = 0 \ (i \neq j)$인 정방행렬을 **대각행렬**(diagonal matrix)이라 한다. 다음의 세 행렬

$$\begin{pmatrix} 1 & 0 \\ 0 & 2 \end{pmatrix}, \quad \begin{pmatrix} 1 & 0 & 0 \\ 0 & 3 & 0 \\ 0 & 0 & 1 \end{pmatrix}, \quad \begin{pmatrix} 0 & 0 & 0 \\ 0 & 2 & 0 \\ 0 & 0 & 0 \end{pmatrix}$$

은 모두 대각행렬이다.

단위행렬

실수의 곱에 대한 단위원 1과 같은 역할을 하는 행렬에서의 특수한 행렬 I가 존재한다. 즉, I는 임의의 정방행렬 A에 대하여

$$IA = AI = A$$

를 만족하는 행렬이다.

정의

$n \times n$ 행렬 $I = (\delta_{ij})$를 **단위행렬**(unit matrix)이라고 한다. 여기서

$$\delta_{ij} = \begin{cases} 1, & i = j \\ 0, & i \neq j \end{cases}$$

이다.

일반적으로 B가 $m \times n$ 행렬이고 C가 $n \times r$ 행렬이면, 다음을 만족한다.

$$BI = B, \quad IC = C$$

역행렬

정의

정방행렬 A에서 $AB = BA = I$를 만족하는 행렬 B가 존재할 때, A를 **정칙행렬**(regular matrix) 또는 **가역행렬**(invertible matrix)이라 하고, 이 경우 B를 A의 **역행렬**(inverse matrix)이라 한다.

행렬 B와 C가 둘 다 행렬 A의 곱셈에 관한 역원이라면

$$B = BI = B(AC) = (BA)C = IC = C$$

이므로, 역행렬은 유일하게 정해진다. 이때 유일하게 정해지는 A의 역행렬을 기호 A^{-1}로 나타낸다.

예제 3.3.1 다음 두 행렬

$$\begin{pmatrix} 2 & 4 \\ 3 & 1 \end{pmatrix}, \quad \begin{pmatrix} -\frac{1}{10} & \frac{2}{5} \\ \frac{3}{10} & -\frac{1}{5} \end{pmatrix}$$

은 서로 역행렬이다. 왜냐하면

$$\begin{pmatrix} 2 & 4 \\ 3 & 1 \end{pmatrix}\begin{pmatrix} -\frac{1}{10} & \frac{2}{5} \\ \frac{3}{10} & -\frac{1}{5} \end{pmatrix} = \begin{pmatrix} 1 & 0 \\ 0 & 1 \end{pmatrix}$$

이고

$$\begin{pmatrix} -\frac{1}{10} & \frac{2}{5} \\ \frac{3}{10} & -\frac{1}{5} \end{pmatrix}\begin{pmatrix} 2 & 4 \\ 3 & 1 \end{pmatrix} = \begin{pmatrix} 1 & 0 \\ 0 & 1 \end{pmatrix}$$

이기 때문이다.

예제 3.3.2 다음 두 3×3 행렬

$$\begin{pmatrix} 1 & 2 & 3 \\ 0 & 1 & 4 \\ 0 & 0 & 1 \end{pmatrix}, \quad \begin{pmatrix} 1 & -2 & 5 \\ 0 & 1 & -4 \\ 0 & 0 & 1 \end{pmatrix}$$

은 서로 역행렬이다. 왜냐하면

$$\begin{pmatrix} 1 & 2 & 3 \\ 0 & 1 & 4 \\ 0 & 0 & 1 \end{pmatrix}\begin{pmatrix} 1 & -2 & 5 \\ 0 & 1 & -4 \\ 0 & 0 & 1 \end{pmatrix} = \begin{pmatrix} 1 & 0 & 0 \\ 0 & 1 & 0 \\ 0 & 0 & 1 \end{pmatrix}$$

이고

$$\begin{pmatrix} 1 & -2 & 5 \\ 0 & 1 & -4 \\ 0 & 0 & 1 \end{pmatrix}\begin{pmatrix} 1 & 2 & 3 \\ 0 & 1 & 4 \\ 0 & 0 & 1 \end{pmatrix} = \begin{pmatrix} 1 & 0 & 0 \\ 0 & 1 & 0 \\ 0 & 0 & 1 \end{pmatrix}$$

이기 때문이다.

예제 3.3.3 다음 행렬

$$A = \begin{pmatrix} 1 & 0 \\ 0 & 0 \end{pmatrix}$$

는 역행렬을 갖지 않는다. 왜냐하면 임의의 2×2 행렬 B에 대하여

$$BA = \begin{pmatrix} b_{11} & b_{12} \\ b_{21} & b_{22} \end{pmatrix}\begin{pmatrix} 1 & 0 \\ 0 & 0 \end{pmatrix} = \begin{pmatrix} b_{11} & 0 \\ b_{21} & 0 \end{pmatrix}$$

이기 때문이다. 마찬가지로 AB도 단위행렬이 될 수 없다.

정의

$n \times n$ 행렬 A의 곱에 대한 역원, 즉 역행렬이 존재하지 않으면, A를 **특이행렬**(singular matrix)이라 한다.

다음 정리는 정칙행렬들의 곱도 역시 정칙행렬임을 보여준다.

정리 3.3.1

A, B가 $n \times n$ 정칙행렬이면, AB도 정칙행렬이고 다음이 성립한다.

$$(AB)^{-1} = B^{-1}A^{-1}$$

증명

$$(B^{-1}A^{-1})AB = B^{-1}(A^{-1}A)B = B^{-1}B = I,$$
$$(AB)(B^{-1}A^{-1}) = A(BB^{-1})A^{-1} = AA^{-1} = I$$

귀납법에 의하여 E_1, …, E_k가 모두 정칙행렬이면, 그 곱 $E_1E_2 \cdots E_k$도 정칙행렬이고

$$(E_1E_2 \cdots E_k)^{-1} = E_k^{-1} \cdots E_2^{-1}E_1^{-1}$$

임을 알 수 있다.

전치행렬

$m \times n$ 행렬 A가 주어졌을 때, A의 행과 열을 바꾼 $n \times m$ 행렬을 사용하는 것이 유용할 때가 있다.

정의

$m \times n$ 행렬 $A = (a_{ij})$의 **전치행렬**(transposed matrix)은 다음과 같이 정의된

$n \times m$ 행렬 $B=(b_{ij})$를 말한다.

$$b_{ji}=a_{ij} \quad (1 \le j \le n,\ 1 \le i \le m)$$

A의 전치행렬은 A^T로 나타낸다.

예제 3.3.4 (1) $A=\begin{pmatrix} 1 & 2 & 3 \\ 4 & 5 & 6 \end{pmatrix}$이면, $A^T=\begin{pmatrix} 1 & 4 \\ 2 & 5 \\ 3 & 6 \end{pmatrix}$이다.

(2) $B=\begin{pmatrix} -3 & 2 & 1 \\ 4 & 3 & 2 \\ 1 & 2 & 5 \end{pmatrix}$이면, $B^T=\begin{pmatrix} -3 & 4 & 1 \\ 2 & 3 & 2 \\ 1 & 2 & 5 \end{pmatrix}$이다.

(3) $C=\begin{pmatrix} 1 & 2 \\ 2 & 3 \end{pmatrix}$이면, $C^T=\begin{pmatrix} 1 & 2 \\ 2 & 3 \end{pmatrix}$이다. 즉, 행렬 C는 자기 자신이 전치행렬이다.

정리 3.3.2

전치행렬에 대한 다음 성질들이 성립한다.

(1) $(A^T)^T=A$

(2) $(\alpha A)^T=\alpha A^T$

(3) A와 B가 $m \times n$ 행렬이면, $(A+B)^T=A^T+B^T$이다.

(4) A가 $m \times n$ 행렬이고 B가 $n \times r$ 행렬이면, $(AB)^T=B^TA^T$이다.

증명 (4)만 증명하고 나머지는 독자에게 남긴다.

$A=(a_{ij})$, $B=(b_{ij})$라 두면

$$B^TA^T=\left(\sum_{k=1}^{n} b_{ki}a_{jk}\right)=\left(\sum_{k=1}^{n} a_{jk}b_{ki}\right)=\left(\sum_{k=1}^{n} a_{ik}b_{kj}\right)^T=(AB)^T$$

이므로, $(AB)^T=B^TA^T$가 성립한다.

대칭행렬

정의

정방행렬 A에서 $A^T = A$를 만족할 때, A를 **대칭행렬**(symmetric matrix)이라 한다. 또한 $A^T = -A$를 만족하면 A를 **교대행렬**(alternating matrix)이라 한다.

다음은 대칭행렬의 예이다.

$$\begin{pmatrix} 1 & 0 \\ 0 & -4 \end{pmatrix}, \quad \begin{pmatrix} 2 & 3 & 4 \\ 3 & 1 & 5 \\ 4 & 5 & 3 \end{pmatrix}, \quad \begin{pmatrix} 0 & 1 & 2 \\ 1 & 1 & -2 \\ 2 & -2 & -3 \end{pmatrix}$$

교대행렬의 경우, 모든 대각성분이 0인 이유를 생각해 보아라.

기본행렬

단위행렬 I에 하나의 기본 행연산을 시행함으로써 얻는 행렬을 **기본행렬**(elementary matrix)이라 한다. 여기서 **기본 행연산**은 다음 세 가지 경우로 구분한다.

I. 행렬의 두 행을 서로 바꾼다.
II. 행렬의 한 행에 0 아닌 실수를 곱한다.
III. 행렬의 한 행에 다른 행을 실수배하여 더한다.

제 I 형 제 I 형의 기본행렬은 단위행렬 I의 두 행을 바꿈으로써 얻는 행렬이다.

예제 3.3.5 $E_1 = \begin{pmatrix} 0 & 1 & 0 \\ 1 & 0 & 0 \\ 0 & 0 & 1 \end{pmatrix}$이라 두면, E_1은 제 I 형의 기본행렬이다. 왜냐하면 I의 제 1행과 제 2행을 바꿈으로써 얻어진 행렬이기 때문이다. A를 3×3 행렬이라 하자. 그러면

$$E_1A = \begin{pmatrix} 0 & 1 & 0 \\ 1 & 0 & 0 \\ 0 & 0 & 1 \end{pmatrix}\begin{pmatrix} a_{11} & a_{12} & a_{13} \\ a_{21} & a_{22} & a_{23} \\ a_{31} & a_{32} & a_{33} \end{pmatrix} = \begin{pmatrix} a_{21} & a_{22} & a_{23} \\ a_{11} & a_{12} & a_{13} \\ a_{31} & a_{32} & a_{33} \end{pmatrix}$$

$$AE_1 = \begin{pmatrix} a_{11} & a_{12} & a_{13} \\ a_{21} & a_{22} & a_{23} \\ a_{31} & a_{32} & a_{33} \end{pmatrix}\begin{pmatrix} 0 & 1 & 0 \\ 1 & 0 & 0 \\ 0 & 0 & 1 \end{pmatrix} = \begin{pmatrix} a_{12} & a_{11} & a_{13} \\ a_{22} & a_{21} & a_{23} \\ a_{32} & a_{31} & a_{33} \end{pmatrix}$$

이다. 즉, A의 왼쪽에 E_1을 곱하는 것은 A의 제1행과 제2행을 바꾸는 기본 행연산과 같고, A의 오른쪽에 E_1을 곱하는 것은 A에서 제1열과 제2열을 바꾼 것과 같다.

제II형 제Ⅱ형의 기본행렬은 단위행렬 I의 한 행에 0이 아닌 상수를 곱해서 얻는 행렬이다.

예제 3.3.6 $E_2 = \begin{pmatrix} 1 & 0 & 0 \\ 0 & 1 & 0 \\ 0 & 0 & 3 \end{pmatrix}$은 단위행렬 I의 제3행에 3을 곱해서 얻어진 제Ⅱ형의 기본행렬이다.

$$\begin{pmatrix} 1 & 0 & 0 \\ 0 & 1 & 0 \\ 0 & 0 & 3 \end{pmatrix}\begin{pmatrix} a_{11} & a_{12} & a_{13} \\ a_{21} & a_{22} & a_{23} \\ a_{31} & a_{32} & a_{33} \end{pmatrix} = \begin{pmatrix} a_{11} & a_{12} & a_{13} \\ a_{21} & a_{22} & a_{23} \\ 3a_{31} & 3a_{32} & 3a_{33} \end{pmatrix}$$

$$\begin{pmatrix} a_{11} & a_{12} & a_{13} \\ a_{21} & a_{22} & a_{23} \\ a_{31} & a_{32} & a_{33} \end{pmatrix}\begin{pmatrix} 1 & 0 & 0 \\ 0 & 1 & 0 \\ 0 & 0 & 3 \end{pmatrix} = \begin{pmatrix} a_{11} & a_{12} & 3a_{13} \\ a_{21} & a_{22} & 3a_{23} \\ a_{31} & a_{32} & 3a_{33} \end{pmatrix}$$

이다. 따라서 A의 왼쪽에 E_2를 곱하는 것은 A의 제3행에 3을 곱하는 기본 행연산과 같고, 오른쪽에 곱하는 것은 A의 제3열에 3을 곱한 것과 같다.

제III형 제Ⅲ형의 기본행렬은 단위행렬 I의 한 행에 다른 행을 실수배하여 더해서 얻어지는 행렬이다.

예제 3.3.7 $E_3 = \begin{pmatrix} 1 & 0 & 3 \\ 0 & 1 & 0 \\ 0 & 0 & 1 \end{pmatrix}$은 단위행렬 I의 제1행에 제3행을 3배하여 더해서 얻어진 제Ⅲ형의 기본행렬이다. A가 3×3 행렬이면

$$E_3A = \begin{pmatrix} a_{11}+3a_{31} & a_{12}+3a_{32} & a_{13}+3a_{33} \\ a_{21} & a_{22} & a_{23} \\ a_{31} & a_{32} & a_{33} \end{pmatrix}$$

$$AE_3 = \begin{pmatrix} a_{11} & a_{12} & 3a_{11}+a_{13} \\ a_{21} & a_{22} & 3a_{21}+a_{23} \\ a_{31} & a_{32} & 3a_{31}+a_{33} \end{pmatrix}$$

이다. 따라서 A의 왼쪽에 E_3를 곱하는 것은 A의 제1행에 제3행을 3배하여 더한 것이고, 오른쪽에 곱한 것은 제3열에 제1열을 3배하여 더한 것과 같다.

결과적으로 $n \times n$ 기본행렬 E에 대하여 A가 $n \times r$ 행렬일 때, A의 왼쪽에 E를 곱하면 A에 E와 동일한 기본 행연산을 시행한 결과를 얻는다.

정리 3.3.3

E가 기본행렬이면, E는 정칙행렬이고 E^{-1}는 E와 동일한 형태의 기본행렬이다.

정의

유한개의 기본행렬 $E_1, E_2, \ldots, E_k$가 존재하여 $B = E_kE_{k-1} \cdots E_1A$를 만족할 때, B는 A와 **행동치**(row equivalent)라고 한다.

다시 말하여, A에 기본 행연산을 유한번 시행하여 B를 얻을 수 있을 때, B는 A와 행동치라고 한다. 정리 3.3.3에 의해 행동치에 관한 다음의 성질이 성립함을 알 수 있다.

(a) A가 B와 행동치이면, B는 A와 행동치이다.

(b) A가 B와 행동치이고 B가 C와 행동치이면, A는 C와 행동치이다.

정방행렬 A가 단위행렬 I와 행동치라고 가정하면, 다음을 만족하는 유한개의 기본행렬 $E_1, E_2, \ldots, E_k$가 존재한다.

$$I = E_kE_{k-1} \cdots E_1A$$

이때 A의 역행렬 A^{-1}는

$$A^{-1} = E_k E_{k-1} \cdots E_1$$

이므로, A는 정칙행렬이다. 즉, A가 단위행렬 I와 행동치이면

$$(A \mid I) \to (E_1 A \mid E_1) \to \cdots \to (E_k \cdots E_1 A \mid E_k \cdots E_1) = (I \mid X)$$

인 기본행렬 $E_1, E_2, \ldots, E_k$가 존재하므로, $A^{-1} = X$이다. 따라서 다음의 정리를 얻는다.

정리 3.3.4

$n \times n$ 행렬 A가 단위행렬 I와 행동치이면, A는 정칙행렬이다. 즉, $(A|I)$에 유한 번의 기본 행연산을 시행하여 $(A|I)$를 $(I|A^{-1})$로 변형하여 A의 역행렬 A^{-1}를 구할 수 있다.

예제 3.3.8 $A = \begin{pmatrix} 1 & 0 & 2 \\ -1 & 1 & 1 \\ 2 & 1 & 8 \end{pmatrix}$일 때, A^{-1}를 구하여라.

풀이

$$\left(\begin{array}{ccc|ccc} 1 & 0 & 2 & 1 & 0 & 0 \\ -1 & 1 & 1 & 0 & 1 & 0 \\ 2 & 1 & 8 & 0 & 0 & 1 \end{array}\right) \to \left(\begin{array}{ccc|ccc} 1 & 0 & 2 & 1 & 0 & 0 \\ 0 & 1 & 3 & 1 & 1 & 0 \\ 0 & 1 & 4 & -2 & 0 & 1 \end{array}\right)$$

$$\to \left(\begin{array}{ccc|ccc} 1 & 0 & 2 & 1 & 0 & 0 \\ 0 & 1 & 3 & 1 & 1 & 0 \\ 0 & 0 & 1 & -3 & -1 & 1 \end{array}\right) \to \left(\begin{array}{ccc|ccc} 1 & 0 & 0 & 7 & 2 & -2 \\ 0 & 1 & 0 & 10 & 4 & -3 \\ 0 & 0 & 1 & -3 & -1 & 1 \end{array}\right)$$

이므로, A의 역행렬은 다음과 같다.

$$A^{-1} = \begin{pmatrix} 7 & 2 & -2 \\ 10 & 4 & -3 \\ -3 & -1 & 1 \end{pmatrix}$$

연습문제 3.3

1 $A=\begin{pmatrix}1 & 0\\ 0 & -4\end{pmatrix}$일 때, $(A^T)^T=A$임을 확인하여라.

2 n차 정방행렬 A와 B가 대각행렬이면, $AB=BA$임을 증명하여라.

3 행렬 $A=\begin{pmatrix}1 & 0 & 1\\ 2 & -1 & 3\\ 0 & 0 & 4\end{pmatrix}$에서 AA^T와 A^TA를 구하여, 대칭행렬임을 보여라.

4 행렬 $A=\begin{pmatrix}2 & -1 & 2\\ 2 & 1 & 0\end{pmatrix}$, $B=\begin{pmatrix}1 & 2\\ 2 & 0\\ -1 & 1\end{pmatrix}$에서 $(AB)^T=B^TA^T$임을 확인하여라.

5 다음에 주어진 각 행렬의 쌍에 대하여, $EA=B$인 기본행렬 E를 구하여라.

(a) $A=\begin{pmatrix}2 & -1\\ 5 & 3\end{pmatrix}$ $\quad B=\begin{pmatrix}-4 & 2\\ 5 & 3\end{pmatrix}$

(b) $A=\begin{pmatrix}2 & 1 & 3\\ -2 & 4 & 5\\ 3 & 1 & 4\end{pmatrix}$ $\quad B=\begin{pmatrix}2 & 1 & 3\\ 3 & 1 & 4\\ -2 & 4 & 5\end{pmatrix}$

6 다음 각 행렬의 역행렬을 구하여라.

(a) $\begin{pmatrix}-1 & 1\\ 1 & 0\end{pmatrix}$ $\quad$ (b) $\begin{pmatrix}2 & 5\\ 1 & 3\end{pmatrix}$

(c) $\begin{pmatrix}2 & 6\\ 3 & 8\end{pmatrix}$ $\quad$ (d) $\begin{pmatrix}3 & 0\\ 9 & 3\end{pmatrix}$

(e) $\begin{pmatrix}1 & 1 & 1\\ 0 & 1 & 1\\ 0 & 0 & 1\end{pmatrix}$ $\quad$ (f) $\begin{pmatrix}2 & 0 & 5\\ 0 & 3 & 0\\ 1 & 0 & 3\end{pmatrix}$

3.4 행렬식과 성질

$n \times n$ 행렬에 대한 행렬식의 정의에 앞서 다음의 두 경우를 먼저 생각해 보자.

1×1 행렬

$A=(a)$인 경우에 A가 역원을 가질 필요충분조건은 $a \neq 0$이다. 따라서

$$\det(A)=a$$

라고 정의하면, A가 정칙행렬이 될 필요충분조건은 $\det(A) \neq 0$이다.

2×2 행렬

$$A=\begin{pmatrix} a_{11} & a_{12} \\ a_{21} & a_{22} \end{pmatrix}$$

라 하자. 정리 3.3.4에서 A가 정칙일 필요충분조건은 A가 단위행렬 I와 행동치임을 알고 있다. 만약 $a_{11} \neq 0$이면, 다음과 같은 행연산을 시행함으로써 A가 I와 행동치가 되는지를 확인해 볼 수 있다.

(a) A의 두 번째 행에 a_{11}을 곱한다.

$$A=\begin{pmatrix} a_{11} & a_{12} \\ a_{11}a_{21} & a_{11}a_{22} \end{pmatrix}$$

(b) A의 첫 번째 행에 a_{21}을 곱하여 두 번째 행에서 뺀다.

$$A=\begin{pmatrix} a_{11} & a_{12} \\ 0 & a_{11}a_{22}-a_{21}a_{12} \end{pmatrix}$$

한편 $a_{11} \neq 0$이므로 결과로 나온 행렬이 I와 행동치가 될 필요충분조건은

$$a_{11}a_{22}-a_{21}a_{12} \neq 0 \tag{3.1}$$

이다. 만약 $a_{11}=0$이면, A의 두 행을 바꾼 행렬

$$\begin{pmatrix} a_{21} & a_{22} \\ 0 & a_{12} \end{pmatrix}$$

가 I와 행동치가 될 필요충분조건은 $a_{21}a_{12} \neq 0$이다. 이 조건은 $a_{11} = 0$일 때, 조건 (3.1)과 동일하다. 따라서 임의의 2×2 행렬 A에 대하여

$$\det(A) = a_{11}a_{22} - a_{21}a_{12}$$

라 정의하면, A가 정칙일 필요충분조건은 $\det(A) \neq 0$이다.

행렬식의 정의에 필요한 소행렬식과 여인수는 다음과 같이 정의한다.

정의

$A = (a_{ij})$가 $n \times n$ 행렬이고, M_{ij}는 A에서 a_{ij}를 포함하는 행과 열을 소거하여 얻은 $(n-1) \times (n-1)$ 행렬이라 하자. 이때 M_{ij}의 행렬식을 a_{ij}의 **소행렬식**(minor)이라 하고, a_{ij}의 **여인수**(cofactor) A_{ij}는 다음과 같이 정의한다.

$$A_{ij} = (-1)^{i+j} \det(M_{ij})$$

이제 $n \times n$ 행렬 A의 행렬식을 정의해보자.

정의

$n \times n$ 행렬 $A = (a_{ij})$의 **행렬식**(determinant)을 $\det(A)$로 나타내고, 다음과 같이 정의한다.

$$\det(A) = \begin{cases} a_{11}, & n = 1 \\ a_{11}A_{11} + a_{12}A_{12} + \cdots + a_{1n}A_{1n}, & n \geq 2 \end{cases}$$

여기서 각 A_{1j}는 a_{1j}의 여인수로서 $A_{1j} = (-1)^{1+j}\det(M_{1j})$이다.

행렬식 $\det(A)$의 정의에서 표현된 방정식을 제1행에 관한 **여인수전개**(cofactor expansion)라 한다.

예제 3.4.1 행렬

$$A=\begin{pmatrix}2&3&4\\1&0&2\\3&1&2\end{pmatrix}$$

에서 A의 행렬식은 다음과 같다.

$$\begin{aligned}\det(A)&=a_{11}A_{11}+a_{12}A_{12}+a_{13}A_{13}\\&=(-1)^{1+1}a_{11}\det(M_{11})+(-1)^{1+2}a_{12}\det(M_{12})\\&\quad+(-1)^{1+3}a_{13}\det(M_{13})\\&=2\begin{vmatrix}0&2\\1&2\end{vmatrix}-3\begin{vmatrix}1&2\\3&2\end{vmatrix}+4\begin{vmatrix}1&0\\3&1\end{vmatrix}\\&=2(0-2)-3(2-6)+4(1-0)=12\end{aligned}$$

정리 3.4.1

$A=(a_{ij})$가 $n\times n$ $(n\geq 2)$ 행렬이면, $\det(A)$는 다음과 같이 A의 임의의 i행과 j열에 관한 여인수전개로 나타낼 수 있다.

$$\begin{aligned}\det(A)&=a_{i1}A_{i1}+a_{i2}A_{i2}+\ \cdots\ +a_{in}A_{in}=\sum_{k=1}^{n}a_{ik}A_{ik}\\&=a_{1j}A_{1j}+a_{2j}A_{2j}+\ \cdots\ +a_{nj}A_{nj}=\sum_{k=1}^{n}a_{kj}A_{kj}\end{aligned}$$

예제 3.4.2 예제 3.4.1의 A에서 두 번째 열에 관한 $\det(A)$의 여인수전개는

$$\begin{aligned}\det(A)&=-3\begin{vmatrix}1&2\\3&2\end{vmatrix}+0\begin{vmatrix}2&4\\3&2\end{vmatrix}-1\begin{vmatrix}2&4\\1&2\end{vmatrix}\\&=-3(2-6)+0(4-12)-(4-4)=12\end{aligned}$$

이다.

4×4 행렬식의 여인수전개는 네 개의 3×3 행렬식을 포함한다. 여인수전개를 할 때, 가능한 한 0을 많이 포함하는 행이나 열에 관하여 전개하는 것이 편리하다. 예로

$$\begin{vmatrix} 0 & 2 & 3 & 0 \\ 0 & 4 & 5 & 0 \\ 0 & 1 & 0 & 3 \\ 2 & 0 & 1 & 3 \end{vmatrix}$$

을 계산하고자 할 때, 제1열에 관해 여인수전개하면 처음 세 개의 항은 0이므로 주어진 행렬식은 다음과 같다.

$$2\cdot(-1)^{4+1}\begin{vmatrix} 2 & 3 & 0 \\ 4 & 5 & 0 \\ 1 & 0 & 3 \end{vmatrix} = -2\cdot 3\begin{vmatrix} 2 & 3 \\ 4 & 5 \end{vmatrix} = 12$$

이제부터는 행렬식을 쉽게 구하기 위하여, 행렬식에 관한 여러 성질들을 알아보자.

정리 3.4.2

A가 $n\times n$ 행렬이면, $\det(A^T)=\det(A)$이다.

증명 n에 관한 귀납법으로 증명해 보자. 1×1 행렬은 대칭행렬이므로, $n=1$일 때는 분명히 성립한다. 모든 $k\times k$ 행렬에 대하여 성립한다고 가정하고, A가 $(k+1)\times(k+1)$ 행렬인 경우에 성립함을 보이자. $\det(A)$를 A의 제1행에 관해 여인수전개하면

$$\det(A)=a_{11}\det(M_{11})-a_{12}\det(M_{12})+\cdots\pm a_{1,k+1}\det(M_{1,k+1})$$

이다. 각 M_{ij}는 $k\times k$ 행렬이므로 가정에 의하여

$$\det(A)=a_{11}\det(M_{11}^T)-a_{12}\det(M_{12}^T)+\cdots\pm a_{1,k+1}\det(M_{1,k+1}^T)$$

가 성립한다. 이때 이 식의 우변은 A^T의 제1열에 관한 $\det(A^T)$의 여인수전개이다. 따라서

$$\det(A^T)=\det(A)$$

를 만족한다.

이 정리는 행에 대해 성립하는 행렬식의 모든 성질은 열에 대해서도 성립함을 보여준다.

행렬식의 정의로부터, 다음 정리는 쉽게 증명할 수 있다.

정리 3.4.3

$A=(a_{ij})$가 $n\times n$ 삼각행렬이면, A의 행렬식은 A의 모든 대각성분의 곱과 같다. 즉, 다음이 성립한다.

$$\begin{vmatrix} a_{11} & a_{12} & \cdots & a_{1n} \\ 0 & a_{22} & \cdots & a_{2n} \\ \vdots & \vdots & & \vdots \\ 0 & 0 & \cdots & a_{nn} \end{vmatrix} = a_{11}a_{22}\cdots a_{nn}$$

따라서 단위행렬의 행렬식은 1이다.

주어진 행렬에 기본 행연산을 적용하면 행렬식을 보다 효율적으로 구할 수 있다. 다음의 정리는 기본 행연산과 관련된 행렬식의 성질들을 나타낸 것이다.

정리 3.4.4

$A=(a_{ij})$를 $n\times n$ 행렬이라 하자.

(1) A의 두 행(또는 열)을 서로 바꾸면 행렬식은 부호가 바뀐다. 따라서 두 행(또는 열)이 서로 같은 행렬의 행렬식은 0이다.

(2) A의 한 행(또는 열)을 α 배하면, 행렬식도 α 배가 된다. 따라서 한 행(또는 열)의 성분이 모두 0인 행렬의 행렬식은 0이다. 또한 두 행(또는 열)이 비례하는 행렬의 행렬식도 0이다.

(3) A의 한 행(또는 열)에 다른 행(또는 열)을 상수배하여 더하여도 행렬식은 같다.

증명 (1)은 행렬식의 정의로부터 쉽게 증명할 수 있으므로, (2)와 (3)의 증명만 다룬다.

(2)의 증명

A의 제i행을 α배하여 얻어진 행렬을 $B=(b_{ij})$라 하자. 즉, $j=1, 2, \dots, n$에 대하여 $b_{ij}=\alpha a_{ij}$라 하면, A와 B의 제i행에 관한 여인수전개에서 두 행렬의 (i, j) 성분의 여인수 A_{ij}는 서로 같으므로, 다음이 성립한다.

$$\det(B) = \sum_{j=1}^{n} b_{ij} A_{ij} = \alpha \sum_{j=1}^{n} a_{ij} A_{ij} = \alpha \det(A)$$

(3)의 증명

A의 제i행에 제k행을 α배하여 더한 행렬을 $B=(b_{ij})$라 하면 $j=1, 2, \dots, n$에 대하여 $b_{ij}=a_{ij}+\alpha a_{kj}$이다. 이때 B를 제i행에 관해 여인수전개하면

$$\begin{aligned}\det(B) &= \sum_{j=1}^{n} b_{ij} A_{ij} = \sum_{j=1}^{n} (a_{ij}+\alpha a_{kj}) A_{ij} \\ &= \sum_{j=1}^{n} a_{ij} A_{ij} + \alpha \sum_{j=1}^{n} a_{kj} A_{ij} = \det(A)\end{aligned}$$

임을 알 수 있다. 여기서 $k \neq i$일 때 $\sum_{j=1}^{n} a_{kj} A_{ij} = 0$임을 이용하였다.

그리고 $n \times n$ 행렬 B와 C에 대하여, A의 제i행(또는 열)이 B의 제i행(또는 열)과 C의 제i행(또는 열)의 합과 같고 서로 대응하는 A, B, C의 나머지 성분은 모두 같다고 하자. 이때 $j=1, 2, \dots, n$에 대하여 $a_{ij}=b_{ij}+c_{ij}$이고 세 행렬 A, B, C의 (i, j) 성분의 여인수 A_{ij}는 서로 같으므로, A를 제i행에 관해 여인수전개하면

$$\begin{aligned}\det(A) &= \sum_{j=1}^{n} a_{ij} A_{ij} = \sum_{j=1}^{n} (b_{ij}+c_{ij}) A_{ij} \\ &= \sum_{j=1}^{n} b_{ij} A_{ij} + \sum_{j=1}^{n} c_{ij} A_{ij} = \det(B)+\det(C)\end{aligned}$$

로부터

$$\det(A) = \det(B) + \det(C)$$

이다. 또한 $n \times n$ 행렬 $A = (a_{ij})$와 스칼라 α에 대하여 다음이 성립한다.

$$\det(\alpha A) = \alpha^n \det(A)$$

이제 행렬식의 성질을 이용하여 행렬식을 구해보자.

예제 3.4.3 다음 행렬의 행렬식을 구하여라.

(1) $A = \begin{pmatrix} 2 & 3 & -1 \\ 0 & 5 & 3 \\ -4 & -6 & 2 \end{pmatrix}$ (2) $B = \begin{pmatrix} 1 & 2 & 3 & 4 \\ 3 & 4 & 5 & 6 \\ 5 & 6 & 7 & 8 \\ 6 & 7 & 8 & 9 \end{pmatrix}$

풀이 (1) 행렬 A의 제3행에 제1행을 2배하여 더하면, 한 행의 성분이 모두 0이므로 다음을 얻는다.

$$\det(A) = \begin{vmatrix} 2 & 3 & -1 \\ 0 & 5 & 3 \\ -4 & -6 & 2 \end{vmatrix} = \begin{vmatrix} 2 & 3 & -1 \\ 0 & 5 & 3 \\ 0 & 0 & 0 \end{vmatrix} = 0$$

또는 A의 제 1행과 제 3행이 비례하므로, $\det(A) = 0$임을 쉽게 알 수 있다.

(2) 행렬 B의 제2행에서 제1행을 뺀 다음, 제3행에서 제1행을 빼면 두 행이 비례하므로, 다음을 얻는다.

$$\det(B) = \begin{vmatrix} 1 & 2 & 3 & 4 \\ 3 & 4 & 5 & 6 \\ 5 & 6 & 7 & 8 \\ 6 & 7 & 8 & 9 \end{vmatrix} = \begin{vmatrix} 1 & 2 & 3 & 4 \\ 2 & 2 & 2 & 2 \\ 5 & 6 & 7 & 8 \\ 6 & 7 & 8 & 9 \end{vmatrix}$$

$$= \begin{vmatrix} 1 & 2 & 3 & 4 \\ 2 & 2 & 2 & 2 \\ 4 & 4 & 4 & 4 \\ 6 & 7 & 8 & 9 \end{vmatrix} = 0$$

예제 3.4.4 행렬식 $\begin{vmatrix} 1 & x & x^2 \\ 1 & y & y^2 \\ 1 & z & z^2 \end{vmatrix}$ 을 구하여라.

풀이 제2행과 제3행에서 제1행을 각각 뺀 다음, 행렬식의 성질들을 이용하면 다음을 얻는다.

$$\begin{aligned}\begin{vmatrix} 1 & x & x^2 \\ 1 & y & y^2 \\ 1 & z & z^2 \end{vmatrix} &= \begin{vmatrix} 1 & x & x^2 \\ 0 & y-x & y^2-x^2 \\ 0 & z-x & z^2-x^2 \end{vmatrix} \\ &= (y-x)(z-x)\begin{vmatrix} 1 & x & x^2 \\ 0 & 1 & y+x \\ 0 & 1 & z+x \end{vmatrix} \\ &= (y-x)(z-x)\begin{vmatrix} 1 & x & x^2 \\ 0 & 1 & y+x \\ 0 & 0 & z-y \end{vmatrix} \\ &= (y-x)(z-x)(z-y)\end{aligned}$$

예제 3.4.5 $A = \begin{pmatrix} 3 & 2 & 0 & 0 \\ 3 & -1 & -2 & 1 \\ 3 & 0 & 1 & 2 \\ 0 & 0 & -1 & 2 \end{pmatrix}$의 행렬식을 구하여라.

풀이 행렬 A에 기본 행연산을 시행하여 삼각행렬로 변형시키면, 정리 3.4.3에 의해 다음을 얻는다.

$$\begin{aligned}\det(A) = 3\begin{vmatrix} 1 & 2 & 0 & 0 \\ 1 & -1 & -2 & 1 \\ 1 & 0 & 1 & 2 \\ 0 & 0 & -1 & 2 \end{vmatrix} &= 3\begin{vmatrix} 1 & 2 & 0 & 0 \\ 0 & -3 & -2 & 1 \\ 0 & -2 & 1 & 2 \\ 0 & 0 & -1 & 2 \end{vmatrix} \\ = 3\begin{vmatrix} 1 & 2 & 0 & 0 \\ 0 & -1 & -3 & -1 \\ 0 & -2 & 1 & 2 \\ 0 & 0 & -1 & 2 \end{vmatrix} &= 3\begin{vmatrix} 1 & 2 & 0 & 0 \\ 0 & -1 & -3 & -1 \\ 0 & 0 & 7 & 4 \\ 0 & 0 & -1 & 2 \end{vmatrix}\end{aligned}$$

$$= 3(-1)\begin{vmatrix} 1 & 2 & 0 & 0 \\ 0 & -1 & -3 & -1 \\ 0 & 0 & -1 & 2 \\ 0 & 0 & 7 & 4 \end{vmatrix} = -3\begin{vmatrix} 1 & 2 & 0 & 0 \\ 0 & -1 & -3 & -1 \\ 0 & 0 & -1 & 2 \\ 0 & 0 & 0 & 18 \end{vmatrix} = -54$$

삼각행렬로 변형하지 않고, 다음과 같이 행렬식을 구하는 것이 보다 간편할 수 있다.

$$\det(A) = 3\begin{vmatrix} 1 & 2 & 0 & 0 \\ 1 & -1 & -2 & 1 \\ 1 & 0 & 1 & 2 \\ 0 & 0 & -1 & 2 \end{vmatrix} = 3\begin{vmatrix} 1 & 2 & 0 & 0 \\ 0 & -3 & -2 & 1 \\ 0 & -2 & 1 & 2 \\ 0 & 0 & -1 & 2 \end{vmatrix}$$

$$= 3 \cdot 1(-1)^{1+1}\begin{vmatrix} -3 & -2 & 1 \\ -2 & 1 & 2 \\ 0 & -1 & 2 \end{vmatrix} = 3\begin{vmatrix} -3 & -2 & 1 \\ 4 & 5 & 0 \\ 6 & 3 & 0 \end{vmatrix}$$

$$= 3 \cdot 1(-1)^{1+3}\begin{vmatrix} 4 & 5 \\ 6 & 3 \end{vmatrix} = -54$$

마지막으로 정칙행렬과 행렬 곱의 행렬식에 대한 다음 정리를 소개한다.

정리 3.4.5

정방행렬 A에 대하여, A가 정칙일 필요충분조건은 $\det(A) \neq 0$ 이다.

정리 3.4.6

$n \times n$ 행렬 A와 B에 대하여, 다음이 성립한다.

$$\det(AB) = \det(A) \cdot \det(B)$$

한편 $n \times n$ 정칙행렬 A의 역행렬 A^{-1}에 대하여 $AA^{-1} = A^{-1}A = I_n$이므로, 정리 3.4.6을 이용하면

$$\det(AA^{-1}) = \det(A) \cdot \det(A^{-1}) = \det(I_n) = 1$$

이고, 따라서 다음이 성립한다.

$$\det(A^{-1}) = \frac{1}{\det(A)}$$

예제 3.4.6 행렬 $A=\begin{pmatrix} 2 & 1 & 1 \\ 0 & 2 & 1 \\ 1 & 0 & 1 \end{pmatrix}$의 역행렬이 $A^{-1}=\begin{pmatrix} \frac{2}{3} & -\frac{1}{3} & -\frac{1}{3} \\ \frac{1}{3} & \frac{1}{3} & -\frac{2}{3} \\ -\frac{2}{3} & \frac{1}{3} & \frac{4}{3} \end{pmatrix}$임을 알고 있을 때, $\det(A)\cdot\det(A^{-1})=1$임을 확인하여라.

풀이 두 행렬에 기본 행연산을 반복 시행하여 행렬식을 구하면

$$\det(A)=\begin{vmatrix} 2 & 1 & 1 \\ 0 & 2 & 1 \\ 1 & 0 & 1 \end{vmatrix} = \begin{vmatrix} 0 & 1 & -1 \\ 0 & 2 & 1 \\ 1 & 0 & 1 \end{vmatrix} = 1(-1)^{3+1}\begin{vmatrix} 1 & -1 \\ 2 & 1 \end{vmatrix} = 3$$

이고

$$\det(A^{-1}) = \frac{1}{27}\begin{vmatrix} 2 & -1 & -1 \\ 1 & 1 & -2 \\ -2 & 1 & 4 \end{vmatrix} = \frac{1}{27}\begin{vmatrix} 2 & -1 & -1 \\ 1 & 1 & -2 \\ 0 & 0 & 3 \end{vmatrix}$$

$$= \frac{1}{27}\cdot 3(-1)^{3+3}\begin{vmatrix} 2 & -1 \\ 1 & 1 \end{vmatrix} = \frac{1}{3}$$

이다.

연습문제 3.4

1 행렬 $A=\begin{pmatrix} 3 & 2 & 4 \\ 1 & -2 & 3 \\ 2 & 3 & 2 \end{pmatrix}$에서

(a) $\det(M_{21})$, $\det(M_{22})$와 $\det(M_{23})$를 모두 구하여라.

(b) A_{21}, A_{22}와 A_{23}를 모두 구하여라.

(c) (b)를 이용하여, $\det(A)$를 구하여라.

2 다음 행렬식을 구하여라.

(a) $\begin{vmatrix} 3 & 5 \\ -2 & 3 \end{vmatrix}$ (b) $\begin{vmatrix} 5 & -2 \\ -8 & 4 \end{vmatrix}$ (c) $\begin{vmatrix} 3 & 1 & 2 \\ 2 & 4 & 5 \\ 2 & 4 & 5 \end{vmatrix}$

(d) $\begin{vmatrix} 4 & 3 & 0 \\ 3 & 1 & 2 \\ 5 & -1 & -4 \end{vmatrix}$ (e) $\begin{vmatrix} 1 & 3 & 2 \\ 4 & 1 & -2 \\ 2 & 1 & 3 \end{vmatrix}$ (f) $\begin{vmatrix} 2 & -1 & 2 \\ 1 & 3 & 2 \\ 5 & 1 & 6 \end{vmatrix}$

3 다음 행렬식을 계산하여, x에 관한 다항식으로 나타내어라.

$$\begin{vmatrix} a-x & b & c \\ 1 & -x & 0 \\ 0 & 1 & -x \end{vmatrix}$$

4 다음 행렬식을 구하여라.

(a) $\begin{vmatrix} 0 & 0 & 3 \\ 0 & 4 & 1 \\ 2 & 3 & 1 \end{vmatrix}$ (b) $\begin{vmatrix} 1 & 1 & 1 & 3 \\ 0 & 3 & 1 & 1 \\ 0 & 0 & 2 & 2 \\ -1 & -1 & -1 & 2 \end{vmatrix}$ (c) $\begin{vmatrix} 0 & 0 & 0 & 1 \\ 1 & 0 & 0 & 0 \\ 0 & 1 & 0 & 0 \\ 0 & 0 & 1 & 0 \end{vmatrix}$

5 $A=\begin{pmatrix} 0 & 1 & 2 & 3 \\ 1 & 1 & 1 & 1 \\ -2 & -2 & 3 & 3 \\ 1 & 2 & -2 & -3 \end{pmatrix}$에서

(a) $\det(A)$를 구하여라.

(b) $\det(A)$의 값을 이용하여, 다음을 구하여라.

$$\begin{vmatrix} 0 & 1 & 2 & 3 \\ -2 & -2 & 3 & 3 \\ 1 & 2 & -2 & -3 \\ 1 & 1 & 1 & 1 \end{vmatrix} + \begin{vmatrix} 0 & 1 & 2 & 3 \\ 1 & 1 & 1 & 1 \\ -1 & -1 & 4 & 4 \\ 2 & 3 & -1 & -2 \end{vmatrix}$$

6 다음 각 행렬에 대하여 행렬식을 구하고, 그 행렬이 정칙행렬인지 아닌지를 판정하여라.

(a) $\begin{pmatrix} 3 & 1 \\ 6 & 2 \end{pmatrix}$ (b) $\begin{pmatrix} 3 & 1 \\ 4 & 2 \end{pmatrix}$ (c) $\begin{pmatrix} 3 & 3 & 1 \\ 0 & 1 & 2 \\ 0 & 2 & 3 \end{pmatrix}$

(d) $\begin{pmatrix} 2 & 1 & 1 \\ 4 & 3 & 5 \\ 2 & 1 & 2 \end{pmatrix}$ (e) $\begin{pmatrix} 2 & -1 & 3 \\ -1 & 2 & -2 \\ 1 & 4 & 0 \end{pmatrix}$ (f) $\begin{pmatrix} 1 & 1 & 1 & 1 \\ 2 & -1 & 3 & 2 \\ 0 & 1 & 2 & 1 \\ 0 & 0 & 7 & 3 \end{pmatrix}$

7 다음 행렬이 정칙행렬이 아닐 c의 값을 모두 구하여라.

$$\begin{pmatrix} 1 & 1 & 1 \\ 1 & 9 & c \\ 1 & c & 3 \end{pmatrix}$$

디오판토스와 정수론

알렉산드리아의 디오판토스(Diophantos, 246?~330?)는 유클리드의 《기하학원론》만큼이나 유명한 정수론에 관한 저서를 남긴 수학자이다. 디오판토스는 대수학의 아버지 또는 정수론의 아버지라고 불린다. 그의 주요 저서인 《산학》은 아라비아어로 번역되어 그곳의 수학자들에게 많은 영향을 끼쳤으며, 이후에는 라틴어로 번역되어 중세 말기에 유럽으로 전파되어 대수학 발달에 공헌하였다. 디오판토스의 《산학》은 13권으로 저술되었으나, 중세 암흑기를 거치면서 절반 이상이 소실되어 르네상스 시대의 학자들에게 전수된 것은 6권뿐이었다.

디오판토스(Diophantos)

디오판토스의 책들은 폭동과 전쟁으로 소멸될 위험이 있었지만 다행히도 지식을 옹호하는 클레오파트라에 의해 알렉산드리아 도서관으로 옮겨진다. 그 후, 알렉산드리아 도서관에는 세계 각지에서 수집된 진귀한 서적들이 계속 쌓여갔으나, 서기 389년에 일어난 종교전쟁으로 이 도서관은 치명적인 타격을 입게 된다. 당시 로마제국의 황제 테오도시우스는 알렉산드리아의 주교에게 이교도들의 사원을 모두 파괴하라는 명령을 내리게 되고, 도서관이 불행하게도 세라피스 사원 내부에 있었기 때문에 공격을 받게 되었다. 뜻있는 학자들이 6세기 동안 보관되어 온 지식의 보고를 지키려고 노력하였으나, 그들 역시 무참하게 살해되었다. 그러한 무자비한 공격 속에서도 중요한 책들은 복사본의 형태로 남아 있었으나, 또다시 일어난 종교전쟁으로 알렉산드리아 도서관의 모든 책들은 아궁이 속으로 던져지고 그리스 수학자들은 화형에 처해졌다. 이러한 와중에 6권의 책이라도 남아 있는 것은 가히 기적과도 같은 일이라 할 것이다.

《산학》은 대수적 수론을 해석적 논법으로 저술한 책으로 디오판토스를 이 분야에서 천재로 만들었다. 이 6권의 책에는 약 130여 개의 다양한 문제의 해를 다루고 있는데, 제1권에는 미지수가 하나인 정방정식에 관한 문제를, 나머지에는 두 개 또는 세 개의 미지수를 갖는 2차 또는 고차의 부정방정식에 관한 문제를 다루고 있다. 놀라운 것은 이들은 일반적 해법으로 풀리는 것이 아니라 각 문제마다 특별한 방법으로 해를 구하고 있다는 사실이다. 디오판토스는 단지 양의 유리해만을 인정하여 대개 하나의 답만으로 만족하였다. 부정방정식이란 미지수의 개수보다 방정식의 개수가 적은 방정식을 말한다. 이러한 방정식은 해를 모두 구하는 것이 아니라 유리수해, 정수해 또는 자연수해를 구하라는 조건이 붙는 것이 일반적이다. 부정방정식 중에서 특히 정수해만을 구하는 것을 **디오판토스의 방정식**이라고 한다.

17세기 초반에 활약했던 프랑스 수학자 페르마(Fermat, 1601~1665)는 디오판토스의 《산학》을 공부하면서 "주어진 제곱수를 두 개의 제곱수로 나누라"는 부정방정식 문제에서

"n이 2보다 큰 자연수일 때, $x^n + y^n = z^n$을 만족하는 자연수 x, y, z는 존재하지 않는다. 나는 이에 대한 참으로 신기한 증명을 발견했지만, 그 증명을 여기에 적어 넣기에는 책의 여백이 모자란다."

페르마(fermat)

는 유명한 **페르마의 정리**를 책의 여백에 자신의 생각과 함께 적어두었다고 한다. 1993년 12월, 프린스턴 대학의 와일스 교수는 타원곡선의 이론을 이용하여 영국에서 개최된 수론학회에서 이 정리의 증명을 발표하였고, 6명의 전문가로 구성된 심사위원회는 200쪽이 넘는 와일스의 논문을 검토한 결과 증명의 끝부분에 약간의 비약된 부분이 있었음을 발견하였다. 그는 이 비약된 부분을 1994년 10월, 케임브리지 대학의 테일러 교수와의 공저로 증명하여 330년 만에 페르마의 정리를 증명하였다. 변수의 확장으로 페르마의 정리를 연구하던 오일러는

"$x^4 + y^4 + z^4 = w^4$을 만족하는 자연수 x, y, z, w도 존재하지 않는다."

고 주장하였으나, 200년이 지난 후, 컴퓨터의 발달로 다음의 반례가 주어졌다.

$$2{,}682{,}440^4 + 15{,}365{,}639^4 + 18{,}796{,}760^4 = 20{,}615{,}673^4$$

그리고 다음과 같이 $x^5 + y^5 + z^5 + w^5 = u^5$을 만족하는 자연수가 1967년에 발견되었다.

$$27^5 + 84^5 + 110^5 + 133^5 = 144^5$$

디오판토스는 미지수를 삼각형(△)으로 나타내어 숫자 대신에 문자를 처음으로 사용하

였다. 디오판토스 이전에는 연산과 논리, 그리고 해를 포함한 모든 대수학 문제를 기호 없이 표현하였으나, 그는 그리스 대수학에 최초로 기호를 사용하였다. 실제로 대수라는 말은 숫자를 대신한다는 뜻이다. 예로서, 디오판토스는 다항식의 표현에서 음의 항보다는 양의 항을, 계수보다 문자를 먼저 나타내었다고 한다. 오늘날 우리가 사용하는 방정식

$$x^3-5x^2+8x-1=3x^2$$

을 디오판토스는

$$x^3 1x8-x^2 5x^0 1=x^2 3$$

로 나타내었다.

디오판토스의 일생에 대해서 알려진 것은 거의 없다. 산술 풍자시의 해설집인 《그리스 시집》에는 다음과 같은 묘비명이 실려 있는데, 이로써 간접적으로 그의 인생 역정을 알 수 있을 뿐이다.

> 지나가는 나그네여
> 이 비석 밑에는 디오판토스가 잠들어 있소.
> 그의 생애를 수로 말하겠소.
> 일생의 1/6은 소년이었고
> 그 후 1/12은 수염을 길렀소.
> 일생의 1/7을 혼자 살다가
> 그 후 결혼하여 5년 후에 아이를 낳았는데
> 그의 아들은 아버지 생애의 1/2만큼 살다 죽었으며
> 아들이 죽고 난 4년 후에
> 비로소 디오판토스는 일생을 마쳤소.

이 묘비에서 디오판토스의 나이를 x로 두고 식을 세우면

$$\frac{x}{6}+\frac{x}{12}+\frac{x}{7}+5+\frac{x}{2}+4=x$$

의 방정식을 얻는다. 여기서 x를 구하면 84이므로, 디오판토스는 84세에 일생을 마쳤음을 알 수 있다. 그는 유클리드 이후 유행했던 기하학에서 벗어나 수 자체를 다루는 대수학 연구에 골몰하였다. 특히 방정식 연구에 몰두했던 그는 묘비에서까지 방정식 문제를 출제하였던 것이다.

디오판토스와 같이 묘비에 자신의 업적과 관련된 내용을 새겨 놓은 수학자는 여럿 있다. 아르키메데스(Archimedes, 기원전 287~212)의 묘비에는 원기둥과 원기둥에 내접하는 구가 새겨져 있다고 한다. 아르키메데스는 그가 발견한 '원기둥에 내접하는 구의 부피는 원기둥 부피의 2/3'이라는 수학적 사실을 나타내고자 하였던 것이다. 독일의 수학자 가우스(Gauss, 1777~1855)는 18세 때 눈금이 없는 자와 컴퍼스만으로 정17각형을 작도할 수 있음을 증명하였다. 어렸을 때의 이 발견이 대견하였던지, 그는 주위 사람들에게 묘비에 정17각형을 새겨달라고 요청하였다고 한다. 가우스의 희망은 제대로 이루어지지 못하였으나, 묘비 대신 그의 고향에 있는 기념비에 정17각형을 새겼다고 한다. 뉴턴(Newton, 1642~1727)은 물리학자이면서 미적분학을 정립한 저명한 수학자이다. 뉴턴의 묘비에는 두 항의 합의 거듭제곱을 전개하는 '이항정리'가 새겨져 있다고 한다.

3.5 연립일차방정식

다음과 같은 형태의 방정식을 n개의 미지수를 갖는 **일차방정식**(linear equation)이라 한다.

$$a_1x_1 + a_2x_2 + \cdots + a_nx_n = b$$

여기서 $a_1, a_2, \ldots, a_n$과 b는 실수이고 $x_1, x_2, \ldots, x_n$은 변수이다. 그리고 n개의 미지수를 포함하는 일차방정식이 m개인 연립일차방정식은 다음과 같다.

$$\begin{cases} a_{11}x_1 + a_{12}x_2 + \cdots + a_{1n}x_n = b_1 \\ a_{21}x_1 + a_{22}x_2 + \cdots + a_{2n}x_n = b_2 \\ \qquad\vdots \\ a_{m1}x_1 + a_{m2}x_2 + \cdots + a_{mn}x_n = b_m \end{cases} \tag{3.2}$$

여기서 a_{ij}와 b_i $(i=1, 2, \ldots, m,\ j=1, 2, \ldots, n)$들은 모두 실수이다. 연립일차방정식 (3.2)를 $m \times n$ **연립일차방정식**(system of linear equations)이라 부르기로 한다. 다음은 연립일차방정식의 예이다.

(a) $\begin{cases} x_1 + 2x_2 = 5 \\ 2x_1 + 3x_2 = 8 \end{cases}$ (b) $\begin{cases} x_1 - x_2 + x_3 = 2 \\ 2x_1 + x_2 - x_3 = 4 \end{cases}$ (c) $\begin{cases} x_1 + x_2 = 2 \\ x_1 - x_2 = 1 \\ x_1 = 4 \end{cases}$

$m \times n$ 연립일차방정식의 **해**(solution)란 m개의 일차방정식을 모두 만족하는 n개의 수의 순서쌍 $(x_1, x_2, \ldots, x_n)$을 의미한다. 예를 들면, 순서쌍 $(1, 2)$는 (a)의 해이다. 왜냐하면

$$1 \cdot (1) + 2 \cdot (2) = 5,$$
$$2 \cdot (1) + 3 \cdot (2) = 8$$

이기 때문이다. 세 개로 된 순서쌍 $(2, 0, 0)$은 (b)의 한 해가 된다. 왜냐하면

$$1 \cdot (2) - 1 \cdot (0) + 1 \cdot (0) = 2,$$
$$2 \cdot (2) + 1 \cdot (0) - 1 \cdot (0) = 4$$

이기 때문이다. 실제로 (b)는 무한히 많은 해를 갖는다. α가 임의의 실수일 때, 순서

쌍 $(2, \alpha, \alpha)$는 (b)의 해가 되는 것을 쉽게 알 수 있다. 그러나 (c)는 해를 갖지 않는다. 그것은 세 번째 방정식에서 $x_1 = 4$가 주어져 있고 이를 처음 두 식에 대입하면

$$4 + x_2 = 2,$$
$$4 - x_2 = 1$$

인데, 이 방정식을 둘 다 만족시키는 실수는 없기 때문이다. 이와 같이 연립일차방정식이 해를 가지지 않을 때, **불능**(inconsistent)이라 한다. 연립일차방정식의 모든 해들의 집합을 **해집합**(solution set)이라 하는데, 주어진 연립일차방정식이 불능이면 그 해집합은 공집합이고, 해를 갖는 연립일차방정식은 공집합이 아닌 해집합을 갖는다. 해를 갖는 연립일차방정식을 푼다는 것은 그 해집합을 찾아내는 것을 말한다.

이제부터는 Gauss 소거법과 Cramer 법칙으로 연립일차방정식의 해를 구하는 방법에 대해 알아보자.

3.5.1 Gauss 소거법

정의

같은 변수를 갖는 두 개의 연립일차방정식이 같은 해집합을 가질 때, 두 연립일차방정식은 서로 **동치**(equivalent)라고 한다.

한 연립일차방정식에서 두 개의 방정식의 순서를 바꾸어도 해집합에는 아무 영향을 주지 않는다. 따라서 순서를 바꾸어 생긴 연립일차방정식은 원래의 연립일차방정식과 동치이다. 연립일차방정식에 있는 방정식 중 하나에 0이 아닌 실수를 곱했을 때에도 해집합에 영향을 미치지 않으므로 새로운 연립일차방정식은 원래의 연립일차방정식과 동치이다. 그리고 한 방정식에 실수를 곱하여 다른 방정식에 더해서 생긴 새로운 연립일차방정식 역시 원래의 연립일차방정식과 동치이다. 왜냐하면 n개의 순서쌍 $(x_1, x_2, \ldots, x_n)$이 다음 두 일차방정식

$$a_{i1}x_1 + \cdots + a_{in}x_n = b_i,$$

$$a_{j1}x_1 + \cdots + a_{jn}x_n = b_j$$

를 만족하는 것은 다음 두 일차방정식을 만족하는 것과 동치이기 때문이다.

$$a_{i1}x_1 + \cdots + a_{in}x_n = b_i,$$
$$(a_{j1} + \alpha a_{i1})x_1 + \cdots + (a_{jn} + \alpha a_{in})x_n = b_j + \alpha b_i$$

정의

k 번째 일차방정식에서 처음 $(k-1)$ $(k=1, 2, \ldots, n)$개의 변수들의 계수는 모두 0이고 x_k의 계수는 0이 아닌 연립일차방정식을 **삼각꼴 연립일차방정식**(triangular linear system)이라 한다.

예제 3.5.1 연립일차방정식

$$\begin{cases} x_1 - 2x_2 + x_3 = 0 \\ \qquad\quad x_2 - x_3 = 1 \\ \qquad\qquad\quad x_3 = 1 \end{cases}$$

은 삼각꼴이다. 왜냐하면 두 번째 방정식의 계수는 각각 0, 1, -1이고, 세 번째 방정식의 계수는 각각 0, 0, 1이기 때문이다. 이러한 삼각꼴 연립일차방정식은 쉽게 풀 수 있다. 세 번째 방정식으로부터 $x_3 = 1$을 얻으며 이를 두 번째 방정식에 대입하면

$$x_2 - 1 = 1, \quad \text{즉} \quad x_2 = 2$$

를 얻고, $x_2 = 2$, $x_3 = 1$을 첫 번째 방정식에 대입하면

$$x_1 - 2 \cdot 2 + 1 = 0, \quad \text{즉} \quad x_1 = 3$$

이므로, 해는 (3, 2, 1)이다.

일반적인 $n \times n$ 삼각꼴 연립일차방정식은 예제 3.5.1과 같은 방법으로 쉽게 해를 구할 수 있다. 먼저 n 번째 방정식에서 x_n의 값을 구하고, 이 값을 $(n-1)$번째 방정식에 대입하여 x_{n-1}을 구한다. 그 다음에는 x_{n-1}과 x_n을 $(n-2)$번째 방정식에 대

입하여 x_{n-2}를 구한다. 이와 같이 뒤에서부터 차례로 대입함으로써 해를 구하는 방법을 **후진대입법**(back substitution)이라 한다.

예제 3.5.2 다음 연립일차방정식을 풀어보아라.

$$\begin{cases} x_1 + 2x_2 + x_3 = 3 \\ 3x_1 - x_2 - 3x_3 = -1 \\ 2x_1 + 3x_2 + x_3 = 4 \end{cases}$$

풀이 두 번째 방정식에 첫 번째 방정식의 -3배를 더하면

$$-7x_2 - 6x_3 = -10$$

을 얻고, 세 번째 방정식에 첫 번째 방정식의 -2배를 더하면

$$-x_2 - x_3 = -2$$

이다. 연립일차방정식의 두 번째와 세 번째 식의 부호와 순서를 바꾸면, 주어진 연립일차방정식과 동치인 연립일차방정식

$$\begin{cases} x_1 + 2x_2 + x_3 = 3 \\ \qquad x_2 + x_3 = 2 \\ \quad 7x_2 + 6x_3 = 10 \end{cases}$$

을 얻는다. 다시 연립일차방정식의 세 번째 방정식에 두 번째 방정식의 -7배를 더하여 동치인 새로운 연립일차방정식으로 바꾸면

$$\begin{cases} x_1 + 2x_2 + x_3 = 3 \\ \qquad x_2 + x_3 = 2 \\ \qquad\qquad x_3 = 4 \end{cases}$$

인 삼각꼴 연립일차방정식을 얻게 된다. 이것을 후진대입법으로 풀면 다음 해를 얻는다.

$$x_3 = 4, \quad x_2 = -2, \quad x_1 = 3$$

앞의 예제의 연립일차방정식을 다음과 같이 x_i의 계수들로 이루어진 3×3 행렬을 생각해 보자.

$$\begin{pmatrix} 1 & 2 & 1 \\ 3 & -1 & -3 \\ 2 & 3 & 1 \end{pmatrix}$$

이를 주어진 연립일차방정식의 **계수행렬**(coefficient matrix)이라 하고, 이 계수행렬의 우측에 세로줄을 긋고 연립일차방정식의 우변에 있는 수들을 첨가한 새로운 행렬

$$\left(\begin{array}{ccc|c} 1 & 2 & 1 & 3 \\ 3 & -1 & -3 & -1 \\ 2 & 3 & 1 & 4 \end{array}\right)$$

를 **확대계수행렬**(augmented matrix)이라 한다. 주어진 연립일차방정식의 확대계수행렬에 3.3절에서 소개한 다음의 세 가지 기본 행연산을 시행함으로써 연립일차방정식의 해를 보다 간단히 구할 수 있다.

기본 행연산

I. 두 행을 서로 바꾼다.

II. 한 행에 0이 아닌 실수를 곱한다.

III. 한 행에 다른 행을 실수배하여 더한다.

예제 3.5.2에서 제 1행은 나머지 행들의 첫 번째 열에 있는 성분들을 0으로 만들기 위해 사용되었음을 알 수 있다. 확대계수행렬에서 제 1행을 기준행으로 하여 제 2행의 3과 제 3행의 2가 0이 되도록 기본 행연산 Ⅲ을 시행해 보자. 즉, 제 2행에 제 1행을 -3배하여 더하고, 제 3행에 제 1행을 -2배하여 더하면, 다음과 같다.

$$\left(\begin{array}{ccc|c} 1 & 2 & 1 & 3 \\ 0 & -7 & -6 & -10 \\ 0 & -1 & -1 & -2 \end{array}\right)$$

이 행렬에서 제 2행과 제 3행의 부호와 순서를 바꾸면, 다음의 행렬을 얻는다.

$$\left(\begin{array}{ccc|c} 1 & 2 & 1 & 3 \\ 0 & 1 & 1 & 2 \\ 0 & 7 & 6 & 10 \end{array}\right)$$

여기서 제 2행을 기준행으로 하여 제 3행에 있는 성분 7이 0이 되도록 기본 행연산 Ⅲ을 한 번 더 시행하면, 다음 행렬을 얻는다.

$$\left(\begin{array}{ccc|c} 1 & 2 & 1 & 3 \\ 0 & 1 & 1 & 2 \\ 0 & 0 & 1 & 4 \end{array}\right)$$

이것은 삼각꼴 연립일차방정식에 대한 확대계수행렬이며 원래의 연립일차방정식과 동치이다.

예제 3.5.3 다음 연립일차방정식을 풀어보아라.

$$\begin{cases} \quad\;\; - x_2 - x_3 + x_4 = 0 \\ x_1 + x_2 + x_3 + x_4 = 6 \\ 2x_1 + 4x_2 + x_3 - 2x_4 = -1 \\ 3x_1 + x_2 - 2x_3 + 2x_4 = 3 \end{cases}$$

풀이 주어진 연립일차방정식의 확대계수행렬은

$$\left(\begin{array}{cccc|c} 0 & -1 & -1 & 1 & 0 \\ 1 & 1 & 1 & 1 & 6 \\ 2 & 4 & 1 & -2 & -1 \\ 3 & 1 & -2 & 2 & 3 \end{array}\right)$$

이다. 기준 성분으로 0을 사용하면 어떤 성분도 0을 만들 수 없으므로, 기본 행연산 Ⅰ을 시행하여 제1행과 제2행을 바꾸면 기준행의 기준 성분은 1이 된다. 즉, 새로 생긴 행렬은

$$\left(\begin{array}{cccc|c} 1 & 1 & 1 & 1 & 6 \\ 0 & -1 & -1 & 1 & 0 \\ 2 & 4 & 1 & -2 & -1 \\ 3 & 1 & -2 & 2 & 3 \end{array}\right) \leftarrow \text{기준행}$$

이다. 제1열의 성분 1 아래에 있는 0 아닌 두 개의 성분 2, 3이 0이 되도록 기

본 행연산 Ⅲ을 두 번 시행하면

$$\left(\begin{array}{cccc|c} 1 & 1 & 1 & 1 & 6 \\ 0 & -1 & -1 & 1 & 0 \\ 0 & 2 & -1 & -4 & -13 \\ 0 & -2 & -5 & -1 & -15 \end{array}\right)$$

이 된다. 다음에는 제2행을 기준행으로 하고 -1을 기준 성분으로 한다. 기본 행연산 Ⅲ을 시행하여 제2열에 있는 두 개의 성분 2, -2를 0으로 만들면

$$\left(\begin{array}{cccc|c} 1 & 1 & 1 & 1 & 6 \\ 0 & -1 & -1 & 1 & 0 \\ 0 & 0 & -3 & -2 & -13 \\ 0 & 0 & -3 & -3 & -15 \end{array}\right)$$

이 된다. 그리고 제4행을 -3으로 나눈 다음, 제3행과 바꾸면

$$\left(\begin{array}{cccc|c} 1 & 1 & 1 & 1 & 6 \\ 0 & -1 & -1 & 1 & 0 \\ 0 & 0 & 1 & 1 & 5 \\ 0 & 0 & -3 & -2 & -13 \end{array}\right)$$

을 얻는다. 여기서 제2행의 부호를 바꾸고 제4행에 제3행을 3배하여 더하면

$$\left(\begin{array}{cccc|c} 1 & 1 & 1 & 1 & 6 \\ 0 & 1 & 1 & -1 & 0 \\ 0 & 0 & 1 & 1 & 5 \\ 0 & 0 & 0 & 1 & 2 \end{array}\right)$$

를 얻는다. 이 확대계수행렬은 주어진 연립일차방정식과 동치인 삼각꼴 연립일차방정식이므로 후진대입법으로 풀면, 해는 $(2,\ -1,\ 3,\ 2)$이다.

일반적으로 $n\times n$ 연립일차방정식을 동치인 삼각꼴 연립일차방정식으로 변형할 수 있으면, 후진대입법으로 풀어 유일한 해를 얻을 수 있다. 다음 절에서 우리는 $n\times n$ 연립일차방정식 중에서 삼각꼴로 고쳐지지 않는 경우도 있음을 알게 된다. 연립일차방정식이 불능이거나 부정이면, 다음 절에서 다루는 행사다리꼴 행렬로 변형하여 풀이한다. 또한 이 행사다리꼴은 $m\neq n$인 $m\times n$ 연립일차방정식에서도 사용한다.

예제 3.5.4 확대계수행렬이 다음과 같은 연립일차방정식을 생각해 보자.

$$\left(\begin{array}{rrrrr|r} 1 & 1 & 1 & 1 & 1 & 1 \\ -1 & -1 & 0 & 0 & 1 & -1 \\ -2 & -2 & 0 & 0 & 3 & 1 \\ 0 & 0 & 1 & 1 & 3 & -1 \\ 1 & 1 & 2 & 2 & 4 & 1 \end{array}\right) \leftarrow \text{기준행}$$

제1열의 선행성분 1 아래에 있는 0 아닌 세 개의 성분이 0이 되도록 기본 행연산 Ⅲ을 시행하면, 확대계수행렬은

$$\left(\begin{array}{rrrrr|r} 1 & 1 & 1 & 1 & 1 & 1 \\ 0 & 0 & 1 & 1 & 2 & 0 \\ 0 & 0 & 2 & 2 & 5 & 3 \\ 0 & 0 & 1 & 1 & 3 & -1 \\ 0 & 0 & 1 & 1 & 3 & 0 \end{array}\right)$$

으로 변형된다. 그러나 이는 동치인 삼각꼴 연립일차방정식으로 바꿀 수 없다. 왜냐하면 제 2열에서 기준 성분이 될 수 있는 네 개의 성분이 모두 0이기 때문이다. 그러면 여기서 어떻게 진행시킬 것인가? 가능한 연립일차방정식을 간단한 행렬로 만드는 것이 편리할 것이므로, 제 3열에서 아래 부분의 세 개의 성분이 0이 되도록 기본 행연산을 시행하자.

$$\left(\begin{array}{rrrrr|r} 1 & 1 & 1 & 1 & 1 & 1 \\ 0 & 0 & 1 & 1 & 2 & 0 \\ 0 & 0 & 0 & 0 & 1 & 3 \\ 0 & 0 & 0 & 0 & 1 & -1 \\ 0 & 0 & 0 & 0 & 1 & 0 \end{array}\right)$$

제 4열에서도 마찬가지로 기준 성분이 될 수 있는 성분은 0이 된다. 따라서 그 다음 열에 대해 생각해 보자. 기준행으로 제3행을 사용하면 다음과 같이 제 5열의 아래 두 성분은 0이 된다.

$$\left(\begin{array}{rrrrr|r} 1 & 1 & 1 & 1 & 1 & 1 \\ 0 & 0 & 1 & 1 & 2 & 0 \\ 0 & 0 & 0 & 0 & 1 & 3 \\ 0 & 0 & 0 & 0 & 0 & -4 \\ 0 & 0 & 0 & 0 & 0 & -3 \end{array}\right)$$

마지막 두 행에 의하여 표현되는 일차방정식은

$$0x_1 + 0x_2 + 0x_3 + 0x_4 + 0x_5 = -4$$
$$0x_1 + 0x_2 + 0x_3 + 0x_4 + 0x_5 = -3$$

이다. 이 방정식들을 만족시키는 다섯 개로 된 순서쌍은 존재하지 않으므로 주어진 연립일차방정식은 불능이다. 위의 계수행렬은 삼각꼴이 아니며, 이러한 형태를 행에 관한 **계단꼴** 또는 **사다리꼴**(echelon form)이라 한다.

해를 갖는 연립일차방정식이 되도록 다음과 같이, 예제 3.5.4의 확대계수행렬의 오른편에 있는 수를 바꾸어 보자.

$$\left(\begin{array}{ccccc|c} 1 & 1 & 1 & 1 & 1 & 1 \\ -1 & -1 & 0 & 0 & 1 & -1 \\ -2 & -2 & 0 & 0 & 3 & 1 \\ 0 & 0 & 1 & 1 & 3 & 3 \\ 1 & 1 & 2 & 2 & 4 & 4 \end{array}\right)$$

이에 기본 행연산을 시행한 확대계수행렬은

$$\left(\begin{array}{ccccc|c} 1 & 1 & 1 & 1 & 1 & 1 \\ 0 & 0 & 1 & 1 & 2 & 0 \\ 0 & 0 & 0 & 0 & 1 & 3 \\ 0 & 0 & 0 & 0 & 0 & 0 \\ 0 & 0 & 0 & 0 & 0 & 0 \end{array}\right)$$

이다. 위의 변형된 연립일차방정식의 마지막 두 방정식은 임의의 다섯 개로 된 순서쌍에 대하여 항상 성립한다. 따라서 해집합은 다음의 세 방정식을 만족하는 모든 순서쌍들의 집합이다.

$$\begin{cases} x_1 + x_2 + x_3 + x_4 + x_5 = 1 \\ \qquad\qquad x_3 + x_4 + 2x_5 = 0 \\ \qquad\qquad\qquad\qquad x_5 = 3 \end{cases} \tag{3.3}$$

확대계수행렬의 각 행에서 처음으로 0이 아닌 성분에 대응하는 변수를 **선행변수**(lead variable)라고 한다. 여기서는 x_1, x_3, x_5가 선행변수이다. 그리고 선행변수를 제외한 나머지 변수들을 **자유변수**(free variable)라 한다. 따라서 자유변수는 x_2, x_4이다. (3.3)에서 자유변수를 우변으로 이항하면, 다음 연립일차방정식을 얻는다.

$$\begin{cases} x_1 + x_3 + \ \ x_5 = 1 - x_2 - x_4 \\ \qquad x_3 + 2x_5 = \qquad\quad -x_4 \\ \qquad\qquad\ x_5 = 3 \end{cases} \tag{3.4}$$

연립일차방정식 (3.4)는 미지수 x_1, x_3, x_5에 관하여 삼각꼴이다. 따라서 x_2, x_4에 값을 대응시키면 하나의 해를 갖게 된다. 예로, $x_2 = x_4 = 0$이면 $x_5 = 3$, $x_3 = -6$, $x_1 = 4$이므로, $(4, 0, -6, 0, 3)$은 주어진 연립일차방정식의 한 해이다.

정의

다음 조건을 만족하는 행렬을 **행사다리꼴**(row echelon form)이라 한다.

(a) 각 행에서 0이 아닌 처음 수는 1이다.

(b) k행의 성분이 모두 0으로 구성되지 않았다면, $k+1$행에서 앞에 나오는 0의 개수는 k행에서 앞에 나오는 0의 개수보다 많다.

(c) 한 행의 성분이 모두 0이면, 그 행은 0 아닌 성분이 들어있는 행 아래에 있다.

참고 행사다리꼴 행렬의 정의에서 조건 (a)를 생략하는 경우도 종종 있다. 이는 후진대입법으로 연립일차방정식의 해를 구하는 데 사용되므로, (a)가 필수적인 조건은 아니나, 각 행에서 0이 아닌 처음 수를 1로 하는 것이 해를 구하는데 유용하므로, 이 책에서는 조건 (a)를 포함하였다.

예제 3.5.5 다음 행렬들은 행사다리꼴이다.

$$\begin{pmatrix} 1 & 4 & 2 \\ 0 & 1 & 3 \\ 0 & 0 & 1 \end{pmatrix}, \begin{pmatrix} 1 & 2 & 3 \\ 0 & 0 & 1 \\ 0 & 0 & 0 \end{pmatrix}, \begin{pmatrix} 1 & 3 & 1 & 0 \\ 0 & 0 & 1 & 3 \\ 0 & 0 & 0 & 0 \end{pmatrix}$$

예제 3.5.6 다음 행렬들은 행사다리꼴이 아니다.

$$\begin{pmatrix} 2 & 4 & 6 \\ 0 & 3 & 5 \\ 0 & 0 & 4 \end{pmatrix}, \begin{pmatrix} 0 & 1 \\ 1 & 0 \end{pmatrix}, \begin{pmatrix} 0 & 0 & 0 \\ 0 & 1 & 0 \end{pmatrix}$$

처음 행렬은 조건 (a)를 만족하지 않고, 두 번째 행렬은 조건 (b)를, 세 번째 행렬은 조건 (c)를 만족하지 않는다.

정의

연립일차방정식에서 확대계수행렬을 구하여 기본 행연산 Ⅰ, Ⅱ, Ⅲ를 이용하여 행사다리꼴로 변형시키는 과정을 **Gauss 소거법**(Gauss elimination)이라 한다.

기본 행연산 Ⅱ는 한 행에서 제일 앞에 나오는 0 아닌 계수를 1이 되도록 행을 고치는 데 이용된다. 만일 확대계수행렬의 행사다리꼴이 다음과 같은 형태의 행을 포함하면 그 연립일차방정식은 불능이다.

$$(0\ 0\ \cdots\ 0 \mid 1)$$

그렇지 않는 경우는 해를 갖는다. 그리고 연립일차방정식이 해를 가지고 행사다리꼴에서 0 아닌 행들이 삼각꼴을 나타내면, 그 연립일차방정식은 유일한 해를 갖는다.

정의

다음 조건을 만족하는 행렬을 **기약행사다리꼴**(reduced row echelon form)이라 한다.

(a) 행사다리꼴 행렬이다.

(b) 각 행에서 처음으로 0이 아닌 수는 그 열에서는 유일하게 0 아닌 수이다.

다음 행렬들은 기약행사다리꼴이다.

$$\begin{pmatrix} 1 & 0 \\ 0 & 1 \end{pmatrix}, \quad \begin{pmatrix} 1 & 0 & 0 & 3 \\ 0 & 1 & 0 & 2 \\ 0 & 0 & 1 & 1 \end{pmatrix}, \quad \begin{pmatrix} 0 & 1 & 2 & 0 \\ 0 & 0 & 0 & 1 \\ 0 & 0 & 0 & 0 \end{pmatrix}, \quad \begin{pmatrix} 1 & 2 & 0 & 1 \\ 0 & 0 & 1 & 3 \\ 0 & 0 & 0 & 0 \end{pmatrix}$$

주어진 행렬을 기약행사다리꼴로 고치는 기본 행연산 과정을 **Gauss-Jordan 소거법**(Gauss-Jordan elimination)이라 부른다.

예제 3.5.7 예제 3.5.3의 연립일차방정식을 Gauss-Jordan 소거법을 이용하여 풀어보아라.

풀이 주어진 연립일차방정식에 대한 확대계수행렬

$$\left(\begin{array}{cccc|c} 0 & -1 & -1 & 1 & 0 \\ 1 & 1 & 1 & 1 & 6 \\ 2 & 4 & 1 & -2 & -1 \\ 3 & 1 & -2 & 2 & 3 \end{array}\right)$$

은 예제 3.5.3에서

$$\left(\begin{array}{cccc|c} 1 & 1 & 1 & 1 & 6 \\ 0 & 1 & 1 & -1 & 0 \\ 0 & 0 & 1 & 1 & 5 \\ 0 & 0 & 0 & 1 & 2 \end{array}\right)$$

변형되므로, 기본 행연산을 반복 시행하여 다음의 기약행사다리꼴 행렬로 바꿀 수 있다.

$$\left(\begin{array}{cccc|c} 1 & 1 & 1 & 1 & 6 \\ 0 & 1 & 1 & -1 & 0 \\ 0 & 0 & 1 & 1 & 5 \\ 0 & 0 & 0 & 1 & 2 \end{array}\right) \to \left(\begin{array}{cccc|c} 1 & 1 & 1 & 0 & 4 \\ 0 & 1 & 1 & 0 & 2 \\ 0 & 0 & 1 & 0 & 3 \\ 0 & 0 & 0 & 1 & 2 \end{array}\right)$$

$$\to \left(\begin{array}{cccc|c} 1 & 1 & 0 & 0 & 1 \\ 0 & 1 & 0 & 0 & -1 \\ 0 & 0 & 1 & 0 & 3 \\ 0 & 0 & 0 & 1 & 2 \end{array}\right) \to \left(\begin{array}{cccc|c} 1 & 0 & 0 & 0 & 2 \\ 0 & 1 & 0 & 0 & -1 \\ 0 & 0 & 1 & 0 & 3 \\ 0 & 0 & 0 & 1 & 2 \end{array}\right)$$

따라서 구하려는 해는 $(2,\ -1,\ 3,\ 2)$임을 쉽게 알 수 있다.

예제 3.5.8 Gauss-Jordan 소거법을 이용하여, 다음 연립일차방정식을 풀어보아라.

$$\begin{cases} -x_1 + x_2 - x_3 + 3x_4 = 0 \\ 3x_1 + x_2 - x_3 - x_4 = 0 \\ 2x_1 - x_2 - 2x_3 - x_4 = 0 \end{cases}$$

풀이 주어진 연립일차방정식에 대한 확대계수행렬

$$\left(\begin{array}{rrrr|r} -1 & 1 & -1 & 3 & 0 \\ 3 & 1 & -1 & -1 & 0 \\ 2 & -1 & -2 & -1 & 0 \end{array}\right)$$

을 기본 행연산하여

$$\left(\begin{array}{rrrr|r} -1 & 1 & -1 & 3 & 0 \\ 0 & 4 & -4 & 8 & 0 \\ 0 & 1 & -4 & 5 & 0 \end{array}\right) \to \left(\begin{array}{rrrr|r} 1 & -1 & 1 & -3 & 0 \\ 0 & 1 & -1 & 2 & 0 \\ 0 & 1 & -4 & 5 & 0 \end{array}\right)$$

$$\to \left(\begin{array}{rrrr|r} 1 & -1 & 1 & -3 & 0 \\ 0 & 1 & -1 & 2 & 0 \\ 0 & 0 & -3 & 3 & 0 \end{array}\right) \to \left(\begin{array}{rrrr|r} 1 & -1 & 1 & -3 & 0 \\ 0 & 1 & -1 & 2 & 0 \\ 0 & 0 & 1 & -1 & 0 \end{array}\right)$$

$$\to \left(\begin{array}{rrrr|r} 1 & -1 & 0 & -2 & 0 \\ 0 & 1 & 0 & 1 & 0 \\ 0 & 0 & 1 & -1 & 0 \end{array}\right) \to \left(\begin{array}{rrrr|r} 1 & 0 & 0 & -1 & 0 \\ 0 & 1 & 0 & 1 & 0 \\ 0 & 0 & 1 & -1 & 0 \end{array}\right)$$

을 얻는다. 여기서 $x_4 = \alpha$라 두면, $x_1 = \alpha$, $x_2 = -\alpha$이고 $x_3 = \alpha$이다. 따라서 임의의 실수 α에 대하여, $\alpha(1, -1, 1, 1)$는 주어진 연립일차방정식의 해이다.

예제 3.5.8에서와 같이, 우변의 상수가 모두 0인 연립일차방정식을 **동차연립일차방정식**(homogeneous system)이라 한다. 동차연립일차방정식은 항상 해를 갖는다. 그것은 모든 변수에 0을 대입하면 만족하기 때문이다. 이때 해 $(0, 0, \ldots, 0)$을 **자명해**(trivial solution)라고 한다. 따라서 $m \times n$ 동차연립일차방정식이 유일한 해를 가지면 자명해 $(0, 0, \ldots, 0)$만 해로 갖고, 그렇지 않을 때는 부정이다.

정리 3.5.1

$m \times n$ 동차연립일차방정식에서 $m < n$이면, 자명하지 않은 해를 갖는다.

증명 동차연립일차방정식은 항상 해를 갖는다. 왜냐하면 자명해 $(0, 0, \ldots, 0)$을 항상 갖기 때문이다. 또한 $m < n$인 연립일차방정식이 해를 갖는다면 부정이다. 따라서 $m \times n$ 동차연립일차방정식이 $m < n$이면 무수히 많은 해를 가지므로, 자명하지 않은 해도 갖게 된다.

3.5.2 Cramer 법칙

다음으로 행렬식을 사용하여 정칙행렬 A의 역행렬을 구하는 방법과 이를 이용하여, 방정식 $A\mathbf{x}=\mathbf{b}$의 해를 구하는 방법에 대해 알아본다.

A를 $n \times n$ 행렬이라 할 때, A의 **수반행렬**(adjoint matrix)을 $\mathrm{adj}A$로 나타내고, 다음과 같이 정의한다.

$$\mathrm{adj}A = \begin{pmatrix} A_{11} & A_{21} & \cdots & A_{n1} \\ A_{12} & A_{22} & \cdots & A_{n2} \\ \vdots & \vdots & & \vdots \\ A_{1n} & A_{2n} & \cdots & A_{nn} \end{pmatrix}$$

즉, 수반행렬 $\mathrm{adj}A$는 A의 각 성분의 여인수를 성분으로 하는 행렬의 전치행렬을 뜻한다.

정리 3.5.2

A가 $n \times n$ 행렬일 때, $k=1$, ..., n에 대해 a_{jk}의 여인수를 A_{jk}라 하면, 다음 방정식이 성립한다.

$$a_{i1}A_{j1} + a_{i2}A_{j2} + \cdots + a_{in}A_{jn} = \begin{cases} \det(A), & i=j \\ 0, & i \neq j \end{cases}$$

증명 $i=j$이면, 주어진 식은 A의 제 i행에 관한 $\det(A)$의 여인수전개이다. $i \neq j$인 경우에 A^*를 행렬 A의 j행 자리에 제 i행을 넣어서 얻은 행렬이라 하자. 즉

$$A^* = \begin{pmatrix} a_{11} & a_{12} & \cdots & a_{1n} \\ \vdots & \vdots & & \vdots \\ a_{i1} & a_{i2} & \cdots & a_{in} \\ \vdots & \vdots & & \vdots \\ a_{i1} & a_{i2} & \cdots & a_{in} \\ \vdots & \vdots & & \vdots \\ a_{n1} & a_{n2} & \cdots & a_{nn} \end{pmatrix} \begin{matrix} \\ \\ \text{제 } i\text{행} \\ \\ \text{제 } j\text{행} \\ \\ \\ \end{matrix}$$

A^*의 두 행이 같으므로, 정리 3.4.4(1)에 의하면 그 행렬식은 0이다. 따라서 $\det(A^*)$를 제 j행에 관한 여인수전개로 구하면 다음이 성립한다.

$$\det(A^*) = a_{i1}A_{j1}^* + a_{i2}A_{j2}^* + \cdots + a_{in}A_{jn}^*$$
$$= a_{i1}A_{j1} + a_{i2}A_{j2} + \cdots + a_{in}A_{jn} = 0$$

정리 3.5.2에서

$$A(\mathrm{adj}A) = \det(A)I$$

이므로, A가 정칙행렬, 즉 $\det(A) \neq 0$이면 다음과 같이 나타낼 수 있다.

$$A\left(\frac{1}{\det(A)}\mathrm{adj}A\right) = I$$

이를 정리하면, 다음을 얻는다.

정리 3.5.3

A가 정칙행렬이면, A의 역행렬은 다음과 같이 주어진다.

$$A^{-1} = \frac{1}{\det(A)}\mathrm{adj}\,A$$

예제 3.5.9 2×2 행렬 A에 대하여, 수반행렬은

$$\mathrm{adj}A = \begin{pmatrix} a_{22} & -a_{12} \\ -a_{21} & a_{11} \end{pmatrix}$$

이므로, A가 정칙행렬이면 A의 역행렬은 다음과 같다.

$$A^{-1} = \frac{1}{a_{11}a_{22} - a_{12}a_{21}}\begin{pmatrix} a_{22} & -a_{12} \\ -a_{21} & a_{11} \end{pmatrix}$$

예제 3.5.10 행렬

$$A = \begin{pmatrix} 2 & 1 & 2 \\ 3 & 2 & 2 \\ 1 & 2 & 3 \end{pmatrix}$$

의 수반행렬 adj$A$와 역행렬 A^{-1}를 구하여라.

풀이 A의 수반행렬은

$$\operatorname{adj}A = \begin{pmatrix} \begin{vmatrix} 2 & 2 \\ 2 & 3 \end{vmatrix} & -\begin{vmatrix} 3 & 2 \\ 1 & 3 \end{vmatrix} & \begin{vmatrix} 3 & 2 \\ 1 & 2 \end{vmatrix} \\ -\begin{vmatrix} 1 & 2 \\ 2 & 3 \end{vmatrix} & \begin{vmatrix} 2 & 2 \\ 1 & 3 \end{vmatrix} & -\begin{vmatrix} 2 & 1 \\ 1 & 2 \end{vmatrix} \\ \begin{vmatrix} 1 & 2 \\ 2 & 2 \end{vmatrix} & -\begin{vmatrix} 2 & 2 \\ 3 & 2 \end{vmatrix} & \begin{vmatrix} 2 & 1 \\ 3 & 2 \end{vmatrix} \end{pmatrix}$$

$$= \begin{pmatrix} 2 & 1 & -2 \\ -7 & 4 & 2 \\ 4 & -3 & 1 \end{pmatrix}$$

이고 $\det(A) = 5$이므로, A의 역행렬은 다음과 같다.

$$A^{-1} = \frac{1}{\det(A)}\operatorname{adj}A = \frac{1}{5}\begin{pmatrix} 2 & 1 & -2 \\ -7 & 4 & 2 \\ 4 & -3 & 1 \end{pmatrix}$$

---

n개의 미지수를 포함하는 m개의 일차방정식으로 이루어진 연립일차방정식

$$\begin{cases} a_{11}x_1 + a_{12}x_2 + \cdots + a_{1n}x_n = b_1 \\ a_{21}x_1 + a_{22}x_2 + \cdots + a_{2n}x_n = b_2 \\ \qquad\qquad \vdots \\ a_{m1}x_1 + a_{m2}x_2 + \cdots + a_{mn}x_n = b_m \end{cases}$$

은 다음과 같이 행렬의 곱으로 나타낼 수 있다.

$$\begin{pmatrix} a_{11} & a_{12} & \cdots & a_{1n} \\ a_{21} & a_{22} & \cdots & a_{2n} \\ \vdots & \vdots & \vdots & \vdots \\ a_{m1} & a_{m2} & \cdots & a_{mn} \end{pmatrix}\begin{pmatrix} x_1 \\ x_2 \\ \vdots \\ x_n \end{pmatrix} = \begin{pmatrix} b_1 \\ b_2 \\ \vdots \\ b_m \end{pmatrix}, \text{ 즉 } A\mathbf{x} = \mathbf{b}$$

여기서 $A = (a_{ij})$는 $m \times n$ 행렬, $\mathbf{x} = (x_1, x_2, \ldots, x_n)^T \in \mathbb{R}^n$이고 $\mathbf{b} = (b_1, b_2, \ldots, b_m)^T \in \mathbb{R}^m$이다. 이때까지 우리는 연립일차방정식의 해를 n개의 수의 순서쌍으로 이루어진 행벡터 $(x_1, x_2, \ldots, x_n)$으로 나타내었으나, 이후부터는 행벡터에 국한하지 않고 열벡터 $(x_1, x_2, \ldots, x_n)^T$로도 나타낼 것이다.

역행렬을 구하는 공식을 사용하면, 연립일차방정식 $A\mathbf{x}=\mathbf{b}$의 해를 행렬식의 항으로 표현하는 다음 법칙을 유도할 수 있다.

정리 3.5.4 Cramer 법칙

A가 $n\times n$ 정칙행렬이고, $\mathbf{b}\in\mathbb{R}^n$이라 하자. 그리고 A_j를 A의 제 j열 대신에 $\mathbf{b}$를 대입하여 얻은 행렬이라 하자. $\mathbf{x}$가 $A\mathbf{x}=\mathbf{b}$의 유일한 해이면, 각 $1\le j\le n$에 대하여

$$x_j=\frac{\det(A_j)}{\det(A)}$$

이다.

증명

$$\mathbf{x}=A^{-1}\mathbf{b}=\frac{1}{\det(A)}(\mathrm{adj}A)\mathbf{b}$$

이므로, 다음이 성립한다.

$$x_j=\frac{1}{\det(A)}(b_1A_{1j}+b_2A_{2j}+\cdots+b_nA_{nj})=\frac{\det(A_j)}{\det(A)}$$

예제 3.5.11 Cramer 법칙을 사용하여, 다음 연립일차방정식을 풀어보아라.

$$\begin{cases} x_1+2x_2+x_3=3\\ 2x_1+2x_2-x_3=-2\\ x_1+2x_2+3x_3=7\end{cases}$$

풀이

$$\det(A)=\begin{vmatrix}1&2&1\\2&2&-1\\1&2&3\end{vmatrix}=-4$$

$$\det(A_1)=\begin{vmatrix}3&2&1\\-2&2&-1\\7&2&3\end{vmatrix}=4$$

$$\det(A_2)=\begin{vmatrix}1&3&1\\2&-2&-1\\1&7&3\end{vmatrix}=-4$$

$$\det(A_3) = \begin{vmatrix} 1 & 2 & 3 \\ 2 & 2 & -2 \\ 1 & 2 & 7 \end{vmatrix} = -8$$

에서

$$x_1 = \frac{4}{-4} = -1,\ x_2 = \frac{-4}{-4} = 1,\ x_3 = \frac{-8}{-4} = 2$$

이므로, 구하려는 해는 $(-1, 1, 2)$이다. 이때 해를 $(-1, 1, 2)^T$와 같이 열벡터로 나타내기도 한다.

Cramer 법칙은 $n \times n$ 연립일차방정식의 해를 행렬식의 항으로 나타내는 데 편리하다. 그러나 해를 구하기 위하여는 n차의 행렬식을 $(n+1)$번 계산하여야 한다. 이 행렬식들 중에서 두 개만 계산하더라도 Gauss 소거법을 이용하여 연립일차방정식을 푸는 것보다 더 많은 계산이 요구될 수도 있다.

연습문제 3.5

1 다음 연립일차방정식을 풀어보아라.

(a) $\begin{cases} x_1 - 3x_2 = 2 \\ \qquad 2x_2 = 6 \end{cases}$

(b) $\begin{cases} x_1 + x_2 + x_3 = 8 \\ \qquad 2x_2 + x_3 = 5 \\ \qquad\qquad 3x_3 = 9 \end{cases}$

(c) $\begin{cases} x_1 + 2x_2 + 2x_3 + x_4 = 5 \\ \qquad 3x_2 + x_3 - 2x_4 = 1 \\ \qquad\qquad x_3 + 2x_4 = -1 \\ \qquad\qquad\qquad 4x_4 = 4 \end{cases}$

2 문제 1에 있는 각 연립일차방정식에 대한 계수행렬을 나타내어라.

3 다음 두 연립일차방정식은 오른편의 계수는 다르나 같은 계수행렬을 가진다.

(a) $\begin{cases} 2x_1 + x_2 = 3 \\ 4x_1 + 3x_2 = 5 \end{cases}$

(b) $\begin{cases} 2x_1 + x_2 = -1 \\ 4x_1 + 3x_2 = 1 \end{cases}$

아래와 같이 주어지는 이들의 확대계수행렬에서 $(2, 1)$ 성분을 0으로 만들고 오른편에 대응하는 각 열에 대해 뒤에서부터 기본 행연산을 차례로 시행하여 두 연립일차방정식을 동시에 풀어보아라.

$$\left(\begin{array}{cc|cc} 2 & 1 & 3 & -1 \\ 4 & 3 & 5 & 1 \end{array}\right)$$

4 다음 연립일차방정식은 왜 해를 가지는지 설명하여라.

$$\begin{cases} a_{11}x_1 + a_{12}x_2 = 0 \\ a_{21}x_1 + a_{22}x_2 = 0 \end{cases}$$

여기서 $a_{11}, a_{12}, a_{21}, a_{22}$는 상수이다.

5 다음 행렬 중에서 어느 것이 행사다리꼴인가? 또 어느 것이 기약행사다리꼴인가 말하여라.

(a) $\begin{pmatrix} 1 & 2 & 3 & 4 \\ 0 & 0 & 1 & 2 \end{pmatrix}$ (b) $\begin{pmatrix} 1 & 0 & 0 \\ 0 & 0 & 1 \\ 0 & 0 & 0 \end{pmatrix}$

(c) $\begin{pmatrix} 1 & 0 & 0 & 1 & 2 \\ 0 & 1 & 0 & 2 & 4 \\ 0 & 0 & 1 & 3 & 6 \end{pmatrix}$ (d) $\begin{pmatrix} 0 & 1 & 3 & 4 \\ 0 & 0 & 1 & 3 \\ 0 & 0 & 0 & 0 \end{pmatrix}$

6 다음의 확대계수행렬은 행사다리꼴이다. 각각의 경우에 대응하는 연립일차방정식이 해를 가지는지 조사하여라. 만약 연립일차방정식이 유일한 해를 가진다면, 그 해를 구하여라.

(a) $\left(\begin{array}{cc|c} 1 & 2 & 4 \\ 0 & 1 & 3 \\ 0 & 0 & 1 \end{array}\right)$ (b) $\left(\begin{array}{cc|c} 1 & 3 & 1 \\ 0 & 1 & -1 \\ 0 & 0 & 0 \end{array}\right)$

(c) $\left(\begin{array}{ccc|c} 1 & -2 & 4 & 1 \\ 0 & 0 & 1 & 3 \\ 0 & 0 & 0 & 0 \end{array}\right)$ (d) $\left(\begin{array}{ccc|c} 1 & -2 & 2 & -2 \\ 0 & 1 & -1 & 3 \\ 0 & 0 & 1 & 2 \end{array}\right)$

7 다음 각 연립일차방정식에 대하여 그것과 동치인 연립일차방정식 중에서 계수행렬이 사다리꼴인 연립일차방정식을 얻기 위하여, Gauss 소거법을 이용하여라. 그 연립일차방정식이 불능인지, 유일한 해를 갖는지 또는 부정인지를 결정하고 해를 구하여라.

(a) $\begin{cases} x_1 - 2x_2 = 3 \\ 2x_1 - x_2 = 9 \end{cases}$ (b) $\begin{cases} 2x_1 - 3x_2 = 5 \\ 4x_1 - 6x_2 = 7 \end{cases}$

(c) $\begin{cases} x_1 + x_2 = 0 \\ 2x_1 + 3x_2 = 0 \\ 3x_1 - 2x_2 = 0 \end{cases}$ (d) $\begin{cases} 2x_1 + 3x_2 + x_3 = 1 \\ x_1 + x_2 + x_3 = 3 \\ 3x_1 + 4x_2 + 2x_3 = 4 \end{cases}$

8 Gauss-Jordan 소거법을 이용하여, 다음 연립일차방정식을 풀어보아라.

(a) $\begin{cases} x_1 + x_2 = -1 \\ 4x_1 - 3x_2 = 3 \end{cases}$ (b) $\begin{cases} x_1 + x_2 + x_3 + x_4 = 0 \\ 2x_1 + x_2 - x_3 + 5x_4 = 0 \\ x_1 - 2x_2 + x_3 + x_4 = 0 \end{cases}$

(c) $\begin{cases} x_1+3x_2+\ x_3+\ x_4 = \ \ 3 \\ 2x_1+5x_2+\ x_3+2x_4 = \ \ 8 \\ 3x_1+8x_2+2x_3-\ x_4 = -1 \end{cases}$ (d) $\begin{cases} x_1+\ x_2+x_3+x_4=0 \\ 2x_1+3x_2-x_3-x_4=2 \\ 3x_1+2x_2+x_3+x_4=3 \\ 3x_1+6x_2-x_3-x_4=4 \end{cases}$

9 다음의 확대계수행렬을 갖는 연립일차방정식을 생각하여, 그 연립일차방정식이 유일한 해를 가질 a의 값과 불능일 a의 조건을 각각 구하여라.

$$\left(\begin{array}{ccc|c} 1 & 2 & 1 & 1 \\ -1 & 4 & 3 & 2 \\ 2 & -2 & a & 3 \end{array}\right)$$

10 한 주식투자가가 주식 1, 2, 3에 자금을 분산하여 투자하려고 한다. 각 주식의 투자수익률과 위험도는 다음 표와 같다고 가정하자. 이때 1,000만원을 투자하여 12%의 수익을 올리면서 위험도는 10%를 유지하려면, 주식 1, 2, 3에 각각 얼마씩 투자하여야 하는가?

주 식	투자수익률(%)	위험도(%)
1	8	9
2	12	8
3	16	12

11 C 회사는 세 곳의 철광산에서 생산되는 철광석들을 혼합하여 판매하고 있다. 각 철광석의 원가는 kg당 16만원, 14만원, 12만원이라 한다. 이 회사는 57억 6,000만원의 예산으로 40,000 kg의 철강 제품을 만들려고 한다. 다만 품질 관계로 1번 광석이 3번 광석의 두 배가 되도록 혼합하려고 할 때, 1, 2, 3번 광석을 각각 몇 kg씩 혼합하여야 하는가?

12 한 수출회사에서는 네 가지 수출품을 컨테이너에 넣어 배에 선적하려고 한다. 수출 품목에 따라 각각 다른 컨테이너를 사용한다고 하고, 각 컨테이너의 부피, 무게, 가격은 다음과 같다고 가정하자.

컨테이너	부피(m^3)	무게(kg)	가격(만원)
A	30	100	300
B	8	60	400
C	6	70	200
D	20	150	1,000

이 회사는 6,000 m^3의 부피, 40,000 kg의 무게까지 배에 물건을 실을 수 있으며, 예산은 15억원이다. 그리고 C 컨테이너를 A와 D 컨테이너 수의 합의 두 배를 싣는다고 할 때, 컨테이너를 각각 몇 개씩 실을 수 있는가?

13 다음 각 행렬에서 $\det(A)$, $\mathrm{adj}A$, A^{-1}를 구하여라.

(a) $A = \begin{pmatrix} 1 & 2 \\ 3 & -1 \end{pmatrix}$ (b) $A = \begin{pmatrix} 3 & 1 \\ 2 & 4 \end{pmatrix}$

(c) $A = \begin{pmatrix} 1 & 3 & 1 \\ 2 & 1 & 1 \\ -2 & 2 & -1 \end{pmatrix}$ (d) $A = \begin{pmatrix} 1 & 1 & 1 \\ 0 & 1 & 1 \\ 0 & 0 & 1 \end{pmatrix}$

14 Cramer 법칙을 사용하여 다음 연립일차방정식을 풀어보아라.

(a) $\begin{cases} x_1 + 2x_2 = 3 \\ 3x_1 - x_2 = 1 \end{cases}$ (b) $\begin{cases} 2x_1 + 3x_2 = 1 \\ 3x_1 + 2x_2 = 5 \end{cases}$

(c) $\begin{cases} 2x_1 + x_2 - 3x_3 = 0 \\ 4x_1 + 5x_2 + x_3 = 8 \\ -2x_1 - x_2 + 4x_3 = 2 \end{cases}$ (d) $\begin{cases} x_1 + 3x_2 + x_3 = 1 \\ 2x_1 + x_2 + x_3 = 5 \\ -2x_1 + 2x_2 - x_3 = -8 \end{cases}$

15 행렬 $A = \begin{pmatrix} 1 & 2 & 3 \\ 2 & 3 & 4 \\ 3 & 4 & 5 \end{pmatrix}$에서

(a) A의 행렬식을 계산하고, 정칙행렬인지를 말하여라.

(b) $\mathrm{adj}A$와 행렬의 곱 $A(\mathrm{adj}\,A)$를 구하여라.

3.6 고윳값과 고유벡터

먼저 다음 예제를 생각해 보자.

예제 3.6.1 어느 나라의 A도시에는 80,000명, B도시에는 60,000명이 거주하고 있다. 1년이 지나면, A도시 거주자의 15%는 B도시로, B도시 거주자의 10%는 A도시로 거주지를 옮긴다고 한다. 이때 이 두 도시 이외의 다른 지역으로부터는 전입과 전출이 전혀 없으며, 출생이나 사망 등에 따른 거주자 수의 변화도 없다고 가정하자.

1년 후, A, B 두 도시의 거주자 수는 현재의 거주자 수를 나타내는 $X = \begin{pmatrix} 80000 \\ 60000 \end{pmatrix}$에 거주자의 이전을 나타내는 변환행렬 $T = \begin{pmatrix} 0.85 & 0.1 \\ 0.15 & 0.9 \end{pmatrix}$를 곱하면 된다. 즉, 1년 후 A도시와 B도시의 거주자 수는

$$TX = \begin{pmatrix} 0.85 & 0.1 \\ 0.15 & 0.9 \end{pmatrix}\begin{pmatrix} 80000 \\ 60000 \end{pmatrix} = \begin{pmatrix} 74000 \\ 66000 \end{pmatrix}$$

으로부터, 각각 74,000명과 66,000명을 쉽게 알 수 있다. 또한 2년 후의 A도시와 B도시 거주자 수는

$$T^2X = T(TX) = \begin{pmatrix} 0.85 & 0.1 \\ 0.15 & 0.9 \end{pmatrix}\begin{pmatrix} 74000 \\ 66000 \end{pmatrix} = \begin{pmatrix} 69500 \\ 70500 \end{pmatrix}$$

에서 각각 69,500명과 70,500명이 된다. 제6장의 Mathematica 프로그램을 이용하면, 다음을 쉽게 얻는다.

$$T^3X = \begin{pmatrix} 66125 \\ 73875 \end{pmatrix}, \ \cdots, \ T^{45}X = \begin{pmatrix} 56000.1 \\ 83999.9 \end{pmatrix},$$

$$T^{46}X = T^{47}X = \begin{pmatrix} 56000 \\ 84000 \end{pmatrix}$$

여기서 계산 결과는 거주자 수를 나타내므로 항상 자연수로 나타내어야 하지만, 편의상 계산과정에서 나타나는 소수점 이하의 수도 그대로 두고 계산하였다. 이는 46년 이후에는 각 도시에 거주하는 사람 수가 불변임을 보여준다. 이러한 벡터 $\begin{pmatrix} 56000 \\ 84000 \end{pmatrix}$를 주어진 과정의 **안정상태벡터**(steady-state vector)라고 한다.

안정상태벡터의 스칼라배인 $\mathbf{x}_1 = \begin{pmatrix} 2 \\ 3 \end{pmatrix}$에 대해서는

$$T\mathbf{x}_1 = \begin{pmatrix} 0.85 & 0.1 \\ 0.15 & 0.9 \end{pmatrix}\begin{pmatrix} 2 \\ 3 \end{pmatrix} = \begin{pmatrix} 2 \\ 3 \end{pmatrix}$$

이 성립한다. 따라서 $\mathbf{x}_1$도 역시 주어진 과정의 안정상태벡터로, T에 의한 변환을 가장 간단히 계산해준다. 다음으로, $\mathbf{x}_2 = \begin{pmatrix} 1 \\ -1 \end{pmatrix}$에 대해서는

$$T\mathbf{x}_2 = \begin{pmatrix} 0.85 & 0.1 \\ 0.15 & 0.9 \end{pmatrix}\begin{pmatrix} 1 \\ -1 \end{pmatrix} = \begin{pmatrix} 0.75 \\ -0.75 \end{pmatrix} = 0.75\begin{pmatrix} 1 \\ -1 \end{pmatrix} = \frac{3}{4}\mathbf{x}_2$$

가 성립한다.

예제 3.6.1에서, 두 벡터 $\mathbf{x}_1$과 $\mathbf{x}_2$는 행렬 T에 의한 변환 결과가

$$T\mathbf{x}_1 = \mathbf{x}_1 = 1\mathbf{x}_1, \quad T\mathbf{x}_2 = \frac{3}{4}\mathbf{x}_2$$

와 같이 간단하게 주어지므로, 이들은 변환의 과정을 분석해주는 아주 자연스러운 벡터들이다. 즉, T에 의한 이들 벡터의 변환 결과는 주어진 벡터를 스칼라배한 것이다.

정의

A를 $n \times n$ 행렬이라 하자. $\mathbf{0}$ 아닌 벡터 $\mathbf{x}$에 대하여 $A\mathbf{x} = \lambda\mathbf{x}$를 만족하는 스칼라 λ를 A의 **고윳값**(eigenvalue) 또는 **특성값**(characteristic value)이라 하고, 벡터 $\mathbf{x}$를 λ에 대응하는 **고유벡터**(eigenvector) 또는 **특성벡터**(characteristic vector)라 한다.

예제 3.6.2 $A = \begin{pmatrix} 4 & -2 \\ 1 & 1 \end{pmatrix}$, $\mathbf{x} = \begin{pmatrix} 2 \\ 1 \end{pmatrix}$에 대해

$$A\mathbf{x} = \begin{pmatrix} 4 & -2 \\ 1 & 1 \end{pmatrix}\begin{pmatrix} 2 \\ 1 \end{pmatrix} = \begin{pmatrix} 6 \\ 3 \end{pmatrix} = 3\begin{pmatrix} 2 \\ 1 \end{pmatrix} = 3\mathbf{x}$$

이므로 $\lambda = 3$은 A의 고윳값이고 $\mathbf{x} = (2,\ 1)^T$는 λ에 대응하는 고유벡터이다. 다음 식으로부터 고유벡터의 $\mathbf{x}$의 0이 아닌 실수배는 모두 고유벡터임을 알 수 있다.

$$A(\alpha\mathbf{x}) = \alpha A\mathbf{x} = \alpha\lambda\mathbf{x} = \lambda(\alpha\mathbf{x})$$

예를 들어, $(4,\ 2)^T$ 역시 $\lambda = 3$에 대응하는 고유벡터이다.

$$\begin{pmatrix} 4 & -2 \\ 1 & 1 \end{pmatrix}\begin{pmatrix} 4 \\ 2 \end{pmatrix} = \begin{pmatrix} 12 \\ 6 \end{pmatrix} = 3\begin{pmatrix} 4 \\ 2 \end{pmatrix}$$

방정식 $A\mathbf{x} = \lambda\mathbf{x}$는 다음과 같은

$$(A - \lambda I)\mathbf{x} = \mathbf{0} \tag{3.5}$$

의 형태로 고쳐쓸 수 있다. 따라서 λ가 A의 고윳값이 되기 위한 필요충분조건은 식 (3.5)가 $\mathbf{0}$ 아닌 해를 갖는 것이다. 방정식 (3.5)가 $\mathbf{0}$ 아닌 해를 가질 필요충분조건은 $A - \lambda I$가 정칙행렬이 아닐 때, 즉 다음을 만족하는 경우이다.

$$\det(A - \lambda I) = 0 \tag{3.6}$$

행렬식 (3.6)을 전개하면 λ에 대한 n차 다항식

$$p(\lambda) = \det(A - \lambda I)$$

를 얻는데, 이를 A의 **특성다항식**(characteristic polynomial)이라 하고, (3.6)을 **특성방정식**(characteristic equation)이라 한다. 이 특성방정식의 근이 A의 고윳값이다. 따라서 A는 n개의 고윳값을 갖게 되는데 이들의 일부는 중복될 수 있고, 일부는 복소수가 될 수도 있다. 후자의 경우를 다루기 위해서는 실수체를 복소수체로 확장할 필요가 있으며, 벡터 및 행렬의 각 항이 복소수 값을 가질 수 있도록 허용하여야 한다. λ가 A의 고윳값이 될 동치조건들을 요약하면 다음과 같다.

A를 $n \times n$ 행렬, λ가 실수일 때, 다음 조건들은 서로 동치이다.

(a) λ는 A의 고윳값이다.

(b) $(A - \lambda I)\mathbf{x} = \mathbf{0}$가 $\mathbf{0}$이 아닌 해를 갖는다.

(c) $A - \lambda I$는 정칙행렬이 아니다.

(d) $\det(A - \lambda I) = 0$

다음 예제에서 조건 (d)를 이용하여 고윳값들을 구해보자.

예제 3.6.3 행렬

$$A = \begin{pmatrix} 3 & 2 \\ 3 & -2 \end{pmatrix}$$

의 고윳값과 그에 대응하는 고유벡터를 구하여라.

풀이 특성방정식

$$\begin{vmatrix} 3-\lambda & 2 \\ 3 & -2-\lambda \end{vmatrix} = \lambda^2 - \lambda - 12 = (\lambda+3)(\lambda-4) = 0$$

으로부터 A의 고윳값은 4와 -3이다.

고윳값 4에 대응하는 고유벡터는

$$(A-4I)\mathbf{x} = \begin{pmatrix} -1 & 2 \\ 3 & -6 \end{pmatrix}\begin{pmatrix} x_1 \\ x_2 \end{pmatrix} = \begin{pmatrix} 0 \\ 0 \end{pmatrix}$$

에서 자유변수 $x_2 = \alpha$라 두면, $\mathbf{x} = \alpha\begin{pmatrix} 2 \\ 1 \end{pmatrix}$을 얻는다. 따라서 $\mathbf{0}$이 아닌 $\begin{pmatrix} 2 \\ 1 \end{pmatrix}$의 실수배는 모두 4에 대응하는 고유벡터이다.

같은 방법으로, 고윳값 -3에 대한 고유벡터를 구하기 위하여 방정식

$$(A+3I)\mathbf{x} = \begin{pmatrix} 6 & 2 \\ 3 & 1 \end{pmatrix}\begin{pmatrix} x_1 \\ x_2 \end{pmatrix} = \begin{pmatrix} 0 \\ 0 \end{pmatrix}$$

을 풀면, $\mathbf{0}$이 아닌 $\begin{pmatrix} -1 \\ 3 \end{pmatrix}$의 실수배는 모두 -3에 대응하는 고유벡터이다.

정의

$n \times n$ 행렬 A의 한 고윳값 λ에 대하여, $(A-\lambda I)\mathbf{x} = \mathbf{0}$을 만족하는 모든 벡터 $\mathbf{x}$들로 이루어진 부분집합을 λ에 대응하는 **고유공간**(eigenspace)이라 한다. 즉, 고유공간은 λ에 대응하는 모든 고유벡터와 $\mathbf{0}$벡터로 이루어진 공간이다.

예제 3.6.4 행렬

$$A = \begin{pmatrix} 2 & -3 & 1 \\ 1 & -2 & 1 \\ 1 & -3 & 2 \end{pmatrix}$$

의 고윳값과 그에 대응하는 고유공간을 구하여라.

풀이 특성방정식

$$\det(A - \lambda I) = \begin{vmatrix} 2-\lambda & -3 & 1 \\ 1 & -2-\lambda & 1 \\ 1 & -3 & 2-\lambda \end{vmatrix} = -\lambda(\lambda - 1)^2 = 0$$

으로부터 A 는 고윳값 0과 1(중근)을 갖는다.

고윳값 0에 대응하는 고유벡터를 구하기 위해 방정식

$$(A - 0I)\mathbf{x} = \begin{pmatrix} 2 & -3 & 1 \\ 1 & -2 & 1 \\ 1 & -3 & 2 \end{pmatrix}\begin{pmatrix} x_1 \\ x_2 \\ x_3 \end{pmatrix} = \begin{pmatrix} 0 \\ 0 \\ 0 \end{pmatrix}$$

을 풀면

$$\left(\begin{array}{ccc|c} 2 & -3 & 1 & 0 \\ 1 & -2 & 1 & 0 \\ 1 & -3 & 2 & 0 \end{array}\right) \rightarrow \left(\begin{array}{ccc|c} 1 & 0 & -1 & 0 \\ 0 & 1 & -1 & 0 \\ 0 & 0 & 0 & 0 \end{array}\right)$$

에서 자유변수 $x_3 = \alpha$라 두면 $x_1 = x_2 = x_3 = \alpha$이므로, 고윳값 0에 대응하는 고유벡터는 $\mathbf{0}$아닌 $\begin{pmatrix} 1 \\ 1 \\ 1 \end{pmatrix}$의 실수배이고, 고유공간은 $\alpha\begin{pmatrix} 1 \\ 1 \\ 1 \end{pmatrix}$ 형태의 모든 벡터들로 이루어진다.

고윳값 1에 대응하는 고유벡터를 구하기 위해

$$(A - I)\mathbf{x} = \begin{pmatrix} 1 & -3 & 1 \\ 1 & -3 & 1 \\ 1 & -3 & 1 \end{pmatrix}\begin{pmatrix} x_1 \\ x_2 \\ x_3 \end{pmatrix} = \begin{pmatrix} 0 \\ 0 \\ 0 \end{pmatrix}$$

을 풀면

$$\left(\begin{array}{ccc|c} 1 & -3 & 1 & 0 \\ 1 & -3 & 1 & 0 \\ 1 & -3 & 1 & 0 \end{array}\right) \rightarrow \left(\begin{array}{ccc|c} 1 & -3 & 1 & 0 \\ 0 & 0 & 0 & 0 \\ 0 & 0 & 0 & 0 \end{array}\right)$$

에서 자유변수 $x_2 = \alpha$, $x_3 = \beta$라 두면 $x_1 = 3\alpha - \beta$를 얻는다. 따라서 고윳값 1에 대응하는 고유벡터는 **0** 아닌 $\begin{pmatrix} 3\alpha - \beta \\ \alpha \\ \beta \end{pmatrix}$ 형태의 벡터이고, 고유공간은

$$\begin{pmatrix} 3\alpha - \beta \\ \alpha \\ \beta \end{pmatrix} = \alpha \begin{pmatrix} 3 \\ 1 \\ 0 \end{pmatrix} + \beta \begin{pmatrix} -1 \\ 0 \\ 1 \end{pmatrix}$$

인 형태의 모든 벡터들로 이루어진다.

예제 3.6.5 행렬

$$A = \begin{pmatrix} 1 & 2 \\ -2 & 1 \end{pmatrix}$$

의 고윳값을 구하여라.

풀이 특성방정식

$$\det(A - \lambda I) = \begin{vmatrix} 1-\lambda & 2 \\ -2 & 1-\lambda \end{vmatrix} = (1-\lambda)^2 + 4 = 0$$

로부터 A의 고윳값은 $\lambda_1 = 1 + 2i$와 $\lambda_2 = 1 - 2i$이다.

이 예제에서와 같이 허수를 고윳값으로 가질 수도 있다.

A가 실계수를 갖는 $n \times n$ 행렬이면 A의 특성방정식이 실계수를 가지므로, 모든 복소수 근들은 공액쌍들로 나타난다. 따라서 $\lambda = a + bi\ (b \neq 0)$가 A의 고윳값이면 $\overline{\lambda} = a - bi$도 A의 고윳값이다.

$n \times n$ 행렬 A의 행렬식과 대각합은 각각 A의 모든 고윳값들의 곱과 합으로 주어진다. 다음 예제를 통해 이를 확인해보자. 여기서 행렬 A의 **대각합**(trace)은 A의 모든 대각성분들의 합으로 $\mathrm{tr}(A)$로 나타낸다.

예제 3.6.6 행렬

$$A=\begin{pmatrix}5 & -18\\ 1 & -1\end{pmatrix}$$

에서 $\det(A)=-5+18=13$, $\mathrm{tr}(A)=5-1=4$이다. 한편 A의 특성방정식

$$\begin{vmatrix}5-\lambda & -18\\ 1 & -1-\lambda\end{vmatrix}=\lambda^2-4\lambda+13=0$$

은 두 근 $\lambda_1=2+3i$와 $\lambda_2=2-3i$를 갖는다. 이때 다음이 성립함을 주목하여라.

$$\det(A)=13=\lambda_1\lambda_2,\quad \mathrm{tr}(A)=4=\lambda_1+\lambda_2$$

두 정방행렬 A, B에 대하여 $B=S^{-1}AS$를 만족하는 정칙행렬 S가 존재할 때, 행렬 B는 행렬 A와 **닮은 행렬**(similar matrix)이라 한다.

정리 3.6.1

$n\times n$ 행렬 A와 B에서 B가 A와 닮은 행렬이면, 두 행렬의 고윳값은 같다.

증명 $p_A(\lambda)$와 $p_B(\lambda)$를 각각 A와 B의 특성다항식이라 하자. B가 A와 닮은 행렬이면 $B=S^{-1}AS$를 만족하는 정칙행렬 S가 존재한다. 따라서

$$\begin{aligned}p_B(\lambda)&=\det(B-\lambda I)\\&=\det(S^{-1}AS-\lambda I)\\&=\det(S^{-1}(A-\lambda I)S)\\&=\det(S^{-1})\det(A-\lambda I)\det(S)\\&=p_A(\lambda)\end{aligned}$$

로부터 두 행렬의 특성다항식이 같으므로, 닮은 두 행렬의 고윳값은 같다.

이 정리에서 우리는 닮은 두 행렬의 행렬식과 대각합은 일치함을 알 수 있다.

예제 3.6.7 두 행렬

$$T = \begin{pmatrix} 2 & 1 \\ 0 & 3 \end{pmatrix},\ S = \begin{pmatrix} 5 & 3 \\ 3 & 2 \end{pmatrix}$$

에서 행렬 T는 고윳값 $\lambda_1 = 2$와 $\lambda_2 = 3$을 갖는다. $A = S^{-1}TS$라 두면 A와 T는 동일한 고윳값들을 가져야 한다. 즉, 다음 행렬

$$A = \begin{pmatrix} 2 & -3 \\ -3 & 5 \end{pmatrix}\begin{pmatrix} 2 & 1 \\ 0 & 3 \end{pmatrix}\begin{pmatrix} 5 & 3 \\ 3 & 2 \end{pmatrix} = \begin{pmatrix} -1 & -2 \\ 6 & 6 \end{pmatrix}$$

의 고윳값도 $\lambda_1 = 2$와 $\lambda_2 = 3$임을 확인할 수 있다.

다음으로, 정방행렬 A를 대각행렬 D를 포함한 곱 XDX^{-1}로 분해하는 문제에 대해 알아보자.

정의

$X^{-1}AX = D$를 만족하는 정칙행렬 X와 대각행렬 D가 존재할 때, 정칙행렬 A는 **대각화가능**(diagonalizable)하다고 하고, 이때 X는 A의 **대각화행렬**이라 한다.

정리 3.6.2

$n \times n$ 행렬 A가 대각화가능할 필요충분조건은 A가 n개의 일차독립인 고유벡터를 갖는 것이다. 여기서 n개의 벡터가 **일차독립**(linearly independent)이란 이들 중의 어느 하나도 나머지 벡터들의 일차결합으로 나타낼 수 없음을 의미한다.

증명 행렬 A가 n개의 일차독립인 고유벡터 $\mathbf{x}_1, \ldots, \mathbf{x}_n$을 갖는다고 가정하고, 각 i에 대해 λ_i를 $\mathbf{x}_i$에 대응하는 A의 고윳값이라 하자(λ_i 중에서 일부는 같을 수도 있다). 각 $j = 1, \ldots, n$에 대해 $\mathbf{x}_j$를 j번째 열벡터로 갖는 행렬을 X라 하면, $A\mathbf{x}_j = \lambda_j\mathbf{x}_j$는 AX의 j번째 열벡터이므로

$$\begin{aligned} AX &= (A\mathbf{x}_1,\ A\mathbf{x}_2,\ \dots,\ A\mathbf{x}_n) \\ &= (\lambda_1\mathbf{x}_1,\ \lambda_1\mathbf{x}_2,\ \dots,\ \lambda_1\mathbf{x}_n) \\ &= (\mathbf{x}_1,\ \mathbf{x}_2,\ \dots,\ \mathbf{x}_n)\begin{pmatrix} \lambda_1 & 0 & \cdots & 0 \\ 0 & \lambda_2 & \cdots & 0 \\ \vdots & \vdots & & \vdots \\ 0 & 0 & \cdots & \lambda_n \end{pmatrix} = XD \end{aligned}$$

를 만족한다. X가 n개의 일차독립인 열벡터들을 가지므로, X는 정칙행렬이고 다음이 성립한다.

$$D = X^{-1}XD = X^{-1}AX$$

역으로, A가 대각화가능하다고 하자. 그러면 $AX = XD$를 만족하는 정칙행렬 X가 존재한다. $\mathbf{x}_1,\ \dots,\ \mathbf{x}_n$가 X의 열벡터들이라면 각 j에 대해

$$A\mathbf{x}_j = \lambda_j \mathbf{x}_j \quad (\lambda_j = d_{jj})$$

를 만족한다. 따라서 각 j에 대해서 λ_j는 A의 고윳값이고 $\mathbf{x}_j$는 λ_j에 대응하는 고유벡터이다. X의 열벡터들은 일차독립이므로, A는 n개의 일차독립인 고유벡터들을 갖는다.

참고 (a) A가 대각화가능하면, 대각화행렬 X의 열벡터들은 A의 고유벡터들이고 D의 대각성분들은 대응하는 A의 고윳값들이다.

(b) 대각화행렬 X는 일의적으로 존재하는 것은 아니다. 주어진 대각행렬 X의 열들을 재배열하거나 이들을 스칼라배하면 새로운 대각화행렬을 얻을 수 있다.

(c) A가 대각화가능하면, A는 곱 XDX^{-1}로 분해된다.

(d) (c)로부터 $A^2 = (XDX^{-1})(XDX^{-1}) = XD^2X^{-1}$이고, 일반적으로

$$A^k = XD^kX^{-1} = X\begin{pmatrix} (\lambda_1)^k & 0 & \cdots & 0 \\ 0 & (\lambda_2)^k & \cdots & 0 \\ \vdots & \vdots & & \vdots \\ 0 & 0 & \cdots & (\lambda_n)^k \end{pmatrix}X^{-1}$$

가 성립한다. 따라서 A의 분해식 $A = XDX^{-1}$을 이용하면, A의 거듭제곱을 쉽게 계산할 수 있다.

예제 3.6.8 행렬

$$A=\begin{pmatrix} 2 & -3 \\ 2 & -5 \end{pmatrix}$$

는 고윳값 $\lambda_1 = 1$과 $\lambda_2 = -4$를 가지고, $\mathbf{x}_1 = (3,\ 1)^T$와 $\mathbf{x}_2 = (1,\ 2)^T$는 각각 λ_1과 λ_2에 대응하는 고유벡터이다.

$$X=\begin{pmatrix} 3 & 1 \\ 1 & 2 \end{pmatrix}$$

라 두면

$$X^{-1}AX=\frac{1}{5}\begin{pmatrix} 2 & -1 \\ -1 & 3 \end{pmatrix}\begin{pmatrix} 2 & -3 \\ 2 & -5 \end{pmatrix}\begin{pmatrix} 3 & 1 \\ 1 & 2 \end{pmatrix}=\begin{pmatrix} 1 & 0 \\ 0 & -4 \end{pmatrix}$$

이고

$$XDX^{-1}=\begin{pmatrix} 3 & 1 \\ 1 & 2 \end{pmatrix}\begin{pmatrix} 1 & 0 \\ 0 & -4 \end{pmatrix}\begin{pmatrix} \frac{2}{5} & -\frac{1}{5} \\ -\frac{1}{5} & \frac{3}{5} \end{pmatrix}=\begin{pmatrix} 2 & -3 \\ 2 & -5 \end{pmatrix}=A$$

이다.

예제 3.6.9 행렬

$$A=\begin{pmatrix} 3 & -1 & -2 \\ 2 & 0 & -2 \\ 2 & -1 & -1 \end{pmatrix}$$

은 고윳값 $\lambda_1 = 0,\ \lambda_2 = \lambda_3 = 1$을 갖는다. $\mathbf{x}_1 = (1,\ 1,\ 1)^T$는 $\lambda_1 = 0$에 대응하는 고유벡터이고, $\mathbf{x}_2 = (1,\ 2,\ 0)^T$과 $\mathbf{x}_3 = (0,\ -2,\ 1)^T$는 $\lambda_2 = \lambda_3 = 1$에 대응하는 고유벡터들이다. 따라서

$$X=\begin{pmatrix} 1 & 1 & 0 \\ 1 & 2 & -2 \\ 1 & 0 & 1 \end{pmatrix}$$

라 두면

$$XDX^{-1} = \begin{pmatrix} 1 & 1 & 0 \\ 1 & 2 & -2 \\ 1 & 0 & 1 \end{pmatrix} \begin{pmatrix} 0 & 0 & 0 \\ 0 & 1 & 0 \\ 0 & 0 & 1 \end{pmatrix} \begin{pmatrix} -2 & 1 & 2 \\ 3 & -1 & -2 \\ 2 & -1 & -1 \end{pmatrix}$$

$$= \begin{pmatrix} 3 & -1 & -2 \\ 2 & 0 & -2 \\ 2 & -1 & -1 \end{pmatrix} = A$$

를 만족한다. $\lambda = 1$은 중근이지만 세 개의 일차독립인 고유벡터들이 존재하므로, 주어진 행렬은 대각화가능하다. 또한 각 $k \geq 1$에 대해 다음 등식이 성립함에 주목하라.

$$A^k = XD^kX^{-1} = XDX^{-1} = A$$

$n \times n$ 행렬 A가 n보다 적은 일차독립인 고유벡터들을 가질 때, A를 **부족행렬**(defective matrix)이라 한다. 정리 3.6.2로부터 부족행렬은 대각화가능하지 않다.

예제 3.6.10 행렬

$$A = \begin{pmatrix} 1 & 1 \\ 0 & 1 \end{pmatrix}$$

의 고윳값은 모두 1이고 $\lambda = 1$에 대응하는 고유벡터는 $\mathbf{x}_1 = (1,\ 0)^T$이므로, A는 일차독립인 두 개의 고유벡터를 갖지 않는다. A는 부족행렬이고 대각화가능하지 않다.

예제 3.6.11 행렬

$$A = \begin{pmatrix} 2 & 0 & 0 \\ 0 & 4 & 0 \\ 1 & 0 & 2 \end{pmatrix}, \quad B = \begin{pmatrix} 2 & 0 & 0 \\ -1 & 4 & 0 \\ -3 & 6 & 2 \end{pmatrix}$$

는 모두 같은 고윳값

$$\lambda_1 = 4, \quad \lambda_2 = \lambda_3 = 2$$

를 갖는다. $\lambda_1 = 4$에 대응하는 A의 고유공간은 $\mathbf{e}_2$에 의해 생성되고 $\lambda_2 = \lambda_3 = 2$에 대응하는 고유공간은 $\mathbf{e}_3$에 의해 생성된다. A는 단지 두 개의 일차독립인 고유벡터만을 가지므로 부족행렬이다. 한편 행렬 B는 $\lambda_1 = 4$에 대응하는 고유벡터 $\mathbf{x}_1 = (0,\ 1,\ 3)^T$와 $\lambda_2 = \lambda_3 = 2$에 대응하는 고유벡터 $\mathbf{x}_2 = (2,\ 1,\ 0)^T$와 $\mathbf{e}_3$를 갖는다. 따라서 B는 세 개의 일차독립인 고유벡터를 가지므로 부족행렬이 아니다. 기하학적으로 말하자면, 행렬 B는 두 일차독립인 고유벡터들을 두 배의 크기로 확대시키는 결과를 낳는다. 고윳값 $\lambda_2 = \lambda_3 = 2$가 기하적 중복도 2를 갖는다고 생각할 수 있다. 그러나 행렬 A는 단지 z축을 따라 벡터들을 두 배로 확대한다. 이 경우 고윳값 $\lambda_2 = \lambda_3 = 2$는 대수적 중복도가 2이지만, 기하학적 중복도는 1이다(그림 3.13 참조).

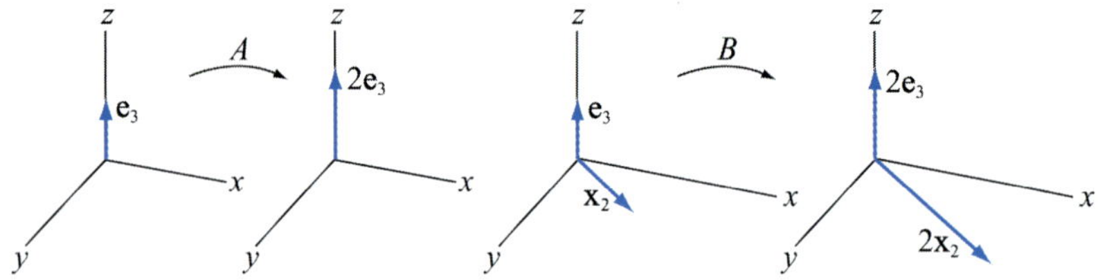

그림 3.13

Markov 연쇄

예제 3.6.1에서 A도시와 B도시에 거주하는 사람 수를 예측하는 문제에 대한 간단한 행렬모델을 살펴보았다. 각 성분이 A도시와 B도시 거주자 수를 나타내는 초기벡터 $\mathbf{x}_0$가 주어졌을 때, 다음 연도에 A도시와 B도시에 거주하는 사람 수를 식

$$\mathbf{x}_1 = T\mathbf{x}_0, \quad \mathbf{x}_2 = T\mathbf{x}_1, \quad \mathbf{x}_3 = T\mathbf{x}_2, \ \ldots$$

를 계산하여 예측할 수 있었다. 초기벡터의 각 항이 A도시와 B도시 거주자 비율을 나타내도록 주어졌다면, $\mathbf{x}_n$의 좌표는 n년 후의 A도시와 B도시 거주자 비율을 나타내게 된다. 위와 같은 방법으로, 생성한 벡터수열은 Markov 연쇄의 한 예이다. Markov 연쇄의 모델은 여러 응용분야에서 다양하게 나타난다.

정의

확률과정(stochastic process)이란 매 단계에서 우연한 결과를 갖는 실험치들의 수열이다. **Markov 과정**(Markov process)이란 다음의 성질들을 갖는 확률과정이다.

(a) 가능한 결과 또는 상태의 집합은 유한이다.
(b) 다음의 결과가 일어날 확률은 오직 이전의 결과에만 의존한다.
(c) 각각의 결과가 일어날 확률은 시간에 대해 불변이다.

다음은 Markov 과정의 한 예이다.

예제 3.6.12 한 자동차 중개상인이 세단, 스포츠카, 미니밴, 스포츠용 차량의 네 가지 유형의 자동차들을 대여하고 있다. 임대기간은 2년이며 임대기간이 끝나면 고객들은 반드시 대여에 대한 재협상을 하여 새로운 차종을 선택하여야 한다. 자동차 대여는 네 가지 경우가 발생하는 과정으로 볼 수 있다. 각 경우가 발생할 확률은 이전의 대여기록을 조사하여 추정할 수 있다. 이 기록은 현재 세단을 임대한 80%가 다음 임대 시에도 같은 비율을 보일 것이라고 가정한다. 더욱이 현재 스포츠카를 임대한 고객의 10%가 세단으로 바꾸려고 한다. 이러한 결과들이 표 3.4의 제 1행에 요약되어 있다. 두 번째 열은 다음에 스포츠카를 임대할 고객의 비율을 나타내고 마지막 두 열은 각각 미니밴과 스포츠용 차량을 임대할 고객의 비율을 나타낸다. 초기에 200대의 세단이 임대되었고 다른 세 종의 차가 각각 100대씩 임대되었다고 가정하면, 2년 후 얼마나 많은 사람이 각 차종을 임대하게 되는지를 표 3.4 아래의 식으로 알 수 있다.

$$A = \begin{pmatrix} 0.80 & 0.10 & 0.05 & 0.05 \\ 0.10 & 0.80 & 0.05 & 0.05 \\ 0.05 & 0.05 & 0.80 & 0.10 \\ 0.05 & 0.05 & 0.10 & 0.80 \end{pmatrix}, \quad \mathbf{x}_0 = \begin{pmatrix} 200 \\ 100 \\ 100 \\ 100 \end{pmatrix}$$

표 3.4 차량 대여 추이확률

현재 대여				
세단	스포츠카	미니밴	스포츠용 차량	다음 대여
0.80	0.10	0.05	0.05	세단
0.10	0.80	0.05	0.05	스포츠카
0.05	0.05	0.80	0.10	미니밴
0.05	0.05	0.10	0.80	스포츠용 차량

$$\mathbf{x}_1 = A\mathbf{x}_0 = \begin{pmatrix} 0.80 & 0.10 & 0.05 & 0.05 \\ 0.10 & 0.80 & 0.05 & 0.05 \\ 0.05 & 0.05 & 0.80 & 0.10 \\ 0.05 & 0.05 & 0.10 & 0.80 \end{pmatrix} \begin{pmatrix} 200 \\ 100 \\ 100 \\ 100 \end{pmatrix} = \begin{pmatrix} 180 \\ 110 \\ 105 \\ 105 \end{pmatrix}$$

일반적으로

$$\mathbf{x}_{n+1} = A\mathbf{x}_n,\ n = 1,\ 2,\ \ldots$$

라 두어 $2(n+1)$년 후에 임대될 차량 수를 예상할 수 있다. 이와 같은 방법으로 만든 벡터 $\mathbf{x}_i$를 상태벡터라 하고 상태벡터들의 수열을 **Markov 연쇄**(Markov chain)라 한다. 한편 행렬 A는 **추이행렬**(transition matrix)이라 한다. A의 각 열의 항들은 음이 아니고 모두 합하면 1이 된다. 따라서 각 열을 확률벡터로 간주할 수 있다. 예를 들어, A의 첫 열은 현재 세단을 임대한 고객들의 비율을 나열하고 있다. 이 열의 각 항은 임대를 갱신할 때, 각 차종을 선택할 확률을 나타낸다. 일반적으로 각 항이 음이 아니고 각 열의 모든 항을 합하여 1이 되는 행렬을 확률과정이라 한다. 확률과정 행렬의 열을 확률벡터로 간주할 수 있다. 초기벡터의 각 항을 500(고객 수)으로 나누면, 새로운 초기상태벡터 $\mathbf{x}_0 = (0.40,\ 0.20, 0.20)^T$의 각 항은 각 차종을 임대할 고객의 비율을 나타낸다. $\mathbf{x}_1$의 각 항은 다음 임대 시의 비율을 나타낸다. 따라서 $\mathbf{x}_0$와 $\mathbf{x}_1$은 확률벡터이며 연쇄 내의 다음 차례의 상태벡터 역시 확률벡터이다. 오랜 시간 이후 확률과정의 양상은 추이행렬 A의 고윳값과 고유벡터에 의해 정해진다. A의 고윳값은 $\lambda_1 = 1,\ \lambda_2 = 0.8,\ \lambda_3 = \lambda_4 = 0.7$이다. A가 중복되는 고윳값을 갖지만 일차독립인 네 개의 고유벡터들을 가지므로 대각화가능하다. 이 고유벡터들을 이용하여 얻은 행렬 Y로 A를 대각화하여

$$\begin{aligned} A &= YDY^{-1} \\ &= \begin{pmatrix} 1 & -1 & 0 & 1 \\ 1 & -1 & 0 & -1 \\ 1 & 1 & 1 & 0 \\ 1 & 1 & -1 & 0 \end{pmatrix} \begin{pmatrix} 1 & 0 & 0 & 0 \\ 0 & \frac{8}{10} & 0 & 0 \\ 0 & 0 & \frac{7}{10} & 0 \\ 0 & 0 & 0 & \frac{7}{10} \end{pmatrix} \begin{pmatrix} \frac{1}{4} & \frac{1}{4} & \frac{1}{4} & \frac{1}{4} \\ -\frac{1}{4} & -\frac{1}{4} & \frac{1}{4} & \frac{1}{4} \\ 0 & 0 & \frac{1}{2} & \frac{1}{2} \\ \frac{1}{2} & -\frac{1}{2} & 0 & 0 \end{pmatrix} \end{aligned}$$

로 나타낼 수 있다. 따라서 아래와 같이 상태벡터들을 구할 수 있다.

$$
\begin{aligned}
\mathbf{x}_n &= YD^n Y^{-1}\mathbf{x}_0 \\
&= YD^n(0.25,\ -0.05,\ 0,\ 0.10)^T \\
&= Y(0.25,\ -0.05(0.8)^n,\ 0,\ 0.10(0.7)^n)^T \\
&= 0.25\begin{pmatrix} 1 \\ 1 \\ 1 \\ 1 \end{pmatrix} - 0.05(0.8)^n\begin{pmatrix} -1 \\ -1 \\ 1 \\ 1 \end{pmatrix} + 0.10(0.7)^n\begin{pmatrix} 1 \\ -1 \\ 0 \\ 0 \end{pmatrix}
\end{aligned}
$$

n이 증가함에 따라 $\mathbf{x}_n$은 안정상태벡터

$$\mathbf{x} = (0.25,\ 0.25,\ 0.25,\ 0.25)^T$$

에 접근한다. 따라서 주어진 Markov 연쇄 모형은 궁극적으로 네 종류의 차종에 대해 같은 비율로 임대가 이루어짐을 보여준다.

모든 Markov 연쇄가 안정상태벡터로 수렴하는 것은 아니다. 그러나 추이행렬 A의 모든 항들이 양이면 어떠한 초기벡터 $\mathbf{x}_0$에 대해서도 $A^n\mathbf{x}_0$가 수렴하는 안정상태벡터 $\mathbf{x}$가 유일하게 존재함을 보일 수 있다. 실은 A의 일부 항들이 0인 경우에도 A^k가 양인 항들을 가지면 이 결과가 성립한다. 추이행렬 A를 갖는 Markov 과정이 A의 적당한 거듭제곱을 한 행렬의 모든 계수가 양수일 때, **정칙**(regular)이라 한다. 정칙인 Markov 연쇄의 안정상태벡터 $\mathbf{x}$는 확률벡터이면서 동시에 고윳값 $\lambda = 1$에 대응하는 고유벡터이다.

연습문제 3.6

1 다음 각 행렬의 고윳값과 그에 대응하는 고유공간을 구하여라.

(a) $\begin{pmatrix} 3 & 2 \\ 4 & 1 \end{pmatrix}$ (b) $\begin{pmatrix} 3 & -1 \\ 1 & 1 \end{pmatrix}$

(c) $\begin{pmatrix} 1 & 1 & 1 \\ 0 & 2 & 1 \\ 0 & 0 & 1 \end{pmatrix}$ (d) $\begin{pmatrix} 1 & 2 & 1 \\ 0 & 3 & 1 \\ 0 & 5 & -1 \end{pmatrix}$

2 A가 $n\times n$ 행렬이고 실수 α에 대해 $B=A-\alpha I$라 하자. 이때 A와 B의 고윳값들을 비교하여라.

3 $\operatorname{tr}(A)=8$이고 $\det(A)=12$인 2×2 행렬 A의 고윳값을 구하여라.

4 다음 각 행렬을 부족행렬이 되게 하는 스칼라 α가 존재하면, 이를 구하여라.

(a) $\begin{pmatrix} 1 & 1 & 0 \\ 1 & 1 & 0 \\ 0 & 0 & \alpha \end{pmatrix}$ (b) $\begin{pmatrix} 1 & 1 & 1 \\ 1 & 1 & 1 \\ 0 & 0 & \alpha \end{pmatrix}$

(c) $\begin{pmatrix} 1 & 2 & 0 \\ 2 & 1 & 0 \\ 2 & -1 & \alpha \end{pmatrix}$ (d) $\begin{pmatrix} 4 & 6 & -2 \\ -1 & -1 & 1 \\ 0 & 0 & \alpha \end{pmatrix}$

5 해마다 한 회사의 고용자들이 지역 자선단체에 기부하는 것이 소득공제 제도의 일환으로 선택되어 있다. 일반적으로 한 해에 이 제도에 등록한 고용자들의 80%가 다음 해에 다시 등록하게 되고 미등록자의 30%가 다음 해에 등록한다고 한다. 이 과정에 대한 추이행렬 및 안정상태벡터를 구하여라. 궁극적으로 몇 %의 고용자들이 이 프로그램에 등록하게 되는가?

6 A, B, C 세 개의 상표가 우리나라의 커피시장을 장악하고 있다고 가정하자. 그리고 소비자의 커피교체에 대한 변환행렬이 다음 표와 같다고 할 때, 다음 물음

에 답하여라.

에서 \ 으로	A상표	B 상표	C 상표
A상표	0.70	0.15	0.15
B 상표	0.10	0.80	0.10
C 상표	0.10	0.15	0.75

(a) 현재의 시장점유율은 A상표가 36%, B 상표가 24%, 그리고 C 상표가 40% 일 때, 3년 후 이들 상품의 시장점유율을 예측하여라.

(b) 이러한 교체과정이 계속된다고 가정하면, 오랜 세월이 지난 후의 시장점유율은 어디에 수렴하겠는가?

7 금융위기가 닥치면서 금융회사에서는 PF(project financing) 대출금 회수에 많은 어려움을 겪고 있다. 한 금융회사의 구좌상태는 다음 표와 같은 전이행렬을 나타내고 있다고 한다.

부터 \ 까지	A	B	1	2
A	1	0	0	0
B	0	1	0	0
1	0.7	0	0	0.3
2	0.4	0.6	0	0

여기서 A는 지불 완료된 구좌, B는 회수불능 대출, 1은 회수 예정일로부터 1달이 경과된 대출구좌, 2는 회수 예정일로부터 2달 경과된 대출구좌를 나타낸다. 다음 물음에 답하여라.

(a) 기간 2의 각 구좌 상태별 확률을 구하여라.

(b) 안정상태의 확률을 구하여라.

쉬어 가기

수학기호의 역사

고대 그리스에서 디오판토스가 기호를 사용한 이후, 인도에서도 유사한 기호를 사용하기도 하였으나 본격적인 기호의 사용은 16세기 초 유럽에서 대수학이 발달하면서 이루어졌다. 중세 암흑기를 지나면서 수학이 발달하게 되자 수학자들은 의미 있고 편리한 도구가 없는 것에 대해서 불편함을 느끼게 되어, 많은 기호들이 만들어지면서 수학의 강력한 도구가 되었다.

기호는 그 자체가 어떤 약속된 의미를 포함하고 있지만 그 의미는 다양할 수 있다. 기호를 보는 관점은 객관주의와 해석주의로 크게 나눌 수 있다. 악보에 비유한다면, 작곡가의 악보에 모든 의미가 포함되어 있으며, 같은 악보를 연주하면 그 음은 같을 것이라고 생각하는 것이 객관주의이다. 악보라고 하는 기호의 해석은 객관적이어야 하며, 따라서 악보를 보고 연주하는 음악가의 개성은 전혀 고려되지 않는다. 이러한 관점에서 수학 기호의 대상은 추상적이자 현실적인 존재이고, 수학적 실재에 대한 객관적 진리를 추구한다. 해석주의는 동일한 악보라 하더라도 연주자의 주관적인 해석에 따라 연주가 달라진다고 본다. 동일한 수학적 대상이라 하더라도 해석하는 사람의 입장에서 다른 기호가 사용될 수 있고, 동일한 대상의 동일한 표현을 보고도 학습자는 다른 해석을 할 수 있다. 기호 사용이 대수적 사고를 좀 더 치밀하고 효과적으로 향상시켜준다는 생각으로 15세기 말부터 17세기 초까지 대수학을 기호화하려는 경향이 있었으며, 그리하여 많은 대수 기호들이 등장하게 되었다.

파치올리(Pacioli)

이탈리아의 수학자 파치올리(Pacioli)는

1494년 출판한 《산술요약》에서 덧셈을 p('더 많은'을 의미하는 piu로부터), 뺄셈은 m('더 적은'을 의미하는 memo로부터), 미지수를 co('물건'을 뜻하는 cosa로부터)로 나타내었다. 또한 오트레드(Oughtred)는 수학적 기호를 강조하면서 150개가 넘는 수학 기호를 도입하였다고 한다. 그러나 어떤 뜻을 지니는 기호가 발표되었다고 해서 즉시 모든 사람이 그 기호를 사용하게 되는 것은 아니다. 많은 물건이 만들어져 시장에 나와 있더라도 사람들은 그중에서 자신에게 유용한 것만을 골라 구입한다. 이와 마찬가지로 수학자들이 만들어 놓은 기호 중에서 사용하기 편리한 기호, 그 의미가 한눈에 드러나는 잘 만들어진 기호들이 살아남아 모든 사람들이 수학을 배울 때나 연구할 때 사용되는 것이다.

이제 수학에서 자주 사용되는 몇 가지 기호의 역사에 대해 살펴보자.

덧셈 기호인 $+$와 뺄셈 기호인 $-$는 독일의 비트만(Widman)이 1489년에 상거래 계산에서 단순한 과부족의 의미로 사용한 것이 처음이라고 알려져 있다. $+$는 라틴어로 '및', '그리고'를 의미하는 et를 빨리 쓰다 보니 $+$가 되었고, $-$는 minus의 머리글자인 m에서 $-$가 되었다는 설도 있다. 그 후, 1514년에 네덜란드 수학사 호이케(Hoecke)가 최초로 $+$와 $-$기호를 덧셈과 뺄셈의 의미로 사용한 것으로 알려져 있다. $\times$기호는 1631년 오트레드(Oughtred)의 저서인 《수학의 열쇠》에서 처음으로 선 보였다. 다른 곱하기 기호인 $\cdot$ 는 1676년 라이프니츠(Leibniz)가 작성한 한 원고에서 도입한 것으로 전해진다. 등호를 나타내는 기호인 $=$은 레코드(Recorde)의 《지혜의 지석》이라는 책에 나타난 것이 최초이다. 레코드는 $=$을 등호로 사용하는 이유를 '길이가 같은 평행선만큼이나 같은 것은 없기 때문'이라고 말하고 있다. 따라서 이는 최초에는 가로로 길게 표기한 두 평행선이 점점 짧아져 오늘날과 같은 모양이 되었다고 볼 수 있다. 또한 제곱근 기호인 $\sqrt{\ }$ 는 1525년에 루돌프(Rudolff)의 《대수》에서 처음으로 등장하였는데, 이는 근을 뜻하는 radix의 첫 글자에서 따왔다고 한다. 나눗셈 기호 $\div$는 1659년에 스위스 수학자 란(Rahn)이 저술한 《대수학》에서 처음으로 사용하였다. 이와 같은 기호들은 그 의미도 쉽게 이해되고 쓰기도 편리하여 널리 퍼지게 되었다.

다음으로, 원주율을 나타내는 π의 역사에 대해 살펴보자.

π의 값을 기원전 2000년 바빌로니아인들은 3.125, 고대 이집트인들은 3.16으로 사용하였다. 한편 아르키메데스(Archimedes)는 원에 내접 및 외접하는 정 96각형 둘레의 범위를 구하여 원주율이 다음 범위의 값을 가짐을 증명하였다.

$$3\frac{10}{71} < \text{원주율} < 3\frac{1}{7}$$

즉, 원주율은 3.140보다는 크고 3.142보다 작은 수임을 알게 되었다. 독일의 루돌프는 π의 값을 소수점 아래 35자리까지 구하는 데 일생을 바쳤으며, 그는 유언으로 자신이 계산한 π값을 그의 묘비에 새기도록 하였다고 한다. 이로 인해 독일에서는 원주율을 '**루돌프의 수**'라고 부르기도 한다. π가 원주율을 나타내는 기호로 처음 사용된 것은 1706년 영국의 수학자 존스(Jones)의 저서 《수학의 새로운 입문서》이며, 1737년 스위스의 수학자 오일러(Euler)가 π를 사용하면서부터 원주율을 나타내는 표준기호가 되었다. 1873년 영국의 샹크스(Shanks)는 소수점 아래 707자리까지 π값을 구하였으나 안타깝게도 후에 검산한 결과 소수 527자리까지만 계산이 옳았다고 한다. 여하튼 그는 직접 셈으로 원주율을 계산한 사람 중에서는 가장 많은 자릿수를 구한 사람이다.

컴퓨터를 이용하여 π값을 계산한 최초의 시도는 1949년 애니악(ENIAC)에 의해서였다. 머신(Machine)의 식

$$\frac{\pi}{4} = 4\tan^{-1}\frac{1}{5} - \tan^{-1}\frac{1}{239}$$

을 이용하여 70시간에 걸쳐 2,037자리까지 π값을 계산하였다. 컴퓨터의 발달로 1980년에는 100만 자리를 넘게 되었으며, 1987년에 드디어 1억 자리가 넘는 π값을 구하였다. 이는 슈퍼컴퓨터와 고속 푸리에 변환이라는 효과적인 알고리즘에 따른 것이었다. 2002년, 도쿄 대학의 카나다(Canada) 교수는 9명의 연구원과 함께 히타치 슈퍼컴퓨터를 이용하여 π값을 1조2천4백억 자리까지 계산하였다. π값의 계산은 알고리즘과 컴퓨터의 성능에 달려있으며, π값의 계산능력으로 컴퓨터의 성능을 확인하기도 한다.

π값에서 여러분의 생년월일이 시작하는 위치를 찾을 수 있겠는가? 예로서 1985년 8월 2일에 태어났다면, 인터넷 주소 http://facade.com/legacy/amiinpi/에서 850802를 입력하여라. 다음 그림은 1,254,543자리까지 확인하였을 때, 352,588번째부터 이 수가 배열되어 있음을 알려준다.

π 값을 계산하는 과정에서 1997년에 0123456789의 배열을 처음으로 발견하였는데, 이는 소수 17,387,594,880째 자리에서 시작된다. 실제로 이 배열은 500억 자리까지 6번 나타나고 9876543210은 5번 나타난다고 한다. 다음 표는 π값을 2000억 자리까지 구하였을 때, 0부터 9까지의 숫자가 사용된 횟수를 나타낸 것이다. 이 표에 따르면 0부터 9까지의 숫자가 약 200억 개로 거의 균등하게 나타남을 알 수 있다.

수	횟수	수	횟수	수	횟수	수	횟수	수	횟수
0	20000030841	1	199999914711	2	20000136978	3	20000069393	4	19999921691
5	199999914711	6	19999881515	7	19999967594	8	20000291044	9	19999869180

집합기호인 { }은 독일의 수학자 칸토어(Cantor)가 1895년에 작성한 원고에 처음 등장하였다. 집합은 A, B, C, ... 등의 대문자로, 원소는 a, b, c, ... 등의 소문자를 사용하였다. 집합에서 원소의 포함을 의미하는 $\in$은 1903년 영국의 수학자이자 철학자인 러셀(Russel)의 책에서 처음으로 사용되었다. 이는 원소를 나타내는 element의 머리글자를 나타낸다. 공집합은 프랑스 수학자 웨일(Weil)이 노르웨이어 알파벳의 한 문자를 도입하여 사용하였으나, 그 후 활자가 없어져 그리스어인 ϕ를 사용하게 되었다. 이는 '영(0)이 아니다(/)'를 결합하여 만들었다고 한다. 부분집합을 나타내는 기호인 $\subset$ 또는 $\supset$는 1898년 이탈리아의 수학자 페아노(Peano)가 처음으로 도입하였다. 이것은 '포함하다'의 contain의 머리글자에서 비롯되었다고 한다. 아울러 합집합과 교집합을 각각 나타내는 $\cup$과 $\cap$의 최초 사용은 알려져 있지 않지만, 1877년 이탈리아의 수학자가 처음으로 사용한 논리기호인 $\vee$와 $\wedge$에서 발전하여 변형된 것으로 보고 있다.

제4장

편미분법과 라그랑주 승수법

이 장에서는 독립변수가 두 개 이상인 다변수함수의 극한과 연속, 편미분법, 다변수함수의 극값, 라그랑주 승수법과 쿤-터커 정리 및 그 응용에 대해 알아본다.

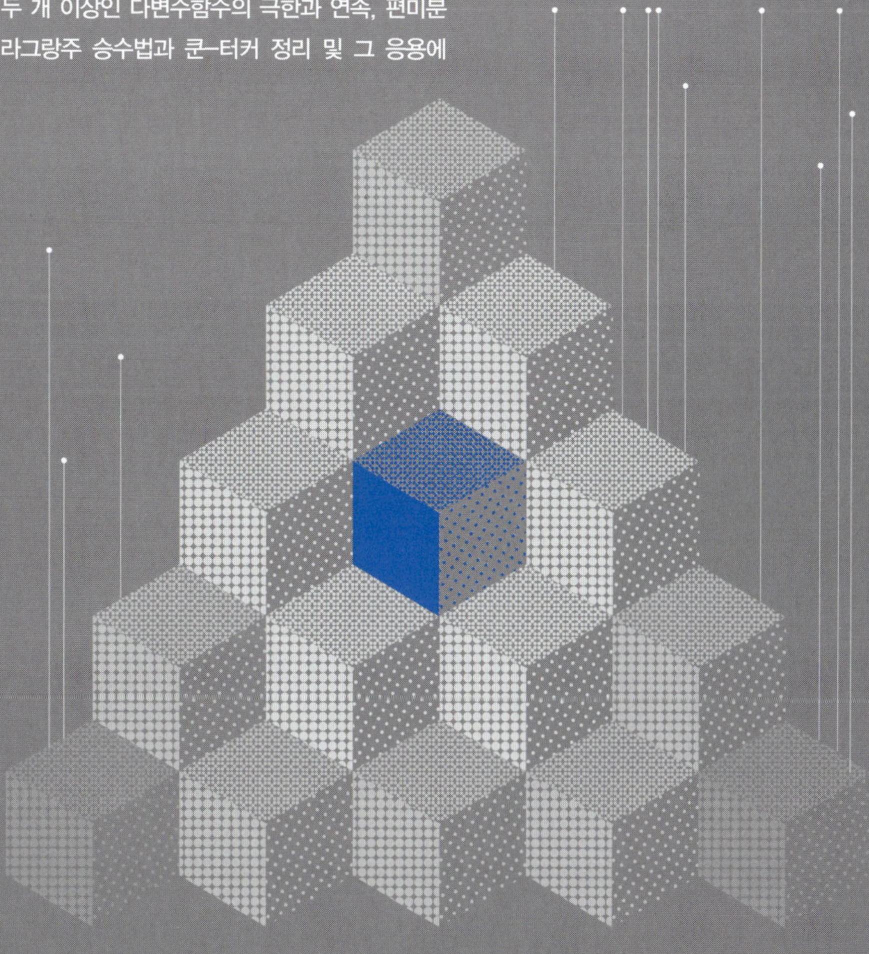

4.1 다변수함수

독립변수가 두 개 이상인 함수, 즉 다변수함수를 생각해보자. n개의 실수로 된 순서쌍 $(x_1, x_2, \dots, x_n)$들로 이루어진 한 집합 D가 주어졌다고 하자. D의 각 원소에 대하여, 한 개의 실수 z를 대응시키는 함수 f를

$$z = f(x_1, x_2, \dots, x_n)$$

으로 나타내고, f를 n**변수함수**(function of n-variables)라 한다. 이때 D를 함수 f의 **정의역**(domain), f에 의해 값을 가지는 z의 집합을 **치역**(range)이라고 한다. 그리고 n개의 변수 $x_1, x_2, \dots, x_n$을 f의 **독립변수**(independent variable), z를 **종속변수**(dependent variable)라 한다. 특히 D가 실수의 순서쌍 (x, y)들로 이루어진 집합일 때, 함수 f를 **이변수함수**(function of 2-variables)라 하며, 이변수함수 $z = f(x, y)$의 그래프는 세 개의 실수로 된 순서쌍들의 집합

$$G = \{(x, y, z) \mid z = f(x, y), (x, y) \in D\}$$

로 주어지며, 대개 곡면을 나타낸다. 함수 $f(x_1, x_2, \dots, x_n)$의 그래프는

$$G = \{(x_1, x_2, \dots, x_n, z) \mid z = f(x_1, x_2, \dots, x_n), (x_1, x_2, \dots, x_n) \in D\}$$

로 나타낸다.

예제 4.1.1 삼변수함수 $f(x, y, z) = \sqrt{x^2 + y^2 + z^2}$에서 점 $(3, 0, 4)$에서의 함숫값은 $f(3, 0, 4) = \sqrt{3^2 + 0^2 + 4^2} = 5$이다.

예제 4.1.2 이변수함수 $f(x, y) = x^2 + y^2$의 그래프는 점 $(x, y, x^2 + y^2)$들로 이루어져 있고, 이것은 다음과 같은 포물선의 회전면, 즉 포물면이다.

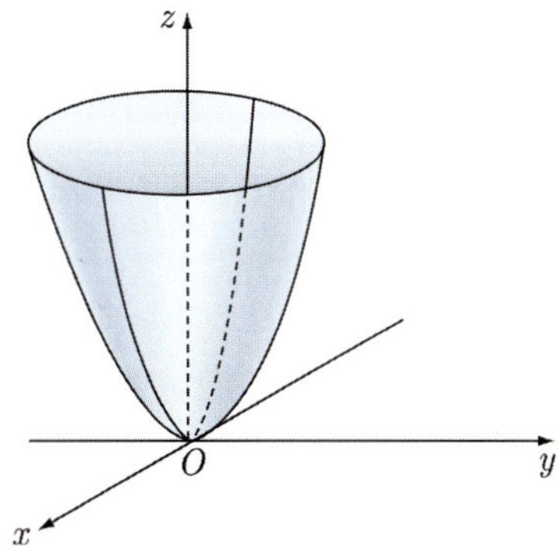

그림 4.1

예제 4.1.3 xy-평면에서 다음 함수가 정의될 수 있는 최대 영역을 나타내어라.

$$f(x,\ y) = \frac{\sqrt{y-x^2}}{x^2+(y-1)^2}$$

풀이 함숫값을 가지기 위해서는 $\{(x,\ y) \mid y < x^2\}$와 점 $(0,\ 1)$은 제외되어야 하므로, 함수가 정의되는 최대 영역은 그림 4.2의 음영부분과 같다.

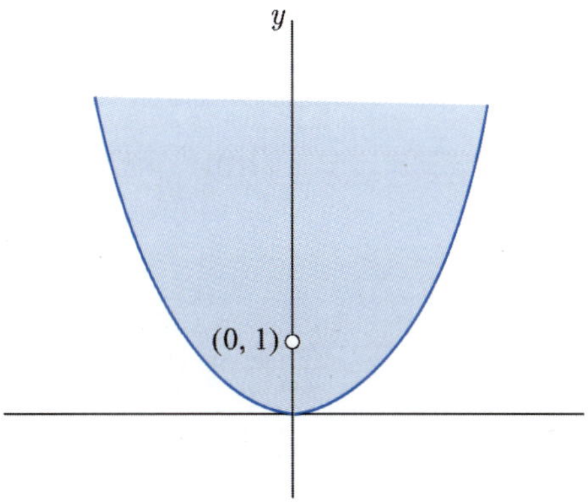

그림 4.2

이변수함수에 관한 이론은 일반적인 다변수함수에 간단히 확장될 수 있으므로, 우리는 주로 이변수함수에 대해 살펴볼 것이다. 이변수함수 $f(x,\ y)$가 D에서 정의되어 있고, 그 정의역 내에서 점 (x, y)가 점 (x_0, y_0)에 한없이 가까이 접근할 때, $f(x, y)$가 z축 상의 일정한 값 L에 한없이 가까워지면, $f(x, y)$는 점 (x_0, y_0)에서 L에 **수렴한다**(converge)고 하며, L을 점 (x_0, y_0)에서 $f(x, y)$의 **극한**(limit value)이라 한다. 기호로는

$$\lim_{(x, y)\to(x_0, y_0)} f(x, y) = L$$

로 나타낸다.

주의 $(x, y)\to(x_0, y_0)$일 때, $f(x, y)$의 극한이 L이라 함은 (x, y)가 (x_0, y_0)에 어떤 경로를 따라 가까이 가더라도 $f(x, y)$는 L에 가까이 간다는 뜻이다. 따라서 가까워지는 경로에 따라 $f(x, y)$가 가까워지는 값이 다르면 극한은 존재하지 않는다.

예제 4.1.4 $\displaystyle\lim_{(x, y)\to(0, 0)} \frac{x^2 - xy}{\sqrt{x} - \sqrt{y}}$를 구하여라.

풀이

$$\begin{aligned}\lim_{(x, y)\to(0, 0)} \frac{x^2 - xy}{\sqrt{x} - \sqrt{y}} &= \lim_{(x, y)\to(0, 0)} \frac{(x^2 - xy)(\sqrt{x} + \sqrt{y})}{(\sqrt{x} - \sqrt{y})(\sqrt{x} + \sqrt{y})} \\ &= \lim_{(x, y)\to(0, 0)} \frac{x(x - y)(\sqrt{x} + \sqrt{y})}{x - y} \\ &= \lim_{(x, y)\to(0, 0)} x(\sqrt{x} + \sqrt{y}) = 0\end{aligned}$$

예제 4.1.5 이변수함수 $f(x, y) = \dfrac{x - y}{x + y}$에 대하여, 다음 각 경우의 극한을 생각하여 $\displaystyle\lim_{(x, y)\to(0, 0)} f(x, y)$는 존재하지 않음을 보여라.

(1) $x\to 0$으로 한 다음에 $y\to 0$인 경우의 극한

(2) $y\to 0$으로 한 다음에 $x\to 0$인 경우의 극한

(3) 직선 $y = mx$의 경로를 따라 $(x, y)\to(0, 0)$일 때의 극한

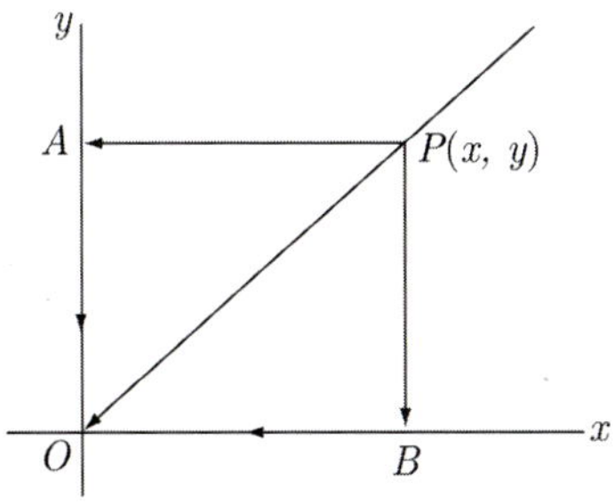

그림 4.3

풀이 (1) $\lim_{y\to 0}\left(\lim_{x\to 0}\frac{x-y}{x+y}\right)=\lim_{y\to 0}\left(-\frac{y}{y}\right)=-1$

(2) $\lim_{x\to 0}\left(\lim_{y\to 0}\frac{x-y}{x+y}\right)=\lim_{x\to 0}\left(\frac{x}{x}\right)=1$

(3) $y=mx$이면 $f(x,\ y)=\frac{1-m}{1+m}$이므로, m의 값에 따라서 $f(x,\ y)$의 값은 변한다.

따라서 $\lim_{(x,y)\to(0,0)} f(x,\ y)$는 존재하지 않는다.

함수의 극한정리인 정리 1.3.1과 유사하게 다음 정리가 성립한다.

정리 4.1.1

$\lim_{(x,y)\to(x_0,y_0)} f(x,\ y)=L$이고 $\lim_{(x,y)\to(x_0,y_0)} g(x,\ y)=M$이면, 다음이 성립한다.

(1) $\lim_{(x,y)\to(x_0,y_0)}\{f(x,\ y)\pm g(x,\ y)\}=L\pm M$

(2) $\lim_{(x,y)\to(x_0,y_0)}\{f(x,\ y)g(x,\ y)\}=LM$

(3) $\lim_{(x,y)\to(x_0,y_0)} kf(x,\ y)=kL$ (k는 상수)

(4) $\lim_{(x,y)\to(x_0,y_0)}\frac{f(x,\ y)}{g(x,\ y)}=\frac{L}{M}$ $(M\neq 0)$

이변수함수 $f(x, y)$가 (x_0, y_0)에서 **연속**(continuity)이라 함은 $f(x, y)$가 (x_0, y_0)에서 정의되고

$$\lim_{(x, y)\to(x_0, y_0)} f(x, y) = f(x_0, y_0)$$

일 때를 말한다.

예제 4.1.6 다음 함수의 원점 $(0, 0)$에서의 연속성을 조사하여라.

(1) $f(x, y) = \begin{cases} \dfrac{x^2 - xy}{\sqrt{x} - \sqrt{y}}, & (x, y) \neq (0, 0) \\ 0, & (x, y) = (0, 0) \end{cases}$

(2) $f(x, y) = \begin{cases} \dfrac{x - y}{x + y}, & (x, y) \neq (0, 0) \\ 0, & (x, y) = (0, 0) \end{cases}$

풀이 (1) 예제 4.1.4에서 $\lim_{(x, y)\to(0, 0)} \dfrac{x^2 - xy}{\sqrt{x} - \sqrt{y}} = 0 = f(0, 0)$이므로, $(0, 0)$에서 연속이다.

(2) $(0, 0)$에서 $f(x, y)$의 극한이 존재하지 않으므로(예제 4.1.5 참조), $(0, 0)$에서 불연속이다.

함수와 수리모형의 구조

소비자이론에서 n개의 재화가 있을 때, 각 재화의 양을 음이 아닌 실수라고 하면, 모든 재화는 $x_1 \ge 0, \dots, x_n \ge 0$이 된다. 또한 소득 I와 각 재화의 가격 $p_1, \dots, p_n$에 대하여 소득제약 $p_1x_1 + \cdots + p_nx_n \ge I$를 충족시키는 원소 $\mathbf{x} = (x_1, x_2, \dots, x_n)$의 집합을 **예산제약집합**(budget constraint set)이라고 한다. 즉, 예산제약집합 B는 다음과 같이 표현되고, 이는 $\mathbb{R}^n$의 부분집합이 된다.

$$B = \{\mathbf{x} = (x_1, x_2, \dots, x_n) \mid p_1x_1 + \cdots + p_nx_n \le I,\ x_1 \ge 0, \dots, x_n \ge 0\}$$

평면에서의 예산제약집합 B는 다음 그림과 같은 형태로 주어진다.

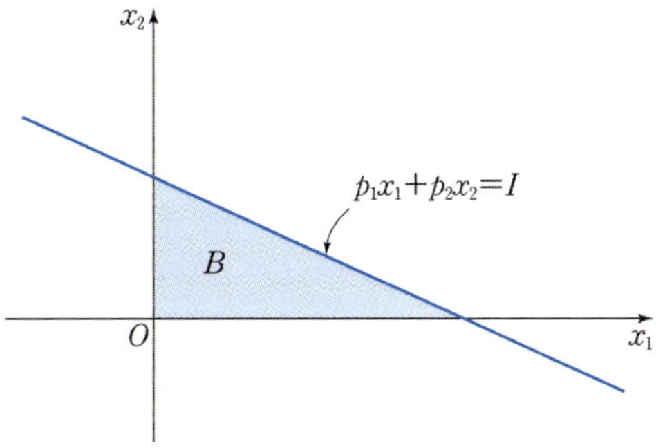

그림 4.4

m명의 사람과 n개의 재화가 존재하는 한 시장의 경제모형을 생각해보자. 시장수요는 가격과 소득의 함수이므로, 제 i재화에 대한 시장수용함수는 $x_i = f^i(p_1, p_2, \dots, p_n, I)$로 나타낼 수 있다. 여기서 p_i는 제i재화의 가격, I는 소득을 나타낸다. 이때 시장의 모든 재화들에 대한 시장수요함수 체계는 다음과 같다.

$$x_1 = f^1(p_1, p_2, \dots, p_n, I)$$
$$x_2 = f^2(p_1, p_2, \dots, p_n, I)$$
$$\vdots$$
$$x_n = f^n(p_1, p_2, \dots, p_n, I)$$

따라서 시장수요함수 체계는 $\mathbf{f} : \mathbb{R}^{n+1} \to \mathbb{R}^n$인 벡터함수이며, 이는 구체적으로 다음과 같은 좌표함수로 정의되어 있음을 알 수 있다. $\mathbf{p} = (p_1, p_2, \dots, p_n)$에 대하여

$$\begin{aligned} \mathbf{f}(\mathbf{p}, I) &= \mathbf{f}(p_1, p_2, \dots, p_n, I) \\ &= \big(f^1(p_1, p_2, \dots, p_n, I), \dots, f^n(p_1, p_2, \dots, p_n, I)\big) \\ &= (x_1, x_2, \dots, x_n) \\ &= \mathbf{x} \end{aligned}$$

연습문제 4.1

1 다음 극한을 구하여라.

(a) $\displaystyle\lim_{(x,\,y)\to(0,\,0)} \frac{3x^2 - y^2 + 5}{x^2 + y^2 + 2}$ (b) $\displaystyle\lim_{(x,\,y)\to(0,\,4)} \frac{x}{\sqrt{y}}$

(c) $\displaystyle\lim_{(x,\,y)\to(3,\,4)} \sqrt{x^2 + y^2 - 1}$

2 원점 $(0,\ 0)$에서 다음 함수의 연속성을 조사하여라.

(a) $f(x,\ y) = \begin{cases} \dfrac{x^2y^2}{x^2+y^2}, & (x,\ y) \neq (0,\ 0) \\ 0, & (x,\ y) = (0,\ 0) \end{cases}$

(b) $f(x,\ y) = \begin{cases} \ln(x^2+y^2), & (x,\ y) \neq (0,\ 0) \\ 0, & (x,\ y) = (0,\ 0) \end{cases}$

4.2 편도함수

이변수함수 $z=f(x, y)$에서 $y=y_0$를 일정한 값으로 두면, $f(x, y_0)$는 x에 관한 일변수함수이다. 이때 $x=x_0$에서의 미분계수

$$\lim_{\Delta x \to 0} \frac{f(x_0+\Delta x, y_0)-f(x_0, y_0)}{\Delta x}$$

가 존재하면 $f(x, y)$는 x에 관해 점 (x_0, y_0)에서 **편미분가능**(partial differentiable)하다고 하고, 그 값을 점 (x_0, y_0)에서 $f(x, y)$의 x에 관한 **편미분계수**(partial differential coefficient)라 하며 $f_x(x_0, y_0)$로 나타낸다.

같은 방법으로, 이변수함수 $z=f(x, y)$에서 $x=x_0$를 일정한 값이라 하면, $f(x_{0,} y)$는 y에 관한 일변수함수이다. 이때 $y=y_0$에서의 미분계수

$$\lim_{\Delta y \to 0} \frac{f(x_0, y_0+\Delta y)-f(x_0, y_0)}{\Delta y}$$

가 존재하면 $f(x, y)$는 y에 관해 점 (x_0, y_0)에서 **편미분가능**하다고 하고, 그 값을 점 (x_0, y_0)에서 $f(x, y)$의 y에 관한 **편미분계수**라 하며 $f_y(x_0, y_0)$로 나타낸다.

한편 각 점 (x_0, y_0)에 x에 관한 미분계수 $f_x(x_0, y_0)$를 대응시키는 함수를 x에 관한 $z=f(x, y)$의 **편도함수**(partial derivative)라 하며, 기호로

$$f_x(x, y),\ f_x,\ z_x,\ \frac{\partial}{\partial x}f(x, y),\ \frac{\partial f}{\partial x},\ \frac{\partial z}{\partial x}$$

등으로 나타낸다. 즉, x에 관한 $f(x, y)$의 편도함수는 다음과 같이 나타낼 수 있다.

$$f_x(x, y)=\lim_{\Delta x \to 0} \frac{f(x+\Delta x, y)-f(x, y)}{\Delta x}$$

$z=f(x, y)$의 y에 관한 편도함수도 마찬가지 방법으로 정의된다. 즉, y에 관한 $z=f(x, y)$의 편도함수는 기호로

$$f_y(x, y),\ f_y,\ z_y,\ \frac{\partial}{\partial y}f(x, y),\ \frac{\partial f}{\partial y},\ \frac{\partial z}{\partial y}$$

등으로 나타내고, 다음과 같이 정의한다.

$$f_y(x,\ y) = \lim_{\Delta y \to 0} \frac{f(x,\ y+\Delta y) - f(x,\ y)}{\Delta y}$$

결과적으로 x에 관한 편도함수는 다른 독립변수 y를 상수로 취급하여 x에 관하여 미분한 것이고, y에 관한 편도함수는 다른 독립변수 x를 상수로 보고 y에 관하여 미분한 것이다. 편도함수를 구하는 것을 **편미분법**(partial differentiation)이라 한다.

주의 $z = f(x,\ y)$의 편도함수의 기호는 다음과 같이 다양하게 나타낸다.

(a) Arbrögast 기호 : $D_x f,\ D_y f,\ D_x z,\ D_y z,\ D_x f(x, y),\ D_y f(x, y)$

(b) Lagrange 기호 : $f_x,\ f_y,\ z_x,\ z_y,\ f_x(x, y),\ f_y(x, y)$

(c) Leibnitz 기호 : $\frac{\partial f}{\partial x},\ \frac{\partial f}{\partial y},\ \frac{\partial z}{\partial x},\ \frac{\partial z}{\partial y},\ \frac{\partial}{\partial x} f(x,\ y),\ \frac{\partial}{\partial y} f(x,\ y)$

예제 4.2.1 이변수함수 $f(x,\ y) = 24xy - 6x^2 y + y^2$의 편도함수 f_x, f_y를 구하여라.

풀이 y를 상수로 취급하고 x에 관해 미분하여 $f_x(x,\ y)$를, x를 상수로 취급하고 y에 관해 미분하여 $f_y(x,\ y)$를 구하면, 다음과 같다.

$$f_x(x,\ y) = 24y - 12xy, \quad f_y(x,\ y) = 24x - 6x^2 + 2y$$

예제 4.2.2 $f(x,\ y) = x^2 y + 3y^3$일 때, 편미분계수 $f_x(1,\ 2)$와 $f_y(1,\ 2)$를 구하여라.

풀이 $f_x(x,\ y)$를 구하기 위해, y를 상수로 취급하고 x에 관해 미분하면 $f_x(x,\ y) = 2xy$를 얻는다. 따라서 $f_x(1,\ 2) = 2 \cdot 1 \cdot 2 = 4$이다.

같은 방법으로, $f_y(x,\ y) = x^2 + 9y^2$이므로, $f_y(1,\ 2) = 1^2 + 9 \cdot 2^2 = 37$이다 .

편미분계수의 기하학적 의미

이변수함수 $z=f(x,\ y)$의 그래프가 그림 4.5와 같은 곡면이라 하자. y의 값을 $y=b$로 고정시키면 주어진 함수는 $z=f(x,\ b)$가 되고, 이 함수의 그래프는 $z=f(x,\ y)$를 평면 $y=b$로 절단하여 생긴 곡선 QPR이다. 그러므로 점 P에서의 곡선 QPR의 접선의 기울기는 이 점에서의 $z=f(x,\ b)$의 x에 관한 편미분계수이다. 이때 P의 좌표는 $(a,\ b,\ f(a,\ b))$이므로 $f_x(a,\ b)$는 점 P에서 곡선 QPR의 접선의 기울기이고, 마찬가지로 $f_y(a,\ b)$는 점 P에서의 곡선 LPM의 접선의 기울기를 나타낸다.

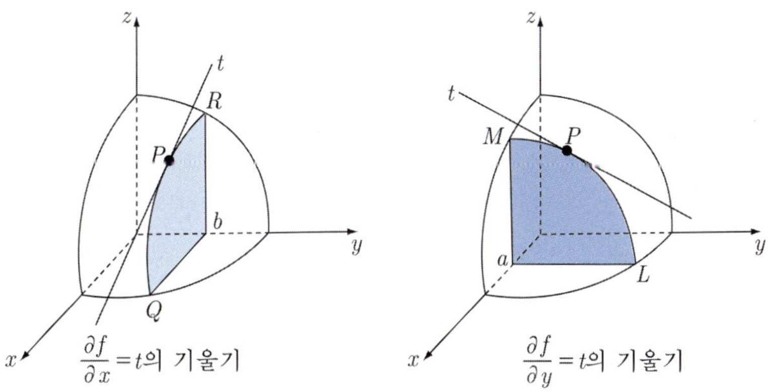

그림 4.5

상품에 대한 수요는 그 자체의 가격뿐만 아니라, 다른 대체 상품의 가격에도 많은 영향을 받는다. 만약 상품 A의 수요가 상품 A와 상품 B의 가격 p_A와 p_B에 의해 결정된다면, 상품 A의 수요함수 f_A는

$$f_A=f(p_A,\ p_B)$$

로 나타낼 수 있다. 이때 f_A의 편도함수 $\frac{\partial f_A}{\partial p_A}$와 $\frac{\partial f_A}{\partial p_B}$를 각각 p_A와 p_B에 대한 상품 A의 **한계수요**(marginal demand)라고 한다. 일반적으로 A의 가격이 오르면, 상품에 대한 수요는 감소하므로 $\frac{\partial f_A}{\partial p_A}<0$이다. 그러나 $\frac{\partial f_A}{\partial p_B}>0$이면 서로 경쟁적

인 상품이므로 두 상품을 **대체상품**, $\dfrac{\partial f_A}{\partial p_B} < 0$이면 서로 **보완적 상품**이라 한다.

생산함수(production function)는 단위시간 동안 투입되는 생산요소와 생산량의 관계를 나타내는 함수이다. 즉, 생산량 Q가 생산요소 x_1, x_2, …, x_n에 의해 결정된다면

$$Q = f(x_1, x_2, \ldots, x_n)$$

로 나타낼 수 있다. 이때 각 생산요소에 대한 한계생산은 다른 생산요소의 투입량이 일정하다고 가정할 경우, 생산함수를 편미분하여 구한다. 그리고 생산비용은 고정비용과 생산량에 비례하여 발생하는 변동비용으로 구분할 수 있다. 따라서 일정량의 상품을 생산하는 데 필요한 비용을 나타내는 **비용함수**(cost function) TC는 다음과 같이 표현된다.

$$TC = F + cQ$$

여기서 F는 고정비용, c는 단위생산에 필요한 변동비용, Q는 생산량을 의미한다.

예로, 간단하게 노동(l : labor)과 자본(k : capital)의 두 생산요소가 존재한다고 가정하면, 생산함수는 $Q = f(l, k)$로 표현되고, 각 생산요소에 대한 한계생산은 다음과 같다.

$$\text{생산요소 } l\text{에 대한 한계생산 : } MP_l = \frac{\partial Q}{\partial l}$$

$$\text{생산요소 } k\text{에 대한 한계생산 : } MP_k = \frac{\partial Q}{\partial k}$$

고계편도함수

이변수함수 $z = f(x, y)$의 편도함수 z_x, z_y는 또한 하나의 이변수함수이므로, 이 함수의 편도함수가 다시 존재하면, 이를 주어진 함수의 **제 2계편도함수**(partial derivative of 2nd order)라 하고, 다음의 기호로 나타낸다.

$$\frac{\partial}{\partial x}\left(\frac{\partial z}{\partial x}\right) = \frac{\partial^2 z}{\partial x^2} = z_{xx} = f_{xx} = f_{xx}(x, y),$$

$$\frac{\partial}{\partial y}\left(\frac{\partial z}{\partial x}\right) = \frac{\partial^2 z}{\partial y\,\partial x} = z_{xy} = f_{xy} = f_{xy}(x,\ y),$$
$$\frac{\partial}{\partial x}\left(\frac{\partial z}{\partial y}\right) = \frac{\partial^2 z}{\partial x\,\partial y} = z_{yx} = f_{yx} = f_{yx}(x,\ y),$$
$$\frac{\partial}{\partial y}\left(\frac{\partial z}{\partial y}\right) = \frac{\partial^2 z}{\partial y^2} = z_{yy} = f_{yy} = f_{yy}(x,\ y)$$

마찬가지로, f_{xy}가 다시 편미분가능하면 f_{xyx}, f_{xyy} 등을 생각할 수 있다. 이들을 **제 3계편도함수**(partial derivative of 3rd order)라 한다. 4계 이상의 경우에도 같은 방법으로 정의할 수 있으며, 2계 이상의 모든 편도함수를 **고계편도함수**(partial derivative of higher order)라 한다.

예제 4.2.3 예제 4.2.1의 이변수함수 $f(x,\ y) = 24xy - 6x^2y + y^2$에서 제 2계편도함수는

$$f_{xx}(x,\ y) = -12y,\ f_{xy}(x,\ y) = f_{yx}(x,\ y) = 24 - 12x,\ f_{yy}(x,\ y) = 2$$

이다. 또한 $f_{xxy}(x,\ y) = f_{xyx}(x,\ y) = f_{yxx}(x,\ y) = -12$이고, 나머지 제 3계편도함수는 모두 0이다.

예제 4.2.4 이변수함수 $z = xe^{2y}$의 제 2계편도함수를 모두 구하여라.

풀이 $z_x = e^{2y}$, $z_y = 2xe^{2y}$ 이므로, 다음의 제 2계편도함수를 얻는다.

$$z_{xx} = 0,\quad z_{xy} = z_{yx} = 2e^{2y},\quad z_{yy} = 4xe^{2y}$$

예제 4.2.5 삼변수함수 $w = x^2y + xz^2 + y^2z - 6y + 7$의 제 2계편도함수를 모두 구하여라.

풀이 w의 제1계편도함수는

$$w_x = 2xy + z^2,\quad w_y = x^2 + 2yz - 6,\quad w_z = 2xz + y^2$$

이므로, 제2계편도함수는 다음과 같다.

$$w_{xx}=2y,\quad w_{xy}=w_{yx}=2x,\quad w_{xz}=w_{zx}=2z,$$
$$w_{yy}=2z,\quad w_{yz}=w_{zy}=2y,\quad w_{zz}=2x$$

정리 4.2.1 Schwarz 정리

이변수함수 $z=f(x, y)$에서 f_{xy}와 f_{yx}가 존재하고 연속이면, $f_{xy}(x, y)=f_{yx}(x, y)$이다.

주의 Schwarz 정리의 결과로서 고계편도함수에서 편도함수가 연속이면, 편미분의 순서를 바꿀 수 있다. 예로, 제 3계편도함수가 존재하고 연속이면 다음이 성립한다.

$$f_{xxy}(x, y)=f_{xyx}(x, y)=f_{yxx}(x, y)$$

그러나 편도함수가 연속이 아닌 경우에는 편미분 순서를 바꾸면 다른 결과가 나올 수도 있다.

우리는 2.3절에서 일변수함수에 대한 평균값 정리와 Taylor 정리를 살펴보았다. 이변수함수에서도 다음의 평균값 정리와 Taylor 정리가 성립한다.

정리 4.2.2 평균값 정리

이변수함수 $z=f(x, y)$가 (x_0, y_0)를 포함하는 근방에서 연속이고 제 1계편도함수가 모두 존재하면, 다음을 만족하는 $0<\theta<1$인 θ가 존재한다.

$$\begin{aligned}&f(x_0+h,\ y_0+k)-f(x_0,\ y_0)\\&\qquad=hf_x(x_0+\theta h,\ y_0+\theta k)+kf_y(x_0+\theta h,\ y_0+\theta k)\end{aligned}$$

정리 4.2.3 Taylor 정리

이변수함수 $z=f(x, y)$가 (x_0, y_0)를 포함하는 근방에서 모든 제 n계편도함수가 연속이고 제 $(n+1)$계편도함수를 가지면, 다음 식을 만족한다.

$$f(x_0+h,\ y_0+k) = f(x_0,\ y_0) + \left(h\frac{\partial}{\partial x} + k\frac{\partial}{\partial y}\right) f(x_0,\ y_0)$$
$$+ \frac{1}{2!}\left(h\frac{\partial}{\partial x} + k\frac{\partial}{\partial y}\right)^2 f(x_0,\ y_0) + \cdots$$
$$+ \frac{1}{n!}\left(h\frac{\partial}{\partial x} + k\frac{\partial}{\partial y}\right)^n f(x_0,\ y_0) + R_{n+1}$$

단, $R_{n+1} = \frac{1}{(n+1)!}\left(h\frac{\partial}{\partial x} + k\frac{\partial}{\partial y}\right)^{n+1} f(x_0+\theta h,\ y_0+\theta k)\ \ (0<\theta<1)$이다.

일변수함수에서 도함수로부터 부정적분을 구하는 것과 같이, 다변수함수에서도 편도함수로부터 부정적분을 구할 수 있다. 물론 임의로 주어진 편도함수를 만족하는 부정적분이 항상 존재하지는 않는다. 그 이유를 다음의 두 예제를 통해 생각해보아라.

예제 4.2.6 두 조건 $f_x(x,\ y) = 24y - 12xy$, $f_y(x,\ y) = 24x - 6x^2 + 2y$를 만족하는 이변수함수 $z = f(x,\ y)$를 구하여라. 그리고 예제 4.2.1과 비교해보아라.

풀이 $f_x(x,\ y) = 24y - 12xy$로부터, 양변을 x에 관해 적분하면

$$f(x,\ y) = 24xy - 6x^2y + g(y), \quad g(y)\text{는 } y\text{에 관한 함수}$$

로 나타낼 수 있다. 이를 y에 관해 편미분하여 $f_y(x,\ y)$와 비교하면

$$f_y(x,\ y) = 24x - 6x^2 + 2y = 24x - 6x^2 + g'(y)$$

에서 $g(y) = y^2 + C$(상수)임을 알 수 있다. 따라서 구하려는 부정적분은 다음과 같다.

$$f(x,\ y) = 24xy - 6x^2y + y^2 + C$$

예제 4.2.7 $w_x = 2xy + z^2$, $w_y = x^2 + 2yz - 6$, $w_z = 2xz + y^2$을 만족하는 삼변수함수 $w = f(x,\ y,\ z)$를 구하여라. 그리고 예제 4.2.5와 비교해보아라.

풀이 $w_x = 2xy + z^2$로부터, 양변을 x에 관해 적분하면

$$w = f(x, y, z) = x^2 y + xz^2 + g(y, z), \quad g(y, z)\text{는 } y\text{와 } z\text{에 관한 함수}$$

로 나타낼 수 있다. 이를 y에 관해 편미분하여 w_y와 비교하면

$$w_y = x^2 + g_y(y, z) = x^2 + 2yz - 6$$

에서 $g_y(y, z) = 2yz - 6$임을 알 수 있다. 따라서

$$g(y, z) = y^2 z - 6y + h(z), \quad h(z)\text{는 } z\text{에 관한 함수}$$

로 나타낼 수 있다. 따라서

$$w = x^2 y + xz^2 + y^2 z - 6y + h(z)$$

로 표현되고, 이를 다시 z에 관해 편미분하여 w_z와 비교하면

$$w_z = 2xz + y^2 + h'(z) = 2xz + y^2$$

이므로 $h(z) = C$(상수)이다. 따라서 구하려는 삼변수함수는 다음과 같다.

$$w = x^2 y + xz^2 + y^2 z - 6y + C$$

연습문제 4.2

1 다음 이변수함수의 제 1계편도함수를 모두 구하여라.

(a) $f(x, y) = (2x - y)^4$

(b) $f(x, y) = x^2 - y^2$

(c) $f(x, y) = e^x \ln y$

(d) $f(x, y) = \sqrt{x^2 - y^2}$

(e) $f(x, y) = e^{-xy}$

(f) $f(x, y) = y(x^2 + y^2)$

2 다음 이변수함수의 제 2계편도함수를 모두 구하여라.

(a) $f(x, y) = xy$

(b) $f(x, y) = \dfrac{y^2}{x}$

3 다음 물음에 답하여라.

(a) $f_x(x, y) = 2x + 2y - 2$, $f_y(x, y) = 2x + 3y^2 + 2$를 만족하는 이변수함수 $z = f(x, y)$를 구하여라.

(b) $w_x = 3x^2 + 2yz - 2$, $w_y = 2xz + 2y - 3z$, $w_z = 2xy - 3y$를 만족하는 삼변수함수 $w = f(x, y, z)$를 구하여라.

4.3 다변수함수의 극값

이변수함수 $z=f(x, y)$의 극댓값과 극솟값도 일변수함수에 대한 극댓값과 극솟값에서와 같이 동일한 방법으로 정의된다.

점 (a, b)의 근방에서 정의된 이변수함수 $z=f(x, y)$가 (a, b)를 제외한 (a, b)의 한 근방에 속하는 모든 점 (x, y)에 대하여

$$f(x, y) < f(a, b)$$

이면, 점 (a, b)를 **극대점**(local maximal point), $f(a, b)$를 $f(x, y)$의 **극댓값**(local maximum value)이라 한다. 마찬가지로 점 (a, b)를 제외한 (a, b)의 한 근방에 속하는 모든 점 (x, y)에 대해

$$f(x, y) > f(a, b)$$

이면, 점 (a, b)를 **극소점**(local minimal point), $f(a, b)$를 $f(x, y)$의 **극솟값**(local minimum value)이라 하고, 극댓값과 극솟값을 모두 합하여 **극값**(extreme value)이라 한다.

일변수함수의 극값을 구하기 위하여 그래프의 접선이 x축과 평행한 점을 찾는 것과 마찬가지로, 이변수함수에서 극값을 구하려면 그림 4.6에서와 같이 $z=f(x, y)$에 의해 결정되는 곡면의 접평면이 xy-평면과 평행이 되는 점들을 먼저 찾아야 한다.

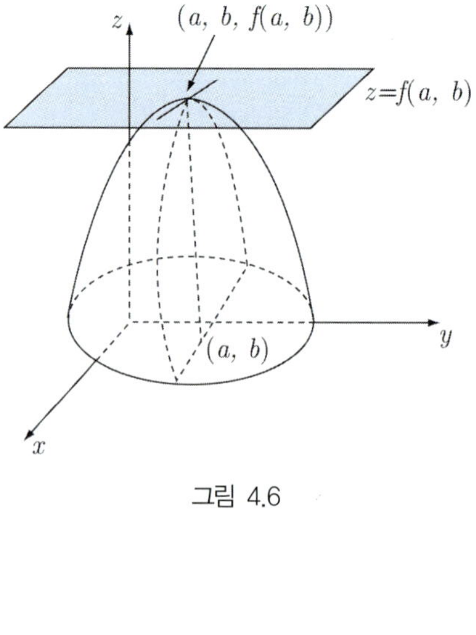

그림 4.6

즉, f가 (a, b)에서 극값을 가지면, 점 $(a, b, f(a, b))$를 지나고 f의 그래프에 접하는 평면은 xy-평면과 나란한 $z=f(a, b)$이다. f의 그래프를 x축 또는 y축 방향으로 절단할 때 생기는 곡선, 다시 말해서 y값이나 x값을 일정하게 두고 다른 변수값을 변화시킬 때 생기는 곡선의 접선도 이 접평면 $z=f(a, b)$에 속하므로 다음 정리가 성립한다.

정리 4.3.1

이변수함수 $z=f(x, y)$가 점 (a, b)의 근방에서 연속이고 $f_x(a, b)$, $f_y(a, b)$가 존재하고 $f(x, y)$가 점 (a, b)에서 극값을 가지면, 다음을 만족한다.

$$f_x(a, b)=f_y(a, b)=0$$

증명 $f(x, y)$가 $x=a$, $y=b$에서 극값을 가지면, 단일변수 x만의 함수 $f(x, b)$는 $x=a$에서 극값을 가져야 한다. 이것은 $F(x)=f(x, b)$일 때 $F'(a)=0$, 즉 $f_x(a, b)=0$을 의미한다. 마찬가지로 함수 $f(a, y)$에 대해서는 $f_y(a, b)=0$임을 알 수 있다.

$f(x, y)$가 점 (a, b)에서 극값을 가질 조건은 정리 4.3.1에서 살펴보았으나 그것이 극댓값인지 극솟값인지는 분명하지 않다. 또한 일변수함수에서와 같이 극값은 $f_x(x, y)$나 $f_y(x, y)$가 존재하지 않는 점에서도 있을 수 있다. 따라서 제1계편도함수가 0이 되거나 편도함수가 존재하지 않는 점들은 극값을 구하기 위한 중요한 대상이 되는데, 이러한 점들을 **임계점**(critical point)이라 부른다.

이상의 내용을 종합하면, 이변수함수 f가 극값을 가질 수 있는 점으로는 다음 세 가지로 요약해 볼 수 있다.

(a) $f_x=f_y=0$을 만족하는 f의 정의역 내부점
(b) f_x 또는 f_y가 존재하지 않는 f의 정의역 내부점
(c) f의 정의역의 경계점

그러나 $f_x=f_y=0$이라고 해서 반드시 극값을 가지는 것은 아니다. 예를 들어, 함수

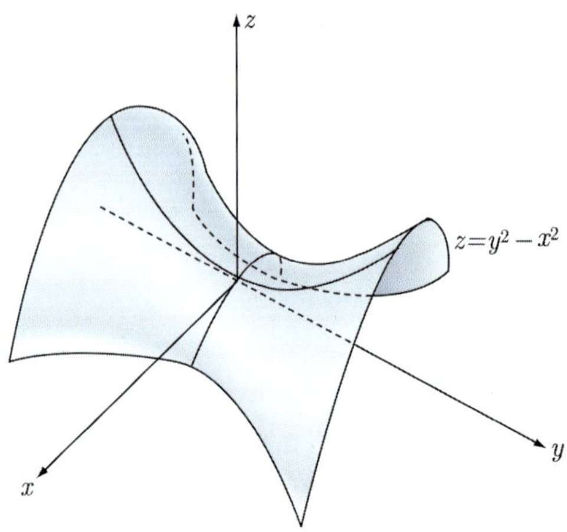

그림 4.7

$f(x, y) = y^2 - x^2$은 $f_x(0, 0) = f_y(0, 0) = 0$이지만, 그림 4.7에서 보는 바와 같이

$$y \neq 0 \text{이면 } f(0, y) = y^2 > 0,$$
$$x \neq 0 \text{이면 } f(x, 0) = -x^2 < 0$$

이다. 따라서 $(0, 0)$의 근방에서는 $f(0, 0) = 0$보다 큰 값과 작은 값을 동시에 포함하므로 $(0, 0)$에서 주어진 이변수함수 $f(x, y) = y^2 - x^2$은 극값을 갖지 않는다. 이와 같이 f의 임계점 (a, b)의 모든 열린 근방이 $f(x, y) > f(a, b)$와 $f(x, y) < f(a, b)$를 만족하는 점들을 포함하고 있을 때, (a, b)를 f의 **안장점**(saddle point)이라 한다.

이제부터는 다변수함수의 극값을 구하는 판정법에 대해 자세히 알아보기로 하자.

정리 4.3.2

이변수함수 $z = f(x, y)$가 (a, b)의 근방에서 연속인 제2계편도함수를 가지며, $f_x(a, b) = 0,\ f_y(a, b) = 0$이 성립할 때

$$D = D(a, b) = f_{xx}(a, b) f_{yy}(a, b) - f_{xy}{}^2(a, b)$$

라 두자.

(1) $D > 0$이고

(i) $f_{xx}(a, b) < 0$이면 $f(a, b)$는 극댓값이고,

(ii) $f_{xx}(a, b) > 0$이면 $f(a, b)$는 극솟값이다.

(2) $D < 0$이면 $f(x, y)$는 (a, b)에서 극값을 갖지 않는다. 이때 (a, b)는 $z = f(x, y)$의 안장점이다.

(3) $D = 0$이면 이 방법으로는 극값의 존재여부를 결정할 수 없다.

증명 각각의 경우에 대한 증명이 비슷하므로, 극댓값을 갖는 경우에 대해서만 증명한다.

$f_x(a, b) = f_y(a, b) = 0$이므로, 이변수함수에서의 Taylor 정리(정리 4.2.3)에 의하여

$$f(a+h,\ b+k) - f(a,\ b) = \frac{1}{2}(h^2 f_{xx} + 2hk f_{xy} + k^2 f_{yy})$$

이다. 위의 식에서 제 2계편도함수는 $(a+\theta h,\ b+\theta k)$에서 택한 값이다. 여기서 $0 < \theta < 1$이다. 우변을 완전제곱의 형태로 나타내면

$$f(a+h,\ b+k) - f(a,\ b) = \frac{1}{2} f_{xx}\left\{\left(h + \frac{f_{xy}}{f_{xx}}k\right)^2 + \frac{f_{xx}f_{yy} - {f_{xy}}^2}{{f_{xx}}^2}k^2\right\}$$

이다. 가정에 의해 $f_{xx} < 0$이고 $f_{xx}f_{yy} - {f_{xy}}^2 > 0$인 점 (a, b)의 근방이 존재하므로, 다음이 성립한다.

$$f(a+h,\ b+k) \le f(a,\ b)$$

따라서 정리의 (1)(i)이 증명된다.

참고 (1) $D(a, b) > 0$인 경우에는 $f_{xx}(a, b) f_{yy}(a, b) > {f_{xy}}^2(a, b)$이므로, $f_{xx}(a, b)$와 $f_{yy}(a, b)$는 같은 부호를 갖는다.

(2) 이변수함수의 극값을 판정하는 데 사용되는 극값의 판별식 D는 다음과 같이 나타낼 수 있다. 이때 D를 **Hesse의 행렬식**(Hessian determinant)이라 한다.

$$D = f_{xx}f_{yy} - {f_{xy}}^2 = \begin{vmatrix} f_{xx} & f_{xy} \\ f_{yx} & f_{yy} \end{vmatrix}$$

예제 4.3.1 이변수함수 $f(x, y) = x^3 + y^2 - 3x$의 극값을 구하여라.

풀이

$$f_x(x, y) = 3(x^2 - 1), \quad f_y(x, y) = 2y,$$
$$f_{xx}(x, y) = 6x, \quad f_{xy}(x, y) = 0, \quad f_{yy}(x, y) = 2$$

로부터 $f_x(x, y) = 0$과 $f_y(x, y) = 0$을 연립하여 풀면, 임계점 $(1, 0)$과 $(-1, 0)$을 얻는다. 그리고

$$D = f_{xx}(x, y) f_{yy}(x, y) - {f_{xy}}^2(x, y) = 12x$$

에서 $D(1, 0) = 12 > 0$이고 $f_{xx}(1, 0) = 6 > 0$이므로, $f(1, 0) = -2$는 $f(x, y)$의 극솟값이다. 또한 $D(-1, 0) = -12 < 0$이므로, 점 $(-1, 0)$에서는 극값을 갖지 않는다. 즉, $(-1, 0)$는 $f(x, y)$의 안장점이다.

예제 4.3.2 이변수함수 $f(x, y) = xy - x^2 - y^2 - 2x - 2y + 4$의 극값을 구하여라.

풀이

$$f_x(x, y) = y - 2x - 2, \quad f_y(x, y) = x - 2y - 2,$$
$$f_{xx}(x, y) = -2, \; f_{xy}(x, y) = 1, \quad f_{yy}(x, y) = -2$$

로부터 $f_x(x, y) = 0$과 $f_y(x, y) = 0$을 풀면, 임계점 $(-2, -2)$를 얻는다. 한편

$$D(-2, -2) = \begin{vmatrix} -2 & 1 \\ 1 & -2 \end{vmatrix} = 3 > 0$$

이고 $f_{xx}(-2, -2) = -2 < 0$이므로, $f(-2, -2) = 8$은 $f(x, y)$의 극댓값이다.

예제 4.3.3 이변수함수 $f(x, y) = xy(6 - x - y)$의 최댓값과 최솟값을 x축, y축과 $x + y = 6$로 둘러싸인 삼각형 영역에서 구하여라.

풀이

$$f_x(x, y) = y(6 - 2x - y), \quad f_y(x, y) = x(6 - x - 2y)$$

로부터 임계점 $(0, 0)$, $(0, 6)$, $(6, 0)$과 $(2, 2)$를 얻는다. 그러나 주어진 영역의

내부에 속하는 임계점은 $(2, 2)$뿐이다. 한편

$$f_{xx}(x, y) = -2y, \quad f_{yy}(x, y) = -2x,$$
$$f_{xy}(x, y) = f_{yx}(x, y) = 2(3-x-y)$$

이므로, 이 점에서

$$D(2,2) = \begin{vmatrix} -4 & -2 \\ -2 & -4 \end{vmatrix} = 12 > 0$$

이고 $f_{xx}(2, 2) = -4 < 0$이므로, $f(2, 2) = 8$은 극댓값이다. 이 값이 최댓값이 되는가를 확인하기 위하여, 주어진 삼각형 영역의 경계인

$$x=0, \ y=0, \ x+y=6$$

에서의 함숫값을 구해보면 모두 0임을 알 수 있다. 따라서 함수 f는 $(2, 2)$에서 최댓값 8을 갖는다. 또한 최솟값은 삼각형 영역의 경계에서 찾을 수 있으며, 그 값은 0이다.

정리 4.3.2는 다음과 같이 n변수를 갖는 다변수함수에서 일반화시킬 수 있다.

정리 4.3.3

n변수함수 $z = f(x_1, x_2, \ldots, x_n)$이 $(a_1, a_2, \ldots, a_n)$의 근방에서 연속인 제 2계 편도함수를 가질 때, 모든 $i = 1, 2, \ldots, n$에 대하여 $f_i(a_1, a_2, \ldots, a_n) = 0$을 만족하는 임계점을 구하자. 이때 다음과 같이 표현되는 **Hesse의 행렬식**

$$|H| = \begin{vmatrix} f_{11} & f_{12} & \cdots & f_{1n} \\ f_{21} & f_{22} & \cdots & f_{2n} \\ \vdots & \vdots & & \vdots \\ f_{n1} & f_{n2} & \cdots & f_{nn} \end{vmatrix}$$

에서

$$|H_i| = \begin{vmatrix} f_{11} & f_{12} & \cdots & f_{1i} \\ f_{21} & f_{22} & \cdots & f_{2i} \\ \vdots & \vdots & & \vdots \\ f_{i1} & f_{i2} & \cdots & f_{ii} \end{vmatrix}$$

로 정의하였을 때, 임계점에서

(1) $|H_1| < 0,\ |H_2| > 0,\ |H_3| < 0,\ \ldots$ 이면 극댓값을 갖는다.

(2) $|H_1| > 0,\ |H_2| > 0,\ |H_3| > 0,\ \ldots$ 이면 극솟값을 갖는다.

여기서 각 $i,\ j$에 대해서 $f_i \equiv f_{x_i}$는 n변수함수 $z = f(x_1,\ x_2,\ \ldots,\ x_n)$의 제1계편도함수이고, $f_{ij} \equiv f_{x_i x_j}$는 제2계편도함수이다.

예제 4.3.4 삼변수함수 $f(x,\ y,\ z) = 2x^2 - 2xy + y^2 + z^2 - 2y - 4z + 12$의 극값을 구하여라.

풀이 제1계편도함수

$$f_x = 4x - 2y,\ \ f_y = -2x + 2y - 2,\ \ f_z = 2z - 4$$

로부터, 임계점 $(1,\ 2,\ 2)$를 얻는다. 그리고 제2계편도함수는

$$\begin{array}{lll} f_{xx} = 4, & f_{xy} = -2, & f_{xz} = 0 \\ f_{yx} = -2, & f_{yy} = 2, & f_{yz} = 0 \\ f_{zx} = 0, & f_{zy} = 0, & f_{zz} = 2 \end{array}$$

이므로, 임계점에서의 Hesse의 행렬식은 다음과 같다.

$$|H| = \begin{vmatrix} 4 & -2 & 0 \\ -2 & 2 & 0 \\ 0 & 0 & 2 \end{vmatrix}$$

따라서 $|H_1| = 4 > 0,\ |H_2| = 4 > 0,\ |H_3| = |H| = 8 > 0$이므로, 이 임계점에서 극솟값 $f(1,\ 2,\ 2) = 6$을 갖는다.

예제 4.3.5 삼변수함수 $f(x,\ y,\ z) = -x^3 - y^2 - z^2 + 3x + 2y + 8z - 5\ (x > 0)$의 극값을 구하여라.

풀이 주어진 함수의 편도함수는

$$f_x = -3x^2+3,\ f_y = -2y+2,\ f_z = -2z+8$$

이고 $x>0$이므로, $f_x = f_y = f_z = 0$를 만족하는 임계점은 $(1,1,4)$이다. 그리고

$$\begin{array}{lll} f_{xx} = -6x, & f_{xy} = 0, & f_{xz} = 0, \\ f_{yx} = 0, & f_{yy} = -2, & f_{yz} = 0, \\ f_{zx} = 0, & f_{zy} = 0, & f_{zz} = -2 \end{array}$$

이므로, $(1,1,4)$에서의 Hesse의 행렬식은

$$|H| = \begin{vmatrix} -6 & 0 & 0 \\ 0 & -2 & 0 \\ 0 & 0 & -2 \end{vmatrix}$$

이다. 따라서 $|H_1| = -6 < 0$, $|H_2| = 12 > 0$, $|H_3| = |H| = -24 < 0$가 되어, $f(x, y, z)$는 $(1,1,4)$에서 극댓값 14를 갖는다.

연습문제 4.3

1 다음 각 다변수함수의 극값을 구하여라.

(a) $f(x, y) = x^3 - 3xy + y^3$

(b) $f(x, y, z) = x^2 + y^2 + z^2 + 2x - 6y + 4z$

(c) $f(x, y, z) = 2x^2 + xy + y^2 + yz + z^2 - 6x - 7y - 8z + 9$

2 직육면체의 모서리의 합이 일정할 때, 그 부피가 최대가 되는 경우는 정육면체임을 증명하여라.

3 수요를 정확히 예측할 수 있는 경우, 경제적 주문량(EOQ : economic order quantity) 모형의 연간 총비용함수 TC는 다음과 같이 주어진다.

$$TC = CD + \frac{Q}{2}H + \frac{D}{Q}S$$

여기서 C는 구매단가, D는 연간 총수요, H는 단위당 연간 재고유지비용, S는 1회 주문비용, Q는 1회 주문량을 나타낸다. 이때 연간 총비용을 최소화할 수 있는 경제적 주문량 Q를 구하여라.

4 시계열 분석기법 중 **추세분석법**(trend projection)은 시계열을 잘 관통하는 추세선을 구한 다음, 그 추세선 상에서 미래수요를 예측하는 방법이다. 과거 n기간 동안의 실제수요가 주어졌을 때, 기간 t의 직선추세선과 오차제곱합(SSE)은 다음과 같이 표현된다.

$$\widehat{Y}_t = a + bt, \quad \text{SSE} = \sum_{i=1}^{n}(Y_t - \widehat{Y}_t)^2 = \sum_{i=1}^{n}(Y_t - a - bt)^2$$

여기서 t는 기간$(1,\ 2,\ \ldots,\ n)$, Y_t는 기간 t의 실제수요, $\widehat{Y_t}$는 기간 t의 직선추세선 상의 수요예측값, a는 직선추세선의 절편, b는 직선추세선의 기울기를 나타낸다. 이때 직선추세선의 절편과 기울기는 오차제곱합(SSE)을 최소화함으로써 구할 수 있는데, 이러한 방법을 **최소제곱법**(ordinary least squares)이라 한다. 최소제곱법을 이용하여 직선추세선의 절편과 기울기를 구하여라.

4.4 라그랑주 승수법

이변수함수 $z=f(x,\ y)$의 두 변수 $x,\ y$가 조건식

$$g(x,\ y)=c$$

의 제약을 받고 있는 경우에 함수 $z=f(x,\ y)$의 극댓값 또는 극솟값을 구하는 방법을 알아보자. 여기서 조건식을 **제약조건**(constraint) 또는 **부차적 조건**(side condition)이라고 한다. 4.3절에서는 제약조건이 없는 상황에서 다변수함수의 극값문제를 설명하였다. 그러나 현실적으로 기업의 최적생산결정이나 소비자의 최적소비결정에는 비용이나 자원의 제약, 소득의 제약 등이 존재한다. 이 절에서는 이러한 제약조건하의 이변수함수의 극값문제를 해결하기 위한 라그랑주 승수법의 개념과 절차를 살펴보고 이를 확장하여 다변수함수에 대한 라그랑주 승수법의 일반화를 다룬다.

라그랑주 승수법이란 제약조건에 승수를 곱하여 목적함수에 더해줌으로써 제약조건이 있는 최적화문제를 제약조건이 없는 함수의 극값문제로 변환시켜 문제를 단순화시키는 방법이다. 즉, n변수함수로 주어진 목적함수 $z=f(x_1,\ x_2,\ \dots,\ x_n)$에 대하여 제약조건 $g(x_1,\ x_2,\ \dots,\ x_n)=c$가 주어질 경우, 다음과 같은 **라그랑주 함수**(Lagrange function)를 만들어 제약조건하의 최적화문제를 제약조건이 제거된 함수의 최적화문제로 전환시키는 것이다.

$$L(x_1,\ x_2,\ \dots,\ x_n,\ \lambda)=f(x_1,\ x_2,\ \dots,\ x_n)+\lambda\{c-g(x_1,\ x_2,\ \dots,\ x_n)\}$$

이때 제약조건에 곱해지는 λ를 **라그랑주 승수**(Lagrange multiplier)라 한다. 라그랑주 승수의 의미는 매개변수 λ를 통한 제약조건의 변화가 목적함수의 최적해에 미치는 영향의 정도를 나타낸다. 그러나 이와 같은 라그랑주 승수법을 이용한 풀이 방법은 제약조건이 등식으로 주어진 경우에만 적용할 수 있는 방법이다. 제약조건이 부등식으로 주어진 경우의 풀이 방법인 쿤-터커 정리(Kun-Tuker theorem)는 이 절의 마지막 부분에서 다룬다.

이제부터는 구체적으로 라그랑주 승수법을 이용하여 제약조건하의 최적화문제를 풀이하는 방법에 대해 알아보자.

이변수함수로 주어진 목적함수 $z=f(x, y)$의 변수 x, y가 제약조건 $g(x, y)=c$하에서 변한다고 하자. 라그랑주 승수법을 적용하기 위해서는, 먼저 1단계로 라그랑주 함수를 만들어야 한다. 라그랑주 함수는 다음과 같이 제약조건에 승수 λ를 곱하여 목적함수에 더하여 만든다.

$$L(x, y, \lambda)=f(x, y)+\lambda\{c-g(x, y)\}$$

다음 단계는 라그랑주 함수에 대하여 변수 x, y, λ에 대한 제1계편도함수를 구하여 0으로 놓는다.

$$\begin{aligned} L_x &= f_x(x, y)-\lambda g_x(x, y)=0, \\ L_y &= f_y(x, y)-\lambda g_y(x, y)=0, \\ L_\lambda &= c-g(x, y)=0 \end{aligned}$$

이 연립방정식을 풀이하여 임계값 x^*, y^*, λ^*를 구한다. 여기서 (x^*, y^*)를 **임계점**(critical point)이라 한다. 그러나 이러한 임계점 (x^*, y^*)가 목적함수 $z=f(x, y)$를 극대화하는 점인지 극소화하는 점인지는 아직 판정할 수 없다. 따라서 다음의 충분조건을 알아야 한다.

라그랑주 함수 $L(x, y, \lambda)=f(x, y)+\lambda\{c-g(x, y)\}$의 **유계 Hesse의 행렬식**(bordered Hessian determinant) $|\overline{H}|$는 다음과 같이 정의한다.

$$|\overline{H}|=|\overline{H}(x, y, \lambda)|=\begin{vmatrix} 0 & g_x & g_y \\ g_x & L_{xx} & L_{xy} \\ g_y & L_{yx} & L_{yy} \end{vmatrix}$$

여기서 $L_{xx}, L_{xy}, L_{yx}, L_{yy}$는 라그랑주 함수의 제2계편도함수이고, g_x, g_y는 제약조건의 제1계편도함수이다. 이 경우에 있어서 이변수함수의 극값은 다음과 같이 유계 Hesse의 행렬식의 부호에 의해서 판정된다.

(i) 임계값 x^*, y^*, λ^*에서 $|\overline{H}|>0$이면 $f(x^*, y^*)$는 극댓값이다.
(ii) 임계값 x^*, y^*, λ^*에서 $|\overline{H}|<0$이면 $f(x^*, y^*)$는 극솟값이다.

예제 4.4.1 라그랑주 승수법을 이용하여 제약조건 $g(x,\ y)=x+y=1$하에서 목적함수 $f(x,\ y)=1-x^2-y^2$의 극값을 구하여라.

풀이 목적함수와 제약조건을 이용하여 라그랑주 함수를 만들면 다음과 같다.

$$L(x,\ y,\ \lambda)=(1-x^2-y^2)+\lambda(1-x-y)$$

따라서 라그랑주 함수의 제 1계편도함수를 구하면

$$L_x=-2x-\lambda,\quad L_y=-2y-\lambda,\quad L_\lambda=1-x-y$$

이므로, $L_x=L_y=L_\lambda=0$을 만족하는 임계값은 $x^*=y^*=\frac{1}{2}$, $\lambda^*=-1$이다. 즉, 임계점은 $\left(\frac{1}{2},\ \frac{1}{2}\right)$이고 라그랑주 승수는 -1이다. 한편

$$g_x=1,\ g_y=1,\ L_{xx}=-2,\ L_{xy}=0,\ L_{yx}=0,\ L_{yy}=-2$$

로부터, 유계 Hesse의 행렬식은

$$|\overline{H}|=\begin{vmatrix} 0 & g_x & g_y \\ g_x & L_{xx} & L_{xy} \\ g_y & L_{yx} & L_{yy} \end{vmatrix}=\begin{vmatrix} 0 & 1 & 1 \\ 1 & -2 & 0 \\ 1 & 0 & -2 \end{vmatrix}=4>0$$

이므로, 주어진 목적함수는 임계점 $\left(\frac{1}{2},\ \frac{1}{2}\right)$에서 극댓값

$$f\left(\frac{1}{2},\ \frac{1}{2}\right)=\frac{1}{2}$$

을 갖는다.

지금까지는 라그랑주 승수법을 이용하여 주어진 제약조건하에서 이변수함수에 대한 최적화문제를 풀이하는 방법에 대해 알아보았다. 그러나 이변수함수의 경우에는 등식으로 주어지는 제약조건하에서 한 변수를 다른 변수의 함수로 나타내고 이를 목적함수에 대입하여 제약조건을 제거함으로써 일변수함수의 최적화 문제로 변환하여 풀이할 수도 있다.

예를 들어, 예제 4.4.1의 제약조건 $g(x,\ y)=x+y=1$에서 $y=1-x$를 구하여 목

적함수에 대입하면

$$f(x,\ y) = 1 - x^2 - y^2 = 2x - 2x^2 \equiv h(x)$$

이 된다. 이는 제약조건이 제거된 일변수함수의 극값문제이므로, 2.4절에서의 방법으로 극값을 구할 수 있다.

$$h'(x) = 2 - 4x$$

이므로, 이 함수의 임계값은 $x^* = \frac{1}{2}$이고

$$h''(x^*) = -4 < 0$$

이므로

$$h\left(\frac{1}{2}\right) = \frac{1}{2}$$

은 $h(x) = 2x - 2x^2$의 극댓값이다. 한편 제약조건식에서 $y^* = 1 - x^* = \frac{1}{2}$이 되어, 이는 예제 4.4.1의 결과와 일치함을 알 수 있다.

대개는 이변수함수의 경우에 라그랑주 승수법을 이용하여 풀이하는 것보다 변수 대입에 의한 풀이 방법이 더 간편하다. 그러나 변수 대입에 의한 풀이 방법은 독립변수가 세 개 이상이거나 제약조건이 다수인 경우에는 적용할 수가 없다. 라그랑주 승수법은 독립변수가 세 개 이상이거나 제약조건이 다수인 경우에 유용하게 적용할 수 있는 제약조건하의 최적화문제의 풀이 방법이다.

예제 4.4.2 라그랑주 승수법을 이용하여 제약조건 $g(x,\ y) = x^2 + y^2 = 13$하에서 목적함수 $f(x,\ y) = 4x + 6y$의 극값을 구하여라.

풀이 라그랑주 함수

$$L(x,\ y,\ \lambda) = 4x + 6y + \lambda(13 - x^2 - y^2)$$

의 제 1계편도함수를 구하면

$$L_x = 4-2\lambda x,\quad L_y = 6-2\lambda y,\quad L_\lambda = 13-x^2-y^2$$

이고 $L_x = L_y = L_\lambda = 0$을 만족하는 임계값은 $x^* = \pm 2$, $y^* = \pm 3$, $\lambda^* = \pm 1$(복호동순)이다. 따라서 임계점은 $(\pm 2, \pm 3)$이고 라그랑주 승수는 ± 1이다. 한편 유계 Hesse의 행렬식

$$|\overline{H}| = \begin{vmatrix} 0 & g_x & g_y \\ g_x & L_{xx} & L_{xy} \\ g_y & L_{yx} & L_{yy} \end{vmatrix} = \begin{vmatrix} 0 & 2x & 2y \\ 2x & -2\lambda & 0 \\ 2y & 0 & -2\lambda \end{vmatrix}$$

로부터, 임계점 $(2, 3)$에서는 $\lambda^* = 1$을 대입하면

$$|\overline{H}| = 8\begin{vmatrix} 0 & 2 & 3 \\ 2 & -1 & 0 \\ 3 & 0 & -1 \end{vmatrix} = 104 > 0$$

이므로, 주어진 목적함수는 극댓값 $f(2, 3) = 26$을 갖는다. 또 다른 임계점 $(-2, -3)$에서는 $\lambda^* = -1$을 대입하면

$$|\overline{H}| = 8\begin{vmatrix} 0 & -2 & -3 \\ -2 & 1 & 0 \\ -3 & 0 & 1 \end{vmatrix} = -104 < 0$$

이므로, 극솟값 $f(-2, -3) = -26$을 갖는다.

예제 4.4.2에서와 같이, 변수 x, y, z의 부호가 음이면 경영학 관련 문제에서는 특별한 의미를 갖지 않으므로, 모든 변수가 음이 아니라고 가정해도 무방하다.

이제 라그랑주 승수법의 응용문제로 예산 제약하의 기업의 생산량 극대화문제와 생산량 제약하의 기업의 비용 극소화문제에 대해서 알아보자.

기업이 사용할 수 있는 총비용(TC)이 제한되어 있는 제약조건하에서 노동과 자본의 생산요소 가격 P_l, P_k와 기업의 생산함수 $Q = f(l, k)$가 주어졌을 때, 기업의 생산량을 극대화하기 위한 최적의 생산요소 투입량을 결정하여야 한다. 이러한 문제를 목적함수와 제약조건으로 나타내면 다음과 같다.

$$\text{Maximize} \quad Q = f(l,\ k) \quad s.t. \quad g(l,\ k) = P_l \cdot l + P_k \cdot k = TC$$

여기서 $s.t.$는 such that의 약자로 그 다음의 조건을 만족함을 의미하며, 제5장에서도 자주 사용된다. 라그랑주 승수법을 적용하기 위하여 목적함수와 제약조건에 라그랑주 승수를 도입하여 라그랑주 함수

$$L(l\ ,k,\ \lambda) = f(l,\ k) + \lambda(TC - P_l \cdot l - P_k \cdot k)$$

를 구한 다음, 라그랑주 함수의 제1계편도함수를 구하여 0으로 두어 임계값을 구한다. 즉

$$\begin{aligned} L_l &= f_l - \lambda \cdot P_l = 0, \\ L_k &= f_k - \lambda \cdot P_k = 0, \\ L_\lambda &= TC - P_l \cdot l - P_k \cdot k = 0 \end{aligned}$$

로부터, $l^* = a$와 $k^* = b$를 구하였다고 가정하자. 그러나 이것만으로는 극값을 판정할 수 없으므로, 임계점 $(a,\ b)$에서의 다음 유계 Hesse의 행렬식을 구하여 그 부호가 양이 됨을 확인하여야만, $l^* = a,\ k^* = b$가 기업의 생산량을 극대화하는 최적의 생산요소 투입량이 된다.

$$|\overline{H}| = |\overline{H}(l,\ k,\ \lambda)| = \begin{vmatrix} 0 & g_l & g_k \\ g_l & L_{ll} & L_{lk} \\ g_k & L_{kl} & L_{kk} \end{vmatrix}$$

예제 4.4.3 부경기업의 생산함수는

$$Q = f(l,\ k) = 100l + 100k - l^2 - k^2$$

으로 주어졌다고 하자. 생산요소 노동가격이 60,000원, 생산요소 자본가격이 30,000원으로 주어질 경우 기업이 주어진 총비용 900,000원의 제약조건하에서 생산량을 극대화하는 최적의 생산요소 투입량을 구하여라.

풀이 생산요소의 가격 P_l과 P_k, 총비용 TC의 단위를 천원으로 하여 풀이해보자. 단위를 달리하면 라그랑주 승수 λ도 바뀐다. 먼저 주어진 내용을 목적함수와 제약조건으로 나타내면, 다음과 같다.

$$\text{Maximize } Q = 100l + 100k - l^2 - k^2 \quad s.t. \; g(l, k) = 60l + 30k = 900$$

라그랑주 승수법을 적용하기 위하여 목적함수와 제약조건에 라그랑주 승수를 도입하여 다음의 라그랑주 함수를 만든다.

$$L(l, k, \lambda) = 100l + 100k - l^2 - k^2 + \lambda(900 - 60l - 30k)$$

다음 단계로 라그랑주 함수의 제 1계편도함수를 0으로 두어 임계값을 구한다.

$$L_l = 100 - 2l - 60\lambda = 0,$$
$$L_k = 100 - 2k - 30\lambda = 0,$$
$$L_\lambda = 900 - 60l - 30k = 0$$

이 연립방정식으로부터, 임계값 $l^* = 2$, $k^* = 26$, $\lambda^* = \frac{8}{5}$을 얻는다. 그러나 이것만으로는 극값을 판정할 수 없으므로, 이 임계값에서의 유계 Hesse의 행렬식을 구하여야 한다.

$$L_{ll} = -2, \quad L_{lk} = L_{kl} = 0, \quad L_{kk} = -2, \quad g_l = 60, \quad g_k = 30$$

으로부터, 유계 Hesse의 행렬식은 다음과 같다.

$$|\overline{H}| = \begin{vmatrix} 0 & 60 & 30 \\ 60 & -2 & 0 \\ 30 & 0 & -2 \end{vmatrix} = 9000 > 0$$

유계 Hesse의 행렬식의 부호가 양이므로, $l^* = 2$, $k^* = 26$은 이 기업의 생산량을 극대화하는 최적의 생산요소 투입량이 됨을 알 수 있다. 즉, 부경기업은 생산요소 노동을 2단위, 생산요소 자본을 26단위로 투입할 경우, 생산량은

$$Q = f(2, 26) = 2120(\text{단위})$$

으로 극대화된다. 이 경우, 라그랑주 승수는 $\lambda = \frac{8}{5}$이다.

다음에는 생산량 제약하의 기업의 비용을 극소화하는 문제를 생각하여 보자. 다시 말해서, 일정한 생산량(Q)를 생산하는 제약조건하에서 노동과 자본의 생산요소 가격

P_l과 P_k가 주어졌을 경우에, 총생산비용을 극소화하는 생산요소의 최적투입량을 결정해야 하는 문제를 다루어 보자. 생산량 제약하의 비용 극소화문제는 앞에서 설명한 예산 제약하의 생산량 극대화문제의 쌍대문제(5.4절 참조)이다. 따라서 비용 극소화문제의 풀이 과정은 생산량 극대화문제의 풀이 과정과 동일하게 취급할 수 있다. 기업이 생산하여야 하는 생산량(Q)이 제한된 제약조건하에서 기업의 비용함수

$$C = h(l,\ k) = F + P_l \cdot l + P_k \cdot k \quad (F\text{는 고정비용})$$

와 기업의 생산함수

$$Q = f(l,\ k)$$

가 주어졌을 때, 기업의 비용을 극소화하기 위한 최적의 생산요소 투입량을 결정하여야 한다. 이 문제를 목적함수와 제약조건으로 나타내면, 다음과 같다.

$$\text{Minimize} \quad C = F + P_l \cdot l + P_k \cdot k \quad s.t. \quad f(l,\ k) = Q$$

라그랑주 승수법을 적용하기 위하여, 목적함수와 제약조건에 라그랑주 승수를 도입하여 다음과 같이 라그랑주 함수

$$L(l,\ k,\ \lambda) = F + P_l \cdot l + P_k \cdot k + \lambda\{Q - f(l,\ k)\}$$

를 만든 다음, 라그랑주 함수의 제 1계편도함수를 0으로 두어 임계값을 구한다. 즉

$$\begin{aligned} L_l &= P_l - \lambda \cdot f_l = 0, \\ L_k &= P_k - \lambda \cdot f_k = 0, \\ L_\lambda &= Q - f(l,\ k) = 0 \end{aligned}$$

으로부터, $l^* = a$와 $k^* = b$를 구할 수 있다. 그러나 이것으로 임계점 $(a,\ b)$가 기업의 비용을 극소화하는 점인지는 판정할 수 없으므로, $(a,\ b)$에서의 다음의 유계 Hesse의 행렬식을 구하여, 그 부호가 음이 됨을 확인하여야만, $l^* = a,\ k^* = b$가 기업의 비용을 극소화하는 최적의 생산요소 투입량이 된다.

$$|\overline{H}| = |\overline{H}(l,\ k,\ \lambda)| = \begin{vmatrix} 0 & f_l & f_k \\ f_l & L_{ll} & L_{lk} \\ f_k & L_{kl} & L_{kk} \end{vmatrix}$$

예제 4.4.4 대연기업의 비용함수와 생산함수가

$$\text{비용함수} : C = h(l,\ k) = 100 + 6l + 8k$$
$$\text{생산함수} : Q = f(l,\ k) = 50l - 2l^2 + k^2$$

와 같이 주어졌다고 하자. 이 기업이 생산량 600을 달성해야 하는 제약조건하에서 비용을 극소화하는 최적의 생산요소 투입량을 구하여라.

풀이 먼저 주어진 내용을 목적함수와 제약조건으로 나타내면, 다음과 같다.

$$\text{Minimize}\ \ C = 100 + 6l + 8k \quad s.t.\ \ f(l,\ k) = 50l - 2l^2 + k^2 = 600$$

라그승주 승수법을 적용하기 위하여, 목적함수와 제약조건에 라그랑주 승수를 도입하여 다음의 라그랑주 함수를 만든다.

$$L(l,\ k,\ \lambda) = 100 + 6l + 8k + \lambda(600 - 50l + 2l^2 - k^2)$$

그리고 라그랑주 함수의 제 1계편도함수를 모두 0으로 하는 다음의 연립방정식

$$L_l = 6 + \lambda(-50 + 4l) = 0,$$
$$L_k = 8 - 2\lambda k = 0,$$
$$L_\lambda = 600 - 50l + 2l^2 - k^2 = 0$$

으로부터, 임계값을 구하면 $l^* = 5,\ k^* = 20,\ \lambda^* = \dfrac{1}{5}$을 얻는다. 그러나 이것으로는 극값을 판정할 수 없으므로, 이 임계값에서 유계 Hesse의 행렬식을 구하여야 한다. 한편

$$L_{ll} = \frac{4}{5},\ \ L_{lk} = L_{kl} = 0,\ \ L_{kk} = -\frac{2}{5},\ \ f_l = 30,\ \ f_k = 40$$

으로부터, 유계 Hesse의 행렬식은 다음과 같다.

$$|\overline{H}| = \begin{vmatrix} 0 & 30 & 40 \\ 30 & \frac{4}{5} & 0 \\ 40 & 0 & -\frac{2}{5} \end{vmatrix} = -920 < 0$$

따라서 유계 Hesse의 행렬식의 부호가 음이므로, $l^* = 5$, $k^* = 20$은 대연기업의 비용을 극소화하는 최적의 생산요소 투입량임을 알 수 있다. 즉, 이 기업은 l을 5단위, k를 20단위 투입하는 경우, 비용은

$$C = h(5,\ 20) = 290(\text{단위})$$

으로 극소화된다.

마지막으로 독립변수가 세 개 이상이고 제약조건식이 다수인 경우, 라그랑주 승수법을 적용하여 제약조건하의 최적화문제를 풀이하는 방법에 대해 알아보자. 기본 이론은 이변수함수의 경우와 같다.

다음과 같이 k개의 제약조건하에서 독립변수가 n개인 목적함수의 최적화문제를 라그랑주 승수법을 이용하여 풀어보자.

$$\begin{aligned} \text{목적함수} &: z = f(x_1,\ x_2,\ \dots,\ x_n) \\ \text{제약조건} &: g_1(x_1,\ x_2,\ \dots,\ x_n) = c_1, \\ & \quad g_2(x_1,\ x_2,\ \dots,\ x_n) = c_2, \\ & \qquad \vdots \\ & \quad g_k(x_1,\ x_2,\ \dots,\ x_n) = c_k \end{aligned}$$

먼저 목적함수와 제약조건을 이용하여 라그랑주 함수를 만든다. 이 경우 제약조건이 k개이므로, k개의 라그랑주 승수 $\lambda_1,\ \lambda_2,\ \dots,\ \lambda_k$를 도입하여 다음과 같이 라그랑주 함수를 만들어야 한다.

$$\begin{aligned} L(x_1,\ x_2,\ \dots,\ x_n,\ \lambda_1,\ \lambda_2,\ \dots,\ \lambda_k) &= f(x_1,\ x_2,\ \dots,\ x_n) \\ & + \lambda_1\{c_1 - g_1(x_1,\ x_2,\ \dots,\ x_n)\} + \lambda_2\{c_2 - g_2(x_1,\ x_2,\ \dots,\ x_n)\} + \cdots \\ & + \lambda_k\{c_k - g_k(x_1,\ x_2,\ \dots,\ x_n)\} \end{aligned}$$

다음에는 라그랑주 함수의 제1계편도함수를 0으로 두어 임계값을 구한다.

$$
\begin{aligned}
L_{x_1} &= \frac{\partial f}{\partial x_1} - \lambda_1 \frac{\partial g_1}{\partial x_1} - \cdots - \lambda_k \frac{\partial g_k}{\partial x_1} = 0, \\
L_{x_2} &= \frac{\partial f}{\partial x_2} - \lambda_1 \frac{\partial g_1}{\partial x_2} - \cdots - \lambda_k \frac{\partial g_k}{\partial x_2} = 0, \\
&\vdots \\
L_{x_n} &= \frac{\partial f}{\partial x_n} - \lambda_1 \frac{\partial g_1}{\partial x_n} - \cdots - \lambda_k \frac{\partial g_k}{\partial x_n} = 0, \\
L_{\lambda_1} &= c_1 - g_1(x_1,\ x_2,\ \dots,\ x_n) = 0, \\
L_{\lambda_2} &= c_2 - g_2(x_1,\ x_2,\ \dots,\ x_n) = 0, \\
&\vdots \\
L_{\lambda_k} &= c_k - g_k(x_1,\ x_2,\ \dots,\ x_n) = 0
\end{aligned}
$$

이 임계값에서 다음과 같이 정의되는 유계 Hesse의 행렬식을 계산하여 극값을 판정한다.

$$
\begin{aligned}
|\overline{H}| &= |\overline{H}(x_1,\ x_2,\ \dots,\ x_n,\ \lambda_1,\ \lambda_2,\ \dots,\ \lambda_k)| \\
&= \begin{vmatrix}
0 & 0 & \cdots & 0 & g_{11} & g_{12} & \cdots & g_{1n} \\
0 & 0 & \cdots & 0 & g_{21} & g_{22} & \cdots & g_{2n} \\
\vdots & \vdots & & \vdots & \vdots & \vdots & & \vdots \\
0 & 0 & \cdots & 0 & g_{k1} & g_{k2} & \cdots & g_{kn} \\
g_{11} & g_{21} & \cdots & g_{k1} & L_{11} & L_{12} & \cdots & L_{1n} \\
g_{12} & g_{22} & \cdots & g_{k2} & L_{21} & L_{22} & \cdots & L_{2n} \\
\vdots & \vdots & & \vdots & \vdots & \vdots & & \vdots \\
g_{1n} & g_{2n} & \cdots & g_{kn} & L_{n1} & L_{n2} & \cdots & L_{nn}
\end{vmatrix}
\end{aligned}
$$

여기서 각 $i,\ j$에 대하여 $L_{ij} \equiv L_{x_i x_j}$는 라그랑주 함수의 제2계편도함수이고, $g_{ij} \equiv (g_i)_{x_j}$는 제약조건 $g_i(x_1,\ x_2,\ \dots,\ x_n) = c_i$의 제1계편도함수이다.

유계 Hesse의 행렬식의 $(r+k)$차의 소행렬식 $|\overline{H_r}|$ $(r = 2,\ 3,\ \dots,\ n)$은 다음과 같이 정의한다.

$$|\overline{H_2}| = \begin{vmatrix} 0 & 0 & \cdots & 0 & g_{11} & g_{12} \\ 0 & 0 & \cdots & 0 & g_{21} & g_{22} \\ \vdots & \vdots & \vdots & \vdots & \vdots & \vdots \\ 0 & 0 & \cdots & 0 & g_{k1} & g_{k2} \\ g_{11} & g_{21} & \cdots & g_{k1} & L_{11} & L_{12} \\ g_{12} & g_{22} & \cdots & g_{k2} & L_{21} & L_{22} \end{vmatrix}$$

$$|\overline{H_3}| = \begin{vmatrix} 0 & 0 & \cdots & 0 & g_{11} & g_{12} & g_{13} \\ 0 & 0 & \cdots & 0 & g_{21} & g_{22} & g_{23} \\ \vdots & \vdots & \vdots & \vdots & \vdots & \vdots & \vdots \\ 0 & 0 & \cdots & 0 & g_{k1} & g_{k2} & g_{k3} \\ g_{11} & g_{21} & \cdots & g_{k1} & L_{11} & L_{12} & L_{13} \\ g_{12} & g_{22} & \cdots & g_{k2} & L_{21} & L_{22} & L_{23} \\ g_{13} & g_{23} & \cdots & g_{k3} & L_{31} & L_{32} & L_{33} \end{vmatrix}$$

$$\vdots$$

$$|\overline{H_n}| = |\overline{H}| = \begin{vmatrix} 0 & 0 & \cdots & 0 & g_{11} & g_{12} & \cdots & g_{1n} \\ 0 & 0 & \cdots & 0 & g_{21} & g_{22} & \cdots & g_{2n} \\ \vdots & \vdots & \vdots & \vdots & \vdots & \vdots & \vdots & \vdots \\ 0 & 0 & \cdots & 0 & g_{k1} & g_{k2} & \cdots & g_{kn} \\ g_{11} & g_{21} & \cdots & g_{k1} & L_{11} & L_{12} & \cdots & L_{1n} \\ g_{12} & g_{22} & \cdots & g_{k2} & L_{21} & L_{22} & \cdots & L_{2n} \\ \vdots & \vdots & \vdots & \vdots & \vdots & \vdots & \vdots & \vdots \\ g_{1n} & g_{2n} & \cdots & g_{kn} & L_{n1} & L_{n2} & \cdots & L_{nn} \end{vmatrix}$$

목적함수의 극값은 다음과 같이 위에서 정의된 유계 Hesse의 행렬식의 부호에 의해 결정된다.

(1) $|\overline{H_2}| > 0$, $|\overline{H_3}| < 0$, $|\overline{H_4}| > 0$, ..., 즉 소행렬식의 부호가 양에서 음으로 교대로 바뀌면, 목적함수 z는 임계점에서 극댓값을 갖는다.

(2) 소행렬식 $|\overline{H_r}|$ $(r = 2,\ 3,\ \ldots,\ n)$의 모든 부호가 $(-1)^k$와 일치하면, 목적함수 z는 임계점에서 극솟값을 갖는다. 즉, 제약조건의 수 k가 짝수이면 모든 소행렬식의 부호는 양이어야 하고, 제약조건의 수 k가 홀수이면 모든 소행렬식의 부호는 음이어야 극솟값이 된다.

다음 예제에서 하나의 제약조건식을 가진 삼변수함수의 극값을 구해보자.

예제 4.4.5 라그랑주 승수법을 이용하여, 제약조건 $g(x, y, z)=x^2+y^2+z^2=14$ 하에서 목적함수 $f(x, y, z)=4x+6y+2z$의 극값을 구하여라. 여기서 $x, y, z \geq 0$이다.

풀이 라그랑주 함수

$$L(x, y, z, \lambda)=4x+6y+2z+\lambda(14-x^2-y^2-z^2)$$

의 제 1계편도함수는 다음과 같다.

$$L_x=4-2\lambda x, \quad L_y=6-2\lambda y, \quad L_z=2-2\lambda z,$$
$$L_\lambda=14-x^2-y^2-z^2$$

이로부터 임계값 $x^*=2,\ y^*=3,\ z^*=1,\ \lambda^*=1$을 얻는다. 이것으로는 극값을 판정할 수 없으므로, 유계 Hesse의 행렬식을 구해보자. 한편

$$L_{xx}=L_{yy}=L_{zz}=-2\lambda,$$
$$L_{xy}=L_{xz}=L_{yx}=L_{yz}=L_{zx}=L_{zy}=0,$$
$$g_x=2x,\ g_y=2y,\ g_z=2z$$

이므로, 이 임계값에서의 유계 Hesse의 행렬식은

$$|\overline{H}|=\begin{vmatrix} 0 & g_x & g_y & g_z \\ g_x & L_{xx} & L_{xy} & L_{xz} \\ g_y & L_{yx} & L_{yy} & L_{yz} \\ g_z & L_{zx} & L_{zy} & L_{zz} \end{vmatrix}=\begin{vmatrix} 0 & 4 & 6 & 2 \\ 4 & -2 & 0 & 0 \\ 6 & 0 & -2 & 0 \\ 2 & 0 & 0 & -2 \end{vmatrix}$$

이다. 여기서 $|\overline{H_2}|=104>0$이고 $|\overline{H_3}|=|\overline{H}|=-224<0$이므로, 주어진 임계점에서 극댓값 $f(2, 3, 1)=28$을 갖는다.

다음에는 두 개의 제약조건식을 가진 삼변수함수의 극값을 라그랑주 승수법을 이용하여 구해보자.

예제 4.4.6 제약조건 $g(x, y, z)=2x+y+3z=39$, $h(x, y, z)=3x+2y+z=36$ 하에서 목적함수 $f(x, y, z)=x^2+y^2+z^2$의 극값을 구하여라.

풀이 라그랑주 함수

$$L(x, y, z, \lambda_1, \lambda_2)=x^2+y^2+z^2+\lambda_1(39-2x-y-3z)$$
$$+\lambda_2(36-3x-2y-z)$$

의 제1계편도함수는 다음과 같다.

$$L_x=2x-2\lambda_1-3\lambda_2,\quad L_y=2y-\lambda_1-2\lambda_2,$$
$$L_z=2z-3\lambda_1-\lambda_2,\quad L_{\lambda_1}=39-2x-y-3z,$$
$$L_{\lambda_2}=36-3x-2y-z$$

이로부터 임계값 $x^*=7$, $y^*=4$, $z^*=7$, $\lambda_1^*=4$, $\lambda_2^*=2$를 얻는다. 이것으로는 극값을 판정할 수 없으므로, 유계 Hesse의 행렬식을 구해보자.

$$L_{xx}=L_{yy}=L_{zz}=2,$$
$$L_{xy}=L_{xz}=L_{yx}=L_{yz}=L_{zx}=L_{zy}=0,$$
$$g_x=2,\ g_y=1,\ g_z=3,$$
$$h_x=3,\ h_y=2,\ h_z=1$$

이므로, 이 임계값에서의 유계 Hesse의 행렬식은

$$|\overline{H}|=\begin{vmatrix} 0 & 0 & g_x & g_y & g_z \\ 0 & 0 & h_x & h_y & h_z \\ g_x & h_x & L_{xx} & L_{xy} & L_{xz} \\ g_y & h_y & L_{yx} & L_{yy} & L_{yz} \\ g_z & h_z & L_{zx} & L_{zy} & L_{zz} \end{vmatrix}=\begin{vmatrix} 0 & 0 & 2 & 1 & 3 \\ 0 & 0 & 3 & 2 & 1 \\ 2 & 3 & 2 & 0 & 0 \\ 1 & 2 & 0 & 2 & 0 \\ 3 & 1 & 0 & 0 & 2 \end{vmatrix}$$

이다. 그리고 $|\overline{H_2}|=1>0$이고 $|\overline{H_3}|=|\overline{H}|=150>0$이므로. 이들의 부호는 $(-1)^2$의 부호와 같다. 따라서 주어진 임계점에서 극솟값 $f(7, 4, 7)=114$를 갖는다.

다음으로 부등식 제약조건하에서 최적화 문제의 해를 구하는 **쿤-터커 정리**(Kuhn-Tucker theorem)에 대해 알아보자.

먼저, ① Maximize 문제, ② 제약조건이 $\le$로 주어진 경우, ③ 모든 변수가 음이 아닌 경우로 주어진 최적화 문제를 생각해보자. 즉, 다음과 같이 최적화 문제가 주어졌다고 하자.

(*) Maximize $f(x_1, x_2, \dots, x_n)$

$$s.t.\ \begin{cases} g_1(x_1,\ x_2,\ \dots,\ x_n) \le r_1 \\ g_2(x_1,\ x_2,\ \dots,\ x_n) \le r_2 \\ \qquad\vdots \\ g_k(x_1,\ x_2,\ \dots,\ x_n) \le r_k \\ x_1,\ x_2,\ \dots,\ x_n \ge 0 \end{cases}$$

이 최적화 문제는 다음의 (**)와 같이, 여유변수(slack variable) s_i를 도입하여 등식 제약조건하의 최적화 문제로 바꿀 수 있다. 여기서 우리는 라그랑주 승수법을 이용하여 최적해를 구할 수도 있다.

(**) Maximize $f(x_1, x_2, \dots, x_n)$

$$s.t.\ \begin{cases} g_1(x_1,\ x_2,\ \dots,\ x_n) + s_1 = r_1 \\ g_2(x_1,\ x_2,\ \dots,\ x_n) + s_2 = r_2 \\ \qquad\vdots \\ g_k(x_1,\ x_2,\ \cdots,\ x_n) + s_k = r_k \\ x_1,\ x_2,\ \dots,\ x_n \ge 0,\quad s_1,\ s_2,\ \dots,\ s_k \ge 0 \end{cases}$$

또한 다음의 예와 같이, Minimize 문제도 (*)와 같은 형태의 Maximize 문제로 변환시킬 수 있다. 이때 Minimize 문제의 극솟값은 변환된 Maximize 문제의 극댓값에서 부호를 바꾼 값이다.

Minimize 문제		Maximize 문제
Minimize $x^2 + y^2 + z^2$ $s.t.\ \begin{cases} 2x + y \le 5 \\ x + z \le 2 \\ x \ge 1,\ y \ge 2,\ z \ge 0 \end{cases}$	$\Rightarrow$	Maximize $-x^2 - y^2 - z^2$ $s.t.\ \begin{cases} 2x + y \le 5 \\ x + z \le 2 \\ -x \le -1 \\ -y \le -2 \\ x,\ y,\ z \ge 0 \end{cases}$

이제 (*)로 주어진 Maximize 문제의 풀이를 생각해 보자. 부등식의 조건을 무시하고, 라그랑주 함수로 나타내면

$$L(x_1, x_2, ..., x_n, \lambda_1, \lambda_2, ..., \lambda_k) = f(x_1, x_2, ..., x_n) + \sum_{i=1}^{k} \lambda_i \{r_i - g_i(x_1, x_2, ..., x_n)\}$$

이다. 이로부터 다음 정리의 **큰-터커 조건**(Kuhn-Tucker condition)을 만족하는 임계값 $x_1^*, x_2^*, ..., x_n^*, \lambda_1^*, \lambda_2^*, ..., \lambda_k^*$에서 최적해를 구할 수 있다.

정리 4.4.1 쿤-터커 정리

(*)와 같은 형태의 최적화 문제의 해는 다음의 쿤-터커 조건을 만족하는 임계점에서 갖는다.

① $\dfrac{\partial L}{\partial x_j} = f_j - \sum_{i=1}^{k} \lambda_i \dfrac{\partial g_i}{\partial x_j} \leq 0$ ② $x_j\left(\dfrac{\partial L}{\partial x_j}\right) = x_j\left(f_j - \sum_{i=1}^{k} \lambda_i \dfrac{\partial g_i}{\partial x_j}\right) = 0$

③ $\dfrac{\partial L}{\partial \lambda_j} = r_j - g_j \geq 0$ ④ $\lambda_j\left(\dfrac{\partial L}{\partial \lambda_j}\right) = \lambda_j(r_j - g_j) = 0$

⑤ $x_j \geq 0,\ \lambda_j \geq 0$

다음의 두 예제는 부등식 제약조건하의 최적화 문제를 쿤-터커 조건을 이용하여 풀이하는 방법을 보여준다.

예제 4.4.7 다음과 같이 주어진 부등식 제약조건하의 최적화 문제의 해를 쿤-터커 정리를 이용하여 구하여라.

$$\text{Maximize } z = xy \quad s.t. \quad \begin{cases} x + y \leq 100 \\ x \leq 30 \\ x,\ y \geq 0 \end{cases}$$

풀이 라그랑주 함수

$$L(x, y, \lambda_1, \lambda_2) = xy + \lambda_1(100 - x - y) + \lambda_2(30 - x)$$

에서 쿤-터커 조건을 구하면 다음과 같다.

① $\dfrac{\partial L}{\partial x} = y - \lambda_1 - \lambda_2 \leq 0,\ \ \dfrac{\partial L}{\partial y} = x - \lambda_1 \leq 0$

② $x(y - \lambda_1 - \lambda_2) = 0,\ \ y(x - \lambda_1) = 0$

③ $\dfrac{\partial L}{\partial \lambda_1} = 100 - x - y \geq 0,\ \ \dfrac{\partial L}{\partial \lambda_2} = 30 - x \geq 0$

④ $\lambda_1(100 - x - y) = 0,\ \ \lambda_2(30 - x) = 0$

⑤ $x,\ y,\ \lambda_1,\ \lambda_2 \geq 0$

이들로부터 시행착오법으로 임계값을 계산하여 최적해를 구해보면

$$x^* = 30,\ \ y^* = 70,\ \ \lambda_1^* = 30,\ \ \lambda_2^* = 40$$

일 때, 극댓값 2,100을 가짐을 알 수 있다.

예제 4.4.8 다음의 부등식 제약조건하의 최적화 문제의 해를 쿤-터커 정리를 이용하여 구하여라.

$$\text{Minimize}\ \ z = x^2 + y^2 - 2x - 2y + 2\ \ s.t.\ \begin{cases} x + 2y \leq 4 \\ x \geq 2,\ y \geq 0 \end{cases}$$

풀이 먼저 주어진 Minimize 문제를 쿤-터커 정리를 사용할 수 있도록 다음과 같이 Maximize 문제로 변환해보자.

$$\text{Maximize}\ \ z = -x^2 - y^2 + 2x + 2y - 2\quad s.t.\ \begin{cases} x + 2y \leq 4 \\ -x \leq -2 \\ x,\ y \geq 0 \end{cases}$$

이에 대한 라그랑주 함수

$$\begin{aligned} L(x, y, \lambda_1, \lambda_2) = & -x^2 - y^2 + 2x + 2y - 2 \\ & + \lambda_1(4 - x - 2y) + \lambda_2(-2 + x) \end{aligned}$$

로부터 쿤-터커 조건을 구하면 다음과 같다.

① $\dfrac{\partial L}{\partial x} = -2x + 2 - \lambda_1 + \lambda_2 \leq 0,\ \ \dfrac{\partial L}{\partial y} = -2y + 2 - 2\lambda_1 \leq 0$

② $x(-2x+2-\lambda_1+\lambda_2)=0, \; y(-2y+2-2\lambda_1)=0$

③ $\dfrac{\partial L}{\partial \lambda_1}=4-x-2y \geq 0, \; \dfrac{\partial L}{\partial \lambda_2}=-2+x \geq 0$

④ $\lambda_1(4-x-2y)=0, \; \lambda_2(-2+x)=0$

⑤ $x, y, \lambda_1, \lambda_2 \geq 0$

이들로부터 시행착오법으로 임계값을 구하면

$$x^*=2, \; y^*=1, \; \lambda_1^*=0, \; \lambda_2^*=2$$

를 얻는다. 따라서 임계점 $(2, 1)$에서 변환한 목적함수의 극댓값이 -1이므로, 구하려는 극솟값은 1이다.

연습문제 4.4

1 라그랑주 승수법을 이용하여, 다음 이변수함수의 극값을 구하여라.

(a) $f(x,\ y) = xy \quad s.t.\ \ x + y = 6$

(b) $f(x,\ y) = x^2 + 2y^2 \ \ s.t.\ \ \ x + 4y = 2$

(c) $f(x,\ y) = x^2 + xy + y^2 - 3x - 3y + 5 \quad s.t.\ \ \ 2x + y = 7$

2 경영기업의 생산함수가

$$Q(l,\ k) = 10l + 13k + lk$$

로 주어지고, 생산요소인 노동 l과 자본 k의 가격은 각각 100,000원과 30,000원이라 한다. 이때 라그랑주 승수법을 이용하여 다음 물음에 답하여라.

(a) 총생산비용이 11,000,000원으로 제한된 경우, 생산량을 극대화하는 최적의 생산요소 투입량과 라그랑주 승수를 구하여라.

(b) 28,700단위의 생산량을 달성하면서 생산비용을 극소화하는 최적의 생산요소 투입량을 구하여라.

3 라그랑주 승수법을 이용하여, $x > 0$일 때 다음 삼변수함수의 극값을 구하여라.

$$f(x,\ y,\ z) = 6x + 2y + 8z \quad s.t. \quad \begin{cases} x + y + z = 6 \\ x^2 + z^2 = 13 \end{cases}$$

4 다음 최적화 문제에 대해 답하여라.

$$\text{Minimize}\ \ z = x^2 + y^2 + z^2 \quad s.t. \quad \begin{cases} 2x + y \le 5 \\ x + z \le 2 \\ x \ge 1, y \ge 2, z \ge 0 \end{cases}$$

(a) 쿤-터커 정리를 이용하기 위한 라그랑주 함수를 작성하여라.

(b) 쿤-터커 조건을 만족하는 최적해를 구하여라.

쉬어 가기

게임이론과 보복전략

게임이론은 경쟁 주체가 상대방의 대처행동을 고려하면서 자기의 이익을 효과적으로 달성하기 위해 수단을 합리적으로 선택하는 행동을 수학적으로 분석하는 이론이다. 게임이론은 1944년 헝가리 출신의 이론물리학자 폰 노이만(von Neumann, 1903~1957)과 오스트리아 출신의 경제학자 모르겐슈테른(Morgenstern, 1902~1977)의 공저 《게임이론과 경제행위》에서 이론적 기초가 마련되었다. 게임의 결과는 경쟁자가 어떤 전략을 선택하느냐에 따라 좌우되므로, 경쟁자는 상대방이 어떤 전략을 선택하더라도 자기의 이익을 극대화시킬 수 있는 전략을 선택하게 된다. 게임이론에서 경쟁자들은 나쁜 결과 중에서도 더 나은 것을 원한다는 점에서, 모두 이성적이라고 가정한다. 또한 경쟁자들은 목표가 있으며, 결과에 순서를 매기거나 경우에 따라서는 게임의 결과에 효용 또는 가치를 부여한다고 가정한다. 혼자 하는 1인 게임을 제외하고는 각 게임에서 다양하게 선택하는 상호의존성으로 인해, 경기자가 최선의 선택을 쉽게 취할 수 없다는 사실이 게임이론이 갖는 복합성이다.

게임은 놀이, 오락 또는 경기 등의 의미를 갖는다. 게임에는 놀이판 위에서 하는 바둑이나 장기, 카드를 갖고 하는 포커나 화투, 컴퓨터를 상대로 하는 각종 전자오락과 경기장에서 하는 야구, 축구, 테니스, 수영 등 아주 다양하지만, 이들은 모두 다음의 공통점을 갖는다.

① 모든 게임은 정해진 규칙 아래에서 진행된다.
② 전략이 중요하다.
③ 모든 게임에는 최종 결과가 있다.
④ 게임의 결과는 전략적 상호작용에 의하여 결정된다.

또한 일반적인 게임은 아니더라도 기업들 간의 판매 경쟁, 노사간 임금협상 등과 같이 위의 공통점을 만족하는 현상들은 우리의 일상 주변에 많이 있다.

먼저 우리에게 잘 알려진 죄수의 딜레마 이론에 대해 살펴보자.

범죄를 함께 저지른 당신과 공범이 경찰에 붙잡혔는데, 경찰은 당신과 동료를 각각 다른 방에 가두어 놓고 취조를 하면서 다음과 같이 제안하였다고 하자.

① 만일 네가 자백하면 최대한 정상을 참작하여 너는 징역 1년으로 해주겠다.
② 너는 자백하지 않고 네 동료가 자백을 하면 너는 죄를 모두 뒤집어쓰고 징역 10년을 살게 될 것이다.
③ 너와 네 동료 모두 자백을 하면 징역 5년이 된다.
④ 만일 너와 네 동료가 모두 굳게 입을 다물고 범죄사실을 부인하면, 증거 불충분으로 풀려날 것이다.

이 경우 우리는 어떠한 선택을 하게 될까? 두 사람은 10년형이라는 최악의 상태를 피하기 위해 서로 자백하여 둘 다 5년형을 살게 된다는 것이 죄수의 딜레마 이론이다. 죄수의 딜레마는 게임이론을 설명할 때, 흔히 사용되는 논증이다. 이 딜레마 이론의 두드러진 특징은 자신의 이익이 최대가 되도록 우위 전술을 취하면, 결국 각자의 이익이 최소가 되도록 전략을 취한 경우보다 오히려 나쁜 결과를 초래할 수도 있음을 보여준다. 예로, 석유를 수출하는 두 국가에서 자국의 이익을 최대로 하기 위해서 서로가 경쟁적으로 많은 양의 원유를 생산한다면, 생산과잉으로 인한 석유가격의 급격한 하락으로 두 나라의 수익은 대폭 줄어들게 될 것이다. 그래서 석유수출국기구(OPEC)에서는 카르텔을 형성하여 사전에 공급량을 조절하여 이러한 문제가 발생하지 않도록 사전에 조치를 취하고 있는 것이다.

다음으로, 가상결투에 대하여 살펴보자.

래리, 모우, 컬리라는 세 사람이 총으로 결투를 하려고 한다. 결투는 두 차례 실시하되, 래리 → 모우 → 컬리의 순서로 총을 한발씩 쏜다고 가정하자. 첫 번째 결투가 끝난 뒤 살아남은 사람은 두 번째 결투에서도 처음과 같은 순서로 총을 쏜다고 하자. 각 총잡이의 입장에서 최선의 결과는 자신만이 살아남는 것이고, 다음은 두 사람이 살아남되 그중의 한 사람은 자기 자신이 되는 것이다. 래리는 사격 솜씨가 미숙하여 명중률이 30%이고, 모우는 명중률이 80%인 수준급의 총잡이며 컬리는 100%의 가장 위협적인 총잡이라고 가정해보자.

이 경우, 처음 결투에서 래리는 어떠한 전략을 취해야 할까? 추론을 통해 래리의 선택을 자세히 살펴보자. 만약 래리가 모우를 노려 명중시키면, 두 번째 차례에서 100%의 명중률을 가진 컬리에게 래리 자신이 당하게 될 것이다. 결국 컬리가 최선의 결과를 얻게 되므로, 래리는 모우를 노리지 않는 것이 좋다. 만약 래리가 컬리를 노려 명중시킨다면, 다음은 모우의 순서가 되고 모우는 래리를 노릴 것이다. 이때 래리가 생존할 확률은 20%에 불과하므로, 역시 바람직한 선택이 아니다. 따라서 가장 좋은 방법은 래리가 허공을 향해 총을 쏘는 것이다. 이 경우 모우는 컬리를 노리게 될 것이고, 모우가 실패한다고 하더라도 컬리는 래리보다 모우가 더 위협적이므로 100%의 명중률로 모우를 쏘아 맞추게 된다. 두 번째 결투에서 래리는 모우든지 컬리든지 살아있는 사람을 쏘아 맞추게 되면, 30%의 확률로 래리가 유일하게 생존하게 된다. 물론 30%의 확률은 높지 않으나 그래도 그것이 래리가 취할 수 있는 가장 현명한 선택인 셈이다. 왜냐하면 컬리에게 100% 또는 모우에게 80%의 확률로 죽임을 당하는 것에 비하면 좋은 방법이라는 것이다. 이 가상결투는 우리에게 때로는 처음 기회에서 결단을 보류하는 것이 오히려 현명한 결과를 가져올 수도 있음을 지적해 주고 있다.

토머스 셸링
(Thomas Schelling)

로버트 아우만(Robert Aumann)과 토머스 셸링(Thomas Schelling) 교수는 죄수의 딜레마로 알려진 초기의 게임이론을 현실에 적용하여, 협력을 위한 전략으로 발전시킨 공로로 2005년 노벨 경제학상을 수상하였다. 이들은 게임이론 중에서 협조적 게임이론 분야, 즉 각 주체들은 상호 신뢰관계를 구축한 상태에서 최선의 선택을 하게 된다고 하는 이론에 기반을 두고 있다. 나만큼 영리한 상대방이 있고, 서로의 이익을 위해 속임수와 배신이 반복될 경우 어떤 전략을 구사하는 것이 가장 효과적인지를 증명하였는데, 이 과정에서 중요한 전략적 개념은 보복이라는 것이다. 이 이론은 1950년대의 미국과 소련의 핵무기 개발 경쟁에서는 물론, 테러범과의 협상 및 통상마찰 등에서 광범위하게 활용되고 있다.

제5장

선형계획법

선형계획법은 일차방정식(또는 부등식)을 만족하는 제약조건하에서 최적해를 구하는 수학적 기법이다. 여기서는 선형계획 문제의 기하학적 해법, 심플렉스법과 Charnes M법, 그리고 쌍대문제 등에 대해서 알아본다.

5.1 선형계획 문제

선형계획 문제의 일반적 형태는 조건

$$\begin{cases} a_{11}x_1 + a_{12}x_2 + \cdots + a_{1n}x_n = b_1 (\text{또는} \le b_1 \text{ 또는} \ge b_1) \\ a_{21}x_1 + a_{22}x_2 + \cdots + a_{2n}x_n = b_2 (\text{또는} \le b_2 \text{ 또는} \ge b_2) \\ \vdots \\ a_{m1}x_1 + a_{m2}x_2 + \cdots + a_{mn}x_n = b_m (\text{또는} \le b_m \text{ 또는} \ge b_m) \end{cases} \tag{5.1}$$

과

$$x_1,\ x_2,\ \dots,\ x_n \ge 0 \tag{5.2}$$

을 만족하며, $x_1,\ x_2,\ \dots,\ x_n$을 변수로 하는 일차함수

$$z = f(x_1,\ x_2,\ \dots,\ x_n) = c_1x_1 + c_2x_2 + \cdots + c_nx_n \tag{5.3}$$

을 최대 또는 최소로 하는 $x_1,\ x_2,\ \dots,\ x_n$의 값을 구하는 것이다. 식 (5.1)과 (5.2)에 나타난 연립일차방정식 및 부등식들을 **제약조건**(constraint), 함수 (5.3)을 **목적함수**(objective function)라고 정의한다. 제약조건 (5.1)과 (5.2)를 만족하는 $(x_1,\ x_2,\ \dots,\ x_n)$을 주어진 선형계획 문제의 **가능해**(feasible solution)라 하고, 가능해 전체의 집합을 **가능영역**(feasible region)이라고 한다. 가능해 중에서 목적함수를 최대 또는 최소로 하는 $(x_1,\ x_2,\ \dots,\ x_n)$을 선형계획 문제의 **최적해**(optimal solution)라고 한다. 이때 선형계획 문제 (5.1)~(5.3)은 해를 갖는다고 말한다.

선형계획 문제 (5.1)~(5.3)은 다음과 같이 간단히 나타낼 수 있다.

$$\begin{aligned} &\text{Maximize(또는 Minimize)}\ \ z = c_1x_1 + c_2x_2 + \cdots + c_nx_n \\ &\qquad s.t.\ \ \sum_{j=1}^{n} a_{ij}x_j = b_i (\text{또는} \le b_i \text{ 또는} \ge b_i),\quad x_j \ge 0, \\ &\qquad\qquad i = 1,\ 2,\ \dots,\ m,\quad j = 1,\ 2,\ \dots,\ n \end{aligned}$$

이러한 선형계획 문제는 주로 다음의 두 가지 형태로 구분한다.

(1) **정규형**(canonical form)

$$\text{Maximize } z = C\mathbf{x} \quad s.t. \quad A\mathbf{x} \le \mathbf{b}, \ \mathbf{x} \ge 0$$

$$(\text{또는 Minimize } z = C\mathbf{x} \quad s.t. \quad A\mathbf{x} \ge \mathbf{b}, \ \mathbf{x} \ge 0)$$

(2) **표준형**(standard form)

$$\text{Maximize } z = C\mathbf{x} \quad s.t. \quad A\mathbf{x} = \mathbf{b}, \ \mathbf{x} \ge 0$$

$$(\text{또는 Minimize } z = C\mathbf{x} \quad s.t. \quad A\mathbf{x} = \mathbf{b}, \ \mathbf{x} \ge 0)$$

여기서 $C - (c_1, c_2, \dots, c_n)$, $\mathbf{x} = (x_1, x_2, \dots, x_n)^T$, A는 $A = (a_{ij})$인 $m \times n$ 행렬, $\mathbf{b} = (b_1, b_2, \dots, b_m)^T$, $\mathbf{0} = (0, 0, \dots, 0)^T$이다.

주의 (1) 극소화 문제는 항상 극대화 문제로 바꿀 수 있다. 즉

$$\text{Min}\, C\mathbf{x} = -\text{Max}(-C\mathbf{x})$$

이므로, 극소화 문제의 값을 구하는 것은 극대화 문제 $\text{Max}(-C\mathbf{x})$의 값을 구한 다음, 부호만 바꾸면 된다.

(2) 정규형 선형계획 문제는 표준형으로 바꿀 수 있다. 즉, 다음 예와 같이 부등식에 적절한 변수를 추가해서 등식으로 바꿀 수 있다.

$$a_{i1}x_1 + a_{i2}x_2 + \cdots + a_{in}x_n \le b_i$$
$$\rightarrow a_{i1}x_1 + a_{i2}x_2 + \cdots + a_{in}x_n + s_i = b_i, \quad s_i \ge 0$$
$$a_{i1}x_1 + a_{i2}x_2 + \cdots + a_{in}x_n \ge b_i$$
$$\rightarrow a_{i1}x_1 + a_{i2}x_2 + \cdots + a_{in}x_n - t_i = b_i, \quad t_i \ge 0$$

이때 s_i는 **여유변수**(slack variable), t_i는 **잉여변수**(surplus variable)라 한다.

예제 5.1.1 어떤 가구 공장에서 책장과 장롱을 만든다고 하자. 책장 하나를 만드는 데는 5장의 합판과 10시간의 노동력이 소요되며, 장롱 하나를 만드는 데는 20장의 합판과 15시간의 노동력이 소요된다고 한다. 그리고 책장 한 개와 장롱 한 개의 이익금은 각각 35,000원과 85,000원이라고 한다. 현재 보유하고 있는 합판은 500장이고, 노동력은 450시간이라 할 때, 책장과 장롱을 각각 몇 개씩 만들면 이익이 최대가

되겠는가? 이를 선형계획 문제로 나타내어 보아라.

풀이 (1) 목적함수 : 책장 개수를 x_1, 장롱 개수를 x_2라고 하면, 이익금 총액은 다음과 같다.

$$z = f(x_1,\ x_2) = 35000x_1 + 85000x_2$$

(2) 제약조건 : 합판의 소요량은 $5x_1 + 20x_2$장으로 500장을 초과할 수 없고, 소요되는 노동시간은 $10x_1 + 15x_2$로 450시간을 초과할 수 없다. 또한 책장 개수와 장롱 개수 x_1과 x_2는 모두 0보다 작을 수 없다. 즉, 다음의 제약조건을 갖는다.

$$\begin{cases} 5x_1 + 20x_2 \le 500 \\ 10x_1 + 15x_2 \le 450 \\ x_1,\ x_2 \ge 0 \end{cases}$$

따라서 선형계획 문제의 형태로 바꾸면, 다음과 같다.

$$\text{Maximize} \ \ z = 35000x_1 + 85000x_2$$
$$s.t. \ \begin{cases} 5x_1 + 20x_2 \le 500 \\ 10x_1 + 15x_2 \le 450 \\ x_1,\ x_2 \ge 0 \end{cases}$$

또한 이를 다음과 같이 표준형으로 나타낼 수 있다.

$$\text{Maximize} \ \ z = 35000x_1 + 85000x_2$$
$$s.t. \ \begin{cases} 5x_1 + 20x_2 + s_1 = 500 \\ 10x_1 + 15x_2 + s_2 = 450 \\ x_1,\ x_2,\ s_1,\ s_2 \ge 0 \end{cases}$$

예제 5.1.2 한 아파트 건설회사에서 시공하려고 하는 아파트 부지가 낮아서 성토를 해야 한다고 한다. 이 회사에서는 세 곳의 야산에서 흙을 수송하려고 하는데, 이들 야산으로부터 각각 6, 8, 10톤의 흙을 파낼 수 있다고 한다. 아파트 건축부지 네 군데에는 각각 7, 5, 3, 2톤의 성토가 필요하며, 각 야산에서 각 아파트 건축부지까지의 톤당 수송 비용이 다음과 같다고 할 때, 이를 선형계획 문제로 나타내어 보아라.

야산 \ 아파트	1	2	3	4
1	20,000원	30,000원	110,000원	70,000원
2	10,000원	0원	60,000원	10,000원
3	50,000원	80,000원	150,000원	90,000원

풀이 (1) 목적함수 : 야산 i에서 아파트 건축부지 j로의 수송량을 x_{ij}로 두면, 총비용은 다음과 같다.

$$\begin{aligned} z = \; & 20000x_{11} + 30000x_{12} + 110000x_{13} + 70000x_{14} \\ & + 10000x_{21} + 60000x_{23} + 10000x_{24} \\ & + 50000x_{31} + 80000x_{32} + 150000x_{33} + 90000x_{34} \end{aligned}$$

(2) 제약조건 : 야산 1에서 파낸 흙은 $x_{11}+x_{12}+x_{13}+x_{14}$로 이는 6톤을 초과할 수 없고, 야산 2에서 파낸 흙은 $x_{21}+x_{22}+x_{23}+x_{24}$로 8톤을 초과할 수 없으며, 야산 3에서 파낸 흙은 $x_{31}+x_{32}+x_{33}+x_{34}$로 이것은 10톤을 초과할 수 없다. 즉, 다음과 같이 나타낼 수 있다.

$$\begin{cases} x_{11}+x_{12}+x_{13}+x_{14} \le 6 \\ x_{21}+x_{22}+x_{23}+x_{24} \le 8 \\ x_{31}+x_{32}+x_{33}+x_{34} \le 10 \end{cases}$$

아파트 부지 1에 수송된 흙의 양은 $x_{11}+x_{21}+x_{31}$로 이것은 7톤보다 적을 수 없고, 아파트 부지 2에 수송된 흙의 양은 $x_{12}+x_{22}+x_{32}$로 이는 5톤보다 적을 수 없고, 아파트 부지 3에 수송된 흙의 양은 $x_{13}+x_{23}+x_{33}$로 이는 3톤보다 적을 수 없으며, 아파트 부지 4에 수송된 흙의 양은 $x_{14}+x_{24}+x_{34}$로 이것은 2톤보다 적을 수 없다. 이러한 제약조건들은 다음의 부등식으로 나타낼 수 있다.

$$\begin{cases} x_{11}+x_{21}+x_{31} \ge 7 \\ x_{12}+x_{22}+x_{32} \ge 5 \\ x_{13}+x_{23}+x_{33} \ge 3 \\ x_{14}+x_{24}+x_{34} \ge 2 \end{cases}$$

또한 야산 i에서 아파트 건축부지 j로의 수송량 x_{ij}는 0보다 적을 수 없다. 즉, 임의의 i, j에 대하여 $x_{ij} \geq 0$을 만족하여야 한다. 따라서 선형계획법의 형태로 나타내면

$$
\begin{aligned}
\text{Minimize } z = & 20000x_{11} + 30000x_{12} + 110000x_{13} + 70000x_{14} \\
& + 10000x_{21} + 60000x_{23} + 10000x_{24} \\
& + 50000x_{31} + 80000x_{32} + 150000x_{33} + 90000x_{34}
\end{aligned}
$$

$$
s.t. \begin{cases}
x_{11} + x_{12} + x_{13} + x_{14} \leq 6 \\
x_{21} + x_{22} + x_{23} + x_{24} \leq 8 \\
x_{31} + x_{32} + x_{33} + x_{34} \leq 10 \\
x_{11} + x_{21} + x_{31} \geq 7 \\
x_{12} + x_{22} + x_{32} \geq 5 \\
x_{13} + x_{23} + x_{33} \geq 3 \\
x_{14} + x_{24} + x_{34} \geq 2 \\
x_{ij} \geq 0
\end{cases}
$$

이다. 이것은 다음의 표준형으로 나타낼 수 있다.

$$
\begin{aligned}
\text{Minimize } z = & 20000x_{11} + 30000x_{12} + 110000x_{13} + 70000x_{14} \\
& + 10000x_{21} + 60000x_{23} + 10000x_{24} \\
& + 50000x_{31} + 80000x_{32} + 150000x_{33} + 90000x_{34}
\end{aligned}
$$

$$
s.t. \begin{cases}
x_{11} + x_{12} + x_{13} + x_{14} + s_1 = 6 \\
x_{21} + x_{22} + x_{23} + x_{24} + s_2 = 8 \\
x_{31} + x_{32} + x_{33} + x_{34} + s_3 = 10 \\
x_{11} + x_{21} + x_{31} - t_1 = 7 \\
x_{12} + x_{22} + x_{32} - t_2 = 5 \\
x_{13} + x_{23} + x_{33} - t_3 = 3 \\
x_{14} + x_{24} + x_{34} - t_4 = 2 \\
s_i,\ t_i,\ x_{ij} \geq 0
\end{cases}
$$

5.2 기하학적 해법

선형계획 문제

$$\text{Maximize } C\mathrm{x} \quad s.t. \quad A\mathrm{x} \le \mathrm{b},\ \mathrm{x} \ge 0 \tag{5.4}$$
$$(\text{또는 Minimize } C\mathrm{x} \quad s.t. \quad A\mathrm{x} \ge \mathrm{b},\ \mathrm{x} \ge 0)$$

에서 $C=(c_1, c_2)$, $\mathrm{x}=(x_1, x_2)^T$, A는 2×2 행렬, $\mathrm{b}=(b_1, b_2)^T$이고 $\mathrm{0}=(0, 0)^T$이라 하자.

정리 5.2.1

선형계획 문제 (5.4)가 (최적)해를 가지면, 이 해는 반드시 가능영역의 꼭짓점이다.

정리 5.2.2

(1) 가능영역이 유계이면, 선형계획 문제 (5.4)는 반드시 (최적)해를 가진다.

(2) 가능영역이 유계가 아니고 $c_1, c_2 > 0$이면, 선형계획 문제 (5.4)는 반드시 최소의 (최적)해를 가진다.

(3) 가능영역이 공집합인 선형계획 문제 (5.4)는 해를 가지지 않는다.

예제 5.2.1 다음 선형계획 문제를 만족하는 점을 구하여라.

$$\text{Maximize } 35000x_1 + 85000x_2$$
$$s.t. \begin{cases} 5x_1 + 20x_2 \le 500 \\ 10x_1 + 15x_2 \le 450 \\ x_1,\ x_2 \ge 0 \end{cases}$$

풀이 제약조건이 나타내는 가능영역을 구하면, 그림 5.1에서 보는 바와 같다. 가능영역이 유계이므로, 정리 5.2.2에 의해서 주어진 선형계획 문제는 최적해를 가진다.

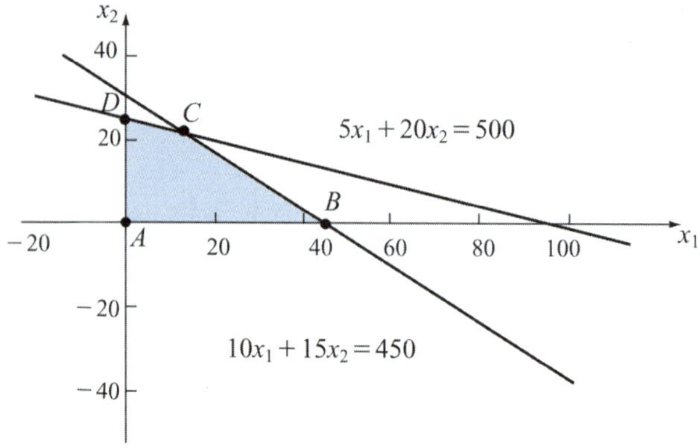

그림 5.1

또한 정리 5.2.1에 의해서 최적해는 가능영역의 꼭짓점이 된다. 따라서 가능영역의 꼭짓점들을 구하면

$$A = (0,\ 0),\quad B = (45,\ 0),\quad C = (12,\ 22),\quad D = (0,\ 25)$$

이므로, 목적함수 $35000x_1 + 85000x_2$를 최대로 하는 점은 $C = (12,\ 22)$이다.

예제 5.2.2 다음 선형계획 문제를 만족하는 점을 구하여라.

$$\text{Maximize } 400x_1 + 900x_2$$
$$s.t. \begin{cases} 5x_1 + 20x_2 \le 400 \\ 10x_1 + 15x_2 \le 450 \\ x_1,\ x_2 \ge 0 \end{cases}$$

풀이 제약조건을 나타내는 가능영역은 그림 5.2에서 보는 바와 같이 유계이므로, 정리 5.2.2에 의해서 주어진 선형계획 문제는 최적해를 갖는다. 또한 정리 5.2.1에 의해서 최적해는 가능영역의 꼭짓점이 된다. 한편 가능영역의 꼭짓점들은

$$A = (0,\ 0),\quad B = (45,\ 0),\quad C = (24,\ 14),\quad D = (0,\ 20)$$

이므로, 이 중에서 목적함수 $400x_1 + 900x_2$를 최대로 하는 점은 $C = (24,\ 14)$이다.

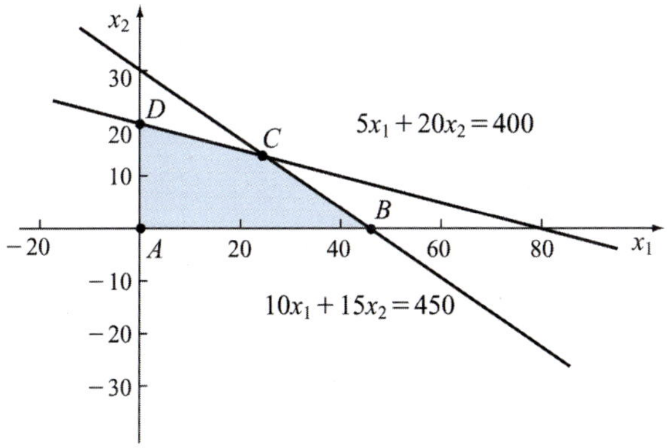

그림 5.2

예제 5.2.3 다음 선형계획 문제를 만족하는 점을 구하여라.

$$\text{Maximize } -2x_1 + 6x_2$$

$$s.t. \quad \begin{cases} -x_1 - x_2 \le -2 \\ -x_1 + x_2 \le 1 \\ \quad x_1,\ x_2 \ge 0 \end{cases}$$

풀이 그림 5.3에서 보는 바와 같이 제약조건이 나타내는 가능영역은 유계가 아니므로, 목적함수 $-2x_1 + 6x_2$는 가능영역의 경계인 $-x_1 + x_2 = 1$을 따라 계속 값이 증가한다. 즉, 목적함수의 값은 무한대로 발산한다.

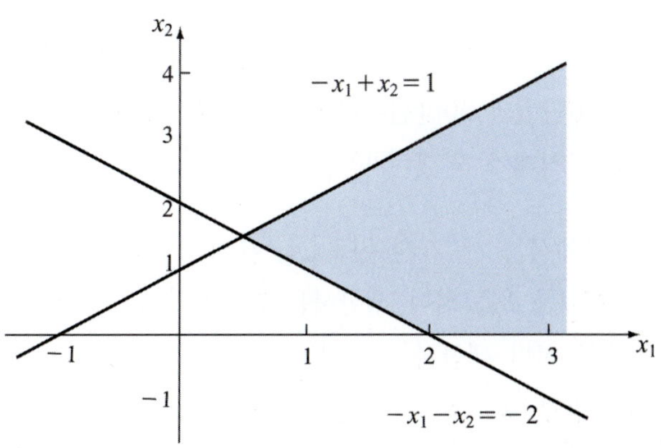

그림 5.3

연습문제 5.2

1 다음 선형계획 문제를 풀어보아라.

(a) Maximize $z = 5x_1 + 5x_2$

$$s.t. \begin{cases} 2x_1 + x_2 \le 10 \\ x_1 + 2x_2 \le 8 \\ x_1,\ x_2 \ge 0 \end{cases}$$

(b) Maximize $z = 20x_1 + 10x_2$

$$s.t. \begin{cases} 3x_1 + x_2 \le 21 \\ x_1 + x_2 \le 9 \\ x_1 + 3x_2 \le 21 \\ x_1,\ x_2 \ge 0 \end{cases}$$

(c) Minimize $z = 10x_1 + 30x_2$

$$s.t. \begin{cases} 2x_1 + x_2 \ge 16 \\ x_1 + x_2 \ge 12 \\ x_1 + 2x_2 \ge 14 \\ x_1,\ x_2 \ge 0 \end{cases}$$

2 한 자동차 회사에서는 A와 B 두 모델의 자동차를 생산하고 있다. 각 자동차는 두 가지 조립공정을 거쳐야 하는데, 모델 A는 제1조립공정에서 2시간, 제2조립공정에서 3시간을 필요로 하고, 모델 B는 제1조립공정에서 4시간, 제2조립공정에서 1시간이 필요하다. 한편 제1조립공정은 80시간을, 제2조립공정은 60시간의 조업시간을 제공할 수 있다고 한다. A와 B 모델의 자동차 한 대의 이익금이 각각 50만원과 40만원이라고 할 때, 두 모델을 각각 몇 대씩 만들면 이 회사의 이익이 최대가 되겠는가?

3 한 제과회사에서는 세 가지 원료 A, B, C를 사용하여 두 종류의 제품을 생산하고 있다. 제품 1을 하나 생산하는 데에는 원료 A와 C가 각각 1g씩 필요하고, 제품 2를 하나 생산하는 데에는 원료 B, 원료 C가 각각 1g과 2g이 필요하다고 한다. 원료 A, B, C의 분당 최대공급량은 16g, 8g, 24g이고 제품 1, 제품 2의 개당 이익이 각각 25원과 20원이라고 할 때, 최대의 이익을 얻기 위한 선형계획 문제를 풀어보아라.

4 제품개발을 위한 프로젝트는 다음 네트워크에서와 같이 10개의 활동 A~J로 구성되어 있다. 네트워크에서 호 A(6)은 활동 A의 소요시간이 6일임을, 마디는 활동 사이의 선후관계를 나타낸다. 이 프로젝트에서 제품개발은 모든 활동이 완료되어야만 프로젝트가 완성되며, 모든 활동을 완료하는 데 소요되는 시간이 가장 긴 공정을 주공정(crtitical path)이라 한다. 다음 네트워크에서 주공정을 구할 수 있는 선형계획모형을 작성하여라.

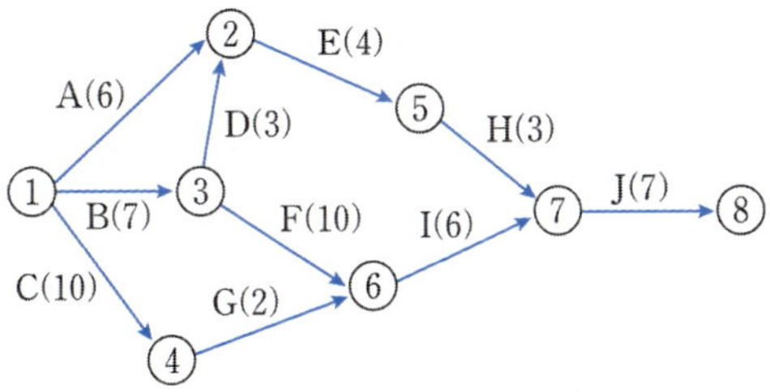

5 한 정유공장에서는 다음 표에서와 같이 4종류의 가솔린 원료(1~4)를 혼합하여 3종류의 연료(A, B, C)를 만들어 판매하고 있다. 연료를 만드는 데 사용되지 않고 남은 원료 가솔린은 그 자체로 판매하고 있는데, 옥탄가가 90 이상일 경우는 배럴당 29,500원, 옥탄가가 90 미만일 경우는 배럴당 18,500원에 판매하고 있다.

원료 가솔린	옥탄가	1일 가용량(배럴)	판매가(원/배럴)
1	68	4,000	10,200
2	86	5,050	11,500
3	91	7,100	13,500
4	99	4,300	27,500

연료	최소 옥탄가	판매가격(원/배럴)	수요
A	95	51,500	1일 최대 10,000배럴
B	90	39,500	무제한
C	85	29,900	1일 최소 15,000배럴

이때 이 회사가 하루의 이익을 최대화할 수 있는 방법을 구하여라.

5.3 심플렉스법과 Charnes의 M법

선형계획 문제

$$\text{Maximize } z = C\mathbf{x} \quad s.t. \quad A\mathbf{x} = \mathbf{b}\,,\ \mathbf{x} \geq 0$$

이 주어져 있다고 하자. 여기서 A는 $m \times n$ 행렬이고, $m < n$이다.

정의

임의의 $(n-m)$개의 변수의 값이 0이고 $A\mathbf{x} = \mathbf{b}$ 를 만족하는 벡터 $\mathbf{x}$ 를 **기본해**(basic solution)라고 하며, 기본해이면서 동시에 가능해인 것을 **기본가능해**(basic feasible solution)라 한다.

정리 5.3.1

선형계획 문제의 최적해가 존재하면, 그 최적해는 기본가능해 중의 하나이다.

선형계획 문제의 최적해는 기본가능해 중에서 얻을 수 있고 또 기본가능해의 개수는 유한이므로, 간단한 문제에서는 모든 기본가능해를 구한 다음에 이에 대응하는 목적함수의 값을 계산하여 이들을 비교함으로써 최적해를 구할 수 있다. 그러나 변수 또는 제약조건식의 개수가 많을 경우에, 이러한 방법은 계산이 매우 복잡해지기 때문에 실제문제 해결에는 적합하지 않다. 최적해를 간단히 구하는 방법으로서 고안된 것이 다음에 설명하는 **심플렉스법**(simplex method)이다.

심플렉스법

(1) 적당한 기본가능해를 하나 택한다.

(2) 이 최초의 기본가능해에 대한 기본변수를 비기본변수로 나타낸다. 또한 목적함수도 비기본변수로 나타낸다.

(3) 목적함수에서 기본변수가 아닌 변수의 계수가 모두 음이면, 최초 기본가능해는 최적해이다.

(4) 목적함수에서의 비기본변수의 계수 중에서 양인 것이 있으면, 이 양의 계수를 갖는 비기본변수가 택할 수 있는 최댓값을 적당한 연립부등식으로부터 구하여, 이 변수를 기본변수로 갖는 새로운 기본가능해를 얻는다.
(5) 새로 얻은 기본가능해에 대해 (2), (3), (4)의 과정을 반복한다.

심플렉스법을 일반화하고 또 그 계산과정을 간략히 하려면 그 과정을 일정한 법칙에 따라 표로 나타낼 필요가 있다. 이 절에서는 이러한 표를 작성하는 방법을 증명 없이 설명하고자 한다.

다음과 같은 최대문제를 생각해 보자.

$$\text{Maximize } z = c_1x_1 + c_2x_2 + c_3x_3 + c_4x_4 + c_5x_5$$

$$s.t. \quad \begin{cases} a_{11}x_1 + a_{12}x_2 + x_3 = r_1, & (r_1 > 0) \\ a_{21}x_1 + a_{22}x_2 + x_4 = r_2, & (r_2 > 0) \\ a_{31}x_1 + a_{32}x_2 + x_5 = r_3, & (r_3 > 0) \\ x_j \geq 0, \ j = 1, 2, 3, 4, 5 \end{cases}$$

여기서 $(0, 0, r_1, r_2, r_3)$는 기본가능해이고, 이 기본가능해의 기본변수는 x_3, x_4, x_5이다. 다음과 같은 표를 기본가능해 $(0, 0, r_1, r_2, r_3)$에 대응하는 **심플렉스 타블로**(simplex tableau)라 한다. '타블로'는 '표'라는 뜻을 가진 프랑스어인데, 선형계획 문제에서는 흔히 이 말을 그대로 사용한다.

타블로 I

C	기본변수	기본가능해	x_1	x_2	x_3	x_4	x_5
c_3	x_3	r_1	a_{11}	a_{12}	1	0	0
c_4	x_4	r_2	a_{21}	a_{22}	0	1	0
c_5	x_5	r_3	a_{31}	a_{32}	0	0	1
	z	z_0	z_1-c_1	z_2-c_2	z_3-c_3	z_4-c_4	z_5-c_5

타블로 I에서 기본변수 열은 최초 기본가능해의 기본변수인 x_3, x_4, x_5로 이루어져 있고, C열은 목적함수 z에서 x_3, x_4, x_5의 계수인 c_3, c_4, c_5로 이루어져 있다. 또한 기본가능해 열은 기본가능해 $(0, 0, r_1, r_2, r_3)$의 x_3, x_4, x_5 성분인 r_1, r_2, r_3로 이루어져 있고, x_1열, x_2열, …, x_5열은 주어진 최대문제에서의 x_1, x_2, …, x_5의 계

수들로 이루어져 있다. 즉, 행렬

$$\begin{pmatrix} a_{11} & a_{12} & 1 & 0 & 0 \\ a_{21} & a_{22} & 0 & 1 & 0 \\ a_{31} & a_{32} & 0 & 0 & 1 \end{pmatrix}$$

은 주어진 최대문제의 계수행렬이다. 한편 z행의 z_0, z_1, z_2, …, z_5는 일정한 규칙에 따라 정해진 값이다. z_0는 기본가능해 $(0,\ 0,\ r_1,\ r_2,\ r_3)$에 대한 z의 값이다. 실제로

$$z_0 = c_3 r_1 + c_4 r_2 + c_5 r_3$$

는 두 열벡터 $(c_3,\ c_4,\ c_5)^T$와 $(r_1,\ r_2,\ r_3)^T$의 서로 대응하는 원소들을 곱하여 얻은 값을 모두 합한 것이다. 이와 같이 정의된 값 $c_3r_1 + c_4r_2 + c_5r_3$를 이 두 열벡터의 **내적**(inner product) 또는 **스칼라곱**(scalar product)이라 한다. 즉, z_0는 C열과 기본가능해 열의 내적이다. 각 $i = 1,\ 2,\ 3,\ 4,\ 5$에 대하여, z_i는 C열과 x_i열의 내적이다. 즉

$$\begin{aligned} z_1 &= c_3 a_{11} + c_4 a_{21} + c_5 a_{31}, \\ z_2 &= c_3 a_{12} + c_4 a_{22} + c_5 a_{32}, \\ z_3 &= c_3 \cdot 1 + c_4 \cdot 0 + c_5 \cdot 0, \\ z_4 &= c_3 \cdot 0 + c_4 \cdot 1 + c_5 \cdot 0, \\ z_5 &= c_3 \cdot 0 + c_4 \cdot 0 + c_5 \cdot 1 \end{aligned}$$

$z_3 = c_3$, $z_4 = c_4$, $z_5 = c_5$이므로, 타블로 I의 z행은 다음과 같다.

$$z_0,\ z_1 - c_1,\ z_2 - c_2,\ 0,\ 0,\ 0$$

타블로 II

C	기본변수	기본가능해	x_1	x_2	x_3	x_4	x_5
c_3	x_3	r_1	a_{11}	a_{12}	1	0	0
c_4	x_4	r_2	a_{21}	a_{22}	0	1	0
c_5	x_5	r_3	a_{31}	a_{32}	0	0	1
	z	z_0	$z_1 - c_1$	$z_2 - c_2$	0	0	0

앞에서 정의한 $z_1 - c_1$, $z_2 - c_2$, $z_3 - c_3$, $z_4 - c_4$, $z_5 - c_5$를 최초 기본가능해 $(0,\ 0,\ r_1,\ r_2,\ r_3)$의 **심플렉스 기준**(simplex criterion)이라 한다.

이제 다음 두 가지 경우를 생각해 보자.

(1) 심플렉스 기준 $z_1 - c_1$, …, $z_5 - c_5$ 중에서 음이 없는 경우

최초 기본가능해는 최적해가 되고, 따라서 z의 최적값은 z_0이다.

(2) 심플렉스 기준 $z_1 - c_1$, …, $z_5 - c_5$ 중에 음이 존재하는 경우

$(0, 0, r_1, r_2, r_3)$는 최적해가 아니다. 예를 들어 $z_1 - c_1 < 0$이면, 다음과 같은 두 가지 경우를 다시 생각하여야 한다.

(2-1) x_1의 열의 원소 a_{11}, a_{21}, a_{31}이 모두 양이 아닌 경우는 주어진 최대문제의 최적해는 존재하지 않는다.

(2-2) x_1의 열의 원소 a_{11}, a_{21}, a_{31} 중에서 양인 것이 존재하는 경우, 예로서

$$a_{11} > 0,\ a_{21} = 0,\ a_{31} > 0$$

이면, $(0, 0, r_1, r_2, r_3)$는 최적해가 아니고 이보다 나은 기본가능해가 존재한다. 더 나은 기본가능해 및 이에 대응하는 심플렉스 타블로 IV를 다음과 같은 절차에 따라 구할 수 있다.

먼저 $\frac{r_1}{a_{11}}$, $\frac{r_3}{a_{31}}$ 중에서 최소인 값을 구한다. 만약

$$\frac{r_1}{a_{11}} \leq \frac{r_3}{a_{31}}$$

이면, 새로운 기본가능해의 기본변수는 x_1, x_4, x_5로 된다. 다시 말하면, 최초 기본가능해로부터 새로운 기본가능해로 바뀜에 따라 기본변수이었던 x_3는 비기본변수로 되고, 그 대신에 x_1이 새로운 기본변수로 된다. 이러한 의미에서, 타블로 II의 원소 a_{11}을 **피봇원소**(pivot element)라 부른다. 본래 'pivot'이라는 용어는 회전축을 뜻하는 말이므로, 원소 a_{11}을 축으로 하여 x_3 대신에 x_1이 새로운 기본변수로 된다는 사실을 나타내기 위하여 사용한다. 다음 표에서 보는 바와 같이, C 열의 c_3는 c_1으로 바뀐다.

타블로 III

C	기본변수	기본가능해	x_1	x_2	x_3	x_4	x_5
c_1	x_3	$r_1{}'$	1	$a_{12}{}'$	$a_{13}{}'$	0	0
c_4	x_4						
c_5	x_5						
	z						

새로운 타블로 III의 제 1행의 원소들은 타블로 II의 제 1행의 각 원소를 피봇원소인 a_{11}으로 나눈 값

$$r_1{}' = \frac{r_1}{a_{11}}, \quad 1, \quad a_{12}{}' = \frac{a_{12}}{a_{11}}, \quad a_{13}{}' = \frac{1}{a_{11}}, \quad 0, \quad 0$$

으로

$$(\text{타블로 II의 제 1행}) = \frac{1}{a_{11}}(\text{타블로 I의 제 1행})$$

이다. 이와 같이 하여, 피봇원소 a_{11}는 1로 바뀌고 나머지 행들은 피봇원소 a_{11}을 포함하는 있는 열이 $(a_{11},\ a_{21},\ a_{31},\ z_1 - c_1)^T$에서 $(1,\ 0,\ 0,\ 0)^T$로 바뀌도록 다음과 같이 계산하여 타블로 IV를 얻는다.

$$(\text{타블로 IV의 제2행}) = (\text{타블로 II의 제2행}) - a_{21}(\text{타블로 II의 제1행})$$

$$(\text{타블로 IV의 제3행}) = (\text{타블로 II의 제3행}) - a_{31}(\text{타블로 II의 제1행})$$

$$(\text{타블로 IV의 제4행}) = (\text{타블로 II의 제4행}) - (z_1 - c_1)(\text{타블로 II의 제1행})$$

예를 들면, 타블로 IV의 제 2행은 다음과 같다.

$$r_2{}' = r_2 - a_{21}\, r_1{}', \quad 0, \quad a_{22}{}' = a_{22} - a_{21}\, a_{12}{}', \quad a_{23}{}' = 0 - a_{21}\, a_{13}{}', \quad 1, \quad 0$$

타블로 IV

C	기본변수	기본가능해	x_1	x_2	x_3	x_4	x_5
c_1	x_1	$r_1{}'$	1	$a_{12}{}'$	$a_{13}{}'$	0	0
c_4	x_4	$r_2{}'$	0	$a_{22}{}'$	$a_{23}{}'$	1	0
c_5	x_5	$r_3{}'$	0	$a_{32}{}'$	$a_{33}{}'$	0	1
	z	$z_0{}'$	0	$z_2{}' - c_2$	$z_3{}' - c_3$	$z_4{}' - c_4$	$z_5{}' - c_5$

이와 같이 계산하여 얻은 타블로 IV는 새로운 기본가능해

$$(x_1,\ x_2,\ x_3,\ x_4,\ x_5) = (r_1{}',\ 0,\ 0,\ r_2{}',\ r_3{}')$$

에 대응하는 심플렉스 타블로이다. 물론 타블로 II에서 성립했던 모든 식은 타블로 IV에서도 성립한다. 새로운 기본가능해에 대한 목적함수 z의 값은 $z_0{}' = c_1 r_1{}' + c_4 r_2{}' + c_5 r_3{}'$이며, 마지막 행의 원소($z_0{}'$를 제외한)들은 새로운 기본가능해의 심플렉스 기준이다.

이상과 같은 과정을 반복하여 유한개의 타블로를 만들면, 결국 주어진 최대문제의 최적해를 구하게 되거나 또는 최적해가 존재하지 않음을 밝힐 수 있다.

보다 자세한 내용은 다음의 최대문제를 예로 풀어가면서 이해하기로 하자.

예제 5.3.1 다음의 최대문제

$$\text{Maximize } z = 3x_1 + 2x_2 + 0x_3 + 0x_4$$

$$s.t. \begin{cases} x_1 + 2x_2 + x_3 = 4 \\ 4x_1 + x_2 + x_4 = 4 \\ x_j \geq 0,\ j = 1,\ 2,\ 3,\ 4 \end{cases}$$

에서 (0, 0, 4, 4)는 기본가능해이고 이에 대한 기본변수는 x_3, x_4이다. 또한 이에 대한 z의 값은 0이므로, 이 최초 기본가능해의 타블로는 표 5.1과 같다. 이 표에서 마지막 행에 있는 심플렉스 기준은 다음과 같이 계산한다.

$$\begin{aligned} -3 &= 0\cdot 1 + 0\cdot 4 - 3, \\ -2 &= 0\cdot 2 + 0\cdot 1 - 2, \\ 0 &= 0\cdot 1 + 0\cdot 0 - 0, \\ 0 &= 0\cdot 0 + 0\cdot 1 - 0 \end{aligned}$$

표 5.1

C	기본변수	기본가능해	x_1	x_2	x_3	x_4
0	x_3	4	1	2	1	0
0	x_4	4	4	1	0	1
	z	0	-3	-2	0	0

심플렉스 기준 중에서 -3, -2는 음수이므로 이 첫 기본가능해보다 더 나은 기본가능해를 얻을 수 있다. 이제 -3, -2 중에서 절댓값이 큰 -3을 택하면, 1열에 있는 x_1이 새로운 기본변수가 된다. 이 열에 있는 양수는 1, 4이고, 이들과 동일한 행에 있는 기본가능해의 값 4, 4를 각각 1, 4로 나눈 값인

$$\frac{4}{1},\quad \frac{4}{4}$$

중에서 최소인 것은 1이다. 따라서 피봇원소는 제2행의 원소 4이고, x_4 대신에 x_1이 새로운 기본변수가 된다. 새로운 기본가능해에 대응하는 타블로를 만들기 위해 제2행의 변수 x_4 대신에 x_1을 넣고 목적함수 z에서 x_4의 계수 0 대신에 x_1의 계수 3을 넣는다. 또한 제2행의 그 밖의 모든 원소를 피봇원소 1로 나누면, 표 5.2와 같다.

표 5.2

C	기본변수	기본가능해	x_1	x_2	x_3	x_4
0	x_3					
3	x_1	4	4	1	0	1
	z					

이제 표 5.1의 x_1열의 원소인 1, 4, -3은 0, 1, 0이 되도록 표 5.1의 각 행을 고쳐야 한다. 이는 Gauss 소거법과 유사하다.

표 5.3

C	기본변수	기본가능해	x_1	x_2	x_3	x_4
0	x_3	3	0	$\frac{7}{4}$	1	$-\frac{1}{4}$
3	x_1	1	1	$\frac{1}{4}$	0	$\frac{1}{4}$
	z	3	0	$-\frac{5}{4}$	0	$\frac{3}{4}$

표 5.3은 새로운 기본가능해

$$(x_1,\ x_2,\ x_3,\ x_4) = (1,\ 0,\ 3,\ 0)$$

에 대응하는 타블로이고, 이 기본가능해에 대한 z의 값인 3은 C열과 기본가능해열의 내적이다. 즉, $3 = 0 \cdot 3 + 3 \cdot 1$이다. 표 5.3의 마지막 행에 있는 심플렉스 기준

$$0,\ -\frac{5}{4},\ 0,\ \frac{3}{4}$$

중에 음수 $-\frac{5}{4}$가 있으므로, 더 나은 기본가능해를 얻을 수 있음을 알수 있다. 그리고 두 수

$$\frac{3}{\frac{7}{4}} = \frac{12}{7},\ \frac{1}{\frac{1}{4}} = 4$$

중에서 최소인 것은 $\frac{12}{7}$이므로, 표 5.3에서 보는 바와 같이 피봇원소는 $\frac{7}{4}$이고 기본변수는 x_3에서 x_2로 바뀐다.

표 5.4

C	기본변수	기본가능해	x_1	x_2	x_3	x_4
2	x_2	$\frac{12}{7}$	0	1		
3	x_1	$\frac{4}{7}$	1	0		
	z	$\frac{36}{7}$	0	0		

표 5.4는 새로운 기본가능해

$$(x_1,\ x_2,\ x_3,\ x_4) = \left(\frac{4}{7},\ \frac{12}{7},\ 0,\ 0\right)$$

에 대한 타블로이고, 이 기본가능해에 대한 z의 값은 $\frac{36}{7}$이다. 따라서 마지막 행에 있는 심플렉스 기준이 모두 양수이므로, 최적해는 $\left(\frac{4}{7},\ \frac{12}{7},\ 0,\ 0\right)$이고 z의 최적해는 $\frac{36}{7}$이다.

예제 5.3.2 다음의 최대문제

$$\text{Maximize}\ \ z = 40x_1 + 30x_2 + 0x_3 + 0x_4 + 0x_5$$

$$s.t.\quad \begin{cases} x_1 + x_3 = 16 \\ x_2 + x_4 = 8 \\ x_1 + 2x_2 + x_5 = 24 \\ x_j \geq 0,\ j = 1,\ 2,\ 3,\ 4,\ 5 \end{cases}$$

에서 (0, 0, 16, 8, 24)는 기본가능해이고 이에 대한 기본변수는 x_3, x_4, x_5이다. 또한, 이에 대한 z의 값은 0이므로, 이 최초 기본가능해의 타블로는 표 5.5와 같다. 이 표에서 마지막 행에 있는 심플렉스 기준은 다음과 같이 계산한다.

$$\begin{aligned} -40 &= 0 \cdot 1 + 0 \cdot 0 + 0 \cdot 1 - 40, \\ -30 &= 0 \cdot 0 + 0 \cdot 1 + 0 \cdot 2 - 30, \\ 0 &= 0 \cdot 1 + 0 \cdot 0 + 0 \cdot 0 - 0, \\ 0 &= 0 \cdot 0 + 0 \cdot 1 + 0 \cdot 0 - 0, \\ 0 &= 0 \cdot 0 + 0 \cdot 0 + 0 \cdot 1 - 0 \end{aligned}$$

표 5.5

C	기본변수	기본가능해	x_1	x_2	x_3	x_4	x_5
0	x_3	16	1	0	1	0	0
0	x_4	8	0	1	0	1	0
0	x_5	24	1	2	0	0	1
	z	0	−40	−30	0	0	0

심플렉스 기준 중에서 −40, −30은 음수이므로 이 첫 기본가능해보다 더 나은 기본가능해를 얻을 수 있다. 이제 −40, −30 중에서 절댓값이 큰 −40을 택하면, 1열에 있는 x_1이 새로운 기본변수로 된다. 이 열에 있는 양수는 1, 1이고, 이들과 동일한 행에 있는 기본가능해의 값 16, 24를 각각 1, 1로 나눈 값인

$$\frac{16}{1},\quad \frac{24}{1}$$

중에서 최소인 것은 16이다. 따라서 피봇원소는 제 1행의 원소 1이고, x_3 대신에 x_1이 새로운 기본변수로 된다. 새로운 기본가능해에 대응하는 타블로를 만들기 위해 제 1행의 변수 x_3 대신에 x_1을 넣고 목적함수 z에서의 x_3의 계수 0 대신에 x_1의 계수 40을 넣는다. 또 제 1행의 그 밖의 모든 원소를 피봇원소 1로 나누면, 표 5.6과

같다.

표 5.6

C	기본변수	기본가능해	x_1	x_2	x_3	x_4	x_5
40	x_1	16	1	0	1	0	0
0	x_4						
0	x_5						

이제 표 5.5의 x_1 열의 원소인 1, 0, 1, -40은 1, 0, 0, 0이 되도록 표 5.5의 각 행을 고쳐야 한다. 그런데 이미 0인 제2행은 그대로 두면 되므로, 새로 얻은 타블로의 제 2행은 다음과 같다.

$$8,\quad 0,\quad 1,\quad 0,\quad 1,\quad 0$$

새로운 타블로의 제3행은 표 5.5의 제3행인 24, 1, 2, 0, 0, 1에서 표 5.6의 제1행인 16, 1, 0, 1, 0, 0을 빼어 얻는다. 즉, 새로 얻은 타블로의 제3행은

$$8,\quad 0,\quad 2,\quad -1,\quad 0,\quad 1$$

이다. 마찬가지로 새로운 타블로의 마지막 행은 표 5.5의 마지막 행인 0, -40, -30, 0, 0, 0에서 표 5.6에 -40을 곱한 값 -640, -40, 0, -40, 0, 0을 뺀 것으로

$$640,\quad 0,\quad -30,\quad 40,\quad 0,\quad 0$$

이다. 따라서 새로 얻은 타블로는 다음의 표 5.7과 같다.

표 5.7

C	기본변수	기본가능해	x_1	x_2	x_3	x_4	x_5
40	x_1	16	1	0	1	0	0
0	x_4	8	0	1	0	1	0
0	x_5	8	0	2	-1	0	1
	z	640	0	-30	40	0	0

표 5.7은 새로운 기본가능해

$$(x_1,\ x_2,\ x_3,\ x_4,\ x_5) = (16,\ 0,\ 0,\ 8,\ 8)$$

에 대응하는 타블로이고, 이 기본가능해에 대한 z의 값인 640은 C 열과 기본가능해 열의 내적이다. 즉

$$640 = 40 \cdot 16 + 0 \cdot 8 + 0 \cdot 8$$

이다. 표 5.7의 마지막 행에 있는 심플렉스 기준

$$0, \quad -30, \quad 40, \quad 0, \quad 0$$

중에는 음수 -30이 있으므로, 더 나은 기본가능해를 얻을 수 있음을 알 수 있다. 그리고 두 수

$$\frac{8}{1} = 8, \quad \frac{8}{2} = 4$$

중에서 최소인 것은 4이므로, 표 5.7에서 보는 바와 같이, 피봇원소는 2이고 기본변수이었던 x_5 대신에 x_2가 새로운 기본변수가 된다.

표 5.8

C	기본변수	기본가능해	x_1	x_2	x_3	x_4	x_5
40	x_1	16	1	0	1	0	0
0	x_4	4	0	0	$\frac{1}{2}$	1	$-\frac{1}{2}$
30	x_2	4	0	1	$-\frac{1}{2}$	0	$\frac{1}{2}$
	z	760	0	0	25	0	15

표 5.8은 새로운 기본가능해

$$(x_1, x_2, x_3, x_4, x_5) = (16, 4, 0, 4, 0)$$

에 대한 타블로이고, 이 기본가능해에 대한 z의 값은 760이다. 표 5.8의 마지막 행에 있는 심플렉스 기준 0, 0, 25, 0, 15는 모두 양수이므로, 이로써 계산은 모두 끝난다.

따라서 주어진 최대문제의 최적해는 (16, 4, 0, 4, 0)이고, z의 최적값은 760이다.

인공변수를 이용하여 기본가능해를 구하는 방법으로 다음에 소개하는 Charnes의 M 법(Charnes' M method)이 있다.

Charnes의 M법

다음 [최대문제 1]에 변수 x_5, x_6, x_7을 도입하여 [최대문제 2]로 확대한다. 이때 새로 도입된 x_5, x_6, x_7를 **인공변수**(artificial variable) 또는 **인위변수**라고 한다.

최대문제 1 다음의 최대문제를 풀어보아라.

$$\text{Maximize } z = -2x_1 - x_2 + x_3 + x_4$$

$$s.t. \begin{cases} x_1 - x_2 + 2x_3 - x_4 \le 2 \\ 2x_1 + x_2 - 3x_3 + x_4 \le 6 \\ x_1 + x_2 + x_3 + x_4 \le 7 \\ x_j \ge 0,\ j = 1,\ 2,\ 3,\ 4 \end{cases}$$

최대문제 2 다음의 최대문제를 풀어보아라.

$$\text{Maximize } z = -2x_1 - x_2 + x_3 + x_4 - Mx_5 - Mx_6 - Mx_7$$

$$s.t. \begin{cases} x_1 - x_2 + 2x_3 - x_4 + x_5 = 2 \\ 2x_1 + x_2 - 3x_3 + x_4 + x_6 = 6 \\ x_1 + x_2 + x_3 + x_4 + x_7 = 7 \\ x_j \ge 0,\ j = 1,\ 2,\ \ldots,\ 7 \end{cases}$$

여기서 목적함수에 나타난 수 M은 충분히 큰 적당한 양수이다. 이 문제의 목적함수는 주어진 [최대문제 1]의 목적함수에

$$-M(x_5 + x_6 + x_7)$$

을 더한 것이다. 따라서 [최대문제 2]의 최적해가

$$(r_1,\ r_2,\ r_3,\ r_4,\ 0,\ 0,\ 0)$$

과 같이 x_5, x_6, x_7의 성분이 모두 0이면, 이 해는 [최대문제 1]의 최적해이다. 이때 양수 M은 [최대문제 2]에 대한 심플렉스법을 원활히 시행할 수 있도록 충분히 큰 수로 택한다.

심플렉스 타블로를 이용하여, [최대문제 2]를 풀어보자.

[최대문제 2]의 최초 기본가능해는

$$(0,\ 0,\ 0,\ 0,\ 2,\ 6,\ 7)$$

이고, 이에 대응하는 타블로는 표 5.9와 같다. 여기서 마지막 행은 M을 포함하는 부분과 포함하지 않는 부분으로 나누어 나타내었다.

표 5.9

C	기본변수	기본가능해	x_1	x_2	x_3	x_4	x_5	x_6	x_7
$-M$	x_5	2	1	-1	2	-1	1	0	0
$-M$	x_6	6	2	1	-3	1	0	1	0
$-M$	x_7	7	1	1	1	1	0	0	1
	z	$-15M$	$-4M$	$-M$	0	$-M$	0	0	0
	z	0	2	1	-1	-1	0	0	0

기본가능해에 대한 목적함수의 값은

$$(-M)\cdot 2+(-M)\cdot 6+(-M)\cdot 7=-M(2+6+7)=-15M$$

이고, 심플렉스 기준은

$$z_1-c_1=-M(1+2+1)-(-2)=-4M+2$$
$$z_2-c_2=-M(-1+1+1)-(-1)=-M+1$$

과 같이 계산한다. 이때 인공변수에 대한 심플렉스 기준은 모두 0이다. 수 M은 충분히 큰 양수이므로 $-4M+2$는 음수이다. 이 수를 택하면, x_1열의 1은 피봇원소이고, x_5 대신에 x_1이 새로운 기본변수로 된다. 따라서 두 번째 타블로는 표 5.10과 같이 된다.

표 5.10

C	기본변수	기본가능해	x_1	x_2	x_3	x_4	x_5	x_6	x_7
-2	x_1	2	1	-1	2	-1		0	0
$-M$	x_6	2	0	3	-7	3		1	0
$-M$	x_7	5	0	2	-1	2		0	1
	z	$-7M$	0	$-5M$	$8M$	$-5M$		0	0

	z	-4	0	3	-5	1		0	0

충분히 큰 M에 대하여, 두 번째 기본가능해에 대한 심플렉스 기준은

$$z_2 - c_2 = -5M + 3 < 0$$
$$z_4 - c_4 = -5M + 1 < 0$$

이 된다. 따라서 x_2 또는 x_4를 새로운 기본변수로 택할 수 있다. 변수 x_2를 새로운 기본변수로 택하면, 피봇원소는 3이 되고 인공변수 x_6는 기본변수로부터 물러나게 된다. 이와 같은 방법으로, 셋째 타블로와 넷째 타블로를 만들면 표 5.11과 표 5.12와 같이 된다.

표 5.11

C	기본변수	기본가능해	x_1	x_2	x_3	x_4	x_5	x_6	x_7
-2	x_1	$\frac{8}{3}$	1	0	$-\frac{1}{3}$	0			0
-1	x_2	$\frac{2}{3}$	0	1	$-\frac{7}{3}$	1			0
$-M$	x_7	$\frac{11}{3}$	0	0	$\frac{11}{3}$	0			1
	z	$-\frac{11}{3}M$	0	0	$-\frac{11}{3}M$	0			0
	z		0	0	2	-2			0

표 5.12

C	기본변수	기본가능해	x_1	x_2	x_3	x_4	x_5	x_6	x_7
-2	x_1	3	0	0	0	0			
-1	x_2	3	0	1	0	1			
1	x_3	1	0	0	1	1			
	z	0	0	0	0	0			
	z	-8	0	0	0	-2			

표 5.12에 의하여, 네 번째 기본가능해 $(3, 3, 1, 0, 0, 0, 0)$의 기본변수는 x_1, x_2, x_3이다. 즉, 인공변수는 모두 기본변수로부터 물러난 것이다. 따라서

$$(3, 3, 1, 0)$$

은 주어진 [최대문제 1]의 기본가능해이다. 표 5.12의 마지막 행에서 $-2<0$이므로, 이 기본가능해보다 나은 기본가능해를 얻을 수 있다.

표 5.13

C	기본변수	기본가능해	x_1	x_2	x_3	x_4
-2	x_1	3	1	0	0	0
1	x_4	3	0	1	0	1
1	x_3	1	0	0	1	0
	z	-2	0	2	0	0

표 5.13에서 심플렉스 기준은 모두 0 또는 양수이므로

$$x_1=3,\ x_4=3,\ x_3=1,\ x_2=0,\quad \text{즉 } (x_1,\ x_2,\ x_3,\ x_4)=(3,\ 0,\ 1,\ 3)$$

은 최적해이고, 이에 대한 목적함수의 값은 -2이다.

연습문제 5.3

1 다음 최대문제를 심플렉스 타블로를 사용하여 풀어라.

(a) Maximize $z = 3x_1 + x_2$

$$s.t. \begin{cases} x_1 \le 4 \\ x_2 \le 5 \\ x_2 + x_2 \le 7 \\ x_1,\ x_2 \ge 0 \end{cases}$$

(b) Maximize $z = x_1 + x_2$

$$s.t. \begin{cases} x_1 + 2x_2 \le 4 \\ 4x_1 + x_2 \le 4 \\ x_1,\ x_2 \ge 0 \end{cases}$$

(c) Maximize $z = 4x + 5y$

$$s.t. \begin{cases} 3x + 2y \le 10 \\ x \le 3 \\ x,\ y \ge 0 \end{cases}$$

(d) Maximize $z = 6x_1 + 2x_2 + 5x_3$

$$s.t. \begin{cases} 2x_1 + 3x_2 + x_3 + x_4 = 10 \\ x_1 + 2x_3 + x_5 = 8 \\ x_1 + 2x_2 + 5x_3 + x_6 = 19 \\ x_j \ge 0,\ j = 1,\ 2,\ \dots,\ 6 \end{cases}$$

2 다음 최대문제를 인공변수를 도입하여 Charnes의 M법으로 풀어라.

Maximize $z = x_1 + x_2 + x_3$

$$s.t. \begin{cases} 2x_1 + x_2 + 4x_3 = 20 \\ x_1 + 2x_2 + x_3 = 30 \\ x_1,\ x_2,\ x_3 \ge 0 \end{cases}$$

3 다음 최대문제의 첫 제약조건식에는 변수 x_4가 있으므로, 인공변수를 새로 도입할 필요가 없다. 둘째 식과 셋째 식에 인공변수 x_5, x_6를 도입하여 Charnes의 M법을 사용하여 풀어라.

Maximize $z = x_1 + 2x_2 + 3x_3 - x_4$

$$s.t. \begin{cases} x_1 + 2x_2 + x_3 + x_4 = 10 \\ 2x_1 + x_2 + 5x_3 = 20 \\ x_1 + 2x_2 + 3x_3 = 15 \\ x_j \ge 0,\ j = 1,\ 2,\ 3,\ 4 \end{cases}$$

5.4 쌍대문제

최소문제에 관한 심플렉스법은 최대문제에 관한 해법과 본질적으로 같다. 다음 최소문제를 생각해 보자.

최소문제 1 다음의 최소문제를 풀어보아라.

$$\text{Minimize } z = 4x_1 + 2x_2$$
$$s.t. \begin{cases} 3x_1 + x_2 \geq 27 \\ x_1 + x_2 \geq 21 \\ x_1 + 2x_2 \geq 30 \\ x_1,\ x_2 \geq 0 \end{cases}$$

잉여변수 x_3, x_4, x_5를 도입하면, 주어진 최소문제 1은 다음 최소문제 2로 변형된다.

최소문제 2 다음의 최소문제를 풀어보아라.

$$\text{Minimize } z = 4x_1 + 2x_2 + 0x_3 + 0x_4 + 0x_5$$
$$s.t. \begin{cases} 3x_1 + x_2 - x_3 = 27 \\ x_1 + x_2 - x_4 = 21 \\ x_1 + 2x_2 - x_5 = 30 \\ x_j \geq 0,\ j = 1,\ 2,\ 3,\ 4,\ 5 \end{cases}$$

한편 위의 식에 $x_1 = x_2 = 0$을 대입하면 $x_3 = -27$, $x_4 = -21$, $x_5 = -30$과 같이 음수를 얻으므로, $(0,\ 0,\ -27,\ -21,\ -30)$은 [최소문제 2]의 기본가능해가 아니다. 따라서 인공변수를 도입하여 최초 기본가능해를 얻은 다음에, 이를 이용하여 최적해를 구해야 한다. 이를 위하여 충분히 큰 양수 M과 인공변수 x_6, x_7, x_8을 도입하여 [최소문제 2]를 다음과 같이 확대한다.

최소문제 3 다음의 최소문제를 풀어보아라.

$$\text{Minimize } z = 4x_1 + 2x_2 + 0x_3 + 0x_4 + 0x_5 + Mx_6 + Mx_7 + Mx_8$$

$$s.t. \begin{cases} 3x_1 + \ \ x_2 - x_3 + x_6 \ = 27 \\ \ \ x_1 + \ \ x_2 - x_4 + x_7 \ = 21 \\ \ \ x_1 + 2x_2 - x_5 + x_8 \ = 30 \\ \ \ x_j \geq 0, \ j = 1, \ 2, \ \dots, \ 8 \end{cases}$$

최대문제의 경우와는 달리, 목적함수에서 인공변수 x_6, x_7, x_8의 계수가 $-M$이 아니고 M이라는 사실에 주목하자. [최소문제 3]의 최초 기본가능해로서

$$(0, 0, 0, 0, 0, 27, 21, 30)$$

을 택하면, 이에 대한 기본변수는 x_6, x_7, x_8이고, 이 기본가능해에 대응하는 타블로는 표 5.14와 같다.

표 5.14

C	기본변수	기본가능해	x_1	x_2	x_3	x_4	x_5	x_6	x_7	x_8
M	x_6	27	3	1	-1	0	0	1	0	0
M	x_7	21	1	1	0	-1	0	0	1	0
M	x_8	30	1	2	0	0	-1	0	0	1
	z	$78M$	$5M$	$4M$	$-M$	$-M$	$-M$	0	0	0
	z	0	-4	-2	0	0	0	0	0	0

여기서 최초 기본가능해에 대한 목적함수 z의 값은

$$M \cdot 27 + M \cdot 21 + M \cdot 30 = M(27 + 21 + 30) = 78M$$

이고, 심플렉스 기준은

$$z_1 - c_1 = M(3 + 1 + 1) - 4 = 5M - 4$$
$$z_2 - c_2 = M(1 + 1 + 2) - 2 = 4M - 2$$

와 같이 계산하여 얻는다. 최대문제와는 달리 최소문제에서는 심플렉스 기준이 모두 0 또는 음이면 최적해이고, 양인 것이 적어도 하나 존재하면 더 나은 기본가능해를 얻을 수 있다. 표 5.14에서 M을 충분히 큰 양수로 택하여 $5M-4 > 0$, $4M-2 > 0$

이 되게 할 수 있으며, 따라서 x_1 또는 x_2를 새로운 기본변수로 택할 수 있다. x_1을 새로운 기본변수로 택한다면, 최대문제에서와 같이

$$\frac{27}{3}, \quad \frac{21}{1}=21, \quad \frac{30}{1}=30$$

중에서 최소인 9를 택한다. 이때 27과 3이 들어 있는 행의 변수인 x_6는 기본변수로부터 물러나게 되고, 3은 피봇원소가 된다.

표 5.15

C	기본변수	기본가능해	x_1	x_2	x_3	x_4	x_5	x_6	x_7	x_8
4	x_1	9	1	$\frac{1}{3}$	$-\frac{1}{3}$	0	0		0	0
M	x_7	12	0	$\frac{2}{3}$	$\frac{1}{3}$	-1	0		1	0
M	x_8	21	0	$\frac{5}{3}$	$\frac{1}{3}$	0	-1		0	1
	z	$33M$	0	$\frac{7}{3}M$	$\frac{2}{3}M$	$-M$	$-M$		0	0
	z	36	0	$-\frac{2}{3}$	$-\frac{4}{3}$	0	0		0	0

표 5.15에서, 두 번째 기본가능해의 심플렉스 기준 중에서

$$\frac{7}{3}M-\frac{2}{3}>0, \quad \frac{2}{3}M-\frac{4}{3}>0$$

이므로, 변수 x_2 또는 x_3를 새로운 기본변수로 택할 수 있다. x_2를 새로운 기본변수로 택하면, 위에서와 같이 $\frac{5}{3}$가 피봇원소이고, 따라서 x_8은 기본변수로부터 물러나게 됨을 알 수 있다.

표 5.16은 세 번째 기본가능해에 대응하는 타블로이다. 이 표에서

$$\frac{1}{5}M-\frac{6}{5}>0, \quad \frac{2}{5}M-\frac{2}{5}>0$$

이므로, 변수 x_3 또는 x_5는 새로운 기본변수로 택할 수 있다. 이제 x_3를 새로운 기본변수로 택하면 $\frac{1}{5}$은 피봇원소이고 x_7은 기본변수로부터 물러나게 된다.

표 5.16

C	기본변수	기본가능해	x_1	x_2	x_3	x_4	x_5	x_6	x_7	x_8
4	x_1	$\frac{24}{5}$	1	0	$-\frac{2}{5}$	0	$\frac{1}{5}$		0	
M	x_7	$\frac{18}{5}$	0	0	$\frac{1}{5}$	-1	$\frac{2}{5}$		1	
2	x_2	$\frac{63}{5}$	0	1	$\frac{1}{5}$	0	$-\frac{3}{5}$		0	
	z	$\frac{18}{5}M$	0	0	$\frac{1}{5}M$	$-M$	$\frac{2}{5}M$		0	
	z	$\frac{222}{5}$	0	0	$-\frac{6}{5}$	0	$-\frac{2}{5}$		0	

다음의 표 5.17은 네 번째 기본가능해에 대응하는 타블로이다. 이 표에서 인공변수인 x_6, x_7, x_8은 모두 기본변수로부터 물러났음을 알 수 있다. 이 기본가능해의 심플렉스 기준 중에서 2는 양수이므로, x_5는 새로운 기본변수이고 2는 피봇원소이다.

표 5.17

C	기본변수	기본가능해	x_1	x_2	x_3	x_4	x_5	x_6	x_7	x_8
4	x_1	12	1	0	0	-2	1			
0	x_7	18	0	0	1	-5	2			
2	x_2	9	0	1	0	1	-1			
	z	0	0	0	0	0	0			
	z	66	0	0	0	-6	2			

표 5.18

C	기본변수	기본가능해	x_1	x_2	x_3	x_4	x_5
4	x_1	3	1	0	$-\frac{1}{2}$	$\frac{1}{2}$	0
0	x_5	9	0	0	$\frac{1}{2}$	$-\frac{5}{2}$	1
2	x_2	18	0	1	$\frac{1}{2}$	$-\frac{3}{2}$	0
	z	48	0	0	-1	-1	0

새로 얻은 표 5.18에서 심플렉스 기준은 모두 0 또는 음이므로 계산은 이로써 끝난다. 따라서 [최소문제 2]의 최적해는 $x_1 = 3$, $x_5 = 9$, $x_2 = 18$, $x_3 = x_4 = 0$, 즉

$$(x_1,\ x_2,\ x_3,\ x_4,\ x_5) = (3,\ 18,\ 0,\ 0,\ 9)$$

이고, 이에 대한 목적함수의 값은 48이다. 그러므로 [최소문제 1]의 최적해는 다음과 같다.

$$(x_1,\ x_2) = (3,\ 18)$$

지금까지는 최대문제와 최소문제를 전혀 다른 문제인 것처럼 다루어 왔으나, 이 두 문제 사이에는 밀접한 관계가 있다. 실제로 모든 최대문제(최소문제)에 대해서 동일한 최적값을 갖는 최소문제(최대문제)가 존재한다.

다음 두 예제를 비교해 보자.

예제 5.4.1 [최대문제]

$$\text{Maximize}\quad G = c_1x_1 + c_2x_2$$
$$s.t.\quad \begin{cases} a_{11}x_1 + a_{12}x_2 \le d_1 \\ a_{21}x_1 + a_{22}x_2 \le d_2 \\ a_{31}x_1 + a_{32}x_2 \le d_3 \\ x_1,\ x_2 \ge 0 \end{cases}$$

예제 5.4.2 [최소문제]

$$\text{Minimize}\quad F = d_1y_1 + d_2y_2 + d_3y_3$$
$$s.t.\quad \begin{cases} a_{11}y_1 + a_{21}y_2 + a_{31}y_3 \ge c_1 \\ a_{12}y_1 + a_{22}y_2 + a_{32}y_3 \ge c_2 \\ y_1,\ y_2,\ y_3 \ge 0 \end{cases}$$

예제 5.4.1과 예제 5.4.2는 그 제약조건식에서 계수행렬이 서로 전치되어 있고, 적함수의 계수와 제약조건의 우변이 서로 바뀌었으며 조건식 부등호 방향이 달라져 있고 Maximize와 Minimize가 바뀌었다. 이와 같은 관계에 있는 두 문제에서, 하나는 **원문제**(primal problem), 다른 하나는 원문제의 **쌍대문제**(dual problem)라고 한다.

정리 5.4.1

원문제의 최적해가 존재한다면, 그 쌍대문제의 최적해도 존재하고 이 두 문제의 최적해는 서로 같다. 또한 이때 원문제 또는 (쌍대문제)의 최적해는 쌍대문제(또는 원문제)의 최적해에 대응하는 심플렉스 타블로로부터 얻을 수 있다.

최소문제는 인공변수를 도입해야 하므로 최대문제보다 그 계산과정이 훨씬 더 복잡하다. 따라서 최소문제를 푸는 대신 쌍대문제인 최대문제를 풀어 쌍대정리를 적용하면 간편하다.

다음 예를 이용하여 위의 사실을 설명하기로 한다.

원문제 1

$$\text{Minimize } F = 4x_1 + 2x_2$$

$$s.t. \begin{cases} 3x_1 + x_2 \geq 27 \\ x_1 + x_2 \geq 21 \\ x_1 + 2x_2 \geq 30 \\ x_1,\ x_2 \geq 0 \end{cases}$$

쌍대문제 1

$$\text{Maximize } G = 27y_1 + 21y_2 + 30y_3$$

$$s.t. \begin{cases} 3y_1 + y_2 + y_3 \leq 4 \\ y_1 + y_2 + 2y_3 \leq 2 \\ y_1,\ y_2,\ y_3 \geq 0 \end{cases}$$

원문제 1에는 잉여변수 x_1, x_2, x_3를 도입하고, 쌍대문제 2에는 여유변수 y_1, y_2를 도입하여 다음과 같이 변형할 수 있다.

원문제 2

$$\text{Minimize } F = 4x_1 + 2x_2 + 0x_3 + 0x_4 + 0x_5$$

$$s.t. \begin{cases} 3x_1 + x_2 - x_3 = 27 \\ x_1 + x_2 - x_4 = 21 \\ x_1 + 2x_2 - x_5 = 30 \\ x_1,\ x_2,\ x_3,\ x_4,\ x_5 \geq 0 \end{cases}$$

쌍대문제 2

$$\text{Maximize } G = 27y_1 + 21y_2 + 30y_3 + 0y_4 + 0y_5$$

$$s.t. \begin{cases} 3y_1 + y_2 + \ y_3 + y_4 = 4 \\ \ y_1 + y_2 + 2y_3 + y_5 = 2 \\ \ y_1,\ y_2,\ y_3,\ y_4,\ y_5 \geq 0 \end{cases}$$

다음의 표 5.19는 이 두 문제의 쌍대관계를 나타낸 것이다.

표 5.19

쌍대문제	원문제					
	x_1	x_2	x_3	x_4	x_5	
y_1	3	1	-1	0	0	27
y_2	1	1	0	-1	0	21
y_3	1	2	0	0	-1	30
y_4	1	0				
y_5	0	1				
	4	2				

원문제 2의 최적해에 대응하는 타블로와 쌍대문제 2의 최적해에 대응하는 타블로를 계산하여 비교하면 다음 표와 같다.

표 5.20

C	기본변수	기본가능해	x_1	x_2	x_3	x_4	x_5
4	x_1	3	1	0	$-\frac{1}{2}$	$\frac{1}{2}$	0
0	x_2	9	0	0	$\frac{1}{2}$	$-\frac{5}{2}$	1
2	x_3	18	0	1	$\frac{1}{2}$	$-\frac{3}{2}$	0
	F	48	0	0	-1	-1	0

표 5.21

C	기본변수	기본가능해	x_1	x_2	x_3	x_4	x_5
27	y_1	1	1	0	$-\frac{1}{2}$	$\frac{1}{2}$	$-\frac{1}{2}$
21	y_3	1	0	1	$\frac{5}{2}$	$-\frac{1}{2}$	$\frac{3}{2}$
	G	48	0	0	9	3	18

이 두 표에서 알 수 있듯이, 원문제 2의 최적해

$$(x_1,\ x_2,\ x_3,\ x_4,\ x_5) = (3,\ 18,\ 0,\ 0,\ 9)$$

에 대한 목적함수 F의 값은 48이고, 쌍대문제 2의 최적해

$$(y_1,\ y_2,\ y_3,\ y_4,\ y_5) = (1,\ 1,\ 0,\ 0,\ 0)$$

에 대한 목적함수 G의 값도 48이다.

연습문제 5.4

1 다음 최소문제를 Charnes의 M법으로 풀어라.

(a) Minimize $z = x_1 + 4x_2$

$$s.t. \begin{cases} x_1 + 2x_2 \geq 8 \\ 3x_1 + 2x_2 \geq 12 \\ x_1,\ x_2 \geq 0 \end{cases}$$

(b) Minimize $z = 12x_1 + 42x_2$

$$s.t. \begin{cases} x_1 + 2x_2 \geq 3 \\ x_1 + 4x_2 \geq 4 \\ 3x_1 + x_2 \geq 3 \\ x_1,\ x_2 \geq 0 \end{cases}$$

(c) Minimize $z = 50x_1 + 80x_2 + 140x_3$

$$s.t. \begin{cases} x_1 + x_2 + 3x_3 \geq 4 \\ x_1 + 2x_2 + 2x_3 \geq 3 \\ x_1,\ x_2,\ x_3 \geq 0 \end{cases}$$

2 두 변수 x_1, x_2로 나타낸 최대문제에 대해 여유변수 x_3, x_4를 도입하여 심플렉스법으로 푸는 과정에서 다음과 같은 타블로를 얻었다고 하자.

기본변수	기본가능해	x_1	x_2	x_3	x_4
x_1	2	0	1	2	-1
x_2	2	1	0	-1	1
z	14	0	0	2	1

(a) 이 표는 최적해에 대응하는 타블로인가? 설명하여라.

(b) 주어진 문제의 최적해 $(x_1,\ x_2)$를 구하여라.

(c) 이 문제의 쌍대문제의 최적해를 구하여라.

3 다음 최소문제의 최적해는 $x_1 = 8$, $x_2 = 0$이다.

$$\text{Minimize} \quad F = x_1 + 4x_2$$

$$s.t. \quad \begin{cases} x_1 + 2x_2 \ge 8 \\ 3x_1 + 2x_2 \ge 12 \\ x_1, \ x_2 \ge 0 \end{cases}$$

이 최소문제에 잉여변수 x_3, x_4를 도입하였을 때

(a) 최적해에 대한 x_3, x_4의 값을 구하여라. 최적해는 무엇인가?

(b) 이 최소문제의 쌍대문제를 써라.

(c) 쌍대문제의 최적해 (y_1, y_2)를 (a)로부터 구하여라.

쉬어 가기

단찌그와 선형계획법

단찌그(Dantzig)

단찌그(George Bernard Dantzig, 1914~2005)는 미국의 수학자로서 스탠포드 대학의 교수와 명예교수를 역임하였으며, 그는 선형계획(LP: linear programming) 문제를 풀 수 있는 simplex algorithm의 개발자로 알려져 있다.

단찌그는 1936년에 University of Maryland에서 수학과 물리학 학사를 취득한 후, 1938년에 University of Michigan에서 수학석사를 취득하였다. 그 후, 미국 노동통계국에서 2년간 근무한 후, University of California, Berkeley에서 통계학을 연구하던 수학자인 Jerzy Neyman 교수 지도의 박사과정에 합류하였다. 1939년 어느 날, 통계학 강의에 지각하였는데 칠판에 적혀있는 두 문제가 과제라고 판단한 그는 노트에 옮겨 적은 후 문제를 풀이하여 제출하였다. 그는 몰랐지만 그 두 문제는 증명되지 않은 통계학 이론이었다. 이 이야기는 삽시간에 퍼져나가기 시작하였고 긍정적 사고의 힘을 나타내는 교훈으로 사용되었다. 시간이 지나 단찌그의 이름은 사라지고 사실도 변질되었으나 이 이야기는 도시의 전설로서 이어지고 있으며, 영화 〈Good Will Hunting(1997)〉에 영감을 준 것으로 알려져 있다.

단찌그는 John von Neumann, Leonid Kantorovich와 함께 선형계획법의 창시자로 알려져 있으며, 그의 연구는 수학이론, 계산, 경제분석과 산업체 응용문제 등을 아우르는 많은 분야에 기여하고 있다. 그의 주요 업적의 예를 들면, 항공산업에서 승무원들이 어떤 항공기에 언제 탑승해야 할 것인지를 결정하는 문제이다. 이를 기반으로 물류회사들은 몇 대의 비행기가 필요한지, 운송트럭을 어디에 배차해야 할 것인지 등을 결정하는 데 사용하고 있다. 석유산업에서는 정유공정에 선형계획법을 사용해 왔는데, 여러 등급의 가솔린과 부산물을 생산하기 위해 얼마나 많은 원유를 사용해야 하는지를 결정하는데 이용되고 있다. 이외에도 제조, 통신, 광고, 건축 등 셀 수 없이 많은 분야에 그의 연구결과가 활용되고 있다.

1946년, 미공군감독국의 수학분야 자문관으로서 단찌그는 국방성의 동료로부터 '시간에 따라 배치, 훈련, 물류공급계획을 좀 더 빠르게 계산'하는 일에 관해 제안을 받았다. 당시에는 컴퓨터가 본격적으로 사용되기 이전의 시기로, 처리과정은 아날로그 장치나 펀치카드 등에 의존하고 있었다. 당시 'program'이라는 용어는 '계획, 제안된 일정' 등의 의미를 갖는 군사용어로 사용되고 있었는데, 단찌그에 의하면 'linear programming'이라는 다소 모호한 용어는 이러한 군사적 의미의 'program'에 기초하고 있다고 알려져 있다. 1963년에 단찌그가 집필한 《Linear Programming and Extensions》이라는 책은 '선형계획법의 성경'으로 간주되고 있다.

선형계획법의 역사는 아담과 이브의 시기까지 거슬러 올라간다는 비공식 역사에 관한 기술이 있는데, 이는 성서시대 7년간의 풍년 뒤에 따른 7년간의 흉년(lean year) 동안 요셉이 파라오와 이집트 사람들을 살아남도록 도운 방법이 바로 'lean year programming' 덕분이었다는 시석이다.

제6장

Mathematica 실습

이 장에서는 Mathematica 실습을 통해 수학적 개념을 구체화, 시각화하여 학습내용을 이해하는 데 도움을 주고자 한다. Mathematica 버전 10.2를 사용하여 작성하였으나, 버전 9.0 이상의 환경이면 이 책의 Mathematica 명령어 실습에 어려움은 없을 것이다.

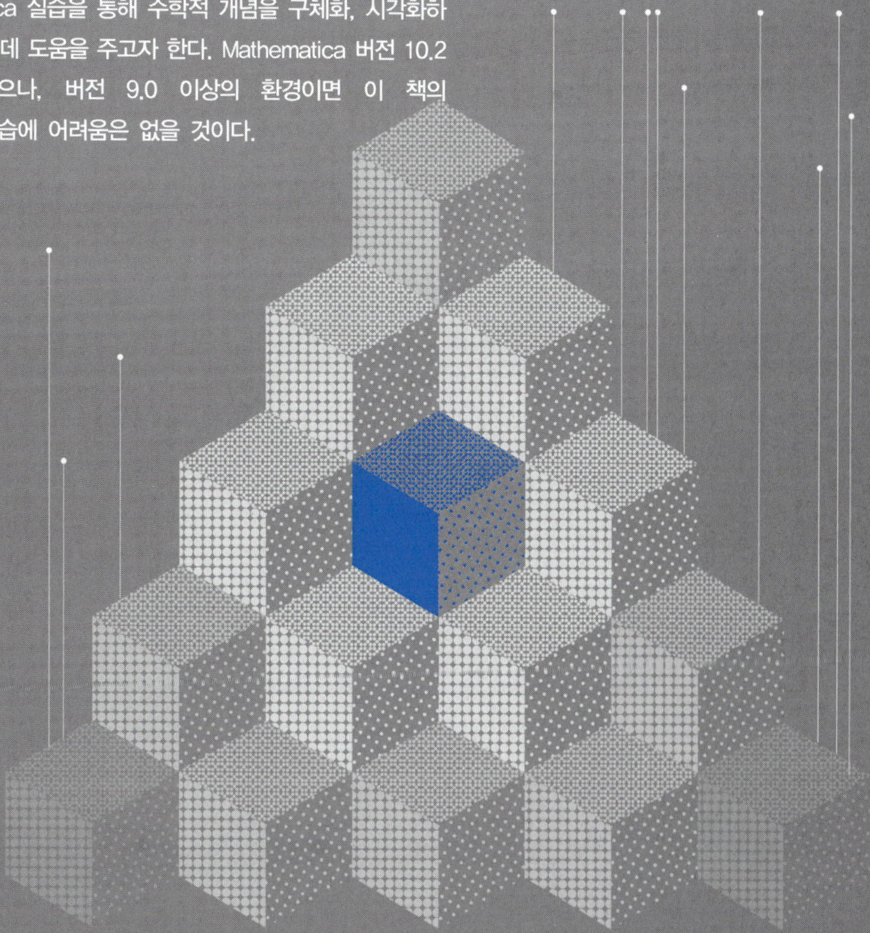

6.1 Mathematica 소개

Mathematica 실습에 앞서 프로그램을 사용하는 기본적인 내용, 즉 실행 순서, 명령어 입력 형태와 주의사항, 환경설정, Help 활용법, Mathematica 명령어 등에 대해 알아보자.

1) 실행 순서

Mathematica 프로그램 실행 순서는 다음과 같다.

ⓐ 바탕화면의 Mathematica Icon을 클릭한다.

ⓑ 왼쪽의 NewDocument를 열고 첫째 행 Notebook을 선택한다.

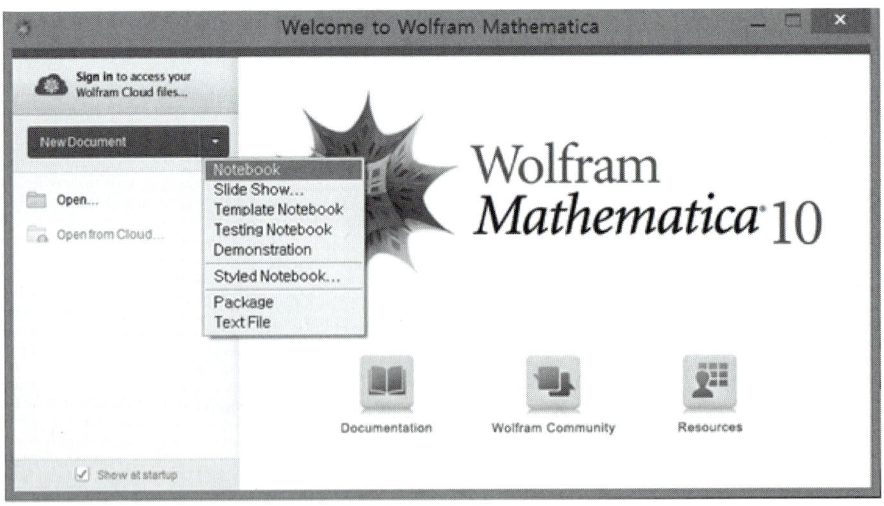

ⓒ notebook 화면이 활성화된, 다음 화면을 notebook(확장자는 nb)이라 부른다.

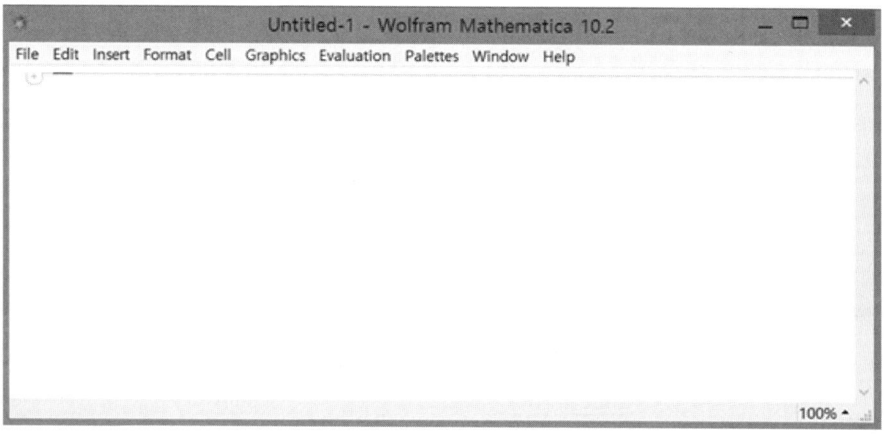

ⓓ 화면에 나타난 지시선 시작부분의 ⊕⌜기호를 클릭해보면, Mathematica 명령어 입력형태 중에서 Wolfram Language Input이 default(기본 설정)로 되어 있음을 볼 수 있다.

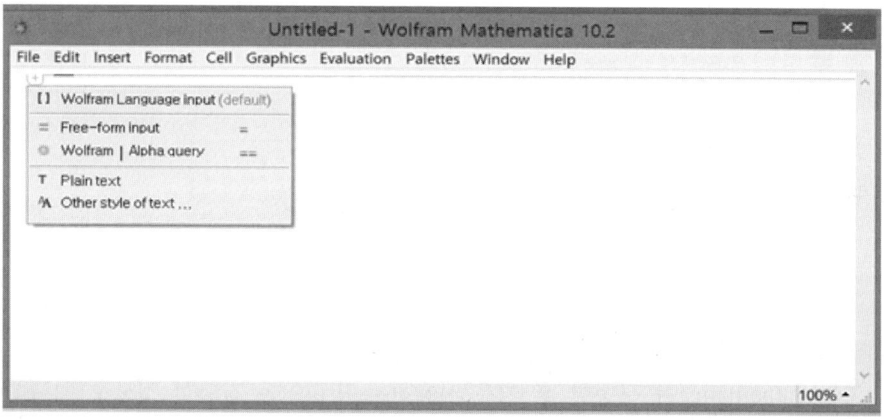

ⓔ 명령어를 입력한다. 먼저, 1+1을 입력하자. 창의 오른쪽 끝에 나타나는 파란색 블라켓(bracket) ']' 을 셀(cell)이라 하는데, 명령어 입력 주의사항 및 입력 방법에 대해서는 곧이어 자세히 다룬다.

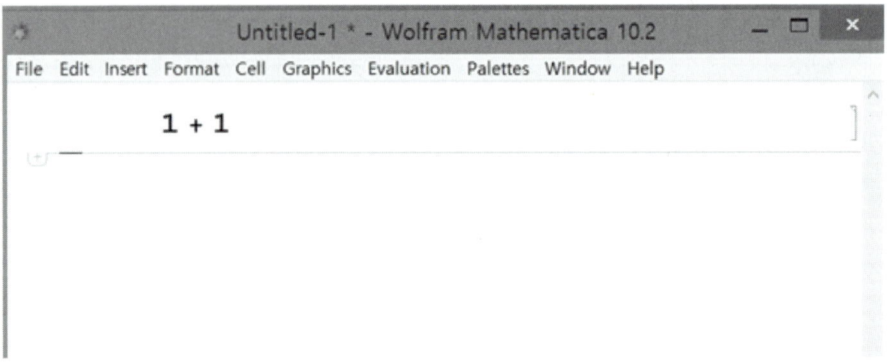

ⓕ 명령어를 실행하기 위해서 커서를 입력한 명령어가 있는 행의 어느 곳에든지 두고 단축키 < Shift + Enter↵ >을 누른다. 즉, Shift 키를 누른 상태에서 Enter↵ 키를 누른다).

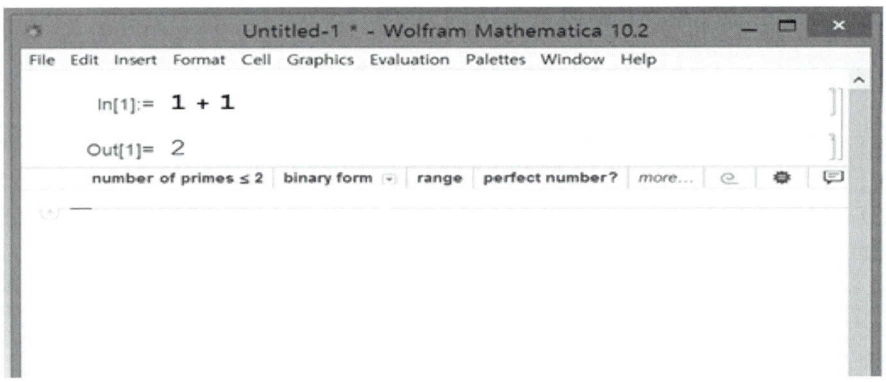

2) 실행 순서에 대한 참고사항

ⓐ Mathematica를 구동한 후 처음 사용하는 명령어는 간단한 것으로 입력하여라. 왜냐하면, 예를 들면

1 + 1 < Shift + Enter↵ >

에서 < Shift + Enter↵ >는 명령 실행을 Mathematica Kernel에 알리는 것이므로, Mahtematica를 시작할 때 간단한 계산으로 Mahtematica를 구동시키면 처음 실행시간을 단축시킬 수 있기 때문이다.

ⓑ 명령어를 시행하면 자동으로 입력과 출력표시인 In[ ] : =과 Out[ ] =가 나타난다.

In[번호] := 1 + 1

Out[번호]=2

ⓒ In[ ] : =이라는 프롬프트는 사용자가 입력한 내용(명령)에 대해 붙여지는 것이고, Out[ ] =은 명령을 실행했을 때 나타나는 결과에 대하여 붙여진다. 또한 Out[ ] = 다음에 나타난 음영부분 안의 명령어들은 실행 결과를 이용할 수 있는 것들이다. 그 명령어들의 첫 행 오른쪽에 보이는 'more'를 클릭해보면 화면에 나타난 것보다 더 많은 명령어들을 볼 수 있다.

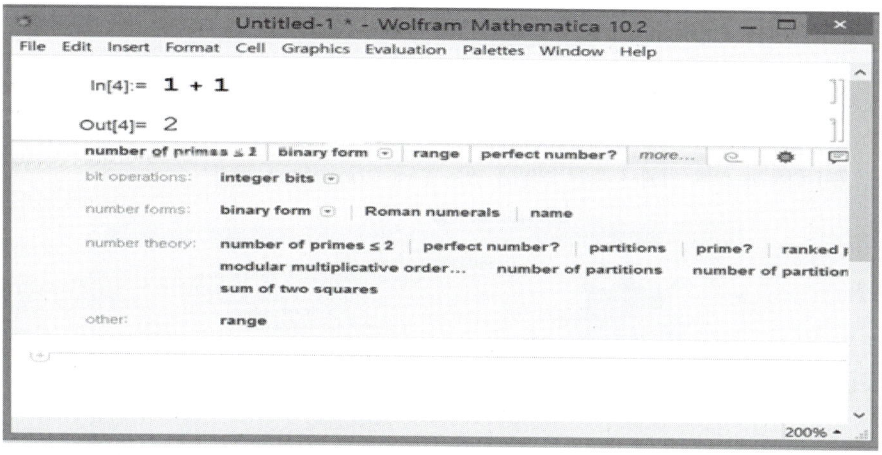

ⓓ 이 교재에서는 위 화면에서와 같이 In[ ] : =은 굵은 글씨체로, Out[ ] =은 보통의 글씨체로 나타난다. 그리고 Mathematica 명령어 및 실행 결과에 붙여지는 In[ ] : =과 Out[ ] =은 특별한 경우가 아니면 생략한다.

3) Mathematica 명령어 입력 형태

실행 순서 ⓓ에서 언급한 Mathematica 명령어 입력 형태를 보다 자세히 알아보자.

Wolfram Language input

이는 기존의 Mathematica 명령어 구조에 따라 입력하는 형태를 말한다.

Free-form input

사용자가 원하는 내용을 대충의 영어로 입력하면, Mathematica 명령어로 번역하여 그 결과를 제시해 준다. 웹사이트나 어플리케이션을 통한 입력이 아니기 때문에 Free-form으로 입력한 명령어는 Mathematica 프로그램 안에서 WolframAlpha 서버에 접속하여 그 결과를 보여주는 구조를 따른다.

Wolfram Alpha guery

간혹 사용자가 속한 기관의 서버에서 외부 서버에 접근하는 것을 차단(화이트필터링)해 놓으면, Free-form input 입력이 되지 않는 경우가 있다. 다음과 같이 실습해보자.

(1) 메뉴 → Help → About Mathematica
(2) 중간 부분의 System Information 버튼 클릭
(3) 다음과 같은 창에서 중간 부분에 있는 Test Connection 클릭

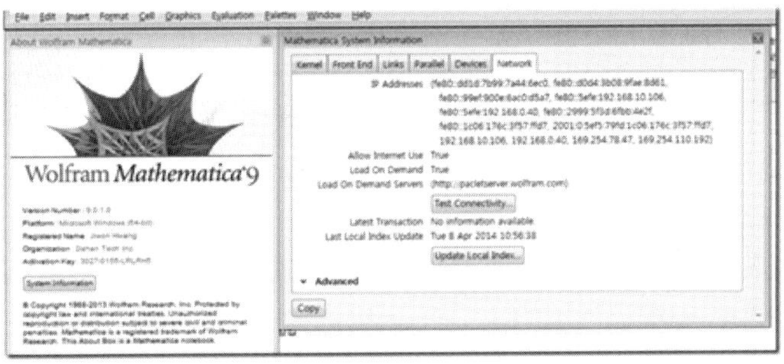

(4) 결과가 다음과 같이 나타나면 문제가 없으며, 인터넷 연결이 되어 있는지 확인

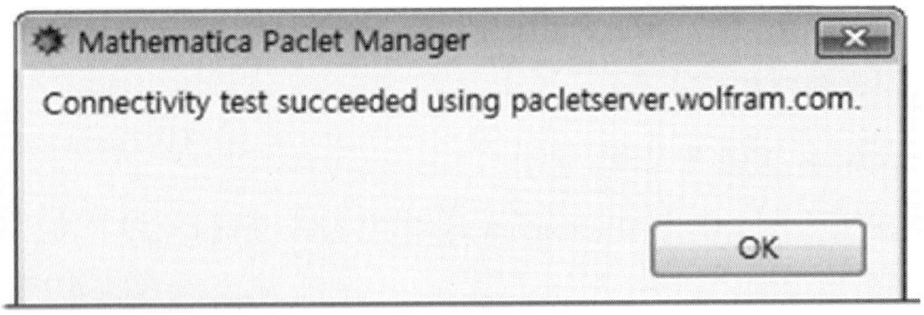

(5) 그래도 되지 않으면 Mathematica 구입처에 문의

Plain text

메모장 기능처럼 간단한 주석문 또는 설명글을 입력할 수 있도록 한다.

Other style of text...

한글로 지정된 여러 가지 스타일을 선택하여 입력할 수 있도록 도와준다.

4) Mathematica 명령어의 한국어 구현

버전 10.0 이후부터는 화면에 나타난 명령어를 다음과 같은 방법으로 한국어로 나타낼 수 있다.

ⓐ Edit 메뉴에서 References....를 클릭한다.

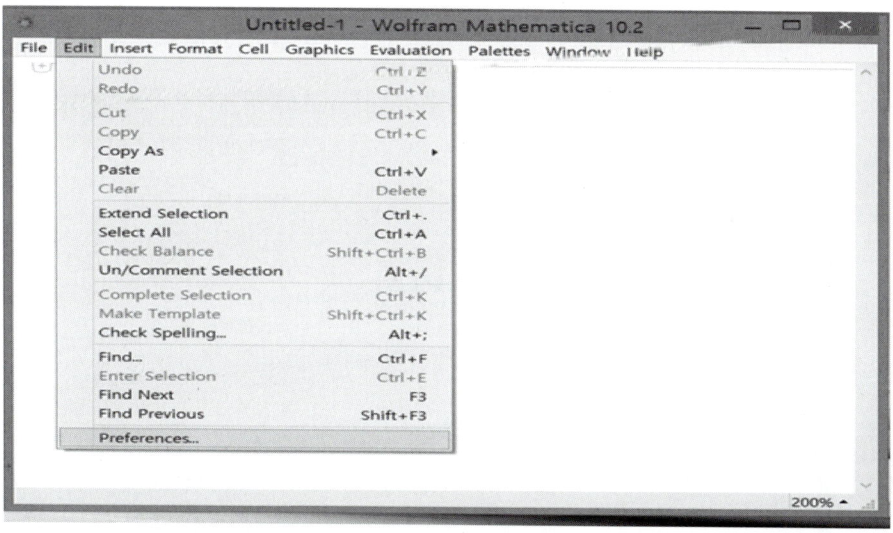

ⓑ Korean(한국어)을 선택한다.

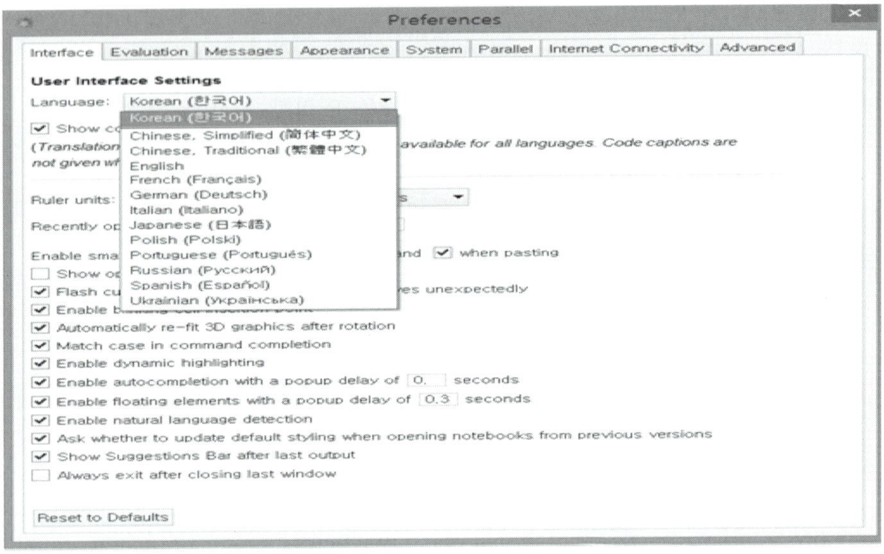

ⓒ 화면에 나타나는 명령어 다음에 한국어 설명을 보여준다.

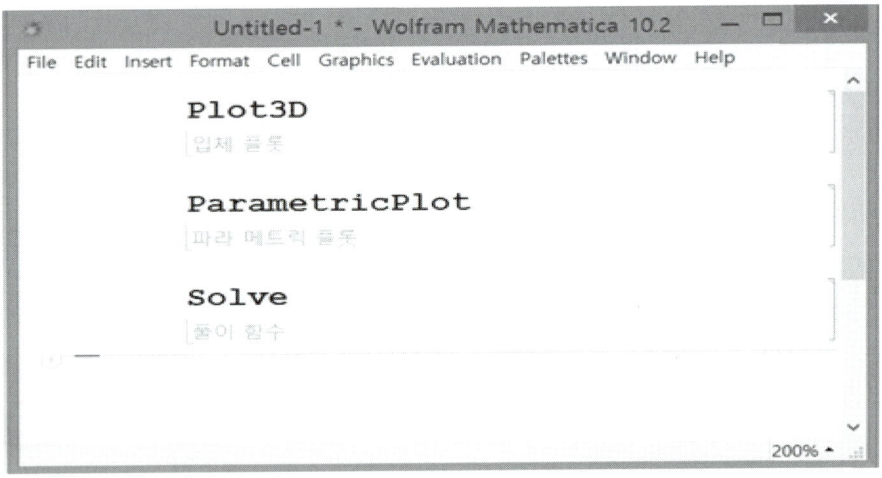

5) Mathematica 명령어 입력 주의사항

Mahtematica 명령어를 입력할 때, 다음의 주의사항을 항상 상기해야 한다. 보다 자세한 명령어 입력에 대한 주의사항이나 강조할 내용에 대해서는 예제를 이용하거나 참고, 명령어 설명 또는 주의 등을 통해 보충하여 설명할 것이다.

(1) Mathematica 명령어 입력에서는 대소문자를 **구별**하여 사용하여야 한다.
(2) 명령어 및 예약상수의 첫 글자는 항상 **대문자**이어야 한다.
(예; Plot, Solve, Show, ⋯)
(3) 여러 단어로 합성된 명령어의 각 단어의 첫 글자는 모두 **대문자**이어야 한다.
(예; ListPlot, ImplicitPlot, PolarPlot, ⋯)
(4) Mathematica 명령어는 **대괄호**로 실행할 내용을 묶는다.
명령어 형태는 **동사[목적어, 추가설명어]**이다.
(예; Plot[x^2, {x, -2, 2}])
(5) 괄호는 짝으로 사용한다. (예; ( ), { }, [ ])
(6) 팔레트를 사용하여 특수문자나 예약상수를 입력하면 편리하다.
(예; exponential 𝕖, 허수 𝕚 등은 자판의 소문자가 아님에 유의해야 한다.)

6) Help – Wolfram Documentation 사용법

Mathematica를 이용하여 주어진 문제를 해결하고자 할 때, 어떤 부분에서 어떤 명령어를 사용해야 하는지 알고 싶으면, Help 기능을 충분히 활용하기 바란다.

먼저 명령어 사용방법에 도움을 주는 Help 기능 중에서 Wolfram Documentation에 대해 알아보자. 여기서는 명령어 Plot로 설명한다.

ⓐ 메뉴에서 Help ⇒ Wolfram Documentation을 클릭한다.

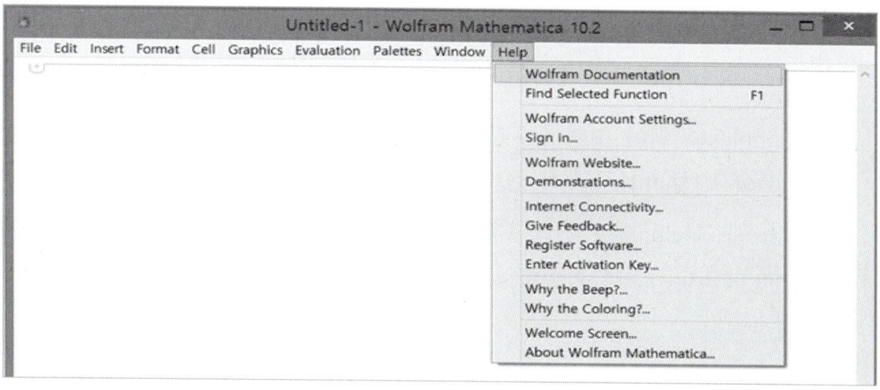

ⓑ plot를 입력(Wolfram Documentation에는 대소문자의 구분이 없으므로, Plot 또는 plot 입력 가능)하고, Enter↵키를 누르면 Plot 명령어에 대한 사용법이 나타난다.

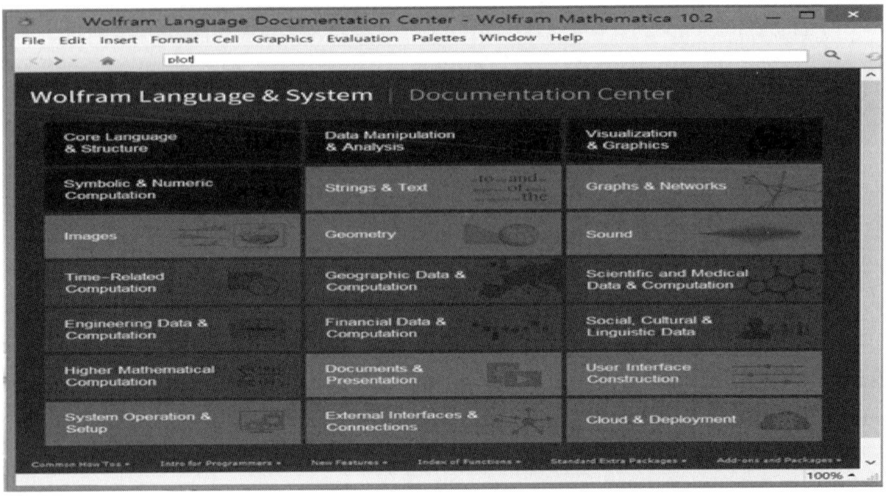

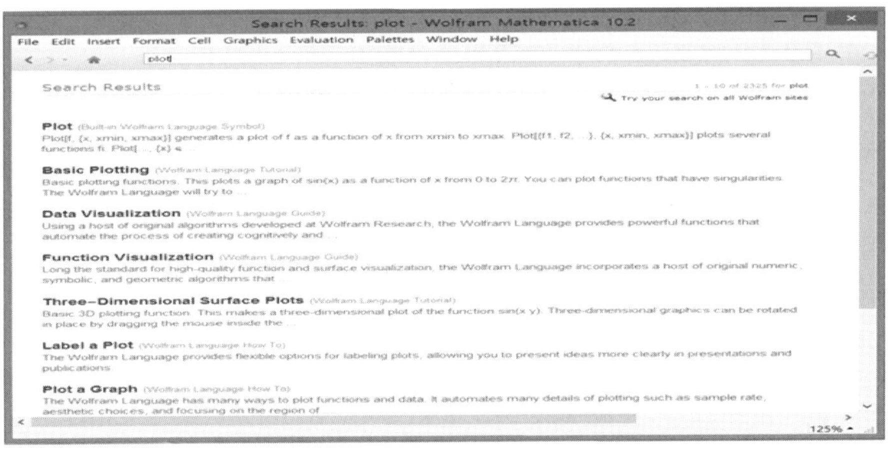

ⓒ Examples를 열어 명령어를 Copy(복사)한 다음, notebook 화면에 Paste(붙여넣기)하여 < Shift + Enter↵ >로 실행하면, Help의 실행결과와 같음을 확인할 수 있다. 즉, Help 메뉴 안의 Examples들은 모두 실행파일이므로 그 자체에서 < Shift + Enter↵ >로 확인할 수 있고 명령어를 수정하여 실행할 수도 있다.

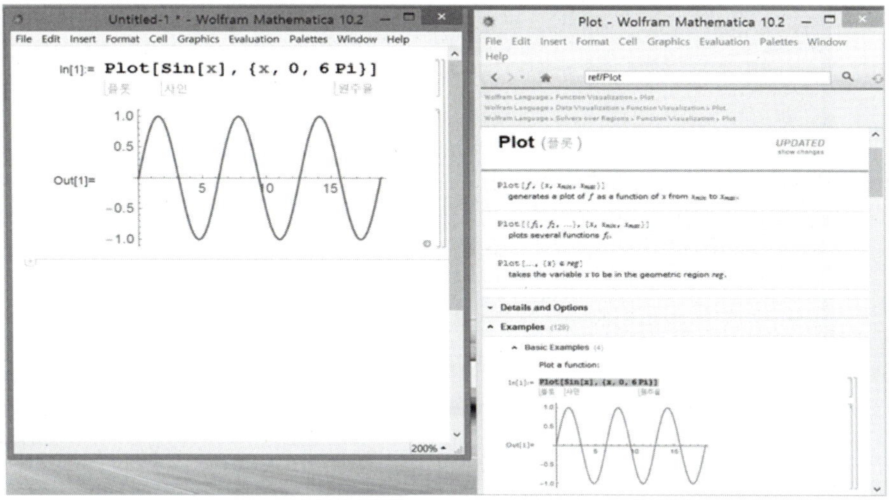

7) Palettes를 활용한 명령어 입력 방법

메뉴 Palettes를 활용하여 Matheatica 명령어를 입력하는 방법에 대해 알아보자. 여기서는 명령어 Solve로 설명한다.

ⓐ 메뉴 Palettes를 연다.

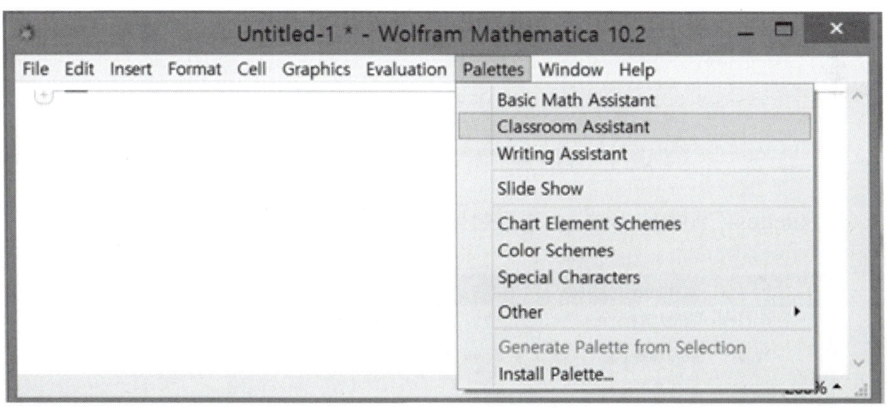

ⓑ 그중에서 한 개의 팔레트를 선택한다. (이 책에서는 Classroom Assistant를 자주 사용하며, 이후부터는 이를 종종 Palettes-CA로 나타낼 것이다.)

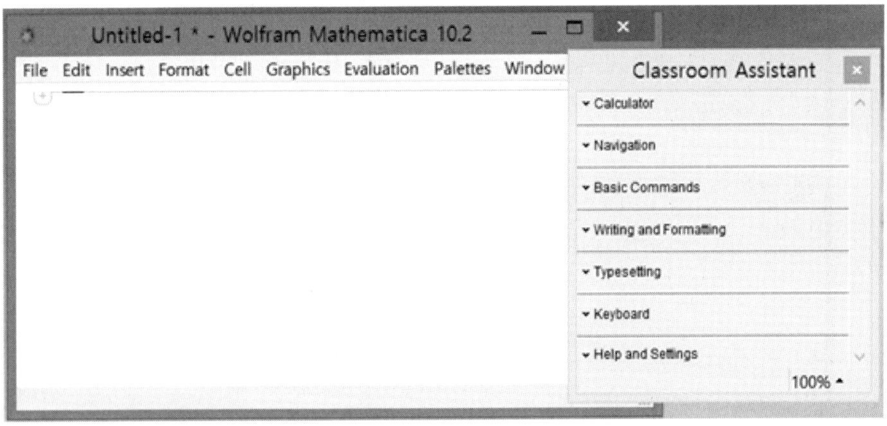

ⓒ notebook에서 입력할 위치를 확인한다. 즉, 커서가 깜빡이는 지시선 다음 위치에 입력한다.

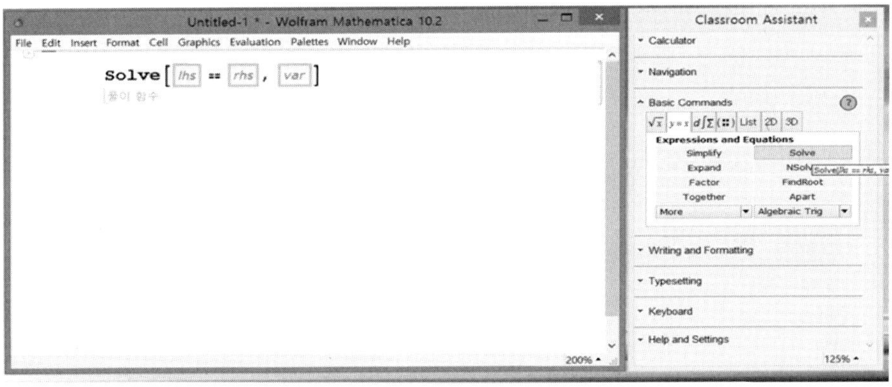

ⓓ Palettes-CA에서 원하는 명령어를 찾아 그 명령어 버튼을 마우스로 클릭한다.

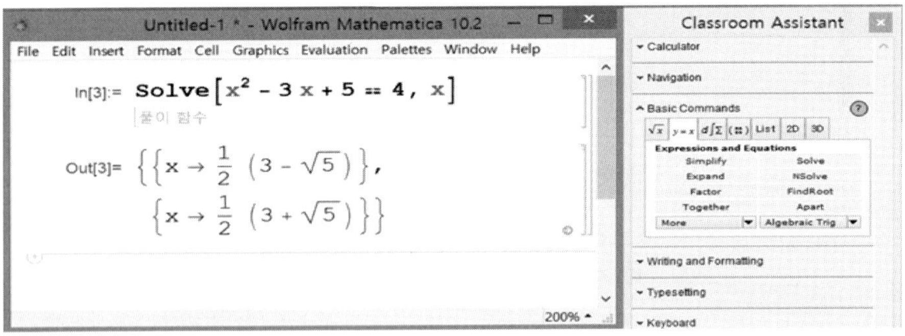

다음과 같이 P를 입력하고 단축키 Ctrl+K를 실행하여 명령어를 입력할 수도 있다.

8) Mathematica 명령어의 옵션

Mathematica 명령어에는 많은 옵션들이 주어져 있어, 간단한 명령어 입력만으로 우리가 원하는 대부분의 결과를 얻을 수 있다. 예를 들어, Plot 명령어와 함께 사용할 수 있는 옵션에는 무엇이 있는지 알아보자.

ⓐ notebook 화면에서 **Options[Plot]**을 실행한다.

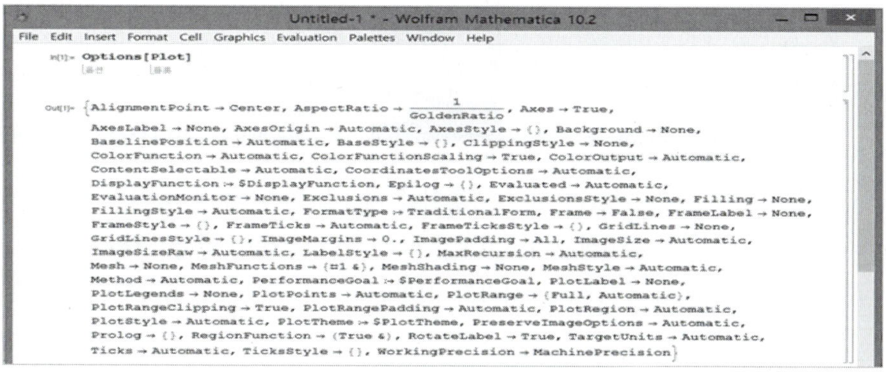

ⓑ Wolfram Documentation에서도 명령어 Plot의 옵션들을 확인할 수 있다. 즉, Wolfram Documentation에서 Plot을 실행한 후, Plot 명령어 사용법을 설명하

는 노란색 띠 다음의 Details and Options에서 확인할 수 있다.

ⓒ Palettes-Classroom Assistant-2D의 중간쯤에 있는 Options를 열어보아라. 2D에서 사용되는 옵션들을 볼 수 있다.

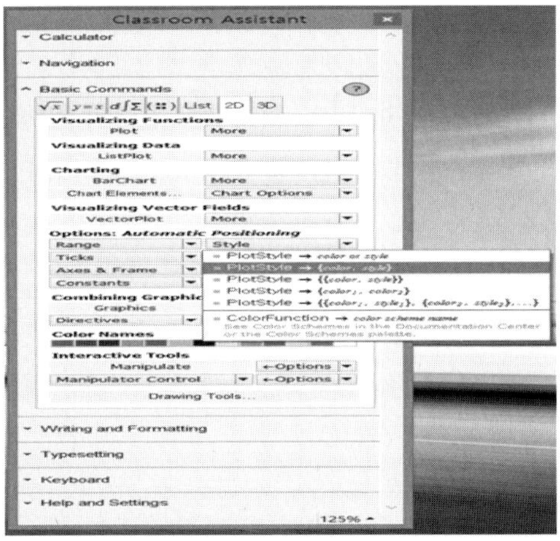

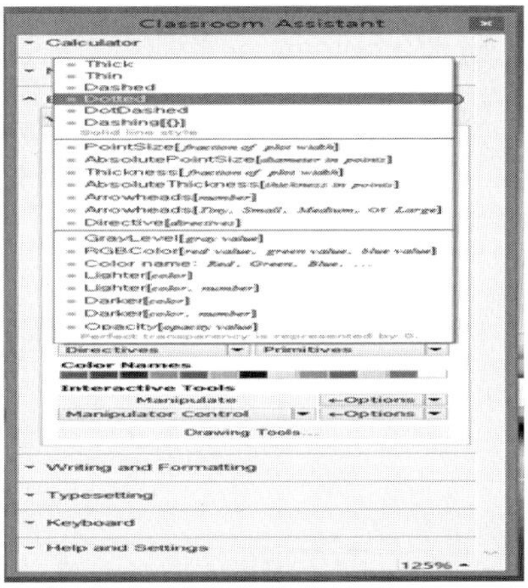

ⓓ Plot 명령어뿐만 아니라 다른 명령어를 사용할 때, 옵션은 없어도 되며 여러 개가 같이 있어도 상관이 없다. 다음의 오른쪽에 있는 윈도우(Classroom Assistant)를 팔레트(Palettes)라고 한다. 이는 메뉴 'Palettes'에서 제공되는 여러 팔레트 중 하나이다. 참고로 팔레트는 사용자가 원하는 버튼만을 주제별로 모아 직접 만들어 사용할 수도 있다.

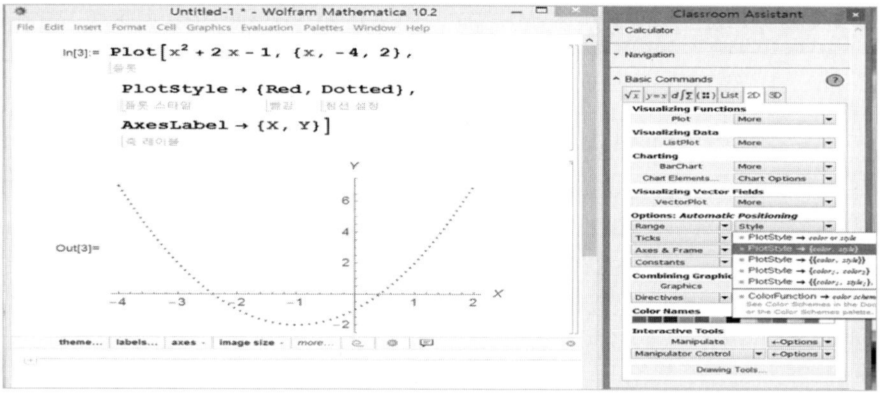
Untitled-1 * - Wolfram Mathematica 10.2
In[3]:= Plot[x^2 + 2 x - 1, {x, -4, 2},
PlotStyle → {Red, Dotted},
AxesLabel → {X, Y}]
Out[3]=
Classroom Assistant

6.2 기본 명령어

다음은 Mathematica에서 자주 사용되는 기본 명령어를 나타낸 것이다.

Mathematica 표기법	의미	비고
$a+b$	$a+b$	덧셈
$a-b$	$a-b$	뺄셈
$a*b$ 또는 $a\ b$(a와 b 사이를 띄움)	$a \times b$	곱셈
a/b 또는 $\frac{a}{b}$	$a \div b$	나눗셈
$a=2$	a에 2를 대입	
$Clear[a]$	a에 할당된 값을 제거	
$a==b$	a와 b가 같은지를 판단	= =는 등호
Pi 또는 π	π	원주율
E 또는 ⅇ	e	$e=2.71818\cdots$
$Infinity$ 또는 ∞	∞	무한대
I 또는 ⅈ	$i=\sqrt{-1}$	허수
5!	$5!=5\times4\times3\times2\times1$	차례곱(factorial)
$a\wedge b$ 또는 a^b	a^b	a의 b 거듭제곱
수식//N 또는 N[수식]	수식의 근삿값을 5~6자리로 계산	
N[수식, k]	수식을 k자리 유효숫자로 계산	
$Table$[expr, {i, $imin$, $imax$}]	expr을 i를 $imin$부터 $imax$까지 1씩 증가시키면서 반복 계산한 목록	
$a\ !=b$ (!앞에 한 칸 띄움)	$a \neq b$	서로 다름
$x>=1$	$x \geq 1$	부등호

예제 6.2.1 1+1을 입력한 뒤 <Shift+Enter> (입력내용 실행)을 누르면, In과 Out번호가 자동으로 정해진다.

풀이 $In[1] := 1+1$

$out[1]=2$

예제 6.2.2 원주율 $\pi = 3.14159\cdots$를 사용할 수 있다. π, e, i 등을 예약상수라 한다.

풀이

$$\frac{\pi}{4} + \frac{3\pi}{4}$$

π

예제 6.2.3 입력 숫자 중에 수치 값이 있으면, 그 결과도 수치 값으로 처리된다. 예로, [상수+수치 값]은 수치 값으로 출력되며, 상수 뒤에 점을 찍으면 수치 값으로 인식한다.

풀이

$$\frac{\pi}{4.} + \frac{\pi}{4}$$

1.5708

예제 6.2.4 π를 수치 값으로 바꾸려면 N명령어를 사용한다. 즉, 계산결과를 수치로 나타내려면 N(Numerical) 명령어를 사용하면 된다.

풀이

$$N\left[\frac{\pi}{4} + \frac{\pi}{4}\right]$$

1.5708

예제 6.2.5 $N[\ ]$대신에 수식의 입력 끝에 $//N$을 사용하여도 같은 결과를 얻는다.

풀이

$$\frac{\pi}{4} + \frac{\pi}{4} // N$$

1.5708

(1) N[expr]은 expr의 수치 값을 준다.
(2) N[expr, n]은 n자리 유효숫자로 expr의 값을 얻게 한다.

예제 6.2.6 화면에 Pl을 입력하여, Pl로 시작하는 모든 명령어들을 살펴보아라.

풀이 Pl

Plot Plot3Matrix PlotJoined PlotPoints PlotRegion Plot3D PlotDivision PlotLabel PlotRange PlotStyle ...

실습문제 P를 입력하고 $Ctrl+K$를 실행하여, P로 시작하는 명령어를 확인하여 보아라.

예제 6.2.7 다음을 계산하여라.

풀이 $\left(\frac{1}{1}+2*1-0\right)^4$

81

예제 6.2.8 허수 i를 Mathematica에서는 I 또는 ⅈ로 입력한다.

풀이 $I \wedge 2$

-1

예제 6.2.9 $n = 1$부터 $n = 10$까지의 차례곱

$$n! = n\,\text{factorial} = n\times(n-1)\times\cdots\times 2\times 1$$

을 구하여라.

풀이 $Table\,[n!,\ \{n,\ 1,\ 10\}]$

$\{1,\ 2,\ 6,\ 24,\ 120,\ 720,\ 5040,\ 40320,\ 362880,\ 3628800\}$

(1) 명령어 $\boldsymbol{Table}\,[n!,\ \{n,\ 1,\ 10\}]$은 $n=1$부터 $n=10$까지 차례곱 $n!$를 구하여 순서대로 목록(list)으로 나열한다.

(2) Palettes-CA- Basic Commands안의 List에서 $\boldsymbol{Table}\,[\ ,\ \{\ ,\ ,\ \}]$를 이용하여 입력할 수 있다.

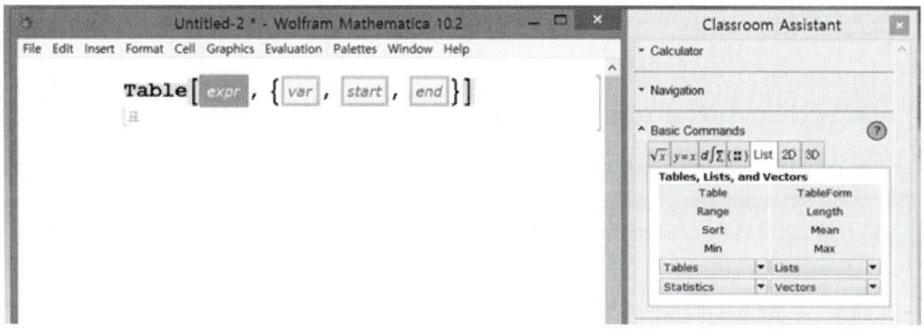

(3) $\boldsymbol{Table}$ [①, {②, ③, ④}]는 ②가 ③에서 ④까지 변할 때, ①을 구하여 목록으로 나열한다.

(4) $\boldsymbol{Table}$ [①, {②, ③, ④, ⑤}]는 ②가 ③에서 ④까지 ⑤간격으로 변할 때, ①을 구하여 목록으로 나열한다.

예제 6.2.10 여러 가지 수를 생성하여, 목록(list)을 만들어보아라.

풀이 ① 1부터 100까지 자연수를 만들자.

$\boldsymbol{Table}\,[\mathrm{k},\ \{\mathrm{k},\ 1,\ 100\}]$

② 1부터 100까지 홀수만 만들자.

$\boldsymbol{Table}\,[\mathrm{k},\ \{\mathrm{k},\ 1,\ 100,\ 2\}]$

③ ②는 공차가 2인 등차수열과 같으므로, k에 일반항이 $2k-1$인 등차수열을 넣어 만들 수도 있다.

$\boldsymbol{Table}\,[2\mathrm{k}-1,\ \{\mathrm{k},\ 1,\ 50\}]$

④ -100부터 +100까지 5씩 증가하는 수를 만들자.

$\boldsymbol{Table}\,[\mathrm{k},\ \{\mathrm{k},\ -100,\ 100,\ 5\}]$

⑤ 등차수열에서 공차의 값이 음이 될 수 있듯이 수를 생성할 때에도 증가하는 수의 값을 음으로 만들 수 있다. ④와 반대로 +100부터 -100까지 -5씩 증가하는 수를 만들자.

$$Table[k, \{k, 100, -100, -5\}]$$

예제 6.2.11 100!을 구하여라. 실제로 보통의 과학 계산기로 50! 정도는 구하지만, 100!은 구하기 힘들다.

풀이 100!

9332621544394415268169923885626670049071596826438162146859296389521759999322991560894146397615651828625369792082722375825118521091686400000000000000000000000000

실습문제 (1) 1000!과 10000!을 계산하여라.

(2) 10!, 100!, 1000!, ... 등을 구해보고, 차례곱의 숫자가 얼마나 빨리 증가하는지 확인해보아라.

예제 6.2.12 나머지 기본 명령어들에 대해서도 실습해보라. Mathematica에서 =은 우변의 것을 좌변에 대입하라는 것이며, ==은 등호(같다)의 의미임에 주의하여라.

풀이 100! // N

9.33262×10^{157}

3^{250}

19068374811679661558976651137127750770126042634914833743704365491088624503397316315638102764624089097642203777853072624 9

3^{250} // N

1.90684×10^{119}

$x = 10$;

$x == 15$

False

실습문제 자연수에서 1부터 100까지 3씩 증가하는 수를 만들어라.

예제 6.2.13 7을 3으로 나눈 몫을 구하여라.

풀이 $Quotient[7, 3]$

2

예제 6.2.14 7을 3으로 나눈 나머지를 구하여라.

풀이 $Mod[7, 3]$

1

예제 6.2.15 [3.4]를 구하여라. 여기서, $[x]$는 x를 넘지 않는 최대정수이다.

풀이 $Floor[3.4]$(* Floor[a]은 실수 a을 넘지 않는 최대정수를 구한다. *)

3

예제 6.2.16 $a_n = n^2$의 1번째 항부터 4번째 항까지를 구하여라.

풀이 $N[Table[n^2, \{n, 1, 4\}]]$

{1., 4., 9., 16.}

> (1) $Table$ [expr, {$imax$}]는 표현식 expr을 imax개로 만든 목록을 구한다.
> (2) $Table$ [expr, {i, $imin$, $imax$, di}]는 i가 imin부터 di만큼 건너뛰며 imax까지 움직일 때, 표현식 expr이 만드는 목록을 생성한다.

예제 6.2.17 $(n, 3(n-1)^2)$에서 $n=1$부터 $n=4$까지의 순서쌍을 구하여라.

풀이 $N[Table[\{n, 3(n-1)^2\}, \{n, 1, 4\}]]$

{{1., 0.},{2., 3.},{3., 12.},{4., 27.}}

예제 6.2.18 식 $x+y$에 $x=3$을 대입하여라.

풀이

$x+y/.x\to 3$

$3+y$

> expr/.rules는 식 expr에 rules를 적용한다.

예제 6.2.19 식 $x+y$에 $x=a$, $y=b$를 대입하여라.

풀이

$x+y/.\{x\to a,\ y\to b\}$

$a+b$

예제 6.2.20 식 $x+y$에 $x=1$, $y=2$와 $x=4$, $y=2$의 값을 각각 대입하여라.

풀이

$x+y/.\{\{x\to 1,\ y\to 2\},\ \{x\to 4,\ y\to 2\}\}$

$\{3, 6\}$

Mathematica를 사용할 때, 앞의 결과를 그대로 이용할 경우가 있다. 이때 사용되는 명령어가 "%"이다. 이에 대한 사용법과 대수식 계산에서 자주 사용되는 Mathematica 명령어를 살펴보자.

Mathematica 표기법	의미	비고
%	바로 앞의 결과 표시	
%% ⋯ % (k번)	k번째 앞의 결과 표시	
%n 또는 *Out*[n]	n번째 실행된 결과 표시	
Expand [수식]	수식 전개	전개식
Factor [수식]	수식 인수분해	인수분해
Together [유리식]	유리식 통분	통분
Simplify [수식]	수식을 단순화시켜 최소개수의 항으로 표시	
Collect [수식, 변수]	수식을 지정한 변수에 대해 정리	

Mathematica 표기법	의미	비고
Collect [수식, 변수]	수식을 지정한 변수에 대해 정리	
Sum[$f(i)$, {i, a, b}]	$\sum_{i=a}^{b} f(i)$	합
NSum[$f(i)$, {i, a, b}]	$\sum_{i=a}^{b} f(i)$의 근삿값	합의 근삿값
Solve [좌변 == 우변, x]	방정식의 x에 관한 해	방정식의 해
NSolve [좌변 == 우변, x]	x에 관한 방정식(좌변 = 우변)의 근사해	방정식의 근사해
수식// *Short* 또는 *Short* [수식]	수식의 결과가 긴 경우, 중간 항들을 생략하고 실행 결과를 한 행으로 출력	

예제 6.2.21 수식을 전개하고 인수분해를 하여라.

풀이

Expand[$(a+b)^3$]

$a^3+3a^2b+3ab^2+b^3$

Factor[%]

$(a+b)^3$

예제 6.2.22 $x(x+1)$을 전개하여라.

풀이

a = ***Expand***[$x(x+1)$]

$x+x^2$

예제 6.2.23 $x(x+1)$의 x^2의 계수를 구하여라.

풀이

Coefficient[a, x, 2]

1

> ***Coefficient***[expr, *form*]은 주어진 식 expr에서 지정한 미지수의 계수를 구한다.

예제 6.2.24 $x+\dfrac{1}{x}$을 통분하여 정리하여라.

풀이 $\boldsymbol{Together[x+1/x]}$

$$\frac{1+x^2}{x}$$

> $\boldsymbol{Together[expr]}$은 주어진 식 expr을 통분하여 정리한다.

예제 6.2.25 x^2-3x+2를 인수분해를 하여라.

풀이 $\boldsymbol{Factor[x^2-3x+2]}$

$(-2+x)(-1+x)$

예제 6.2.26 $\dfrac{x^2-3x+2}{x-1}$를 간단히 하여라.

풀이 $\boldsymbol{Simplify[(x^2-3x+2)/(x-1)]}$

$-2+x$

> $\boldsymbol{Simplify}$[expr] 은 식 expr을 가장 단순한 식으로 정리해 주는 내장함수이다.

예제 6.2.27 $1+2+3+\cdots+100$을 구하여라.

풀이 $\boldsymbol{Sum[i,\ \{i,\ 1,\ 100\}]}$

5050

무한합의 경우 *Sum*을 *NSum*으로 바꿔 실행해 보자.

$\boldsymbol{NSum[1/n \wedge 2,\ \{n,\ 1,\ Infinity\}]}$

(*Palettes를 이용하여 $N\left[\sum_{n=1}^{\infty}\frac{1}{n^2}\right]$로 입력할 수 있다*)

1.64493

예제 6.2.28 *Solve* 명령어는 방정식의 해를 구한다. 다음은 2차방정식의 근의 공식을 알려 준다. 방정식을 표현할 때는 등호 2개(==)를 사용하여야 한다.

풀이

$$Solve[a**x^2+b*x+c==0,\ x]$$

$$\left\{\left\{x\to\frac{-b-\sqrt{b^2-4ac}}{2a}\right\},\left\{x\to\frac{-b+\sqrt{b^2-4ac}}{2a}\right\}\right\}$$

> (1) $Solve[x^2+1==0,\ x]$는 방정식의 변수가 x뿐이므로 x를 생략하여
> $Solve[x^2+1==0]$
> 으로 나타낼 수 있으나, 변수가 2개 이상인 방정식에서는 반드시 풀고자 하는 변수를 명시하여야 한다.
>
> (2) Palettes-CA-Basic Commands를 열어 방정식을 풀 수 있다.

실습문제 3차 방정식과 4차 방정식의 일반해를 구하여라. 또한 5차방정식의 일반해가 존재하는지 확인하여라.

예제 6.2.29 //*Short*는 출력 결과를 간략히 보여 준다. ≪95≫는 사이에 95개의 항이 있음을 의미한다.

풀이

$$Solve[x^{100}-1==0,\ x]//Short$$

$$\{\{x\to-1\},\{x\to-i\},\{x\to i\},\ll 95\gg,\{x\to-(-1)^{49/50}\},\{x\to(-1)^{49/50}\}\}$$

> (1) 출력 화면의 여백에 따라, 출력형태가 달라질 수 있다.
>
> (2) $x^{100}=1$의 해 100개를 구해준다. 이때 95개의 해는 출력 화면에 생략되었다는 의미이다.

예제 6.2.30 연립방정식의 해를 구하여라.

풀이 ① 연립방정식 $x+y+1=0$, $x-y+2=0$의 해를 구해 보자.

$$Solve[\{x+y+1==0,\ x-y+2==0\},\ \{x,\ y\}]$$

$\left\{\left\{x\to -\frac{3}{2},\ y\to \frac{1}{2}\right\}\right\}$

② 연립방정식 $x^2+y^2=4$, $x-y+2=0$의 해를 구하여라.

$$Solve[\{x\verb|^|2+y\verb|^|2==4,\ x-y+2==0\},\ \{x,\ y\}]$$

$\{\{x\to -2,\ y\to 0\},\ \{x\to 0,\ y\to 2\}\}$

③ 연립방정식 $x^2+y^2=4$, $y^2=4x$의 해를 구하여라.

$$Solve[\{x\verb|^|2+y\verb|^|2==4,\ y\verb|^|2==4x\},\ \{x,\ y\}]$$

> 연립방정식을 만족하는 해를 구하는 경우에도 Solve 명령문을 사용하며, 그 형식은 다음과 같다.
>
> *Solve*[{방정식1, 방정식2}, {미지수들}]

예제 6.2.31 다음 연립방정식의 해를 구하여라.

$$x^2+y^2=5,\ (x-1)(x+y-2)=0$$

풀이 $Solve[\{x\verb|^|2+y\verb|^|2==5,\ (x-1)(x+y-2)==0\},\ \{x,\ y\}]$

실습문제 다음 방정식을 풀어라.

(1) $\log_x 2=-1$

(2) $\log_{x-1}9=2$

(3) $\log_{10}x+\log_{10}(x-3)=1$

(4) $2^{x+2}=6^x$

예제 6.2.32 x^3을 $x+1$로 나눈 몫을 구하여라.

풀이 $PolynomialQuotient[x^3,\ x+1,\ x]$

$1-x+x^2$

(1) $\boldsymbol{PolynomialQuotient}[\boldsymbol{f(x)},\ \boldsymbol{g(x)},\ \boldsymbol{x}]$는 다항식 $f(x)$를 영이 아닌 다항식 $g(x)$로 나누었을 때의 몫을 구한다.

(2) $\boldsymbol{PolynomialMod}[\boldsymbol{f(x)},\ \boldsymbol{g(x)}]$는 다항식 $f(x)$를 영이 아닌 다항식 $g(x)$로 나누었을 때의 나머지를 구한다.

6.3 집합과 함수의 그래프

이 절에서는 집합의 연산과 함수의 그래프 그리기에 관한 기본 명령어를 알아보고, 다양한 문제들을 Mathematica를 이용하여 해결한다. 먼저 집합에 대한 Mathematica 명령어를 요약하면 다음과 같다.

Mathematica 표기법	의미	비고
$List[a, b, c]$ 또는 $\{a, b, c\}$	$\{a, b, c\}$	집합 또는 목록
$Join[t1, t2, \cdots]$	목록 $t1$, $t2$, ...를 결합	목록의 결합
$Union[t1, t2, \cdots]$	집합 $t1$, $t2$, ...의 합집합	합집합
$Intersection[t1, t2, \cdots]$	집합 $t1$, $t2$, ...의 교집합	교집합
$Complement[t1, t2]$	집합 $t1$에 관한 $t2$의 여집합	차집합
$CartesianProduct[t1, t2]$	집합 $t1$과 $t2$의 곱집합	
$Composition[g, f][x]$ 또는 $g[f[x]]$	$(g \circ f)(x)$	합성함수

수학적 계산을 할 때 여러 개의 수학적 대상물을 모아 한꺼번에 취급하는 것이 편리할 때가 많은데, Mathematica에서는 다수의 수학적 대상물을 { } 또는 List[ ] 내에 쉼표로 구분하여 나열한 수학적 요소를 목록(list)이라 칭하여 이용한다.

예제 6.3.1 집합 $U = \{x | x \in \mathbb{N}, 1 \leq x \leq 10\}$, $A = \{1, 3, 5, 7, 9\}$, $B = \{3\}$, $G = \{3, 4, 5, 6, 7\}$일 때, $A \cup B$, $A \cap B$, $A - G$, G^C를 Mathematica 명령어로 구하여라.

풀이

```
U = {1, 2, 3, 4, 5, 6, 7, 8, 9, 10};
A = {1, 3, 5, 7, 9};
B = {3};
G = {3, 4, 5, 6, 7};
Union[A, B]
{1, 3, 5, 7, 9}
Intersection[A, B]
```

$\{3\}$

$$Complement[A,\ G]$$

$\{1, 9\}$

$$Complement[U,\ G]$$

$\{1, 2, 8, 9, 10\}$

실습문제 (a) $A = \{1,\ 2,\ 3,\ 4\}$, $B = \{2,\ 3,\ 4,\ 5\}$이면 $A - B = \{1\}$이다.

(b) $A = \{1,\ 2\}$이고 $B = \{x,\ y\}$인 경우에

$A \times B = \{(1,\ x),\ (1,\ y),\ (2,\ x),\ (2,\ y)\}$

$B \times A = \{(x,\ 1),\ (y,\ 1),\ (x,\ 2),\ (y,\ 2)\}$

임을 Mathematica에서 확인하여라.

Mathematica의 기능 중에서 가장 시각적이며, 사용자를 감탄하게 만드는 부분이 그래프 그리기 기능이다. 이 부분의 명령어는 아주 많은데 이들을 외워야 한다고 생각하면 Mathematica가 싫어질 것이므로, Mathematica를 자주 사용하면서 자연스럽게 친숙해지길 바란다. 먼저 2D와 3D에 관한 Mathematica 명령어를 요약하면 다음과 같다.

Mathematica 표기법	의미	비고
$Plot[f[x],\ \{x,\ xmin,\ xmax\}]$	범위 $[xmin,\ xmax]$에서 $f(x)$의 그래프	곡선의 그래프
$Plot[\{f1[x],\ f2[x],\ ...\},$ $\{x,\ xmin,\ xmax\},$ 옵션]	범위 $[xmin,\ xmax]$에서 $f1(x)$, $f2(x)$, ...의 그래프를 옵션에 따라 함께 그림	여러 곡선의 그래프
$ListPlot[\{y1,\ y2,\ ...\},$ 옵션]	좌표 $(1,\ y1)$, $(2,\ y2)$, ...에 대응하는 점을 옵션에 따라 표현	평면좌표 그래프
$ListPlot[\{\{x1,\ y1\},$ $\{x2,\ y2\},\ ...\},$ 옵션]	좌표 $(x1,\ y1)$, $(x2,\ y2)$, ...에 대응하는 점을 옵션에 따라 표현	평면좌표 그래프
$Plot3D[f[x,\ y],$ $\{x,\ xmin,\ xmax\},$ $\{y,\ ymin,\ ymax\},$ 옵션]	x의 범위 $[xmin,\ xmax]$, y의 범위 $[ymin,\ ymax]$에서 함수 $f(x,\ y)$의 그래프를 옵션에 따라 그림	곡면의 그래프

Mathematica 표기법	의미	비고
ParametricPlot[{$f(t)$, $g(t)$}, {t, $t1$, $t2$}]	t의 범위 [$t1$, $t2$]에서 매개변수방정식 $x = f(t)$, $y = g(t)$의 그래프	매개변수 방정식 그래프
PolarPlot[f[t], {t, $tmin$, $tmax$}]	각도 t의 범위 [$tmin$, $tmax$]에서 극방정식 $r = f(t)$의 그래프	극좌표 방정식 그래프

또한 2D와 3D부분에서 많이 사용되는 옵션은 다음과 같다.

옵션	내용	비고
Hue[h]	색상조절	$0 \le h \le 1$
RGBColor[r, g, b]	빨강, 초록, 파랑의 배합	색의 배합
PointSize[r]	점을 반경이 r인 원형으로 표시	$0 \le r \le 1$
AbsolutePointSize[d]	점을 반경이 d포인트인 원형으로 표시	
Thickness[r]	선의 두께를 r로 표시	$0 \le r \le 1$
AbsoluteThickness[d]	선의 두께를 d포인터로 표시	
Dashing[{$r1$, $r2$, ...}]	길이가 $r1$, $r2$, ... ($r1$, $r2$는 전체에 대한 비)인 파선	$0 \le r_1$, $r_2 \le 1$
AbsoluteDashing[{$d1$, $d2$, ...}]	길이가 $d1$, $d2$, ... 포인터인 파선	
AspectRatio	그래프의 가로 : 세로의 비율	
AxesLabel	좌표축의 이름 지정	
PlotPoints → n	x축과 y축에서 각각 n개의 표본을 계산	

예제 6.3.2 함수 $y = x^2$의 그래프를 여러 가지 방법으로 그려보아라.

풀이 ① 정의역이 $[-2, 2]$인 $y = x^2$의 그래프를 그려보자.

Plot[x^2, {x, -2, 2}]

② 그래프의 색을 지정하여 그려보자.

Plot[x^2, {x, -2, 2}, **PlotStyle** - > **Red**]

③ 그래프의 선의 두께를 지정하여 그려보자.

$Plot[x^2,\ \{x,\ -2,\ 2\},\ PlotStyle->Thickness[0.01]]$

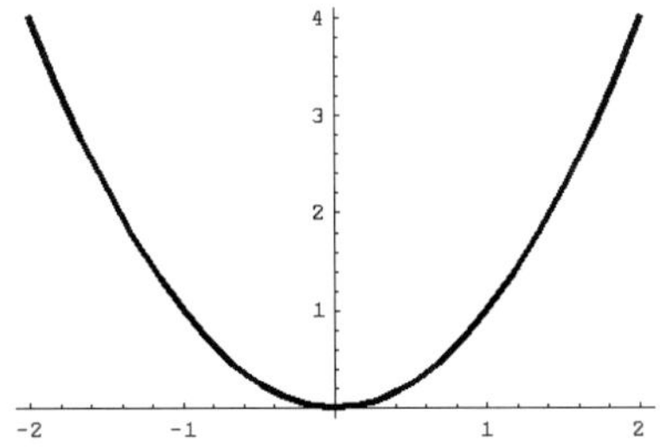

④ 그래프에 색과 두께를 함께 지정하여 그려보자.

$Plot[x^2,\ \{x,\ -2,\ 2\},\ PlotStyle->\{Red,\ Thickness[0.01]\}]$

⑤ x축에 -1과 1, y축에는 2의 눈금을 표시하여 그래프를 그려보자.

$Plot[x^2,\ \{x,\ -2,\ 2\},\ PlotStyle->\{Red,\ Thickness[0.01]\},$

$Ticks->\{\{-1,\ 1\},\ \{2\}\}]$

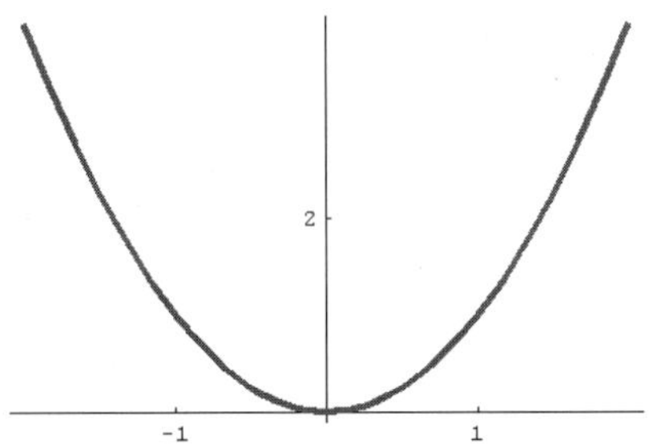

(1) 선의 두께를 나타내는 $Thickness[a]$에서 a는 0에서 1까지의 수를 사용할 수 있으나 보통 0.005에서 0.01을 사용하면 두께가 보기에 좋다.

(2) 두께와 색을 같이 지정할 때에는 중괄호로써 반드시 묶어주어야 한다. 예를 들어, $PlotStyle$이라는 옵션에 두 개 이상의 명령어를 적용하려면, 두 개 이상의 명령어들은 중괄호로 묶어 $PlotStyle$에 동시에 적용하게 해야 한다.

(3) Ticks문을 사용하여 나타내고자 하는 눈금은 x축 위의 점들과 y축 위의 점들을 같이 나타내므로 각각 중괄호를 사용하고 이 두 개를 다시 중괄호로 묶어준다.

⑥ 좌표축에 두께와 색을 지정하여 그려보자.

$$Plot[x^2, \{x, -2, 2\}, PlotStyle -> \{Red, Thickness[0.01]\}, Ticks -> \{\{-1, 1\}, \{2\}\}, AxesStyle -> Blue]$$

⑦ 그래프의 이름을 그래프 위에 나타내어 보자.

$Plot[x^2, \{x, -2, 2\}, PlotStyle -> \{Red, Thickness[0.01]\},$
$Ticks -> \{\{-1, 1\}, \{2\}\}, AxesStyle -> Blue,$
$PlotLabel ->$ "$y = x^2$의 그래프 "]

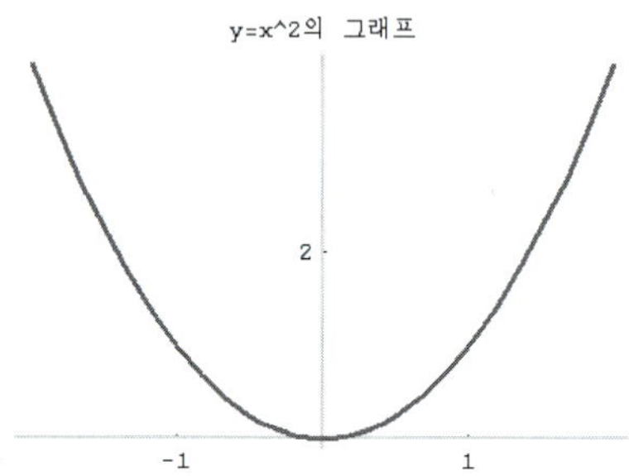

⑧ 그래프의 이름 (PlotLabel)의 형식(글자 크기, 두께 등)을 지정하여 그려보자.

$Plot[x\wedge 2, \{x, -2, 2\}, PlotStyle -> \{Red, Thickness[0.01]\},$
$Ticks -> \{\{-1, 1\}, \{2\}\}, AxesStyle -> Blue,$
$PlotLabel -> StyleForm[$"$y = x\wedge 2$", $FontSize -> 15,$
$FontWeight -> Bold]$

> (1) $AxesStyle$은 축의 Style을 지정한다. 즉, 축의 두께와 색을 나타낸다.
> (2) 글자의 크기는 $FontSize \to$ 숫자 에 숫자로 나타내고, 글자의 두께에는 보통 Plain과 Bold를 사용한다. 때에 따라 Thin, Light, Medium, SemiBold, Heavy, Black, Fat 등을 사용하기도 한다.

예제 6.3.3 점 $(1, 3)$, $(2, 1)$, $(3, -1.3)$, $(4, 0)$, $(5, 2)$를 평면에 나타내어라.

풀이 $ListPlot$는 직교좌표로 주어진 (x, y) 점들을 평면에 그린다.

$AbsolutePointSize[4]$는 점의 크기를 $Default$보다 4배가 되게 한다.

$$ListPlot[\{\{1,\ 3\},\ \{2,\ 1\},\ \{3,\ -1.3\},\ \{4,\ 0\},\ \{5,\ 2\}\},$$
$$PlotStyle\ ->\ AbsolutePointSize[4]]$$

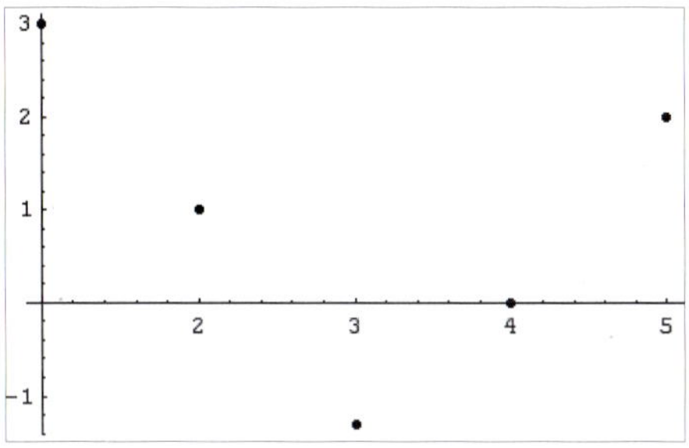

(1) 만약 x좌표가 위의 예제처럼 1, 2, 3, ...과 같이 차례로 주어지는 경우에는 x좌표를 생략할 수 있다. 즉

$$ListPlot[\{3,\ 1,\ -1.3,\ 0,\ 2\},$$
$$PlotStyle\ ->\ AbsolutePointSize[4]]$$

을 실행해도 같은 결과를 얻는다.

(2) $AbsolutePointSize$에 5, 10, ... 등을 실행하여 위 결과와 비교해 보아라.

(3) $PlotStyle\ ->\ PointSize[0.01]$은 점의 크기를 전체에 대해 1/100의 비율로 만든다. 0.01, 0.02, ... , 0.1 등을 대입하여 점의 크기를 비교하여라.

예제 6.3.4 $f:\mathbb{R}\to\mathbb{R},\ f(x)=x^3,\ g:\mathbb{R}\to\mathbb{R}$이고 $g(x)=x+1$이라 하자. 이때 $g\circ f\neq f\circ g$임을 보여라.

풀이

$Clear[f,\ g];$

$f[x\_]=x^3;$

$g[x\_]=x+1;$

$Composition[f,\ g][x]$

$(1+x)^3$

$f[g[x]]$

$(1+x)^3$

$Composition[g,\ f][x]$

$1+x^3$

$g[f[x]]$

$1+x^3$

$f[g[1]]$

8

$g[f[1]]$

2

% = = %%

False

$Plot[\{f[g[x]],\ g[f[x]]\},\ \{x,\ -1,\ 1\},$
$PlotStyle\ -\ >\ \{RGBColor[1,\ 0,\ 0],\ RGBColor[0,\ 0,\ 1]\}]$

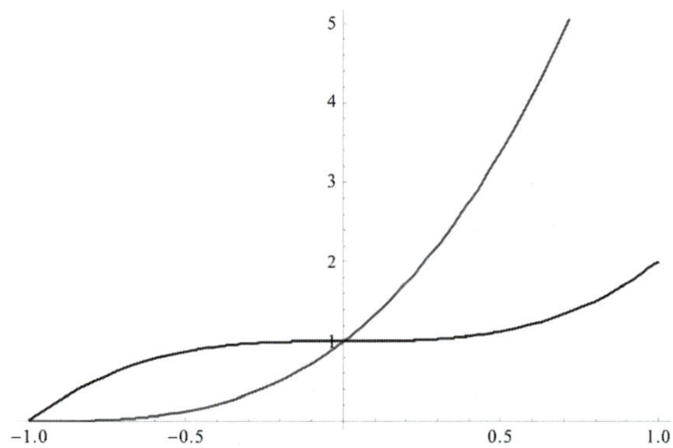

예제 6.3.5 $A = \{x : x \geq 0\}$를 정의역으로 하는 함수 $y = 3x^2+1$의 역함수를 구하여라.

풀이 *Solve* [좌변 == 우변, x]를 이용하여 방정식의 해를 구하자.

$Solve[y == 3x^2+1, x]$

$$\left\{\left\{x \to \frac{-\sqrt{-1+y}}{\sqrt{3}}\right\}, \left\{x \to \frac{\sqrt{-1+y}}{\sqrt{3}}\right\}\right\}$$

$x \geq 0$이므로, $y = \dfrac{\sqrt{x-1}}{\sqrt{3}}$이 구하고자 하는 역함수이다.

예제 6.3.6 $[-2, 2]\times[-2, 2]$에서 포물면 $z = x^2+y^2$을 $ParametricPlot3D$로 그려라.

풀이 $ParametricPlot3D[\{x, y, x^2+y^2\}, \{x, -2, 2\}, \{y, -2, 2\}]$

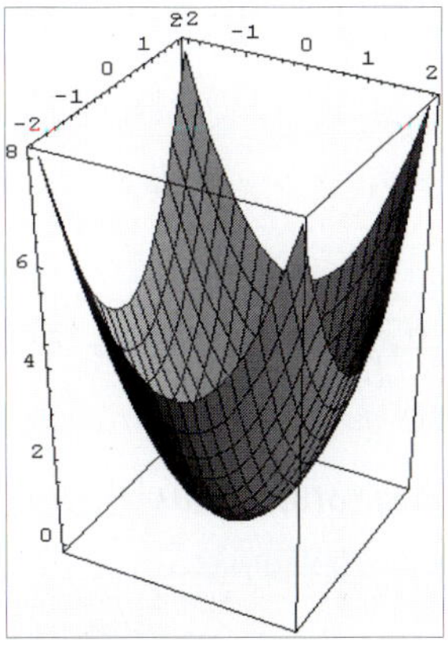

이변수함수 $z = f(x, y)$는 3차원 공간에서 곡면을 그린다.

(1) $\boldsymbol{Plot3D[f(x, y), \{x, a, \}, \{y, c, d\}]}$는 영역 $[a, b]\times[c, d]$에서 $f(x, y)$의 3차원 그래프를 그린다.

(2) $z = f(x, y)$는 매개변수표현 $(x, y, f(x, y))$로 나타낼 수 있으므로

$$\boldsymbol{ParametricPlot3D[\{x, y, f(x, y)\}, \{x, a, b\}, \{y, c, d\}]}$$

는 $[a, b]\times[c, d]$에서 $f(x, y)$를 그린다.

(3) 그래프를 그리는 방식의 차이에 따라 (1)과 (2)의 그림은 다르게 표현된다.

예제 6.3.7 반지름의 길이가 1인 구의 그래프를 그려보자.

풀이

$$ParametricPlot3D[\{Cos[t]*Cos[s],\ Sin[t]*Cos[s],\ Sin[s]\},\ \{t,\ 0,\ 2\pi\},\ \left\{s,\ -\frac{\pi}{2},\ \frac{\pi}{2}\right\}]$$

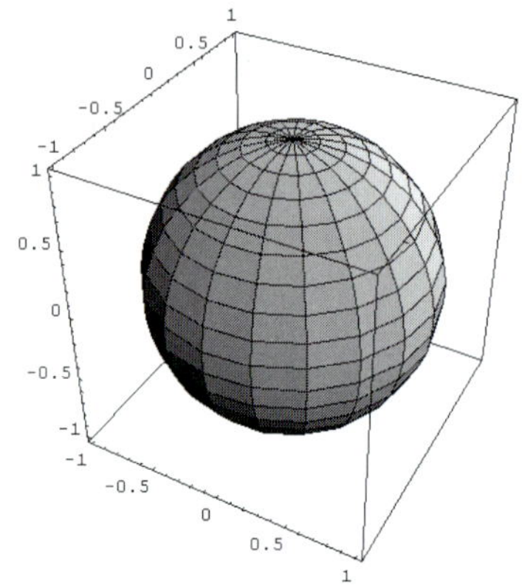

실습문제 원기둥, 뫼비우스띠 및 윤환면을 각각 그려보아라.

① 원기둥

$ParametricPlot3D[\{Cos[t],\ Sin[t],\ s\},\ \{t,\ 0,\ 2Pi\},\ \{s,\ 0,\ 2\}]$

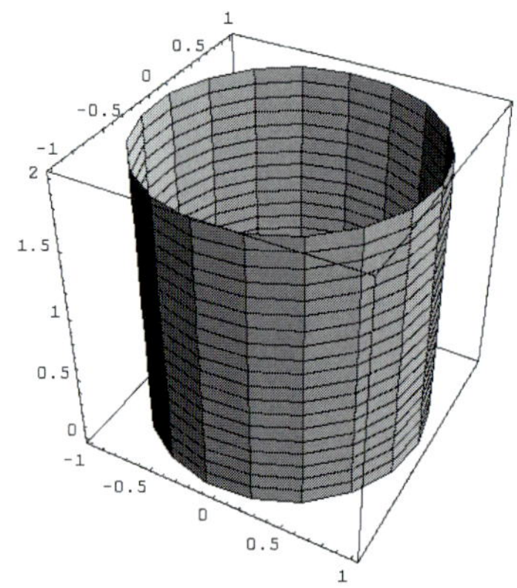

② 뫼비우스띠

$ParametricPlot3D[\{(3+t*Cos[s])*Cos[2s],$

$$(3+t * Cos[s]) * Sin[2s], t * Sin[s]\}, \left\{s, -\frac{\pi}{2}, \frac{\pi}{2}\right\},$$
$$\{t, -1, 1\}, \ Boxed -> False, Axes -> False]$$

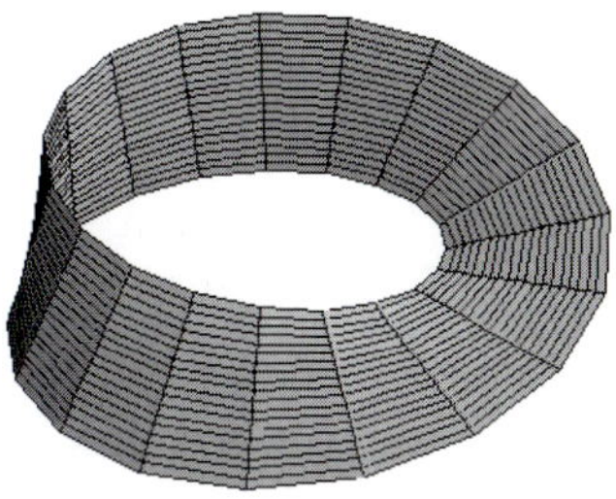

③ 윤환면(Torus)

$$ParametricPlot3D[\{Cos[t] * (3+Cos[s]), \ Sin[t] * (3+Cos[s]),$$
$$Sin[s]\}, \{t, 0, 2\pi\}, \{s, 0, 2\pi\},$$
$$AxesLabel -> \{\text{“}x\text{”}, \text{“}y\text{”}, \text{“}z\text{”}\}]$$

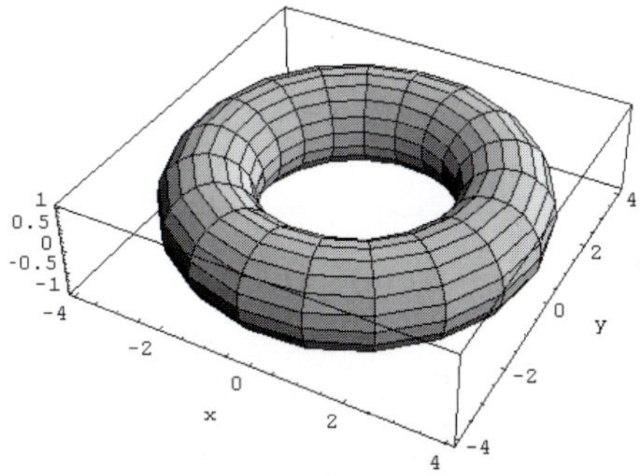

예제 6.3.8 4엽장미선 $r = 4\cos 2\theta$의 그래프를 그리고 내장함수 Animate를 사용하여 그려지는 과정을 관찰해보라.

풀이 $PolarPlot[4 * Cos[2t], \{t, 0, 2Pi\}]$

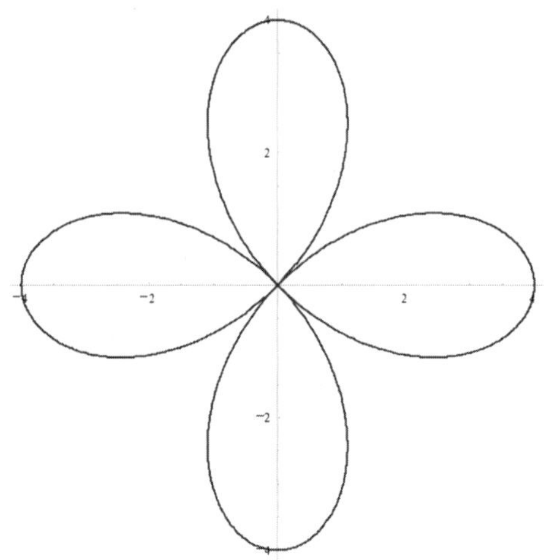

$Animate[PolarPlot[4 * Cos[2t],\ \{t,\ 0,\ a\}, PlotStyle \to Thickness[0.01]],$

$\{a,0,8\}, ControlPlacement -> Top, AnimationRunning -> False]$

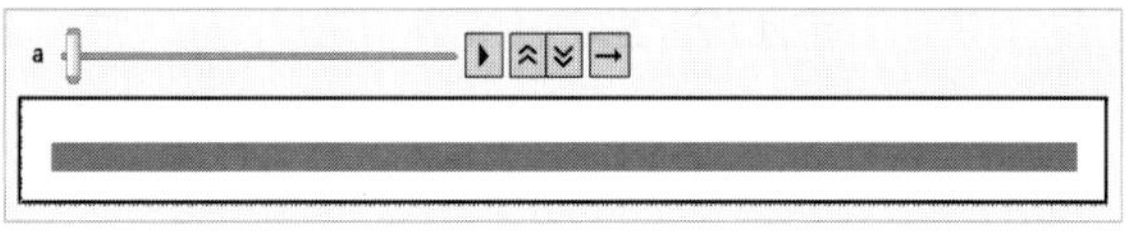

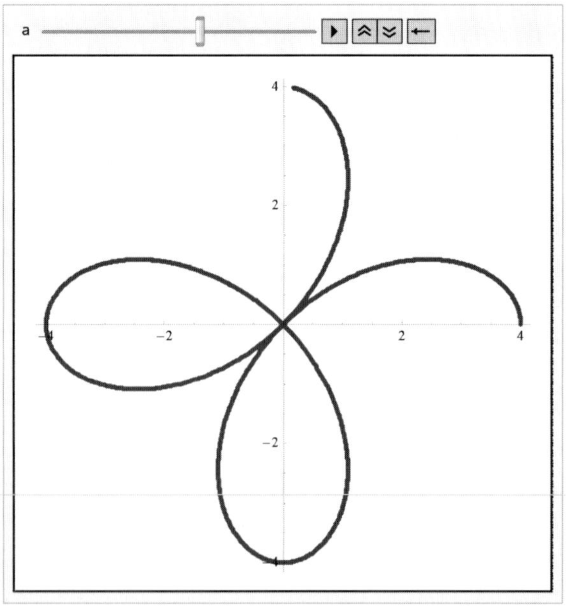

6.4 수열과 함수의 극한

수열과 함수의 극한에 대한 Mathematica 실습을 통해 접근에 대한 시각적인 감각을 익힌다. 먼저 수열의 항을 나열하는 방법을 살펴보고, 함수의 극한과 연속에 관한 문제를 해결하는데 Mathematica를 적용해 보자.

Mathematica 표기법	의미	비고
Table[*expr*,{*i*}]	*expr*을 *i*번 반복 계산한 목록	
Table[*expr*,{*i*, *imax*}]	*i*가 1에서 *imax*까지 1씩 증가할 때의 *expr* 값의 목록	$i=1$부터 시작하면 생략 가능
Table[*expr*,{*i*, *imin*, *imax*}]	*i*가 *imin*에서 *imax*까지 1씩 증가할 때의 *expr* 값의 목록	증가량이 1이면 생략 가능
Table[*expr*, {*i*, *imin*, *imax*, *dx*}]	*i*가 *imin*에서 *imax*까지 *dx*씩 증가할 때의 *expr* 값의 목록	
Limit[*f*[*x*], *x* −> x_0]	$\lim\limits_{x\to x_0} f(x)$	함수의 극한
Factor[수식]	수식의 인수분해	
Cancel[유리식]	유리식을 기약화	
목록 // *TableForm* 또는 *TableForm*[목록]	목록을 도표형식으로 출력	
expr/;조건	조건이 참이면 *expr*을 실행	
If[조건, 결과1, 결과2]	조건이 참이면 결과1, 거짓이면 결과2로 표시	
ListPlot[{*y*1, *y*2, ...},옵션]	좌표 (1, *y*1), (2, *y*2), ...에 대응하는 점을 표시	목록의 그래프
ListPlot[{{*x*1, *y*1}, {*x*2, *y*2}, ...}, 옵션]	좌표 (*x*1, *y*1), (*x*2, *y*2), ...에 대응하는 점을 표시	목록의 그래프
FindRoot[좌변 = = 우변, {*x*, *x*0}]	*x*의 방정식 (좌변 = 우변)의 한 근사해를 $x=x0$인 초깃값으로 구함	근사해
FindRoot[좌변 = = 우변, {*x*, {*x*0, *x*1}}]	*x*의 방정식 (좌변 = 우변)의 한 근사해를 $x=x0$, $x=x1$을 초깃값으로 구함	근사해
FindRoot[좌변 = = 우변, {*x*, *x*0, *xmin*, *xmax*}]	*x*의 방정식 (좌변 = 우변)의 한 근사해를 $x=x0$를 초깃값으로 {*xmin*, *xmax*}의 범위에서 구함	근사해

예제 6.4.1 다음 수열을 제15항까지 나열해 보아라.

(1) $\{a_n\} = \left\{\frac{1}{n}\right\};\ a_n = \frac{1}{n};\ \left\{1,\ \frac{1}{2},\ \frac{1}{3},\ \ldots,\ \frac{1}{n},\ \ldots\right\}$

(2) $\{a_n\} = \{1+(-1)^n\};\ a_n = 1+(-1)^n;\ \{0,\ 2,\ 0,\ 2,\ \ldots\}$

풀이 (1) $data1 = Table[1/n, \{n, 1, 15\}]$

$\left\{1, \frac{1}{2}, \frac{1}{3}, \frac{1}{4}, \frac{1}{5}, \frac{1}{6}, \frac{1}{7}, \frac{1}{8}, \frac{1}{9}, \frac{1}{10}, \frac{1}{11}, \frac{1}{12}, \frac{1}{13}, \frac{1}{14}, \frac{1}{15}\right\}$

$ListPlot[data1, Prolog -> PointSize[0.02]]$

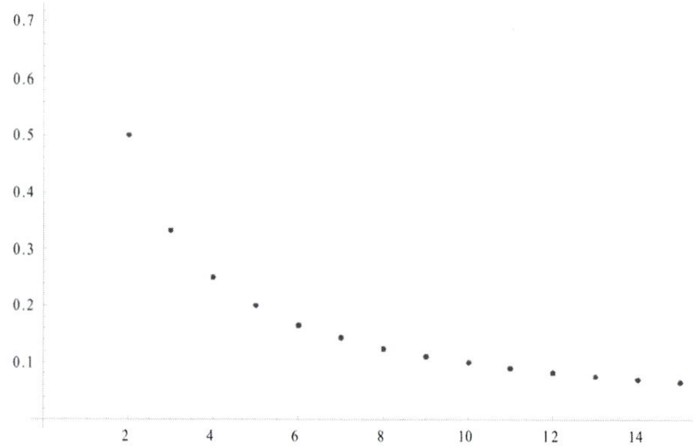

(2) $data2 = Table[1+(-1)^n, \{n, 1, 15\}]$

$\{0, 2, 0, 2, 0, 2, 0, 2, 0, 2, 0, 2, 0, 2, 0\}$

$ListPlot[data2, Prolog -> PointSize[0.01],$

$AspectRatio -> Automatic]$

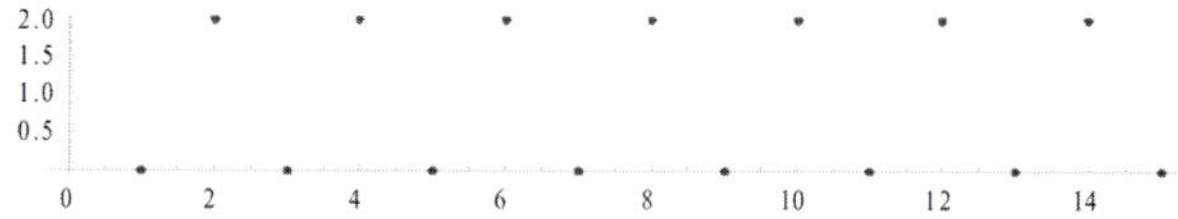

실습문제 $n = 100,\ 1000$ 등에서 (1)과 (2)의 수열의 항을 구해보고 그것들을 $ListPlot$하여 보아라.

예제 6.4.2

두 수열 $\{a_n\} = \left\{1 - \frac{1}{n}\right\}$, $\{b_n\} = \left\{1 + \frac{1}{n}\right\}$은 모든 n에 대해서 $a_n < b_n$이지만, $\lim_{n \to \infty} a_n = 1 = \lim_{n \to \infty} b_n$임을 보여라.

풀이

```
t1 = Table[1 - 1/n, {n, 1, 10}]
```

$$\left\{0, \frac{1}{2}, \frac{2}{3}, \frac{3}{4}, \frac{4}{5}, \frac{5}{6}, \frac{6}{7}, \frac{7}{8}, \frac{8}{9}, \frac{9}{10}\right\}$$

```
t2 = Table[1 + 1/n, {n, 1, 10}]
```

$$\left\{2, \frac{3}{2}, \frac{4}{3}, \frac{5}{4}, \frac{6}{5}, \frac{7}{6}, \frac{8}{7}, \frac{9}{8}, \frac{10}{9}, \frac{11}{10}\right\}$$

따라서 $n = 10$까지 $a_n < b_n$임을 확인할 수 있다.

```
Limit[1 - 1/n, n - > Infinity]
```

1

```
Limit[1 + 1/n, n - > Infinity]
```

1

예제 6.4.3

어떤 실수 x에 대해서도 $\lim_{n \to \infty} \frac{|x|^n}{n!} = 0$이다.

풀이

```
Limit[Abs[x]^n / n!, n - > Infinity]
```

0

```
a[n_] = x^n / n!;
x = 2;
Table[a[n], {n, 1, 10}]
```

$$\left\{2, 2, \frac{4}{3}, \frac{2}{3}, \frac{4}{15}, \frac{4}{45}, \frac{8}{315}, \frac{2}{315}, \frac{4}{2835}, \frac{4}{14175}\right\}$$

여기서 실수 계산처리를 위해 근삿값 명령어 N을 사용해보자.

```
N[%, 19]
```

{2.000000000000000000, 2.000000000000000000, 1.333333333333333333,

0.6666666666666666667, 0.2666666666666666667, 0.08888888888888888889,

0.02539682539682539683, 0.006349206349206349206, 0.001410934744268077601, 0.0002821869488536155203}

실습문제 위 예제에서 변수 x에 다른 값을 대입하여 다시 실행하여 보아라. 변수 x의 값이 바뀌어도 극한은 항상 0이 됨을 확인하여라.

예제 6.4.4 수열 $\left\{(-1)^n \frac{1}{n}\right\}$의 극한을 구하고, 항들을 그래프로 나열해보아라.

풀이

```
Limit[(-1)^n * 1/n, n -> Infinity]
```

0

```
ListPlot[Table[(-1)^n * 1/n, {n, 1, 100}]]
```

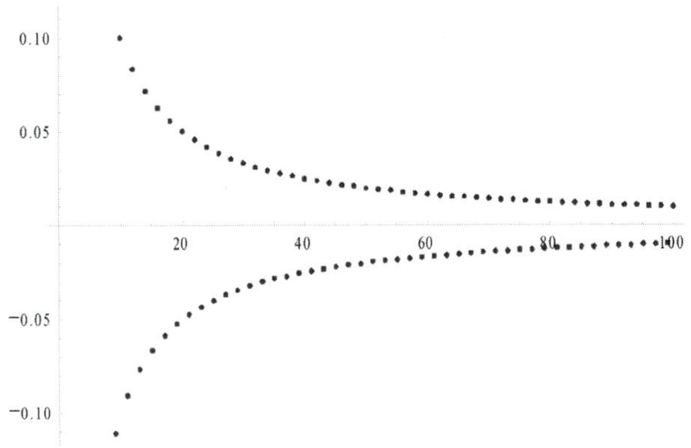

따라서 주어진 수열의 극한이 0이 됨을 알 수 있다.

예제 6.4.5 일반항이 $\{a_n\} = \left\{\left(1+\frac{1}{n}\right)^n\right\}$인 수열의 접근성을 점을 나타내어 알아보고 함수적 그래프를 그린 다음, 극한을 추정해보라. 그리고 실제로 극한을 구해보라.

풀이

```
ListPlot[Table[(1+(1/n))^n,
    {n, 1, 40, 2}], PlotStyle -> PointSize[0.03]]
```

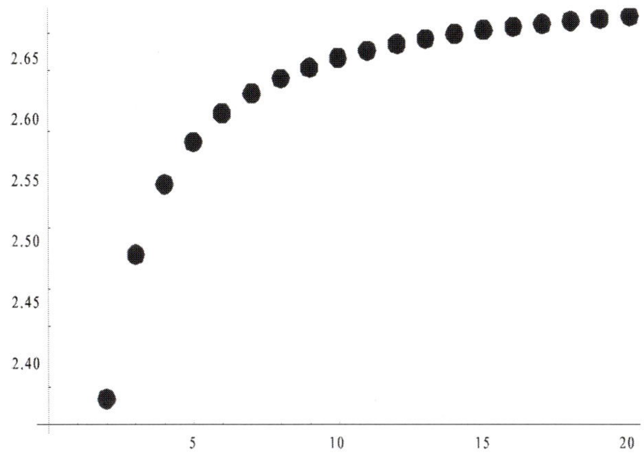

$Plot[(1+(1/n))^n, \{n, 1, 20\}]$

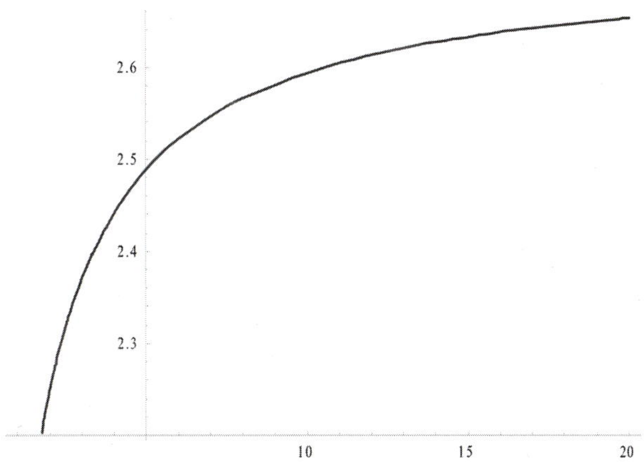

$Limit[(1+(1/n)^n, n -> Infinity]$

e

실습문제 $\lim_{x \to 2} \frac{x^2+2}{x+1} = 2$임을 보여라.

예제 6.4.6 $\lim_{x \to 1} \frac{x^2+2x-3}{2x-2}$을 구하여라.

풀이

```
Clear[x];
(x^2 + 2x - 3) / (2x - 2)
```

$$\frac{-3+2x+x^2}{-2+2x}$$

```
Factor[%]
```

$$\frac{3+x}{2}$$

```
Limit[%, x -> 1]
```

2

예제 6.4.7 $\lim_{x\to 0}\frac{1}{x}$이 존재하지 않음을 그래프를 이용하여 증명하여라.

풀이

```
Clear[f];
f[x_] = 1/x;
Plot[f[x], {x, -3, 3}]
```

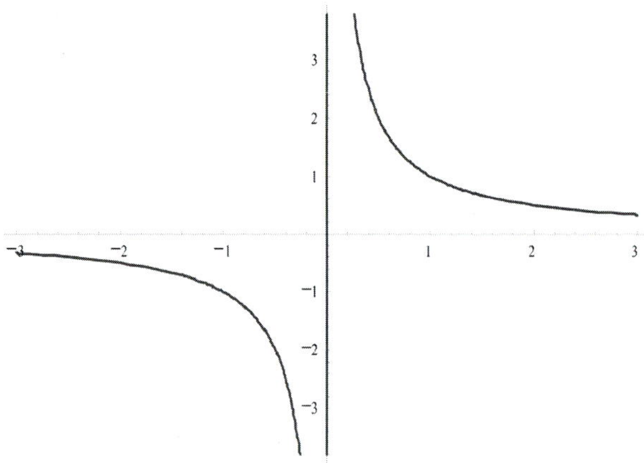


```
Limit[f[x], x -> 0, Direction -> 1]
```

$-\infty$

```
Limit[f[x], x -> 0, Direction -> -1]
```

∞

예제 6.4.8 두 함수 $f(x) = \frac{x^2-1}{x-1}$, $g(x) = \begin{cases} \frac{x^2-1}{x-1}, & x \neq 1 \\ 0, & x = 1 \end{cases}$는 $x = 1$에서 불연속이다.

풀이

```
f[x_] = (x^2 - 1) / (x - 1)
```

$\frac{-1+x^2}{-1+x}$

```
Limit[f[x], x - > 1]
```

2

```
f[1]
```

Power :: infy : infinite expression $\frac{1}{0}$ *encountered.*

inf :: indet : indeterminate expression 0 *Complex* ∞ *encountered*▷

Indeterminate

따라서 f는 $x = 1$에서 불연속이다.

같은 방법으로, $\lim_{x \to 1} g(x) = 2 \neq 0 = g(1)$에서 g는 $x = 1$에서 불연속이다.

예제 6.4.9 다음 등식이 성립함을 증명하여라.

(1) $\lim_{x \to 0} \frac{\ln(1+x)}{x} = 1$

(2) $\lim_{x \to 0} \frac{e^x - 1}{x} = 1$

풀이

```
Limit[Log[1 + x] / x, x - > 0]
```

1

```
Limit[(E^x - 1) / x, x - > 0]
```

1

6.5 미분법과 그 응용

도함수에 관한 기본 문제들을 중심으로 Mathematica 실습을 해보자. 여기서 주로 사용되는 명령어는 다음과 같다.

Mathmatica 표기법	의미	비고
$D[f[x], x]$ 또는 $f'[x]$	$f(x)$의 x에 대한 도함수	
$Power[expr, n]$	$expr$의 n번 곱	$(\text{expr})^n$
$D[f[x], \{x, n\}]$	$f(x)$의 x에 대한 제n계도함수	$\dfrac{d^n f}{dx^n}$

예제 6.5.1 두 함수의 덧셈, 스칼라 곱, 곱셈 및 나눗셈에 대한 미분공식을 확인하여라.

풀이

```
Clear[f, g];
D[f[x]+g[x], x]
```

$f'[x]+g'[x]$

```
D[c * g[x], x]
```

$cg'[x]$

```
D[f[x] * g[x], x]
```

$g[x]f'[x]+f[x]g'[x]$

```
D[f[x]/g[x], x]
```

$$\frac{f'[x]}{g[x]}-\frac{f[x]g'[x]}{g[x]^2}$$

```
Together[%]
```

$$\frac{g[x]f'[x]-f[x]g'[x]}{g[x]^2}$$

예제 6.5.2 합성함수의 미분법, 즉 연쇄법칙을 확인하여라.

풀이

```
D[g[f[x]], x]
```

$f'[x]g'[f[x]]$

예제 6.5.3 함수 $f(x) = x^2$에서 $f'(c)$를 구하여라.

풀이

```
f[x_] = x^2;
f'[x]
```

$2x$

```
%/. x -> c
```

$2c$

예제 6.5.4 $f(x) = x^n$ (n은 0이 아닌 정수)의 도함수를 구하여라.

풀이

```
Clear[f, g];
f[x_] = x^n;
f'[x]
```

nx^{-1+n}

```
g[x_] = x^-n;
g'[x]
```

$-nx^{-1-n}$

예제 6.5.5 $f(x) = (3x^2+2x+1)^4$의 도함수를 구하여라.

풀이

```
Clear[f];
f[x_] = (3x^2+2x+1)^4;
f'[x]
```

$4(2+6x)(1+2x+3x^2)^3$

실습문제 $f(x) = 3x^3+2x^2+x+1$의 도함수를 구하여라.

예제 6.5.6 $f(x) = (3x^2+2x+1)^4$의 도함수를 연쇄법칙을 이용하여 구하고, 그 결과를 예제 6.5.5와 비교하여라.

풀이

```
Clear[u, f];
u[x_] = 3x^2 + 2x + 1;
f[u_] = u^4;
f'[u] * u'[x]
```

$4u^3(2+6x)$

```
%/.u -> u[x]
```

$4(2+6x)(1+2x+3x^2)^3$

```
D[f[u[x]], x]
```

$4(2+6x)(1+2x+3x^2)^3$

```
% == %%
```

True

예제 6.5.7 매개변수방정식 $x = f(t) = t^2 + 1$와 $y = g(t) = 2t + t^3$으로 정의된 함수의 도함수 $\frac{dy}{dx}$를 구하여라.

풀이

```
Clear[f, g];
f[t_] = t^2 + 1;
g[t_] = t^3 + 2t;
g'[t]/f'[t]
```

$\frac{2+3t^2}{2t}$

예제 6.5.8 $x^2 + y^2 + 2xy = 0$일 때, 도함수 y'를 구하여라.

풀이

```
Clear[eq];
eq = {x^2 + y[x]^2 + 2x * y[x] == 0};
D[eq, x]
```

$\{2x+2y[x]+2xy'[x]+2y[x]y'[x] == 0\}$

```
Solve[%, y'[x]]
```

$\{\{y'[x]\rightarrow -1\}\}$

예제 6.5.9 지수함수 $y = a^x$ $(a > 0,\ a \neq 1)$의 도함수를 구하여라.

풀이

```
D[a^x, x]
```

$a^x Log[a]$

예제 6.5.10 $f(x) = 2x^3 + 9x^2 - 24x - 10$의 그래프와 도함수의 그래프를 같은 평면에 그려보고 미분계수가 가지는 의미를 알아보자.

풀이

```
Clear[f, g];
f[x_] = 2x^3 + 9x^2 - 24x - 10;
g[x_] = D[f[x],x];
critical = Solve[g[x]= =0, x]
```

$\{\{x \to -4\}, \{x \to 1\}\}$

```
pic1 = Plot[{f[x], g[x]},{x, -7, 3}, PlotStyle - > {{}, Dashing[{0.01}]},
    Prolog - > {{Thickness[0.01], vert[{{-4, -50},{-4, 105}}]},
    {Thickness[0.01], ve rt[{{1, -50},{1, 60}}]}},
    DisplayFunction - > Identity];
πc2 = Graphics[{Text[" y = f' (x)" ,{2, 60}], Text[" y = f(x)" ,{2.5, 10}]}];
Show[pic1, pic2, AxesLabel - > {" x" ," y" },
    DisplayFunction - > $DisplayFunction]
```

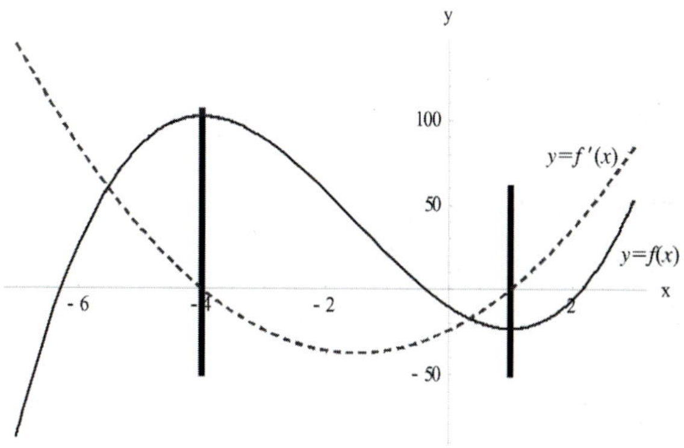

이제 도함수의 응용에 관한 문제들, 특히 접선과 도함수와 관련된 평균값 정리, Taylor 급수 및 함수의 극대와 극소 등을 Mathematica를 이용하여 풀어보자. 자주 사용되는 기본 명령어는 다음과 같다.

Mathematica 표기법	의미	비고
D[함수, $\{x, n\}$]	x에 대한 함수의 제n계 도함수	$\frac{d^n f}{dx^n}$
$Series$[함수, $\{x, x0, n\}$]	$x = x0$에서 n차 항까지의 함수의 Taylor 급수 전개	Taylor 급수
$Normal[expr]$	$expr$에서 나머지 항을 제거한 다항식	
$FindMinimum[f, \{x, x0\}]$	$x = x0$근방에서 $f(x)$의 극솟값	
$FindMaximum[f, \{x, x0\}]$	$x = x0$근방에서 $f(x)$의 극댓값	
$Solve$[좌변 == 우변, x]	x에 관한 방정식 (좌변 = 우변)의 해	
$NSolve$[좌변 == 우변, x]	x에 관한 방정식 (좌변 = 우변)의 근사해	
$Max[\{a1, a2, ...\}]$	$a1$, $a2$, ... 중에서 최댓값	
$Min[\{a1, a2, ...\}]$	$a1$, $a2$, ... 중에서 최솟값	
$expr /. x \to x0$	$expr$에서 x에 $x0$를 대입	

예제 6.5.11 함수 $f(x) = x^3 + x - 4$에 대하여 구간 $[0, 2]$에서 평균값 정리를 만족하는 점 c를 구하고 점 c에서의 접선과 $f(x)$의 그래프, 두 점 $(0, f(0))$, $(2, f(2))$를 연결하는 직선을 한 평면에 그려보라.

풀이

```
Clear[f, deriv, d];
f[x_] := x^3 + x - 4;
d = (f[2] - f[0])/(2 - 0);
deriv[x_] = D[f[x], x];
ever = Solve[deriv[x] = = d, x]
```

$$\left\{\left\{x \to -\frac{2}{\sqrt{3}}\right\}, \left\{x \to \frac{2}{\sqrt{3}}\right\}\right\}$$

$$pt = \frac{2}{\sqrt{3}};$$

```
tanline[x_] = deriv[pt]*(x - pt) + f[pt];
```

$stline[x\_] = d*(x-0)+f[0];$

$graphoff = Plot[\{f[x], \tan line[x], stline[x]\}, \{x, -1, 2.5\},$

$\quad PlotStyle -> \{\{\ \}, Dashing[\{0.01\}], Thickness[0.008]\},$

$\quad Epilog -> \{Red, PointSize[0.03], Point[\{pt, 0\}]\}]$

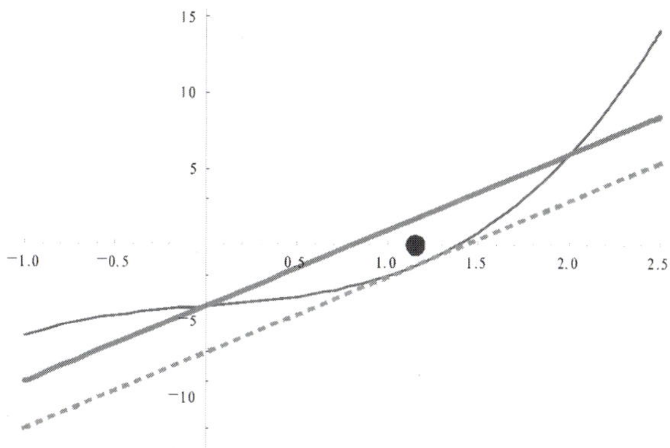

예제 6.5.12 e^x의 Maclaurin 급수를 10차항까지 구하여라.

풀이 *Taylor* 급수를 구하는 명령어는 *Series*이다.

$Series[\mathrm{Exp}[x], \{x, 0, 10\}]$

$$1+x+\frac{x^2}{2}+\frac{x^3}{6}+\frac{x^4}{24}+\frac{x^5}{120}+\frac{x^6}{720}+\frac{x^7}{5040}+\frac{x^8}{40320}+\frac{x^9}{362880}+\frac{x^{10}}{3628800}+O[x]^{11}$$

$Normal[\%]$

$$1+x+\frac{x^2}{2}+\frac{x^3}{6}+\frac{x^4}{24}+\frac{x^5}{120}+\frac{x^6}{720}+\frac{x^7}{5040}+\frac{x^8}{40320}+\frac{x^9}{362880}+\frac{x^{10}}{3628800}$$

예제 6.5.13 $f(x) = \frac{1}{3}x^3 - 4x^2 + 12x + 3$의 극점을 구하고, $f(x)$와 $f'(x)$의 그래프를 함께 그려보아라.

풀이 $Clear[f];$

$f[x\_] = (1/3)x^3 - 4x^2 + 12x + 3$

$$3+12x-4x^2+\frac{x^3}{3}$$

$Plot[f[x], \{x, -1, 8\}]$

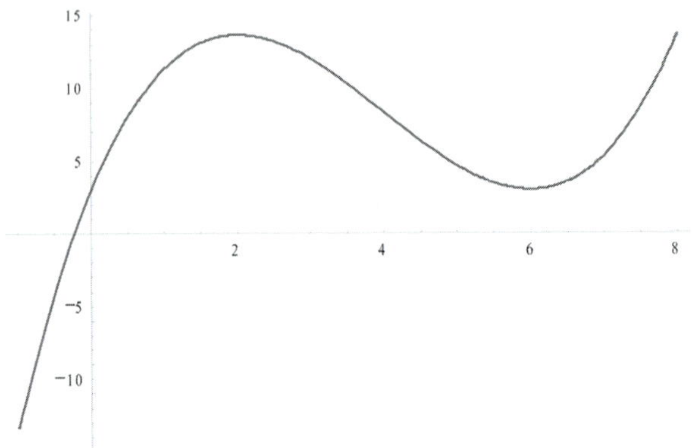

$Solve[f'[x] == 0, x]$

$\{\{x \to 2\}, \{x \to 6\}\}$

$Plot[\{f[x], f'[x]\}, \{x, -1, 8\}, PlotStyle -> \{RGBColor[1, 0, 0], RGBColor[0, 1, 0]\}]$

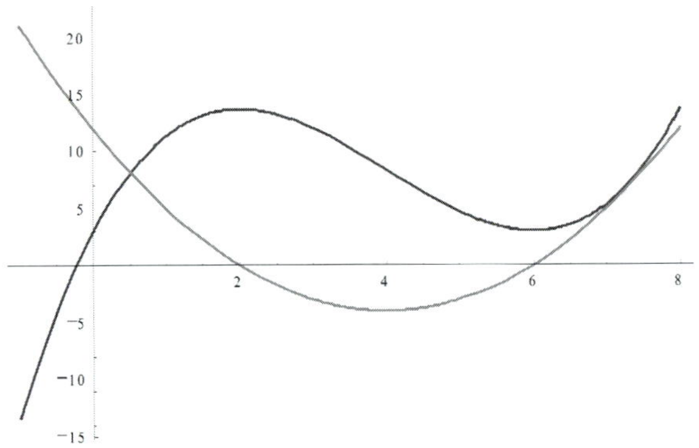

예제 6.5.14 다음 부등식을 그래프를 그려 증명하여라.

$$x - \frac{x^2}{2} < \log(1+x),\ 0 < x \le 5$$

풀이 $Plot[\{x - x^2/2, Log[1+x]\}, \{x, 0, 5\}]$

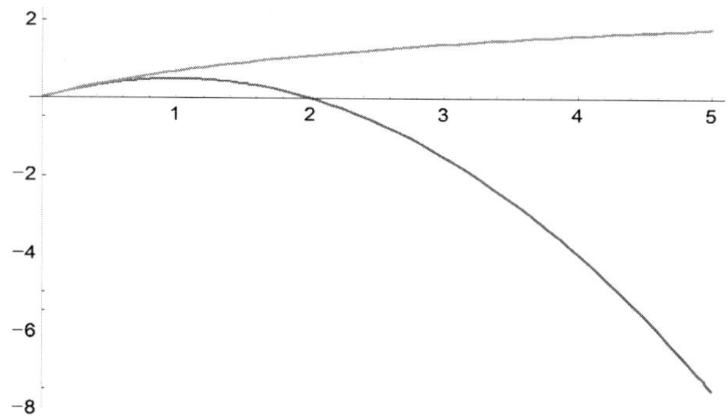
2
1
2
3
4
5
−2
−4
−6
−8

6.6 적분법과 그 응용

부정적분과 정적분에 관한 문제들을 Mathematica를 이용하여 풀어보자. 여기에 자주 사용되는 Mathematica 명령어는 다음과 같다.

Mathematica 표기법	의미	비고
Integrate[함수, x]	함수를 x에 대해 부정정분	부정적분
Apart[유리식]	유리식을 부분분수로 분해	부분분수 분해
Together[유리식]	유리식을 통분	통분
Simplify[수식]	수식을 최소 개수의 항으로 단순화	
Integrate[f, {x, a, b}]	$\int_a^b f dx$	정적분
NIntegrate[f, {x, a, b}]	$\int_a^b f dx$의 근삿값	
N[*expr*, n]	*expr*의 근삿값을 n자리로 출력	
List[[n]] 또는 *Part*[*list*, n]	목록의 n번째 원소	
FilledPlot[{f[x], g[x]}, {x, a, b}]	[a, b]에서 $y=f(x)$와 $y=g(x)$의 그래프로 둘러싸인 영역 표시	
SurfaceOfRevolution [f, {x, *xmin*, *xmax*}]	구간 [*xmin*, *xmax*]에서 함수 f를 z축을 중심으로 2π만큼 회전한 입체	회전체 그래프

예제 6.6.1 $f(x) = x^2+1$ ((0 $\le x \le 1$)이라 하자. 분할 $P=\left\{0, \frac{1}{4}, \frac{2}{4}, \frac{3}{4}, 1\right\}$과 분할 P에 분점을 하나 더 추가한 분할 $P1=\left\{0, \frac{1}{4}, \frac{2}{4}, \frac{3}{4}, \frac{7}{8}, 1\right\}$에 대해 하합 $L_f(P)$와 $L_f(P1)$을 각각 구하여라.

풀이

```
Clear[f];
f[x_] = x^2 + 1
```

$1+x^2$

```
P = Table[n/4, {n, 0, 4}]
```

$\left\{0, \frac{1}{4}, \frac{1}{2}, \frac{3}{4}, 1\right\}$

분할 P에서의 함숫값

$F = f[P]$

$\left\{0, \frac{17}{16}, \frac{5}{4}, \frac{25}{16}, 2\right\}$

분점 간의 간격

$dx = Table[P[[k+1]] - P[[k]], \{k, 1, 4\}]$

$\left\{\frac{1}{4}, \frac{1}{4}, \frac{1}{4}, \frac{1}{4}\right\}$

하합 $L_f(P)$를 구하자.

$LfP = Sum[F[[k]] * dx[[k]], \{k, 1, 4\}]$

$\frac{39}{32}$

$N[\%]$

1.21875

분할 $P1$ =분할 P에 점 $\frac{7}{8}$을 추가

$P1 = \{0, 1/4, 2/4, 3/4, 7/8, 1\}$

$\left\{0, \frac{1}{4}, \frac{1}{2}, \frac{3}{4}, \frac{7}{8}, 1\right\}$

분할 $P1$에서의 함숫값

$F1 = f[P1]$

$\left\{0, \frac{17}{16}, \frac{5}{4}, \frac{25}{16}, \frac{113}{64}, 2\right\}$

분점 간의 간격

$dx1 = Table[P1[[k+1]] - P1[[k]], \{k, 1, 5\}]$

$\left\{\frac{1}{4}, \frac{1}{4}, \frac{1}{4}, \frac{1}{8}, \frac{1}{8}\right\}$

하합 $L_f(P1)$을 구하자.

$LfP1 = Sum[F1[[k]] * dx1[[k]], \{k, 1, 5\}]$

$\frac{637}{512}$

$N[\%]$

1.24414

예제 6.6.2 함수 f, 분할 P와 $P1$이 예제 6.6.1과 같을 때, 상합 $U_f(P)$와 $U_f(P1)$을 각각 구하여라.

풀이 상합 $U_f(P)$을 구하자.

```
UfP = ∑[F[[k+1]] * dx[[k]], {k, 1, 4}]
```

$\frac{47}{32}$

```
N[%]
```

1.46875

상합 $U_f(P1)$을 구하자.

```
UfP1 = Sum[F1[[k+1]] * dx1[[k]], {k, 1, 5}]
```

$\frac{737}{512}$

```
N[%]
```

1.43945

```
Integrate[f[x], {x, 0, 1}]
```

$\frac{4}{3}$

주의 $L_f(P) \le L_f(P1) \le \int_0^1 f(x)dx \le U_f(P1) \le U_f(P)$

예제 6.6.3 구간 $[a, b]$에서 정의된 함수 $f(x) = c$ (c는 상수)에 대해

$$\int_a^b f(x)dx = c(b-a)$$

임을 보여라.

풀이

```
Integrate[c, {x, a, b}]
```

$(-a+b)c$

또는 Palettes 기능을 이용하여

$$\int_a^b c\,dx$$

$Simplify[\%]$

$(-a+b)c$

실습문제 $\int_a^b x dx = \frac{1}{2}(b^2 - a^2)$ 임을 보여라.

예제 6.6.4 함수 $f(x) = \begin{cases} x, & 1 \le x < 2 \\ 2, & 2 \le x \le 3 \end{cases}$ 에 대해서, $\int_1^3 f(x) dx$를 구하여라.

풀이

$a = Integrate[x, \{x, 1, 2\}]$

$\frac{3}{2}$

$b = Integrate[2, \{x, 2, 3\}]$

2

$\% + \%\%$

$\frac{7}{2}$

예제 6.6.5 $\int \frac{x^2 + x - 2}{3x^3 - x^2 + 3x - 1} dx$를 구하여라.

풀이

$(x^2 + x - 2) / (3x^3 - x^2 + 3x - 1)$

$\frac{-2+x+x^2}{-1+3x-x^2+3x^3}$

$Apart[\%]$

$-\frac{7}{5(-1+3x)} + \frac{3+4x}{5(1+x^2)}$

$Integrate[\%, x] + C$

$\frac{3ArcTan[x]}{5} - \frac{7Log[-1+3x]}{15} + \frac{2Log[1+x^2]}{5} + C$

주의 Mathematica로 부정적분을 구하면, 적분상수는 나타나지 않는다. 따라서 적분상수를 나타내고 싶으면 예제 6.6.5에서와 같이 적분 다음에 C를 붙여야 한다.

예제 6.6.6 $\int_1^\infty \frac{dx}{x}$와 $\int_1^\infty \frac{dx}{x^2}$의 수렴, 발산 여부를 밝혀라.

풀이

```
Integrate[1/x, {x, 1, ∞}]
```

Integrate :: *idiv* : $\int$ *of* $\frac{1}{x}$ *does* | *converge on* {1, ∞}. ≫

$$\int_1^\infty \frac{1}{x}dx$$

그러므로 $\int_1^\infty \frac{dx}{x}$는 발산한다. $\frac{1}{x}$의 그래프를 그려보자.

```
Plot[1/x, {x, 1, 10}]
```

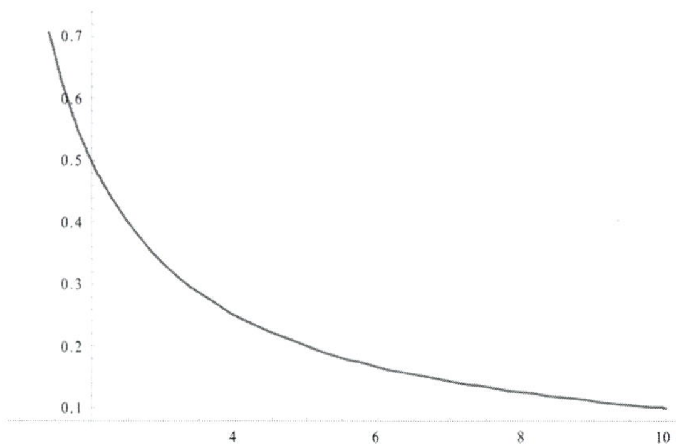


```
Integrate[1/(x^2), {x, 1, Infinity}]
```

1

따라서 $\int_1^\infty \frac{dx}{x^2}$는 수렴한다. $\frac{1}{x^2}$의 그래프를 위 그래프와 비교해 보자.

```
Plot[1/(x^2), {x, 1, 10}]
```

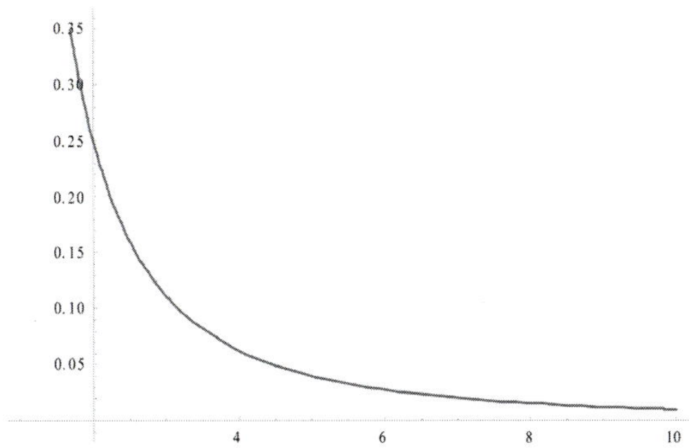

다음으로 정적분의 응용문제인 평면도형의 넓이, 입체의 부피 및 곡선의 길이 등을 Mathematica를 이용하여 구해보자.

예제 6.6.7 직선 $x-y=1$과 포물선 $y^2=x$로 둘러싸인 영역의 그래프를 그려보고, 그 영역의 넓이를 구하여라.

풀이 $\textit{Plot}[\{y+1,\ y^2\},\ \{y,\ -2,\ 2\},\ \textit{AxesLabel}\ ->\ \{''y'',\ ''x''\}]$

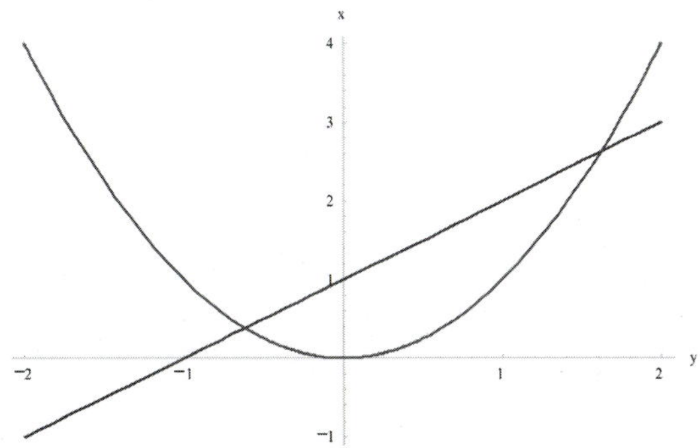

$\textit{Solve}[\{x-y==1,\ y^2==x\},\ \{x,\ y\}]$

$$\left\{\left\{x\to\frac{3-\sqrt{5}}{2},\ y\to\frac{1-\sqrt{5}}{2}\right\},\ \left\{x\to\frac{3+\sqrt{5}}{2},\ y\to\frac{1+\sqrt{5}}{2}\right\}\right\}$$

$\textit{Plot}[\{y+1,\ y^2\},\ \{y,\ (1-\sqrt{5})/2,\ (1+\sqrt{5})/2\},$

$\textit{AxesLabel}\ ->\ \{''y'',''x''\},$

$PlotStyle -> \{Black, Red\}, Filling -> \{1 -> \{2\}\}]$

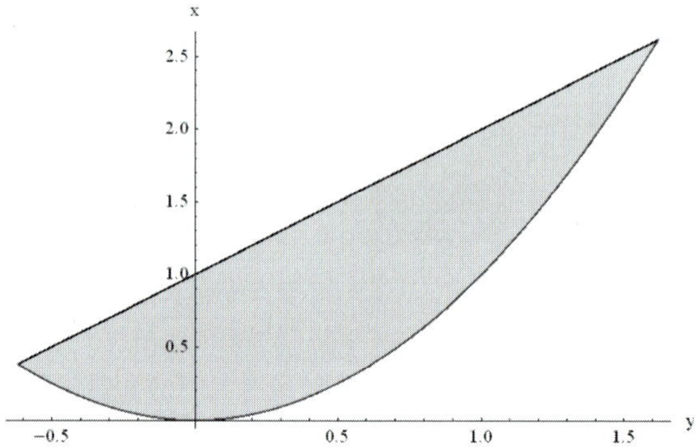

$$\int_{(1-\sqrt{5})/2}^{(1+\sqrt{5})/2} ((y+1)-y^2)\, dx$$

$$\frac{5\sqrt{5}}{6}$$

예제 6.6.8 구간 $[-1, 5]$에서 가우스 함수 $f(x) = [x]$의 그래프를 그리고, 넓이를 구하라.

풀이 $Plot[Floor[x], \{x, -1, 5\}, Filling -> Axis]$

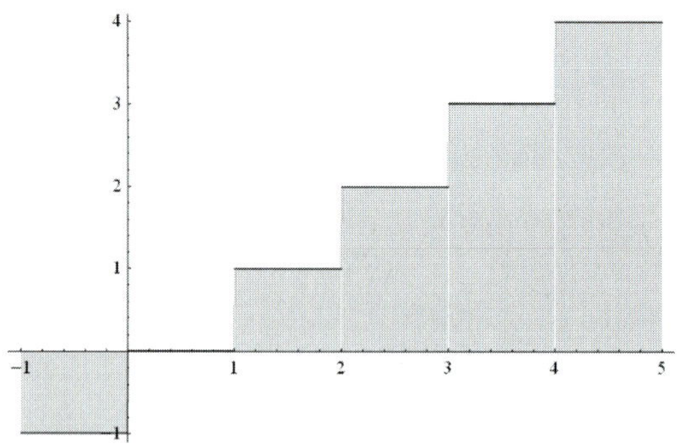

$$\int_{-1}^{5} Floor[x]dx$$

9

예제 6.6.9 반경이 a인 구의 부피를 구하여라.

풀이 반경이 a인 구는 반경이 a인 반원의 회전체이므로, 반경이 2인 반원을 그려보자.

$$Plot[\sqrt{4-x^2}, \{x, -2, 2\}, AspectRatio -> Automatic]$$

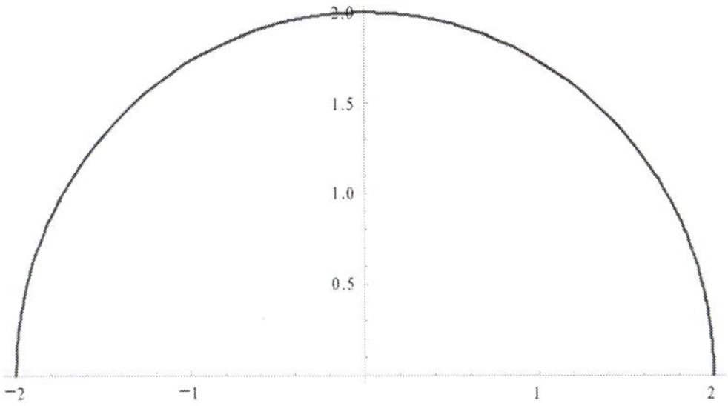

$RevolutionPlot3D[\sqrt{4-x^2}, \{x,-2,2\},$

$RevolutionAxis -> \{1, 0, 0\}]$

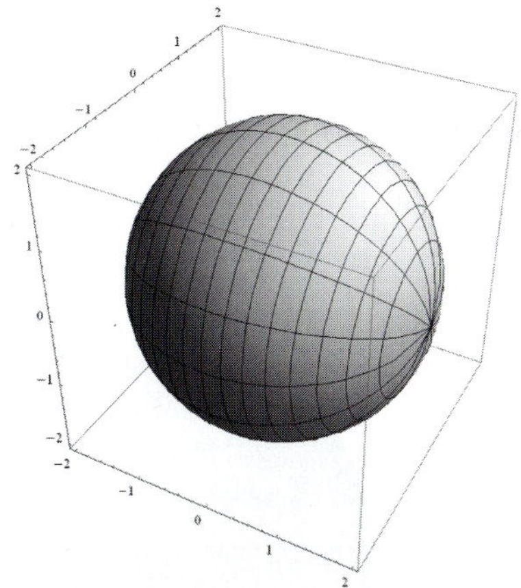

$$\int_{-a}^{a} \pi (\sqrt{a^2-x^2})^2 dx$$

$$\frac{4a^3\pi}{3}$$

예제 6.6.10 $f(x) = x^2 + 1$과 $g(x) = -x + 3$으로 둘러싸인 영역을 x축에 관해 회전하여 생기는 입체의 부피를 구하여라.

풀이

$$Solve[x^2 + 1 = = -x + 3,\ x]$$

$\{\{x \to -2\},\ \{x \to 1\}\}$

$$Plot[\{x^2 + 1,\ -x + 3\},\ \{x,\ -3,\ 3\},\ AxesLabel -> \{"y",\ "x"\},\ PlotStyle -> \{Black,\ Red\},\ Filling -> \{1 -> \{2\}\}]$$

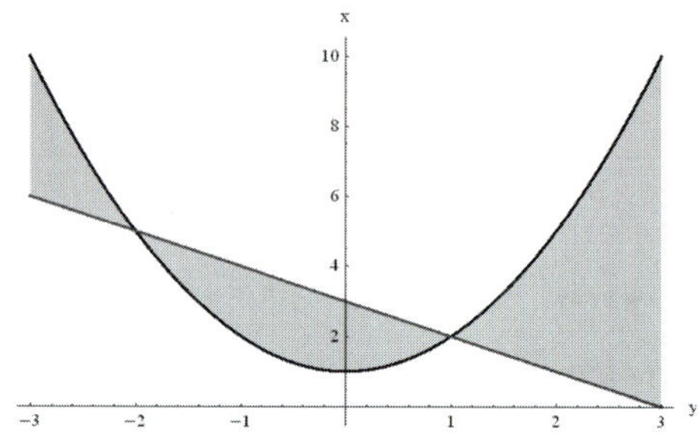

$$RevolutionPlot3D[\{x^2 + 1,\ -x + 3\},\ \{x,\ -3,\ 3\},\ RevolutionAxis -> \{1,\ 0,\ 0\}]$$

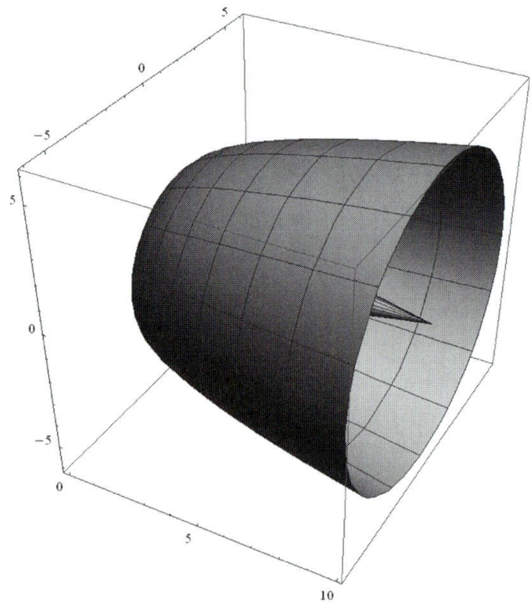

f와 g로 둘러싸인 영역은 $[-2, 1]$에서 나타나므로 구하는 부피는 다음과 같다.

$$\int_{-2}^{1} \pi((-x+3)^2-(x^2+1)^2)\,dx$$

$$\frac{117\pi}{5}$$

실습문제 R이 $[0, 2]$에서 방정식 $y = x^2$과 $y = 2x$의 그래프 사이의 영역이라고 하자. R을 x축에 관해 회전시켜 생기는 입체의 부피를 구하여라.

예제 6.6.11 $f(x) = x\sqrt{x}$ $(0 \le x \le 1)$의 길이를 구하여라.

풀이

$$f[x\_] = x\sqrt{x};$$

$$f1 = f'[x]$$

$$\frac{3\sqrt{x}}{2}$$

$$\int_{0}^{1} \sqrt{1+f1^2}\,dx$$

$$\frac{1}{27}(-8+13\sqrt{13})$$

$$Plot[x\sqrt{x}, \{x, 0, 1\}]$$

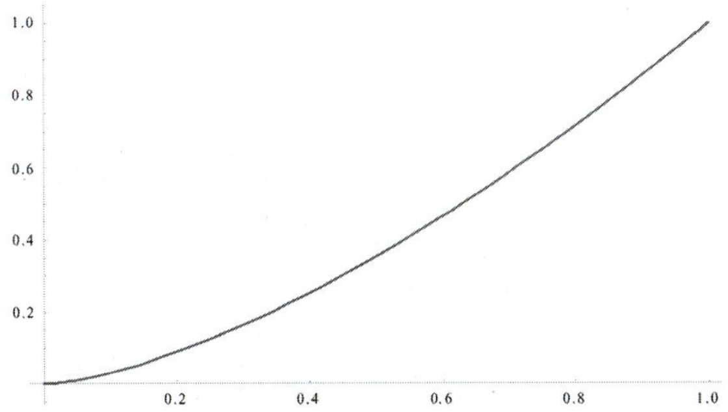

6.7 이변수함수와 편미분법

이 절에서는 이변수함수의 극한과 연속, 편도함수, 연쇄법칙 및 극값 등에 대해 기본적인 Mathematica 실습을 해보자. 이때 자주 사용되는 명령어는 다음과 같다.

Mathematica 표기법	의미	비고
$f[x\_, y\_] = expr$	$f(x, y) = expr$	이변수함수
$Plot3D[f[x, y],$ $\{x, xmin, xmax\},$ $\{y, ymin, ymax\}]$	x의 범위 $[xmin, xmax]$와 y의 범위 $[ymin, ymax]$에서 $f(x, y)$의 그래프	이변수함수 그래프
$ParametricPlot3D$ $[\{f1, f2, f3\},$ $\{t, tmin, tmax\}]$	$tmin \le t \le tmax$의 범위에서 $x = f1(t)$, $y = f2(t)$, $z = f3(t)$의 공간그래프	
$Graphics3D$	3차원 공간에서의 다면체	
$Cuboid[p_{\min}]$	아래쪽 모서리가 $p_{\min}$인 단위 입방체	
$Cuboid[p_1, p_2]$	아래쪽 모서리가 p_1이고, 위쪽 모서리가 p_2인 단위 입방체	
$D[f[x, y], x]$	$\dfrac{\partial f(x,y)}{\partial x}$	편도함수
$D[f[x, y], y]$	$\dfrac{\partial f(x,y)}{\partial y}$	편도함수
$D[f[x, y], x], y]$	$\dfrac{\partial^2 f(x,y)}{\partial y \partial x}$	제2계 편도함수

예제 6.7.1 $\displaystyle\lim_{(x,\ y)\to(0,\ 0)} \frac{x^3+y^3}{x^2+y^2} = 0$임을 보여라.

풀이

```
Clear[f];
f[x_, y_] = (x^3 + y^3) / (x^2 + y^2);
Plot3D[f[x, y], {x, -1, 1}, {y, -1, 1},
    PlotPoints - > 50, AxesLabel - > {"X", "Y", None}]
```

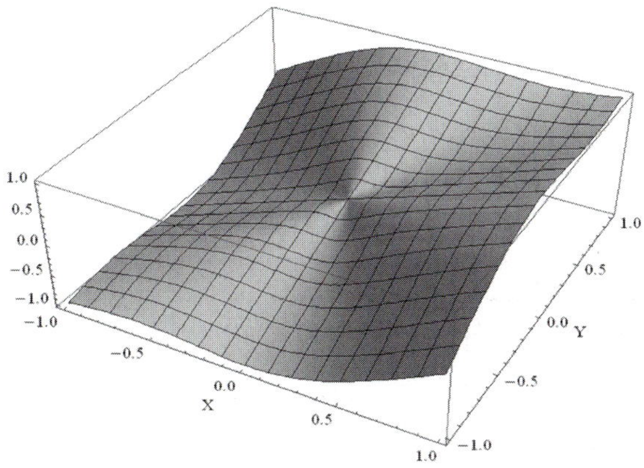

그림에서 $(x,\ y) \to (0,\ 0)$일 때, $f(0,\ 0) \to 0$임을 확인할 수 있지만, 이변수함수의 극한을 구하기 위해서는 방향에 상관없이 $(x,\ y) \to 0$일 때, $f(0,\ 0) \to 0$임을 보여야 한다.

```
y = m * x;
f[x, y]
```

$$\frac{x^3 + m^3 x^3}{x^2 + m^2 x^2}$$

```
Simplify[%]
```

$$\frac{(1+m^3)x}{1+m^2}$$

```
Limit[%, x - > 0]
```

0

따라서 $\displaystyle\lim_{(x,\ y)\to(0,\ 0)} \frac{x^3+y^3}{x^2+y^2} = \lim_{x\to 0}\frac{(1+m^3)x}{1+m^2} = 0$이다.

실습문제 (1) $\displaystyle\lim_{(x,\ y)\to(1,\ 2)} (x^3+y^2)$을 구하여라.

(2) 다음 함수는 원점을 제외한 모든 점에서 연속임을 보여라.

$$f(x,\ y) = \begin{cases} \dfrac{3xy}{x^2+y^2}, & (x,\ y) \neq (0,\ 0) \\ 0, & (x,\ y) = (0,\ 0) \end{cases}$$

예제 6.7.2 $\lim_{(x,\, y) \to (1,\, 1)} \ln\left(\frac{x}{x^2 + y^2}\right)$를 구하여라.

풀이

$Clear[x,\ y];$

$Plot3D[Log[x/(x^2+y^2)],\ \{x,\ 0.1,\ 2\},\ \{y,\ 0.1,\ 2\},$

$PlotPoints\ {-}{>}\ 40]$

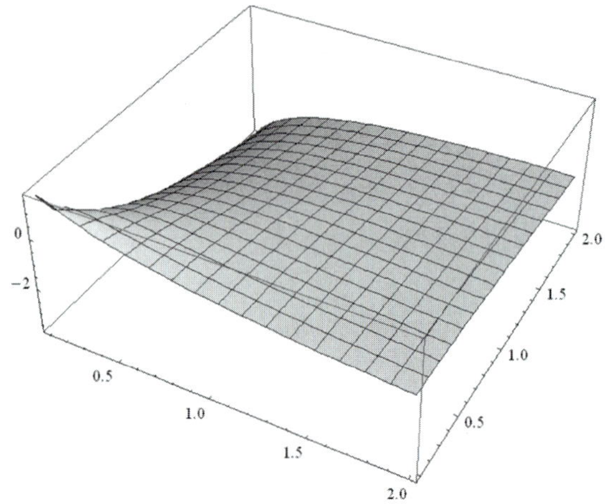

그래프에 따르면, $(1, 1)$에서 $\ln\frac{x}{x^2+y^2}$는 연속이므로, 극한을 구하기 위해서는 한 방향에서 $(x, y) \to (1, 1)$일 때, $\ln\frac{x}{x^2+y^2}$의 극한만 구하면 된다.

$Limit[Log[x/(x^2+y^2)],\ x\ -\ >\ 1]$

$Log[\frac{1}{1+y^2}]$

$Limit[\%,\ y\ -\ >\ 1]$

$-Log[2]$

예제 6.7.3 이변수함수 $z = x^3 - 3x^2y + xe^y$의 제1계, 제2계 편도함수를 모두 구하여라.

풀이

$Clear[z];$

```
z[x_, y_] = x^3 - 3x^2y + xe^y;
Plot3D[z[x, y], {x, -20, 20}, {y, -20, 20},
PlotPoints - > 40, AxesLabel - > {"X", "Y", "Z"}]
```

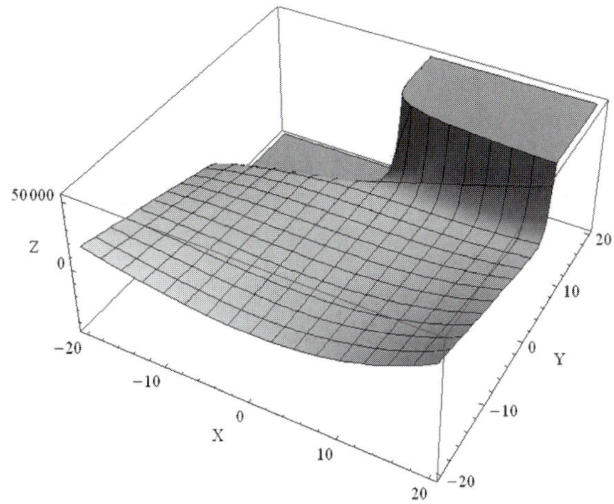


```
D[z[x, y], x]
```

$e^y + 3x^2 - 6xy$

```
D[z[x, y], y]
```

$e^y x - 3x^2$

```
D[z[x, y], x, x]
```

$6x - 6y$

```
D[z[x, y], x, y]
```

$e^y - 6x$

```
D[z[x, y], y, x]
```

$e^x - 6x$

```
D[z[x, y], y, y]
```

$e^y x$

예제 6.7.4 $z = 2x\ln y,\ x = u^2 + v^2,\ y = u^2 - v^2$일 때, $\frac{\partial z}{\partial u}$와 $\frac{\partial z}{\partial v}$를 구하여라.

풀이

```
Clear[z, z1];
z[x_, y_] = 2x * Log[y];
z1 = z[x, y]/. {x→u^2+v^2, y→u^2-v^2}
```

$2(u^2+v^2)Log[u^2-v^2]$

```
D[z1, u]
```

$\frac{4u(u^2+v^2)}{u^2-v^2}+4uLog[u^2-v^2]$

```
D[z1, v]
```

$-\frac{4v(u^2+v^2)}{u^2-v^2}+4vLog[u^2-v^2]$

예제 6.7.5 이변수함수 $f(x, y) = 4-2x^2+x-y^2$의 임계점을 구하여라.

풀이

```
Clear[f];
f[x_, y_] = 4-2x^2+x-y^2;
D[f[x, y], x]
```

$1-4x$

```
D[f[x, y], y]
```

$-2y$

```
Solve[{1-4x = = 0, -2y = = 0}, {x, y}]
```

$\left\{\left\{x\to\frac{1}{4}, y\to 0\right\}\right\}$

예제 6.7.6 이변수함수 $f(x, y) = x^3-3xy+y^3$의 극값을 구하여라.

풀이

```
Clear[f];
f[x_, y_] = x^3-3xy+y^3;
D[f[x, y], x]
```

$3x^2-3y$

```
D[f[x, y], y]
```

$-3x+3y^2$

$$\boldsymbol{Solve}[\{3x^2-3y==0,\ -3x+3y^2==0\},\ \{x,\ y\}]$$

$\{\{x\to 0,\ y\to 0\},\ \{x\to 1,\ y\to 1\},\ \{x\to -(-1)^{\frac{1}{3}},\ y\to (-1)^{\frac{2}{3}}\},$

$\{x\to (-1)^{\frac{2}{3}},\ y\to -(-1)^{\frac{1}{3}}\}\}$

$$\boldsymbol{f[x,\ y]\ /.\ \%}$$

$\{0,\ -1,\ -1,\ -1\}$

$$\boldsymbol{Max[\%]}$$

0

$$\boldsymbol{Min[\%\%]}$$

-1

6.8 행렬과 연립일차방정식

행렬과 연산, 연립일차방정식 등 행렬과 관련된 예제들을 중심으로 Mathematica 실습을 해보자. 먼저 행렬을 나타내는 방법과 행렬의 연산을 알아보고, 나아가 Gauss-Jordan 소거법에 의한 연립일차방정식의 풀이에 Mathematica를 적용해 보자. 이 절에서 사용되는 Mathematica 명령어를 요약하면 다음과 같다.

Mathematica 표기법	의미	비고
List[a, b, c] 또는 {a, b, c}	벡터 {a, b, c}	행벡터
{{a, b}, {c, d}}	2×2행렬	$\begin{pmatrix} a & b \\ c & d \end{pmatrix}$
{{a11, a12, ..., a1n}, {a21, a22, ..., a2n}, ..., {am1, am2, ..., amn}}	$m \times n$행렬	$(a_{ij})_{m \times n}$
Dimensions[벡터]	벡터의 원소의 수	
Dimensions[A]	A의 행과 열의 수	
Inverse[A]	A의 역행렬	A^{-1}
M// *MatrixForm* 또는 *MatrixForm*[M]	목록 M을 행렬 형태로 출력	
Table[a[i, j], {i, m}, {j, n}]	(i, j)성분이 $a[i, j]$이고, 행이 m개, 열이 n개인 행렬	
Array[a, {m, n}]	(i, j)성분이 $a[i, j]$이고, 행이 m개, 열이 n개인 행렬	
A.B	A와 B의 곱	행렬의 곱
Transpose[A]	A의 전치행렬	A^T
IdentityMatrix[n]	n차 단위행렬	I_n
MatrixPower[A, n]	A를 n번 곱함	A^n
DiagonalMatrix[{a1, a2, ..., an}]	대각성분이 $a1,\ a2,\ ...,\ an$인 대각행렬	$\begin{pmatrix} a1 & 0 & \cdots & 0 \\ 0 & a2 & \cdots & 0 \\ & & \ddots & \\ 0 & 0 & \cdots & an \end{pmatrix}$
Solve[{eq1, eq2,...}, {x1, x2, ...}]	$x1,\ x2,\ ...$에 관한 연립방정식 $eq1,\ eq2,\ ...$의 해	

Mathematica 표기법	의미	비고
$LinearSolve[A,\ b]$	연립일차방정식 $A\mathrm{x}=\mathrm{b}$의 해 (해가 부정이면 하나의 해만 구함)	$(a_{ij})\begin{pmatrix} x_1 \\ \vdots \\ x_n \end{pmatrix} = \begin{pmatrix} b_1 \\ \vdots \\ b_n \end{pmatrix}$
$RowReduce[A]$	A의 기약행사다리꼴	
$Join[A,\ \mathrm{b}]$	A의 아래쪽에 b를 덧붙임	$\left(\frac{A}{\mathrm{b}}\right)$
$Insert[A,\ \mathrm{b}\ ,i]$	A의 i번째 행에 b를 추가	

예제 6.8.1 행렬 (a), $\begin{pmatrix} a & b \\ c & d \end{pmatrix}$, $\begin{pmatrix} 1 & 2 & 3 \\ 4 & 5 & 6 \end{pmatrix}$을 나타내고, 각 행렬의 크기를 구하여라.

풀이

```
A = {a}
```

$\{a\}$

```
MatrixForm[A]
```

(a)

```
Dimensions[A]
```

$\{1\}$

```
B = {{a, b}, {c, d}}
```

$\{\{a,b\},\{c,d\}\}$

```
MatrixForm[B]
```

$\begin{pmatrix} a & b \\ c & d \end{pmatrix}$

```
Dimensions[B]
```

$\{2,2\}$

```
MatA = {{1, 2, 3}, {4, 5, 6}};
MatrixForm[MatA]
```

$\begin{pmatrix} 1 & 2 & 3 \\ 4 & 5 & 6 \end{pmatrix}$

```
Dimensions[MatA]
```

$\{2,3\}$

(1) 행렬을 표현할 때, Cell 메뉴에서 *OutputformatType* 이 *StandardForm* 으로 설정되어 있으면 예제 6.8.1에서와 같이 *MatrixForm* 명령어를 사용해야 하지만 *TraditionalForm* 로 설정하면 *MatrixForm* 명령어를 사용하지 않아도 행렬로 표시할 수 있다.

(2) Palettes 메뉴의 Classroom Assistant / Basic Commands 기능을 이용하면, 모든 행렬을 쉽게 나타낼 수 있다. 예로, 3×3행렬을 나타내고자 하는 경우, 다음 그림에서와 같이 Matrix를 선택하고 Add Row와 Add Column을 클릭하여 3×3행렬의 틀을 만든 후, 마우스를 행렬 안의 작은 네모 위에 클릭하고 표현하려는 행렬의 성분들을 입력하여라. 실제로 선형대수학에서의 Mathematica 활용은 Classroom Assistant / Basic Commands 기능을 이용하면 아주 편리하다.

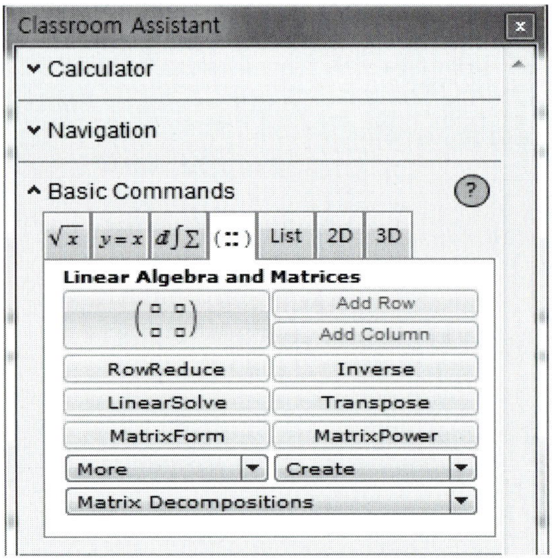

예제 6.8.2 $\begin{pmatrix}1&2&3\\4&5&6\end{pmatrix}+\begin{pmatrix}1&2&3\\4&5&6\\7&8&9\end{pmatrix}$, $\begin{pmatrix}1&2&3\\4&5&6\end{pmatrix}+\begin{pmatrix}0&5&-1\\7&-2&9\end{pmatrix}$를 계산하여라.

풀이

$Clear[A,\ B,\ F]$;

$A = \{\{1,\ 2,\ 3\},\ \{4,\ 5,\ 6\}\}$;

$MatrixForm[A]$

$\begin{pmatrix} 1 & 2 & 3 \\ 4 & 5 & 6 \end{pmatrix}$

```
B = {{1, 2, 3}, {4, 5, 6}, {7, 8, 9}};
MatrixForm[B]
```

$\begin{pmatrix} 1 & 2 & 3 \\ 4 & 5 & 6 \\ 7 & 8 & 9 \end{pmatrix}$

```
MatrixForm[A + B]
```

Thread :: tdlen : Objects of unequal length in {{1, 2, 3}, {4, 5, 6}} + {{1, 2, 3}, {4, 5, 6}, {7, 8, 9}} *cannot be combined.*

{{1, 2, 3}, {4, 5, 6}}+{{1, 2, 3}, {4, 5, 6}, {7, 8, 9}}

```
F = {{0, 5, -1}, {7, -2, 9}};
MatrixForm[A + F]
```

$\begin{pmatrix} 1 & 7 & 2 \\ 11 & 3 & 15 \end{pmatrix}$

예제 6.8.3 영행렬 $O_{2\times 3}$를 나타내보아라.

풀이

```
Zero = Table[0, {i, 2}, {j, 3}]
```

{{0,0,0},{0,0,0}}

```
MatrixForm[Zero]
```

$\begin{pmatrix} 0 & 0 & 0 \\ 0 & 0 & 0 \end{pmatrix}$

예제 6.8.4 2×3 행렬 $A = \begin{pmatrix} 1 & 2 & 3 \\ 4 & 5 & 6 \end{pmatrix}$와 3×3 행렬 $B = \begin{pmatrix} 1 & 2 & 3 \\ 4 & 5 & 6 \\ 7 & 8 & 9 \end{pmatrix}$의 곱 AB를 구하여라. 그러나 BA는 정의되지 않음을 보여라.

풀이

```
Clear[A, B];
A = {{1, 2, 3}, {4, 5, 6}};
B = {{1, 2, 3}, {4, 5, 6}, {7, 8, 9}};
MatrixForm[A.B]
```

$\begin{pmatrix} 30 & 36 & 42 \\ 66 & 81 & 96 \end{pmatrix}$

```
MatrixForm[B.A]
```

:: dotsh : Tensors{{1, 2, 3}, {4, 5, 6}, {7, 8, 9}} and {{1, 2, 3}, {4, 5, 6}}

have incompatible shapes.

{{1, 2, 3}, {4, 5, 6}, {7, 8, 9}} · {{1, 2, 3}, {4, 5, 6}}

실습문제 행렬 $A = \begin{pmatrix} 1 & 0 \\ 1 & 0 \end{pmatrix}$, $A = \begin{pmatrix} 1 & 2 \\ 3 & 4 \end{pmatrix}$에 대하여, $AB \neq BA$임을 보여라.

예제 6.8.5 $AB = O$이지만, 반드시 $A = O$이거나 $B = O$일 필요가 없음을 두 행렬 $A = \begin{pmatrix} 3 & 3 \\ 2 & 2 \end{pmatrix}$, $B = \begin{pmatrix} 1 & -1 \\ -1 & 1 \end{pmatrix}$을 이용하여 보여라.

풀이

```
Clear[A, B];
A = {{3, 3}, {2, 2}};
B = {{1, -1}, {-1, 1}};
MatrixForm[A.B]
```

$\begin{pmatrix} 0 & 0 \\ 0 & 0 \end{pmatrix}$

예제 6.8.6 2×3행렬 $A = \begin{pmatrix} 2 & -2 & 3 \\ 1 & 6 & 2 \end{pmatrix}$의 전치행렬을 구하여라.

풀이

```
Clear[A];
A = {{2, -2, 3}, {1, 6, 2}};
MatrixForm[A]
```

$\begin{pmatrix} 2 & -2 & 3 \\ 1 & 6 & 2 \end{pmatrix}$

```
Transpose[A]
```

{{2,1},{−2,6},{3,2}}

```
MatrixForm[%]
```

$$\begin{pmatrix} 2 & 1 \\ -2 & 6 \\ 3 & 2 \end{pmatrix}$$

예제 6.8.7 행렬 A, B에 대하여 $(AB)^T = B^T A^T$임을 $A = \begin{pmatrix} 1 & 2 \\ 3 & -3 \\ 5 & 6 \end{pmatrix}$, $B = \begin{pmatrix} 1 & 9 \\ 2 & 1 \end{pmatrix}$을 이용하여 확인하여라. 이때 $(AB)^T \neq A^T B^T$임에 주의하여라.

풀이

```
Clear[A, B];
A = {{1, 2}, {3, -3}, {5, 6}};
B = {{1, 9}, {2, 1}};
MatrixForm[Transpose[A.B]]
```

$$\begin{pmatrix} 5 & -3 & 17 \\ 11 & 24 & 51 \end{pmatrix}$$

```
MatrixForm[Transpose[B].Transpose[A]]
```

$$\begin{pmatrix} 5 & -3 & 17 \\ 11 & 24 & 51 \end{pmatrix}$$

```
% == %%
```

True

```
MatrixForm[Transpose[A].Transpose[B]]
```

Dot :: dotsh : Tensors {{1, 3, 5}, {2, −3, 6}} and {{1, 2}, {9, 1}} *have incompatible shapes.*

{{1, 3, 5}, {2, −3, 6}} · {{1, 2}, {9, 1}}

예제 6.8.8 단위행렬 I_3와 I_5를 나타내보아라.

풀이

```
MatrixForm[IdentityMatrix[3]]
```

$$\begin{pmatrix} 1 & 0 & 0 \\ 0 & 1 & 0 \\ 0 & 0 & 1 \end{pmatrix}$$

```
MatrixForm[IdentityMatrix[5]]
```

$$\begin{pmatrix} 1 & 0 & 0 & 0 & 0 \\ 0 & 1 & 0 & 0 & 0 \\ 0 & 0 & 1 & 0 & 0 \\ 0 & 0 & 0 & 1 & 0 \\ 0 & 0 & 0 & 0 & 1 \end{pmatrix}$$

예제 6.8.9 $A = \begin{pmatrix} 2 & 1 \\ 4 & 2 \end{pmatrix}$, $X = \begin{pmatrix} a & b \\ c & d \end{pmatrix}$일 때, $AX = XA = I_2$를 만족하는 X는 존재하지 않음을 보여라.

풀이

```
Clear[A, X, B];
A = {{2, 1}, {4, 2}};
X = {{a, b}, {c, d}};
B = {{1, 0}, {0, 1}};
A.X = = B
```

$\{\{2a+c,\ 2b+d\},\ \{4a+2c,\ 4b+2d\}\} = \{\{1,\ 0\},\{0,\ 1\}\}$

```
Solve[%, {a, b, c, d}]
```

{ }

```
X.A = = B
```

$\{\{2a+4b,\ a+2b\},\ \{2c+4d,\ c+2d\}\} = \{\{1,\ 0\},\ \{0,\ 1\}\}$

```
Solve[%, {a, b, c, d}]
```

{ }

여기서 { }은 공집합을 의미하므로, $AX = XA = I_2$인 X는 존재하지 않는다.

예제 6.8.10 $A = \begin{pmatrix} 1 & 2 \\ 3 & 4 \end{pmatrix}$일 때, A^2, A^3을 구하여라. 단, A^n은 A를 n번 곱하는 것을 뜻한다.

풀이

```
Clear[A];
A = {{1, 2},{3, 4}};
MatrixPower[A, 2]
```

{{7,10},{15,22}}

```
MatrixPower[A, 3]
{{37,54},{81,118}}
```

예제 6.8.11 연립일차방정식 $\begin{cases} x_1 + 2x_2 + x_3 = 3 \\ 3x_1 - x_2 - 3x_3 = -1 \\ 2x_1 + 3x_2 + x_3 = 4 \end{cases}$ 의 해를 구하여라.

풀이

```
Clear[A, X, b];
A = {{1, 2, 1}, {3, -1, -3}, {2, 3, 1}};
X = {x1, x2, x3};
b = {3, -1, 4};
A.X = = b
{x1+2x2+x3, 3x1-x2-3x3, 2x1+3x2+x3} = {3, -1, 4}
Solve[%, X]
{{x1→3, x2→-2, x3→4}}
```

예제 6.8.12 *Gauss-Jordan* 소거법으로 다음 연립일차방정식을 풀어보아라.

$$\begin{cases} -2x_3 + 7x_5 = 12 \\ 2x_1 + 4x_2 - 10x_3 + 6x_4 + 12x_5 = 28 \\ 2x_1 + 4x_2 - 5x_3 + 6x_4 - 5x_5 = -1 \end{cases}$$

풀이

```
Clear[A, B, AB];
AB = {{0, 0, -2, 0, 7, 12}, {2, 4, -10, 6, 12, 28},
      {2, 4, -5, 6, -5, -1}};
MatrixForm[AB]
```

$$\begin{pmatrix} 0 & 0 & -2 & 0 & 7 & 12 \\ 2 & 4 & -10 & 6 & 12 & 28 \\ 2 & 4 & -5 & 6 & -5 & -1 \end{pmatrix}$$

```
RowReduce[AB]//MatrixForm
```

$$\begin{pmatrix} 1 & 2 & 0 & 3 & 0 & 7 \\ 0 & 0 & 1 & 0 & 0 & 1 \\ 0 & 0 & 0 & 0 & 1 & 2 \end{pmatrix}$$

Gauss-Jordan 소거법을 적용하면 $x_1+2x_2+3x_4=7$, $x_3=1$, $x_5=2$이다. 즉 부정인 해를 갖는다. 이 문제를 *LinearSolve* 명령어로 확인해 보자.

```
A = {{0, 0, -2, 0, 7}, {2, 4, -10, 6, 12}, {2, 4, -5, 6, -5}};
B = {12, 28, -1};
LinearSolve[A, B]
```

{7,0,1,0,2}

*LinearSolve*는 무수히 많은 해에서 하나를 구하므로 유의하여야 한다.

예제 6.8.13 확대계수행렬이 다음과 같은 연립일차방정식을 *Gauss-Jordan* 소거법으로 풀어보아라.

$$\left(\begin{array}{ccccc|c} 1 & 1 & 1 & 1 & 1 & 1 \\ -1 & -1 & 0 & 0 & 1 & -1 \\ -2 & -2 & 0 & 0 & 1 & -1 \\ 0 & 0 & 1 & 1 & 1 & -1 \\ 1 & 1 & 2 & 2 & 2 & 1 \end{array}\right)$$

풀이

```
Clear[A];
A = {{1, 1, 1, 1, 1, 1}, {-1, -1, 0, 0, 1, -1},
{-2, -2, 0, 0, 1, -1},
{0, 0, 1, 1, 1, -1}, {1, 1, 2, 2, 2, 1}}//MatrixForm
```

$$\begin{pmatrix} 1 & 1 & 1 & 1 & 1 & 1 \\ -1 & -1 & 0 & 0 & 1 & -1 \\ -2 & -2 & 0 & 0 & 1 & -1 \\ 0 & 0 & 1 & 1 & 1 & -1 \\ 1 & 1 & 2 & 2 & 2 & 1 \end{pmatrix}$$

```
RowReduce[%]//MatrixForm
```

$$\begin{pmatrix} 1 & 1 & 0 & 0 & 0 & 0 \\ 0 & 0 & 1 & 1 & 0 & 0 \\ 0 & 0 & 0 & 0 & 1 & 0 \\ 0 & 0 & 0 & 0 & 0 & 1 \\ 0 & 0 & 0 & 0 & 0 & 0 \end{pmatrix}$$

따라서 확대계수행렬이 예제와 같은 연립일차방정식은 해를 갖지 않는다. 이것을 *LinearSolve* 명령어를 실행하여 확인해보자.

```
Clear[M, b];
```

```
M = {{1, 1, 1, 1, 1}, {-1, -1, 0, 0, 1}, {-2, -2, 0, 0, 1},
{0, 0, 1, 1, 1}, {1, 1, 2, 2, 2}};
b = {1, -1, -1, -1, 1};
LinearSolve[M, b]
```

LinearSolve :: nosol : Linear equation encountered which has no solution.

LinearSolve[{{1, 1, 1, 1, 1}, {−1, −1, 0, 0, 1}, {−2, −2, 0, 0, 1}, {0, 0, 1, 1, 1}, {1, 1, 2, 2, 2}}, {1, −1, −1, −1, 1}]

예제 6.8.14 $A = \begin{pmatrix} 1 & 4 \\ 3 & -2 \end{pmatrix}$의 역행렬을 구하여라.

풀이

```
Clear[A];
A = {{1, 4}, {3, -2}};
%//MatrixForm
```

$$\begin{pmatrix} 1 & 4 \\ 3 & -2 \end{pmatrix}$$

```
MatrixForm[Inverse[A]]
```

$$\begin{pmatrix} \frac{1}{7} & \frac{2}{7} \\ \frac{3}{14} & -\frac{1}{14} \end{pmatrix}$$

실습문제 $A = \begin{pmatrix} 1 & 2 & -3 \\ 1 & -2 & 1 \\ 5 & -2 & -3 \end{pmatrix}$의 역행렬을 구하여라.

6.9 행렬식과 고윳값

이 절에서는 행렬식의 성질, Cramer 법칙을 이해하고, 행렬의 고윳값과 고유벡터 및 대각화를 Mathematica로 풀어보자. 여기서 자주 사용하는 Mathematica 명령어는 다음과 같다.

Mathematica 표기법	의미	비고
Det[*A*]	*A*의 행렬식	$\|A\|$
Permutations[{*a*, *b*, ...}]	{*a*, *b*, ...}의 치환	
Signature[{*a*, *b*, ...}]	치환 {*a*, *b*, ...}의 부호	
Inverse[*A*]	*A*의 역행렬	A^{-1}
LinearSolve[*A*, b]	연립일차방정식 *A*x = b의 해	*A*x = b
Eigenvalues[*A*]	*A*의 고윳값들의 목록	고윳값
Eigenvectors[*A*]	*A*의 고유벡터들의 목록	고유벡터
Eigensystem[*A*]	{고윳값, 고유벡터} 형태로 각 고윳값에 대응하는 고유벡터를 출력	
Expand[*expr*]	*expr*을 곱셈과 거듭제곱(양의 지수)으로 전개	
ExpandAll[*expr*]	*expr*을 곱셈과 거듭제곱(음의 지수 포함)으로 전개	

예제 6.9.1

(1) 집합 {1}에는 단 하나의 순열 (1)이 있다.

(2) 집합 {1, 2}에는 두개의 순열 (1, 2), (2, 1)이 있다.

(3) 집합 {1, 2, 3}에는 6개의 순열이 있다.

(4) 집합 {1, 2, 3, 4}에는 24개의 순열이 있다.

(1)~(4)의 순열을 구하여라.

풀이

```
Permutations[{1}]
{{1}}
Permutations[{1, 2}]
{{1,2},{2,1}}
```

```
Permutations[{1, 2, 3}]
{{1,2,3},{1,3,2},{2,1,3},{2,3,1},{3,1,2},{3,2,1}}
Permutations[{1, 2, 3, 4}]
{{1,2,3,4},{1,2,4,3},{1,3,2,4},{1,3,4,2},{1,4,2,3},{1,4,3,2},
 {2,1,3,4},{2,1,4,3},{2,3,1,4},{2,3,4,1},{2,4,1,3},{2,4,3,1},
 {3,1,2,4},{3,1,4,2},{3,2,1,4},{3,2,4,1},{3,4,1,2},{3,4,2,1},
 {4,1,2,3},{4,1,3,2},{4,2,1,3},{4,2,3,1},{4,3,1,2},{4,3,2,1}}
```

예제 6.9.2 순열 (2, 3, 1, 4)는 짝순열, 즉 $sgn(2, 3, 1, 4) = 1$임을 보여라.

풀이

```
Signature[{2, 3, 1, 4}]
1
```

예제 6.9.3 다음 행렬식을 구하여라.

(1) $\begin{vmatrix} a_{11} & a_{12} \\ a_{21} & a_{22} \end{vmatrix}$ (2) $\begin{vmatrix} a_{11} & a_{12} & a_{13} \\ a_{21} & a_{22} & a_{23} \\ a_{31} & a_{32} & a_{33} \end{vmatrix}$

풀이 (1)

```
Clear[A, B];
A = {{a11, a12}, {a21, a22}};
%//MatrixForm
```

$\begin{pmatrix} a11 & a12 \\ a21 & a22 \end{pmatrix}$

```
Det[A]
```

$-a12a21+a11a22$

(2)

```
B = {{a11, a12, a13}, {a21, a22, a23}, {a31, a32, a33}};
%//MatrixForm
```

$\begin{pmatrix} a11 & a12 & a13 \\ a21 & a22 & a23 \\ a31 & a32 & a33 \end{pmatrix}$

```
Det[B]
```

$-a13a22a31+a12a23a31+a13a21a32-a11a23a32-a12a21a33+a11a22a33$

실습문제 다음 행렬식을 구하여라.

(1) $\begin{vmatrix} 3 & -2 \\ 2 & 1 \end{vmatrix}$　　(2) $\begin{vmatrix} 3 & 2 & -1 \\ 1 & 6 & 3 \\ 2 & -4 & 0 \end{vmatrix}$　　(3) $\begin{vmatrix} a_{11} & 0 & 0 & 0 \\ 0 & 0 & a_{23} & 0 \\ 0 & 0 & 0 & a_{34} \\ 0 & a_{42} & 0 & 0 \end{vmatrix}$

예제 6.9.4 $|A| = \begin{vmatrix} 1 & 2 & 3 & 4 \\ 5 & 6 & 7 & 0 \\ 8 & 0 & 9 & 0 \\ 10 & 0 & 11 & 0 \end{vmatrix}$을 구하여라.

풀이

```
Clear[A];
A = {{1, 2, 3, 4}, {5, 6, 7, 0}, {8, 0, 9, 0}, {10, 0, 11, 0}};
A // MatrixForm
```

$\begin{pmatrix} 1 & 2 & 3 & 4 \\ 5 & 6 & 7 & 0 \\ 8 & 0 & 9 & 0 \\ 10 & 0 & 11 & 0 \end{pmatrix}$

```
Det[A]
```

-48

예제 6.9.5 $A = \begin{pmatrix} 1 & 3 \\ 2 & 4 \end{pmatrix}$일 때, $|A^T| = |A|$임을 보여라.

풀이

```
Clear[A];
A{{1, 3}, {2, 4}};
A // MatrixForm
```

$\begin{pmatrix} 1 & 3 \\ 2 & 4 \end{pmatrix}$

```
Det[A]
```

-2

```
MatrixForm[Transpose[A]]
```

$\begin{pmatrix} 1 & 2 \\ 3 & 4 \end{pmatrix}$

```
Det[%]
```

-2

예제 6.9.6 $A = \begin{pmatrix} a_{11} & a_{12} & a_{13} \\ a_{21} & a_{22} & a_{23} \\ a_{31} & a_{32} & a_{33} \end{pmatrix}$의 2행과 3행을 바꾸면 $B = \begin{pmatrix} a_{11} & a_{12} & a_{13} \\ a_{31} & a_{32} & a_{33} \\ a_{21} & a_{22} & a_{23} \end{pmatrix}$이다. 이때 $|B| = -|A|$임을 보여라.

풀이

```
Clear[A, B];
A = {{a11, a12, a13}, {a21, a22, a23}, {a31, a32, a33}};
B = {{a11, a12, a13}, {a31, a32, a33}, {a21, a22, a23}};
Det[A]
```

$-a13a22a31 + a12a23a31 + a13a21a32 - a11a23a32 - a12a21a33 + a11a22a33$

```
Det[B]
```

$a13a22a31 - a12a23a31 - a13a21a32 + a11a23a32 + a12a21a33 - a11a22a33$

```
Det[A] = = - Det[B]
```

True

예제 6.9.7 두 행이 같은 행렬 $A = \begin{pmatrix} a_{11} & a_{12} & a_{13} \\ a_{21} & a_{22} & a_{23} \\ a_{11} & a_{12} & a_{13} \end{pmatrix}$에서 $|A| = 0$임을 보여라.

풀이

```
Clear[A];
A = {{a11, a12, a13}, {a21, a22, a23}, {a11, a12, a13}};
A // MatrixForm
```

$\begin{pmatrix} a11 & a12 & a13 \\ a21 & a22 & a23 \\ a11 & a12 & a13 \end{pmatrix}$

```
Det[A]
```

0

예제 6.9.8 $|A| = \begin{vmatrix} 1 & 2 \\ 3 & 4 \end{vmatrix}$와 A의 2행에 2를 곱한 행렬식 $|B| = \begin{vmatrix} 1 & 2 \\ 6 & 8 \end{vmatrix}$을 계산하여 서로 비교해보아라.

풀이

```
Clear[A, B];
A = {{1, 2}, {3, 4}};
A // MatrixForm
```

$\begin{pmatrix} 1 & 2 \\ 3 & 4 \end{pmatrix}$

```
Det[A]
```

-2

```
B = {{1, 2}, {6, 8}};
B // MatrixForm
```

$\begin{pmatrix} 1 & 2 \\ 6 & 8 \end{pmatrix}$

```
Det[B]
```

-4

```
Det[B] == 2 Det[A]
```

True

실습문제 $\left|\begin{pmatrix} 1 & 2 \\ 3 & 4 \end{pmatrix} + \begin{pmatrix} 1 & 2 \\ 3 & 4 \end{pmatrix}\right| \neq \begin{vmatrix} 1 & 2 \\ 3 & 4 \end{vmatrix} + \begin{vmatrix} 1 & 2 \\ 3 & 4 \end{vmatrix}$임을 보여라.

예제 6.9.9 $A = \begin{pmatrix} 1 & 2 \\ 3 & 4 \end{pmatrix}$, $B = \begin{pmatrix} 10 & 8 \\ 7 & -5 \end{pmatrix}$일 때, $|AB| = |A||B|$임을 보여라.

풀이

```
Clear[A, B];
A = {{1, 2}, {3, 4}};
B = {{10, 8}, {7, -5}};
Det[A.B]
```

212

```
Det[A]
```

-2

```
Det[B]
```

-106

```
% * %%
```

212

```
Det[A.B] = = Det[A] * Det[B]
```

True

예제 6.9.10 행렬 $A = \begin{pmatrix} a & b \\ c & d \end{pmatrix}$의 역행렬을 구하여라.

풀이

```
Clear[A];
    A = {{a, b}, {c, d}};
A// MatrixForm
```

$\begin{pmatrix} a & b \\ c & d \end{pmatrix}$

```
MatrixForm[∈verse[A]]
```

$$\begin{pmatrix} \frac{d}{-bc+ad} & -\frac{b}{-bc+ad} \\ -\frac{c}{-bc+ad} & \frac{a}{-bc+ad} \end{pmatrix}$$

실습문제 $A = \begin{pmatrix} 1 & 0 & 2 \\ 2 & -1 & 3 \\ 4 & 1 & 8 \end{pmatrix}$일 때, A의 역행렬을 구하여라.

예제 6.9.11 Cramer 법칙을 이용하여, 다음 연립일차방정식의 해를 구하여라.

$$\begin{cases} x_1 + x_2 = 0 \\ x_1 + x_3 - 2x_4 = 1 \\ x_1 + 2x_3 + x_4 = 0 \\ x_1 + x_2 + x_4 = 0 \end{cases}$$

풀이

```
Clear[A, b, d];
A = {{1, 1, 0, 0}, {1, 0, 1, -2}, {1, 0, 2, 1}, {1, 1, 0, 1}};
```

```
A//MatrixForm
```

$$\begin{pmatrix} 1 & 1 & 0 & 0 \\ 1 & 0 & 1 & -2 \\ 1 & 0 & 2 & 1 \\ 1 & 1 & 0 & 1 \end{pmatrix}$$

```
Det[A]
```

-1

```
b = {0, 1, 0, 0};
b//MatrixForm
```

$$\begin{pmatrix} 0 \\ 1 \\ 0 \\ 0 \end{pmatrix}$$

```
LinearSolve[A, b]
```

{2,−2,−1,0}

위의 풀이에서와 같이 계수행렬이 정칙인 경우 LinearSolve로 풀이해도 되지만, 다음과 같이 Cramer 법칙을 적용하여 해를 구해보자.

```
d = Det[A];
dx1 = Det[{{0, 1, 0, 0}, {1, 0, 1, -2}, {0, 0, 2, 1}, {0, 1, 0, 1}}]
```

-2

```
dx2 = Det[{{1, 0, 0, 0}, {1, 1, 1, -2}, {1, 0, 2, 1}, {1, 0, 0, 1}}]
```

2

```
dx3 = Det[{{1, 1, 0, 0}, {1, 0, 1, -2}, {1, 0, 0, 1}, {1, 1, 0, 1}}]
```

1

```
dx4 = Det[{{1, 1, 0, 0}, {1, 0, 1, 1}, {1, 0, 2, 0}, {1, 1, 0, 0}}]
```

0

```
{x1 = dx1/d, x2 = dx2/d, x3 = dx3/d, x4 = dx4/d}
```

{2,−2,−1,0}

예제 6.9.12 행렬 $A = \begin{pmatrix} 4 & -2 \\ 1 & 1 \end{pmatrix}$의 고유방정식의 해가 고윳값임을 확인하여라.

풀이

```
Clear[A, a];
```

$A = \{\{4,\ -2\},\ \{1,\ 1\}\};$

$A // MatrixForm$

$$\begin{pmatrix} 4 & -2 \\ 1 & 1 \end{pmatrix}$$

$Det[A - a * IdentityMatrix[2]] = = 0$

$6 - 5a + a^2 == 0$

$Solve[\%,\ a]$

$\{\{a \to 2\},\ \{a \to 3\}\}$

$Eigenvalues[A]$

$\{3, 2\}$

예제 6.9.13 다음 행렬의 고윳값과 고유벡터를 구하여라.

(1) $A = \begin{pmatrix} 6 & -1 & -1 \\ 4 & -8 & 8 \\ 4 & -7 & 7 \end{pmatrix}$ (2) $B = \begin{pmatrix} 0 & 1 & -1 \\ 4 & 3 & -4 \\ 1 & 1 & -2 \end{pmatrix}$

풀이 (1) $Clear[A];$

$A = \{\{6,\ -1,\ -1\},\ \{4,\ -8,\ 8\},\ \{4,\ -7,\ 7\}\};$

$A // MatrixForm$

$$\begin{pmatrix} 6 & -1 & -1 \\ 4 & -8 & 8 \\ 4 & -7 & 7 \end{pmatrix}$$

$Eigenvalues[A]$

$\{4, 2, -1\}$

$Eigenvectors[A]$

$\{\{1,1,1\},\{1,2,2\},\{1,4,3\}\}$

$Eigensystem[A]$

$\{\{4,2,-1\},\{\{1,1,1\},\{1,2,2\},\{1,4,3\}\}\}$

(2) $Clear[B];$

$B = \{\{0,\ 1,\ -1\},\ \{4,\ 3,\ -4\},\ \{1,\ 1,\ -2\}\};$

$B // MatrixForm$

$$\begin{pmatrix} 0 & 1 & -1 \\ 4 & 3 & -4 \\ 1 & 1 & -2 \end{pmatrix}$$

Eigenvalues[*B*]

{3,−1,−1}

Eigenvectors[*B*]

{{1,4,1},{1,0,1},{−1,1,0}}

Eigensystem[*B*]

{{3,−1,−1},{{1,4,1},{1,0,1},{−1,1,0}}}

실습문제 행렬 $A = \begin{pmatrix} 2 & 1 & 1 \\ 0 & 0 & -1 \\ 0 & 1 & 0 \end{pmatrix}$의 고윳값과 고유벡터를 구하여라.

예제 6.9.14 행렬 $A = \begin{pmatrix} 6 & -1 & -1 \\ 4 & -8 & 8 \\ 4 & -7 & 7 \end{pmatrix}$이 대각화가능인지 아닌지를 조사하여라. 대각화가능인 경우, 대각화행렬 X를 구하여라.

풀이 *Clear*[*A*, *B*, *X*];

A = {{6, −1, −1}, {4, −8, 8}, {4, −7, 7}}

{{6,−1,−1},{4,−8,8},{4,−7,7}}

A// *MatrixForm*

$$\begin{pmatrix} 6 & -1 & -1 \\ 4 & -8 & 8 \\ 4 & -7 & 7 \end{pmatrix}$$

Eigenvalues[*A*]

{4,2,−1}

B = *Eigenvectors*[*A*]

{{1,1,1},{1,2,2},{1,4,3}}

Eigensystem[*A*]

{{4,2,−1},{{1,1,1},{1,2,2},{1,4,3}}}

B// *MatrixForm*

$$\begin{pmatrix} 1 & 1 & 1 \\ 1 & 2 & 2 \\ 1 & 4 & 3 \end{pmatrix}$$

$X = Transpose[B];$

$MatrixForm[X]$

$$\begin{pmatrix} 1 & 1 & 1 \\ 1 & 2 & 4 \\ 1 & 2 & 3 \end{pmatrix}$$

$Invx = Inverse[X];$

$MatrixForm[Invx]$

$$\begin{pmatrix} 2 & 1 & -2 \\ -1 & -2 & 3 \\ 0 & 1 & -1 \end{pmatrix}$$

$Invx.A.X$

{{4,0,0}, {0,2,0}, {0,0,−1}}

$MatrixForm[\%]$

$$\begin{pmatrix} 4 & 0 & 0 \\ 0 & 2 & 0 \\ 0 & 0 & -1 \end{pmatrix}$$

실습문제 다음 행렬이 대각화가능인지 아닌지를 조사하여라. 대각화가능인 경우, 대각화행렬 X를 구하여라.

$$C = \begin{pmatrix} 4 & -6 & -2 \\ 1 & -1 & -1 \\ -4 & 3 & 3 \end{pmatrix}$$

6.10 WolframAlpha

여러분들은 원하는 정보를 얻기 위해 어떤 검색엔진을 사용하는가? WolframAlpha 검색서비스는 수학뿐만이 아니라, 물리, 화학, 생물, 음악/미술, 언어/경제 등의 분야에서 다양하고 폭넓은 결과를 소개한다.

WolframAlpha는 무료로 인터넷 홈페이지(http://www.wolframalpha.com)를 통해서 검색서비스를 제공하며 모바일 기기를 통해 이용할 수 있다. 또한 키보드와 사진을 통한 자료입력의 한계를 벗어나 Siri(IPhone)와 연동하여 사용자가 말로 자료를 입력할 수 있는 단계에 와있다. 즉, 별도의 명령어 없이 일상용어로 보다 정제된 자료를 언제 어디서나 얻을 수 있게 되었다. 검색엔진의 기능을 넘어 데이터와 알고리즘을 활용하여 실시간으로 물음에 대해 계산해주고 원하는 자료들을 분석해주는 WolframAlpha는 아직 한글 검색이 제대로 지원되지는 않지만, 아주 간단한 한글 단어를 입력한 경우는 검색 결과를 제공해주기도 한다.

사용자가 Natural Language(일상어)를 입력하면 Wolfram사의 서버에서 입력 일상어를 Mathematica 명령어로 변환하여 Mathematica로 계산한 결과 및 그림 등을 사용자에게 실시간 자료를 제공해주는 온라인 사이트와 애플리케이션을 WolframAlpha라고 한다.

다음은 WolframAlpha의 웹사이트 http://www.wolframalpha.com로 접속한 첫 화면이다.

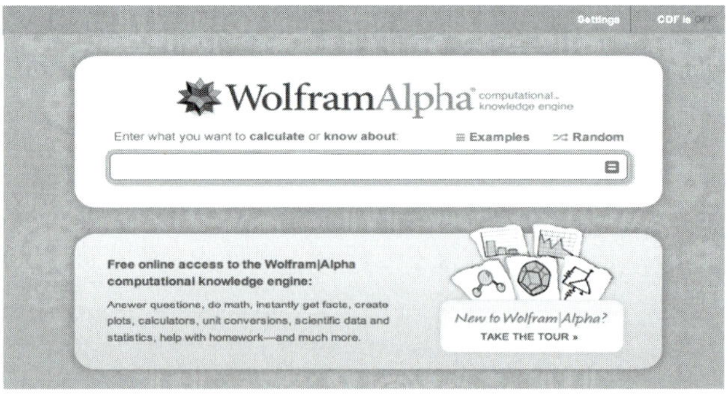

WolframAlpha에 접속하여 검색한 결과를 나타내는 화면의 구성은 다음과 같다. 사용자가 입력한 내용을 가장 유사한 내용으로 서버가 인식하여 단락별로 자료를

제공한다. 물론 그림 자료도 함께 제공되고 있다. 우측 하단부에는 Source를 통해 제시된 자료의 출처를 밝히고 있다.

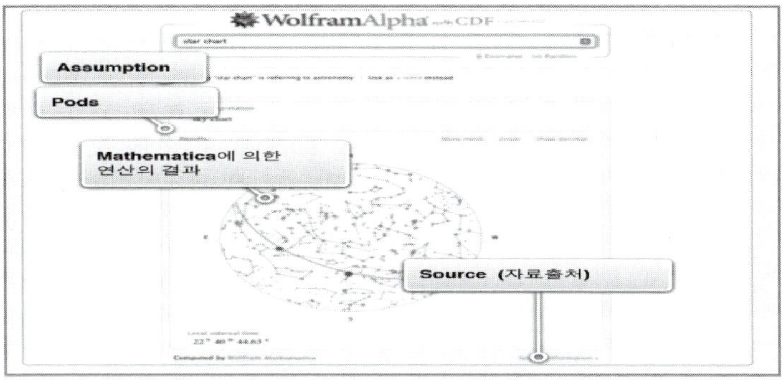

예제 6.10.1 한국의 6월 강수량을 조사하여라.

풀이 http://www.wolframalpha.com에 접속하여 '6월의 한국 강수량'으로 검색한 결과는 다음과 같이 한국어를 이해할 수 없다는 것이다.

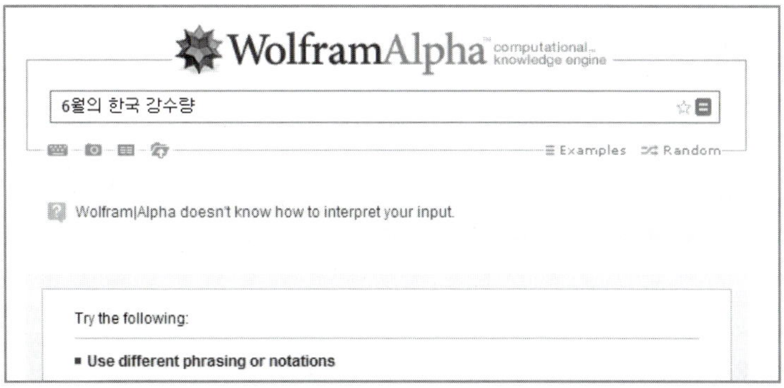

그래서 '한국의 6월 강수량'을 표현하는 영어 단어들을 생각나는 대로 나열해서 'rainfall June in south korea'라고 입력해 보자. 다음과 같이 2012년 6월의 한국 강수량에 대한 여러 가지 유용한 정보를 그래프와 표를 통해서 제공해준다. 만약 다른 연도나 어느 기간 동안의 6월의 한국 강수량을 알고 싶다면 왼쪽 메뉴 중 'History'에서 연도나 기간을 변화시켜 강수량뿐만이 아니라 안개, 비, 천둥 등에 관한 정보를 얻을 수 있다. 그리고 검색일 기준으로 가까운 날과 기간의 예상 강수량도 보여준다.

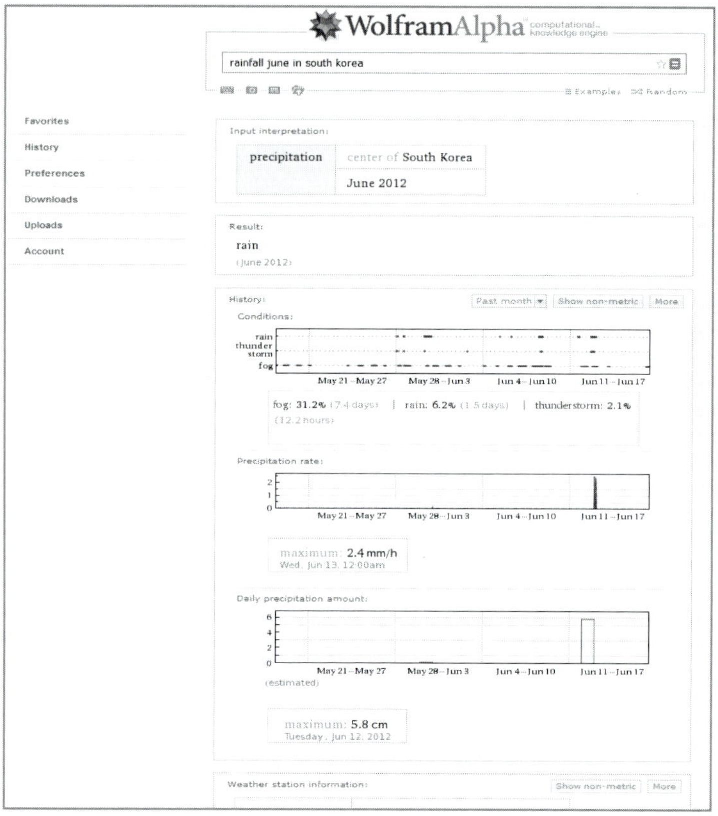

다른 검색엔진에서도 같은 내용으로 검색해보라. 그러면 WolframAlpha의 유용성을 직접 확인할 수 있을 것이다.

예제 6.10.2 $x^2 - xy + y^2 = 1$ 의 그래프와 해를 구하여라.

풀이 수식 $x^2 - xy + y^2 = 1$ 이외에는 그 어떤 단어도 입력하지 않았는데, 서버에서 알아서 번역하여 다음과 같은 결과를 보여준다. 기하학적 모양과 그래프 및 변형한 식까지 제공해 준다. 또한 결과의 오른쪽 상단부나 하단부에 별도의 여러 버튼을 제공하여 사용자가 원하는 결과 이외에도 다른 조작을 통해 다양한 결과들도 살펴볼 수 있는 환경을 제공하고 있다. 즉, 그래프만 보여주는 것이 아니라, 방정식의 해와 정수해 및 $y = f(x)$의 표현까지 제공하고 있음을 알 수 있다.

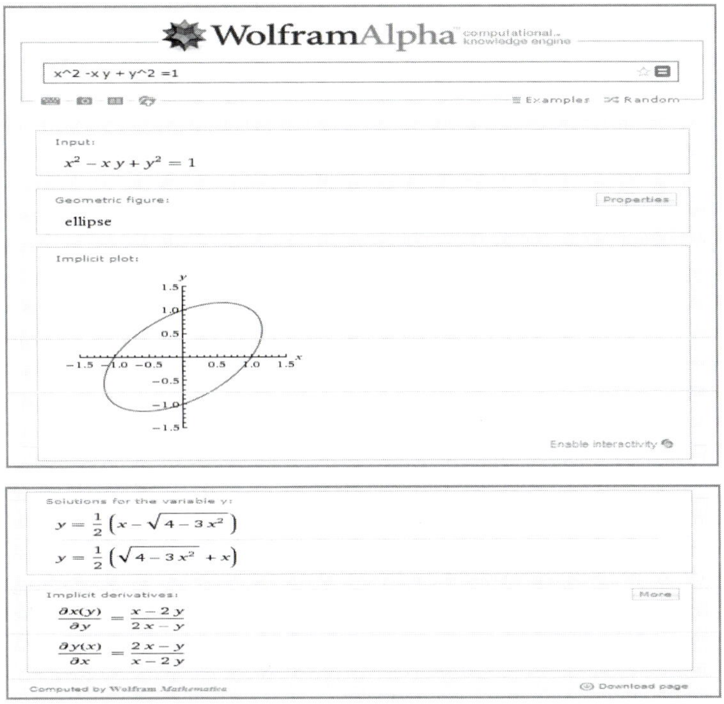

예제 6.10.3 두 연립부등식을 만족하는 영역을 좌표평면 위에 나타내어라.

풀이 주어진 두 연립부등식을 만족하는 영역을 다음과 같이 간단한 입력을 통해서 얻는다. 우측 하단에 사용자 얻은 결과를 PDF | CDF 파일로 다운로드 받을 수 있는 편의성도 제공하고 있다.

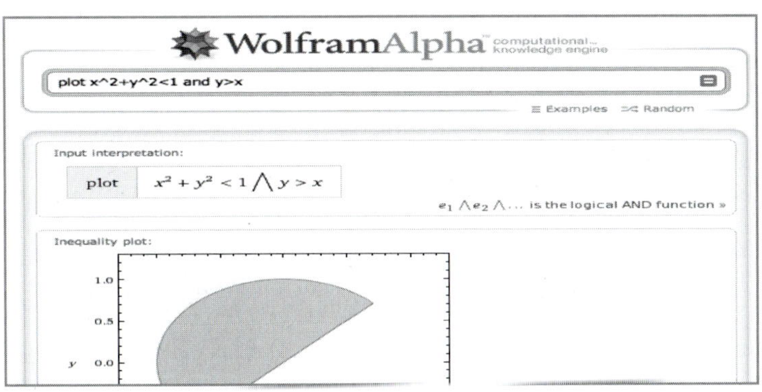

예제 6.10.4 방정식을 풀어라.

풀이 solve 명령어는 주어진 방정식을 풀고 대수적 결과뿐만 아니라 기하학적 그래프 자료까지 제공하여 다양한 측면에서 사용자의 이해를 돕는다. 특히 'Show Steps'를 클릭하면 그 방정식의 풀이 과정을 상세히 볼 수 있다.

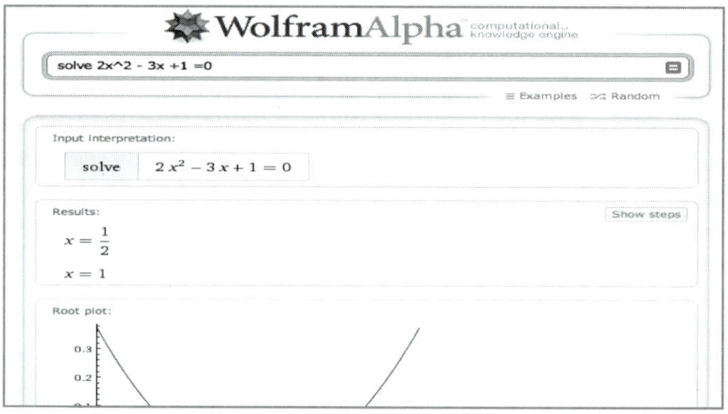

예제 6.10.5 점화식을 구하여라.

풀이 주어진 점화식의 일반항을 구하고, 수열의 증가와 감소를 나타내는 그래프를 보여준다.

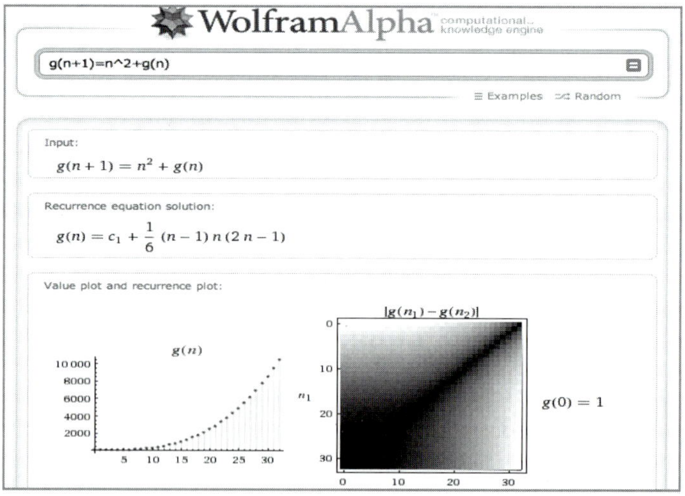

예제 6.10.6 극한을 구하여라.

풀이 limit 명령어를 통해 수열 또는 함수의 극한을 구해준다. (무한대의 기호를 입력할 수 없을 때에는 Infinity라고 적어주면 된다.)

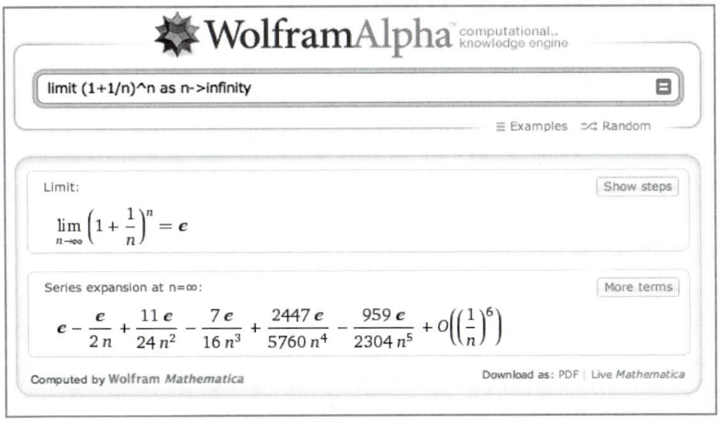

lim(limit의 약자)이라는 명령어를 통해 수열의 극한뿐만 아니라, 다음의 명령어는 함수 $\frac{|x|}{x}$의 우극한을 구하여 준다.

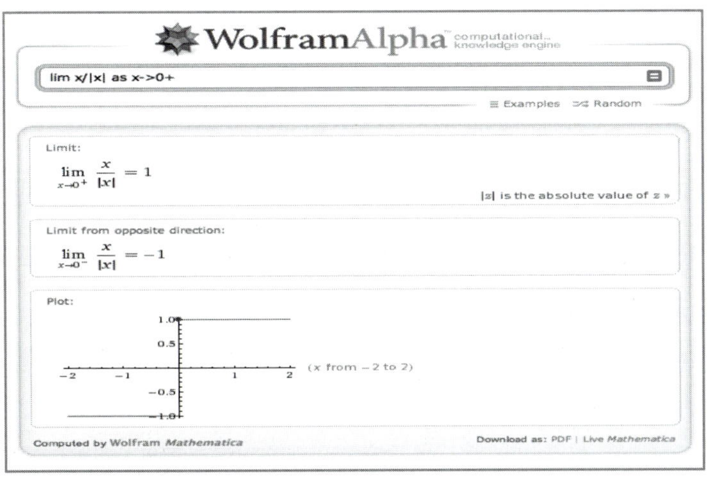

$x = x_0$에서의 함수 $f(x)$의 우극한은 물론이고 좌극한도 구할 수 있다.

'$x \to x_0$에서 함수 $f(x)$의 우극한과 좌극한이 상수 L로 같을 때, 함수 $f(x)$는

$x = x_0$에서 극한 L을 갖는다'라고 한다.

예제 6.10.7 함수의 도함수를 구하여라.

풀이 초월함수 미분도 제공하며, 'Show Steps'에서 미분의 과정을 보여주며 그래프, 다른 식으로의 변환 등의 결과를 보여준다.

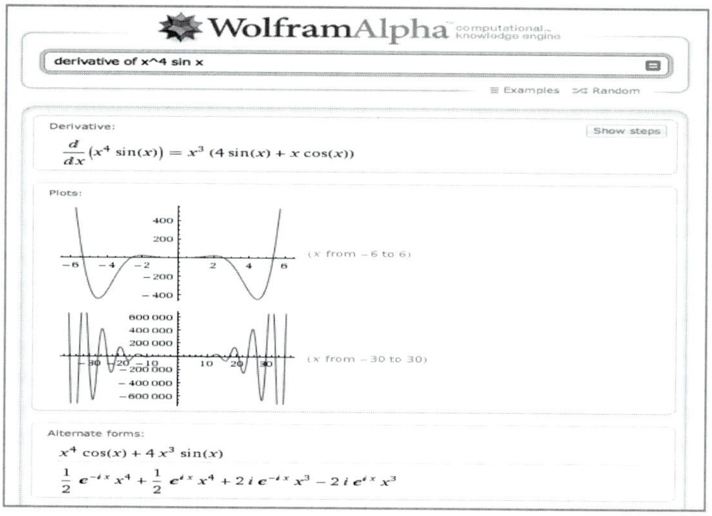

예제 6.10.8 두 함수로 둘러싸인 영역을 그려라.

풀이 주어진 두 함수로 둘러싸인 영역을 그리고 그 영역의 넓이를 구할 수 있다.

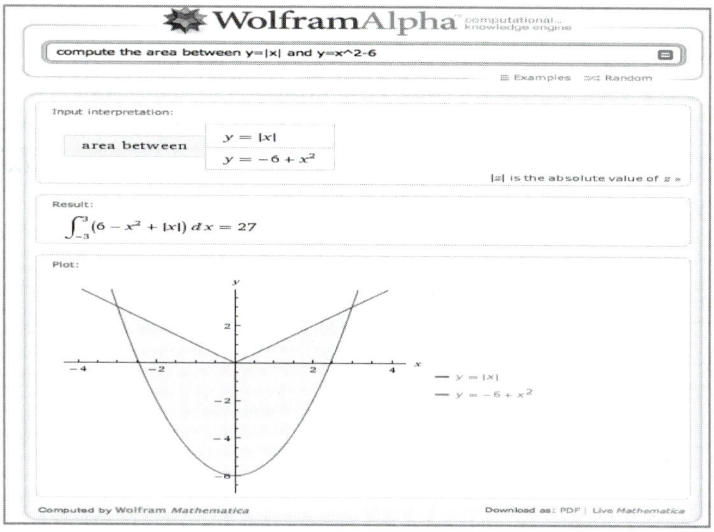

예제 6.10.9 주어진 함수의 최댓값을 구하여라.

풀이 함수의 최댓값과 그래프를 같이 제시하여 사용자의 이해를 돕는다.

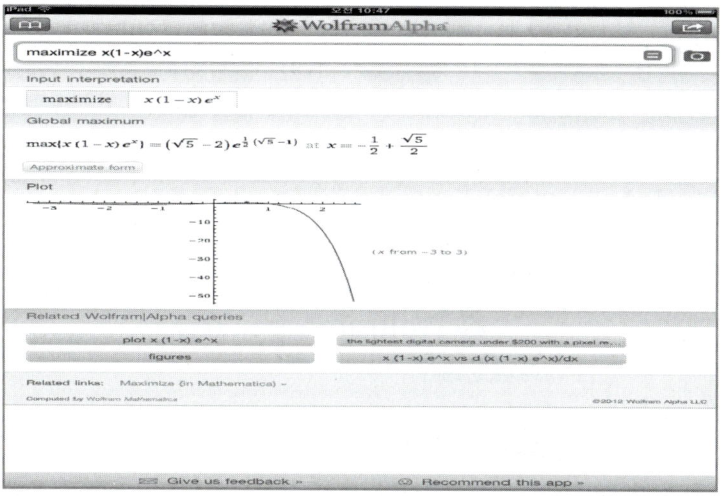

예제 6.10.10 음함수로 표현된 이차곡선의 그래프를 그려라.

풀이 함수 $y=f(x)$의 그래프뿐만 아니라 음함수 $f(x,y)=0$의 그래프도 그려주며, 주어진 음함수와 관련된 여러 다양한 자료를 제공하여 사용자의 이해와 분석을 도와준다.

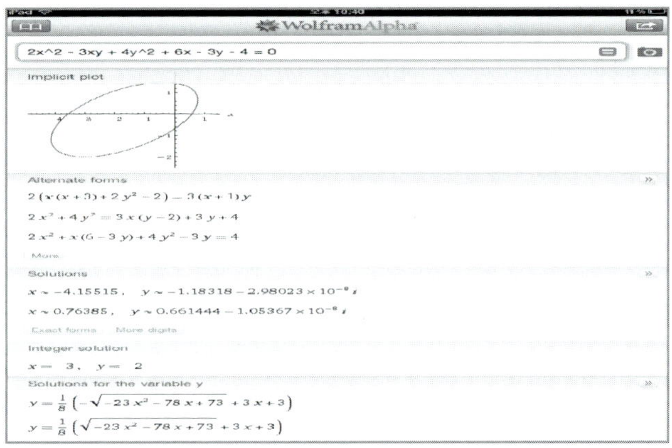

예제 6.10.11 미분방정식을 풀어라.

풀이 주어진 미분방정식만 입력하면 그 해와 해의 그래프를 제공해준다. 즉, 어떠한 명령어의 입력도 필요로 하지 않는다. 따라서 사용자가 미분방정식을 풀기 위해 계산 순서나 명령어를 기억하지 않아도 된다. 특히, 'Show Steps'를 클릭하면 그 풀이과정도 확인할 수 있다.

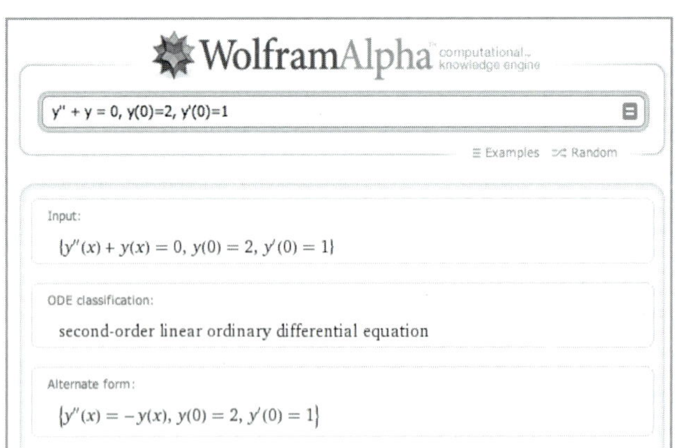

예제 6.10.12 다면체를 그리고 그 특성들에 대해 알아보아라.

풀이 정십이면체의 다양한 결과들을 제공한다.

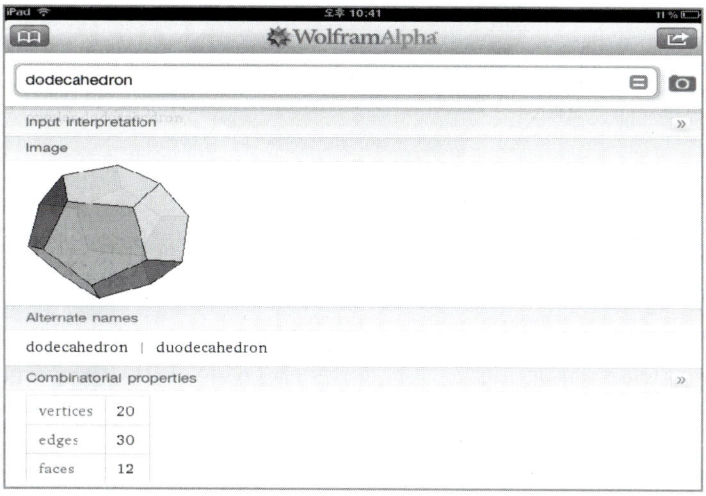

쉬어 가기

파레토 최적과 파레토 법칙

파레토(Pareto)

파레토(Pareto, 1948~1923)는 경제학에서 널리 사용되는 무차별곡선 이론을 발전시켜 무차별곡선과 가격선의 접점에서 균형이 이루어진다는 일반균형이론을 완성한 이탈리아 경제학자로 최적이라는 개념으로 사회후생의 극대화조건을 제시하였다.

파레토 최적은 자원의 합리적인 배분을 뜻하는 것으로, 유한한 자원을 최적의 효용을 갖도록 배분하는 상태를 말한다. 즉, 모든 사람이 다른 사람의 불만을 사지 않고 자기만족을 더 이상 증가시킬 수 없는 상태가 파레토 최적 상태이다. 이 상태에서는 어떤 사람이 이익을 보기 위해서는 반드시 다른 어떤 사람이 손해를 보게 된다. 경제학자들은 교환의 효율성, 생산의 효율성, 자원배분의 효율성이 보장되는 완전경쟁시장에서 파레토 최적이 달성된다고 본다. 그러나 파레토 최적이 좋은 것만은 아니라는 지적도 있다. 예로서, A와 B 두 사람만이 있는 사회에서 빵과 콜라 두 가지 재화만 있다고 가정해 보자. A가 빵과 콜라를 모두 차지하고, B는 아무것도 가지지 못했다 하더라도 이는 파레토 최적이다. 그 이유는 B를 위해 A가 가진 빵과 콜라를 뺏어온다면 A의 만족은 낮아질 수밖에 없기 때문이다. 이 때문에 파레토 최적은 소득 재분배 효과를 인정하지 않고, 현상유지를 옹호하는 기준이라는 비판을 받기도 한다.

파레토 법칙은 소득분포의 불평등 정도에 관한 법칙으로, 일명 80/20의 법칙이라고도 한다. 파레토는 1906년 이탈리아 토지의 80%를 전체 인구의 20%가 소유하고 있다는 사실에서 80%와 20% 사이의 상관관계를 여러 분야에 적용하고자 하였다. 그는 때로는 양적으로 작은 항목들의 가치가 다른 큰 항목들의 가치보다 훨씬 중요하다는 사실을 알아내고, 이러한 현상들을 분석하여 간단한 도식을 만들었는데, 그것이 바로 20%만의 투입으로 80%의 성과가 산출된다는 것이다. 파레토 법칙은 단순히 힘없는 주류와 강한 비주류 사이의 현상을 증명한 것만은 아니다. 이 법칙은 인간이 객관적인 현실을 깨닫지 못하고 얼마나 비이성적이고 감정적으로 행동할 수 있는가를 반증하기도 한다.

통계자료에 따르면, 80/20의 법칙이 여러 분야에서 다양하게 나타나고 있다. 예를 들면, 20%의 인구가 80%의 돈을 가지고 있으며, 20%의 근로자가 80%의 일을 하고 있다고 한다. 정확하게 80%와 20%로 맞아떨어지는 것은 아니지만, 대부분 그에 가까운 값을 가진다는 것이다. 다음의 예들에서 우리가 취할 수 있는 행동은 무엇인가?

① 20%의 소비자가 회사 매출액의 80%를 올려준다.
② 한 회사의 직원 20%가 병가의 80%를 사용한다.
③ 즐겨 입는 옷의 80%는 옷장에 걸린 옷의 20%에 지나지 않는다.
④ 수업시간에 강의한 내용의 80%를 이해하는 학생은 20%에 불과하다.
⑤ 20%의 핵심 제품이 80%의 수익을 가져다준다.
⑥ 20%의 우수판매 사원이 80%의 매출을 올린다.
⑦ 성과의 80%는 집중해서 일한 20%의 시간에서 달성된다.
⑧ 군대의 경우, 20%의 정예만 확보하면 강한 부대가 된다.
⑨ 프로 운동선수의 20%가 대회 상금의 80%를 받는다.
⑩ 기부금의 80%는 20%의 후원자가 담당한다.
⑪ 의사 결정의 80%는 20%의 리더그룹이 결정권을 가진다.
⑫ 물품 배송 지연의 80%는 20%의 원인에 의해 발생한다.
⑬ 고객 불만의 80%는 20%의 제품/서비스 때문에 발생한다.

80/20의 법칙을 터득하라! 나에게 실질적인 성과를 안겨주는 20%를 찾아내어 집중하되, 나머지 80%는 과감히 버리고 여유를 선택하는 것은 어떠한가?

개미의 경우, 하루 종일 일하는 것처럼 보이는 일개미도 실제로 일하는 시간은 20%에 불과하며, 나머지 80%의 시간은 노는 데 허비한다고 한다. 또한 개미집단에서 일하는 개미는 전체의 20%에 불과하며 나머지 80% 정도는 논다는 것도 이미 알려진 사실이다. 만약 일하는 20%의 개미들만 모아 새로운 집단을 만들면, 그중의 80%는 다시 빈둥거리며 노는 개미군이 된다는 사실은 인생이나 경영에 많은 시사를 주고 있다. 그러나 20%의 부지런한 그룹만으로는 기업의 발전을 보장할 수 없으며, 사회나 국가의 위기상황을 효과적으로 극복할 수 없을 것이다. 오히려 부지런한 그룹을 80% 수준으로 끌어 올려 파레토 법칙에도 예외가 있음을 보여줄 수 있어야 할 것이다.

무차별곡선과 가격선이란?

무차별곡선은 개인의 동일한 만족이나 효용을 나타내는 곡선으로, 소비가 자기 소득을 여러 재화 및 서비스의 구입에 어떻게 배분하는가를 설명하는 소비자 선택이론의 기본이 된다.

예로서, 두 상품 X와 Y만을 구입한다고 가정할 때, 소비자는 두 재화의 무수한 조합을 얻을 수 있는데, 그중에서 동일한 만족을 주는 상품의 조합들을 연결한 곡선이 무차별곡선이다. 가로축에 X상품의 수량을, 세로축에 Y상품의 수량을 나타내는 좌표평면에 만족의 수준을 달리하는 무차별곡선을 무수히 그릴 수 있는데, 이러한 무차별곡선의 집합을 **무차별지도**라고 부른다.

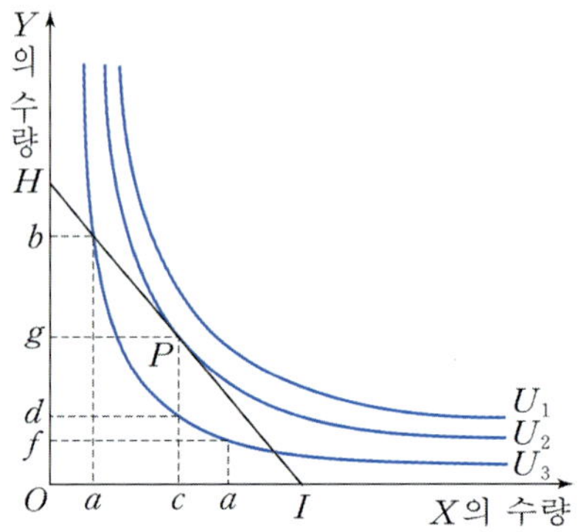

위의 그림에서 X의 수량 a, Y의 수량 b를 결합하여 얻을 수 있는 만족도와 동등한 (무차별의) 만족을 주는(c와 d, e와 f와 같은) X, Y의 여러 결합을 연결한 곡선이 무차별곡선 U_3이다. 마찬가지 방법으로 더 큰 만족을 나타내는 무차별곡선 U_2, U_1, ...을 얻을 수 있는데, 이들 무차별곡선은 다음의 성질을 가진다.

① 원점 O에 대하여 볼록하다.

② O에서 떨어진 곡선일수록 큰 효용과 대응한다.

③ 서로 다른 무차별곡선은 서로 교차하지 않는다.

소비자의 지출금액을 M, X의 가격을 P_X, 그 구입량을 x, Y의 가격을 P_Y, 그 구입량을 y라 할 때, HI직선은 $M = P_X \times x + P_Y \times y$를 나타내며, 이를 **가격선** (또는 소득선)이라 한다. 그러므로 일정한 지출로 최대의 만족을 얻으려면, X를 c개, Y를 g개 구입하면 된다. 왜냐하면 HI직선은 점 p에서 가장 고차(高次)의 무차별곡선과 접하기 때문이다.

연습문제 해답

제 1 장 함수와 연속

1.1 함수

1. (a) $f(0)=0$, $f(-5)=25$, $f(7)=49$, $f(8)=64$
   (b) 정의역: $[-5, 10)$, 공변역: $\mathbb{R}$, 치역: $[0, 100)$
   (c) 정의역의 원소를 제곱으로 대응시키는 함수
2. $(g \circ f)(x)=x^2-4x$, $(f \circ g)(x)=x^2-6$, $(f \circ f)(x)=x-4$
3. $a^2-a=b^2-b$
4. $y=-\dfrac{1}{2}(x-3)$, $y=-2x+3$
5. $y=\dfrac{1}{3}(x+5)$로 일치
6. 7. 8. 생략
9. 단사함수가 아니면 같은 원소에 대응하는 역원을 구할 수 없으며, 전사함수가 아니면 치역에 속하지 않는 원소의 역원을 구할 수 없기 때문
10. (a) 3,300원 (b) 311원

1.2 수열의 극한

1. (a) 5 (b) 0 (c) 발산 (d) e^9
2. (a) 상한 2, 하한 $\dfrac{1}{2}$, 상계 $x \geq 2$, 하계 $x \leq \dfrac{1}{2}$
   (b) 상한 2, 하한 0, 상계 $x \geq 2$, 하계 $x \leq 0$
3. 성립하지 않는다. 반례로서 $a_n=1-\dfrac{1}{n}$, $b_n=1+\dfrac{1}{n}$이라 두면, $a_n<b_n$이지만 두 수열의 극한은 모두 1로서 같다.
4. $\{(-1)^n\}$

1.3 함수의 극한

1. (a) $\dfrac{1}{4}$ (b) $\dfrac{2}{3}$ (c) $\dfrac{1}{2}$ (d) 1
2. $x=1$에서의 우극한은 2이고 좌극한은 1이므로, 극한은 존재하지 않는다.
3. $a=3$, $b=2$
4. $0<x \leq 1$이면 $x^2 \leq x^{\frac{3}{2}} \leq x$이고, $1<x$이면 $x<x^{\frac{3}{2}}<x^2$임을 이용하여라.
5. (a) (i) 500 (ii) 극한이 존재하지 않는다. (iii) 1,500
   (b) $P(6)=500$, $P(10)=1{,}500$, $P(15)=1{,}500$

6. 감소하다가 1에 수렴

1.4 함수의 연속

1. (a) 없음 (b) $x= \pm 4$ (c) 없음 (d) $x=1$
2. 정리 1.4.1 이용
3. $x=0$에서의 극한은 1이고 함숫값 $f(0)=0$이므로, $x=0$에서 불연속
4. $a=0$, $b=-1$
5. $f(x)=x^2+3x-2$라 두면, $f(x)$는 연속이면서 $f(-1)=-4<0$이고 $f(1)=2>0$이므로, 사잇값 정리에 의해 -1과 1 사이에 실근이 존재
6. $f(x)=x^3-2x^2-3x+4$라 두고, 사잇값 정리 이용
7. 최댓값 2, 최솟값 -2

제 2 장 미분과 적분

2.1 미분계수와 도함수

1. (a) 12 (b) $-\frac{1}{4}$ (c) 12 (d) $\frac{2}{\sqrt{5}}$ (e) $\frac{5}{4}$ (f) $-\frac{1}{5}$
2. (a) $3x^2$ (b) $-\frac{2}{x^3}$ (c) $\frac{1}{\sqrt{2x+1}}$ (d) $2x-5$ (e) $-2x+3$ (f) $4(2x+3)$
3. $y=4(x-1)$

2.2 미분공식

1. (a) $\frac{4}{3}\sqrt[3]{x}$ (b) $9x^2+4x-3$ (c) $-\frac{4x}{(x^2-1)^2}$ (d) $21(3x-2)^6$
2. (a) $\frac{x^2-y}{x-y^2}$ (b) $-\sqrt{\frac{y}{x}}$ (c) $\frac{1}{x^2}$
3. (a) $e^{\frac{1}{3}}$ (b) e^6 (c) 3
4. (a) $2e^{2x}$ (b) $\ln x$ (c) $e^x\left(\ln x+\frac{1}{x}\right)$ (d) $\frac{\ln x-1}{(\ln x)^2}$
5. $\frac{100}{503}$, $\frac{100(4e-3)}{504e+3}$
6. 생략

2.3 평균값 정리

1. (a) $y'' = 12x+2,\ y''' = 12$ (b) $y'' = 80(2x-5)^3,\ y''' = 480(2x-5)^2$

(c) $y'' = 9e^{3x}+2,\ y''' = 27e^{3x}$ (d) $y'' = \dfrac{1}{x},\ y''' = -\dfrac{1}{x^2}$

2. (a) $2^n e^{2x}$ (b) $(\ln a)^n a^x$ (c) $(-1)^{n-1}\dfrac{(n-1)!}{x^n}$ (d) $a^{n-2}e^{ax}(a^2x^2+2nax+n^2-n)$

3. $f''(x) = 6x\,g'(x^2)+4x^3 g''(x^2)$ 4. 생략

5. (a) $e^{-1}\left\{1+(x+1)+\dfrac{1}{2!}(x+1)^2+\cdots+\dfrac{1}{(n-1)!}(x+1)^{n-1}\right\}+\dfrac{e^c}{n!}(x+1)^n,\ c\in(-1,\ x)$

(b) $\ln 2+\dfrac{1}{2}(x-2)-\dfrac{1}{2\cdot 2^2}(x-2)^2+\cdots+(-1)^n\dfrac{1}{(n-1)2^{n-1}}(x-2)^{n-1}$

$+(-1)^{n+1}\dfrac{1}{nc^n}(x-2)^n,\ c\in(2,\ x)$

6. (a) $e\left\{1+x+\dfrac{x^2}{2!}+\cdots+\dfrac{x^{n-1}}{(n-1)!}\right\}+\dfrac{e^{1+\theta x}\cdot x^n}{n!}\ (0<\theta<1)$

(b) $x-\dfrac{x^2}{2}+\dfrac{x^3}{3}-\cdots+(-1)^n\dfrac{x^{n-1}}{(n-1)!}+(-1)^{n+1}\dfrac{x^n}{n(1+\theta x)^n}\ (0<\theta<1)$

2.4 함수의 극값

1. (a) $0<x<1$과 $x<-1$에서는 감소하고, $x>1$과 $-1<x<0$에서는 증가

(b) $x>2$과 $x<0$에서는 감소하고, $0<x<2$에서는 증가

(c) $0<x<e$에서는 증가하고, $x>e$에서 감소

2. (a) $x>1$에서 아래로 볼록, $x<1$에서 위로 볼록, 변곡점 : $(1,\ -2)$

(b) $0<x<\sqrt{e}$이면 위로 볼록, $x>\sqrt{e}$이면 아래로 볼록, 변곡점 : $\left(\sqrt{e},\ -\dfrac{3e}{2}\right)$

3. (a) $x=1$에서 극솟값 0, $x=\dfrac{1}{3}$에서 극댓값 $\dfrac{4}{27}$

(b) $x=0$에서 극솟값 2, 극댓값은 없음

(c) $x=2$에서 극솟값 -9, $x=-1$에서 극댓값 $\dfrac{9}{2}$

4. (a) 최솟값 : $-\dfrac{13}{4}$ (b) 최솟값 : 0, 최댓값 : $\dfrac{1}{2}$

2.5 부정적분

1. (a) x^5-x^3+6x+C (b) $\dfrac{2}{7}x^{\frac{7}{2}}+C$

(c) $\frac{1}{5}x^5 - x^4 + \frac{4}{3}x^3 + C$

(d) $\frac{1}{5}(2x-1)^{\frac{5}{2}} + C$

(e) $\frac{x^2}{2} - \frac{2}{x} + \frac{1}{3x^3} + C$

(f) $\frac{1}{3}x^3 + x + 2\ln|x+1| + C$

2. (a) $\frac{1}{16}(4x-1)^4 + C$

(b) $\frac{1}{12}(x^3+1)^4 + C$

(c) $\sqrt{x^2-1} + C$

(d) $\frac{2}{5}x^{\frac{5}{2}} - 2x^{\frac{1}{2}} + C$

3. (a) $e^x(x^2-2x+2) + C$

(b) $-e^{-x}(x+1) + C$

(c) $x\{(\ln x)^2 - 2\ln x + 2\} + C$

(d) $\frac{1}{3}xe^{3x} - \frac{1}{9}e^{3x} + C$

4. $e^x - 2x + 1$

5. $75x^{\frac{4}{3}} + 68800$, 166,000원

2.6 정적분과 성질

1. 생략

2. (a) $\frac{4}{3}$ (b) 4

3. (a) $\sqrt[3]{\frac{15}{4}}$ (b) 2

4. 생략

2.7 정적분의 계산

1. (a) $\frac{62}{5}$ (b) 10 (c) $\frac{16}{3}$

(d) $\frac{e-1}{e}$ (e) $\sqrt{2}-1$ (f) 2

2. (a) 4 (b) $\frac{16}{105}$ (c) 1

(d) $\frac{1}{9}(2e^3+1)$ (e) $\frac{e-2}{e}$ (f) $2(e^2-1)$

3. $\frac{4(\sqrt{2}-1)}{3}$

제 3 장 행렬과 행렬식

3.1 벡터와 연산

1. (1) $\mathbf{x} = -3\mathbf{a} - 2\mathbf{b}$ (2) $\mathbf{x} = -\mathbf{a} + \mathbf{b}$
2. $x=4,\ y=8$
3. $(3, -11)$
4. $\mathbf{a}+2\mathbf{b}=(3, 1, -2, 4)$, $2\mathbf{a}-\mathbf{b}=(1, -3, 1, 3)$, $|\mathbf{a}+2\mathbf{b}|=\sqrt{30}$, $|2\mathbf{a}-\mathbf{b}|=2\sqrt{5}$

3.2 행렬과 연산

1. $x=-1,\ y=3,\ z=-2,\ w=3$
2. (a) $\begin{pmatrix} 6 & 2 & 8 \\ -4 & 0 & 2 \\ 2 & 4 & 4 \end{pmatrix}$ (b) $\begin{pmatrix} 4 & 1 & 6 \\ -5 & 1 & 2 \\ 3 & -2 & 3 \end{pmatrix}$ (c) $\begin{pmatrix} 3 & 2 & 2 \\ 5 & -3 & -1 \\ -4 & 16 & 1 \end{pmatrix}$

   (d) $\begin{pmatrix} 8 & -15 & 11 \\ 0 & -4 & -3 \\ -1 & -6 & 6 \end{pmatrix}$ (e) $\begin{pmatrix} 5 & 5 & 8 \\ -10 & -1 & -9 \\ 15 & 4 & 6 \end{pmatrix}$
3. (a) $\begin{pmatrix} 15 & 19 \\ 4 & 0 \end{pmatrix}$ (b) 불가능 (c) $\begin{pmatrix} 19 & 21 \\ 17 & 21 \\ 8 & 10 \end{pmatrix}$ (d) $\begin{pmatrix} 36 & 10 & 56 \\ 10 & 3 & 16 \end{pmatrix}$
4. $A^{2n}=I,\ A^{2n+1}=A$
5. (a) 비타민 A 3.4, 비타민 B 1.9, 비타민 C 1.8, 비타민 D 2.5

   (b) 식품 I 30, 식품 II 20, 식품 III 36; 식품의 총비용 : 334
6. (a) 철근 177, 목재 544, 유리 272, 페인트 159, 인력 409

   (b) 한옥 438만원, 양옥 470만원, 절충식 419만원
7. (a) A회사 : B회사 = 57 : 43

   (b) A회사 : B회사 = 55.65 : 44.35
8. 생략

3.3 특수한 형태의 행렬

1. $(A^T)^T=\begin{pmatrix} 1 & 0 \\ 0 & -4 \end{pmatrix}=A$
2. 생략
3. $AA^T=\begin{pmatrix} 2 & 5 & 4 \\ 5 & 14 & 12 \\ 4 & 12 & 16 \end{pmatrix}$, $A^TA=\begin{pmatrix} 5 & -2 & 7 \\ -2 & 1 & -3 \\ 7 & -3 & 26 \end{pmatrix}$
4. $(AB)^T=\begin{pmatrix} -2 & 4 \\ 6 & 4 \end{pmatrix}=B^TA^T$

5. (a) $\begin{pmatrix} -2 & 0 \\ 0 & 1 \end{pmatrix}$ (b) $\begin{pmatrix} 1 & 0 & 0 \\ 0 & 0 & 1 \\ 0 & 1 & 0 \end{pmatrix}$

6. (a) $\begin{pmatrix} 0 & 1 \\ 1 & 1 \end{pmatrix}$ (b) $\begin{pmatrix} 3 & -5 \\ -1 & 2 \end{pmatrix}$ (c) $\begin{pmatrix} -4 & 3 \\ \frac{3}{2} & -1 \end{pmatrix}$

(d) $\begin{pmatrix} \frac{1}{3} & 0 \\ -1 & \frac{1}{3} \end{pmatrix}$ (e) $\begin{pmatrix} 1 & -1 & 0 \\ 0 & 1 & -1 \\ 0 & 0 & 1 \end{pmatrix}$ (f) $\begin{pmatrix} 3 & 0 & -5 \\ 0 & \frac{1}{3} & 0 \\ -1 & 0 & 2 \end{pmatrix}$

3.4 행렬식과 성질

1. (a) $\det(M_{21}) = -8$, $\det(M_{22}) = -2$, $\det(M_{23}) = 5$

   (b) $A_{21} = 8$, $A_{22} = -2$, $A_{23} = -5$

   (c) $\det(A) = -3$

2. (a) 19 (b) 4 (c) 0 (d) 58 (e) −39 (f) 0
3. $-x^3 + ax^2 + bx + c$
4. (a) −24 (b) 30 (c) −1
5. (a) 10 (b) 20
6. (a) (e) (f)는 정칙행렬이 아니고, (b) (c) (d)는 정칙행렬
7. $c = 5, -3$

3.5 연립일차방정식

1 (a) (11, 3) (b) (4, 1, 3) (c) (6, 2, −3, 1)

2. (a) $\begin{pmatrix} 1 & -3 \\ 0 & 2 \end{pmatrix}$ (b) $\begin{pmatrix} 1 & 1 & 1 \\ 0 & 2 & 1 \\ 0 & 0 & 3 \end{pmatrix}$ (c) $\begin{pmatrix} 1 & 2 & 2 & 1 \\ 0 & 3 & 1 & -2 \\ 0 & 0 & 1 & 2 \\ 0 & 0 & 0 & 4 \end{pmatrix}$

3. (a) (2, −1) (b) (−2, 3)
4. 동차연립일차방정식은 자명해를 갖는다.
5. (a), (d)는 행사다리꼴이고, (b), (c)는 기약 행사다리꼴
6. (a) 불능 (b) (4, −1) (c) 무수히 많은 해 (d) (4, 5, 2)
7. (a) (5, 1) (b) 불능 (c) (0, 0) (d) $(8-2\alpha, \alpha-5, \alpha)$, α는 실수
8. (a) (0, −1) (b) $\alpha(-2, 0, 1, 1)$, α는 실수 (c) $(2\alpha+6, -\alpha-2, \alpha, 3)$, α는 실수

   (d) 불능
9. 유일한 해 ; $a \neq -2$, 불능 ; $a = -2$인 모든 실수
10. 생략
11. 1번 광석 : 16,000kg, 2번 광석 : 16,000kg, 3번 광석 : 8,000kg

12. A : 100개, B : 25개, C : 300개, D : 50개

13. (a) $\det(A) = -7$, $\text{adj}A = \begin{pmatrix} -1 & -2 \\ -3 & 1 \end{pmatrix}$, $A^{-1} = \begin{pmatrix} \frac{1}{7} & \frac{2}{7} \\ \frac{3}{7} & -\frac{1}{7} \end{pmatrix}$

(b) $\det(A) = 10$, $\text{adj}A = \begin{pmatrix} 4 & -1 \\ -2 & 3 \end{pmatrix}$, $A^{-1} = \begin{pmatrix} \frac{2}{5} & -\frac{1}{10} \\ -\frac{1}{5} & \frac{3}{10} \end{pmatrix}$

(c) $\det(A) = 3$, $\text{adj}A = \begin{pmatrix} -3 & 5 & 2 \\ 0 & 1 & 1 \\ 6 & -8 & -5 \end{pmatrix}$, $A^{-1} = \frac{1}{3}\text{adj}A$

(d) $\det(A) = 1$, $\text{adj}A = \begin{pmatrix} 1 & -1 & 0 \\ 0 & 1 & -1 \\ 0 & 0 & 1 \end{pmatrix}$, $A^{-1} = \text{adj}A$

14. (a) $\left(\frac{5}{7}, \frac{8}{7}\right)$ (b) $\left(\frac{13}{5}, -\frac{7}{5}\right)$ (c) $(4, -2, 2)$ (d) $(2, -1, 2)$

15. (a) $\det(A) = 0$이므로, A는 정칙이 아니다.

(b) $\text{adj}A = \begin{pmatrix} -1 & 2 & -1 \\ 2 & -4 & 2 \\ -1 & 2 & -1 \end{pmatrix}$, $A(\text{adj}A) = \begin{pmatrix} 0 & 0 & 0 \\ 0 & 0 & 0 \\ 0 & 0 & 0 \end{pmatrix}$

3.6 고윳값과 고유벡터

1. (a) 고윳값 $\lambda_1 = -1$에 대응하는 고유공간은 $\{\alpha(1, -2)^T \mid \alpha$는 실수$\}$

고윳값 $\lambda_2 = 5$에 대응하는 고유공간은 $\{\alpha(1, 1)^T \mid \alpha$는 실수$\}$

(b) 고윳값 $\lambda = 2$(중근)에 대응하는 고유공간은 $\{\alpha(1, 1)^T \mid \alpha$는 실수$\}$

(c) 고윳값 $\lambda_1 = 1$에 대응하는 고유공간은

$$\{\alpha(1, 0, 0)^T + \beta(0, 1, -1)^T \mid \alpha, \beta\text{는 실수}\}$$

고윳값 $\lambda_2 = 2$에 대응하는 고유공간은 $\{\alpha(1, 1, 0)^T \mid \alpha$는 실수$\}$

(d) 고윳값 $\lambda_1 = -2$에 대응하는 고유공간은 $\{\alpha(-1, -1, 5)^T \mid \alpha$는 실수$\}$

고윳값 $\lambda_2 = 1$에 대응하는 고유공간은 $\{\alpha(1, 0, 0)^T \mid \alpha$는 실수$\}$

고윳값 $\lambda_3 = 4$에 대응하는 고유공간은 $\{\alpha(1, 1, 1)^T \mid \alpha$는 실수$\}$

2. A의 고윳값을 λ라 하면, B의 고윳값은 $\beta = \lambda - \alpha$

3. $\lambda_1 = 6$, $\lambda_2 = 2$

4. (a) $\alpha = 2$ (b) $\alpha = 2$ (c) $\alpha = 3$ 또는 $\alpha = -1$ (d) $\alpha = 1$

5. 6. 7. 생략

제 4 장 편미분법과 라그랑주 승수법

4.1 다변수함수

1. (a) $\frac{5}{2}$ (b) 0 (c) $2\sqrt{6}$

2. (a) 연속$\left(\frac{x^2y^2}{x^2+y^2} \le \frac{x^2(x^2+y^2)}{x^2+y^2} \le x^2\text{임을 이용}\right)$

   (b) 불연속

4.2 편도함수

1. (a) $f_x = 8(2x-y)^3,\ f_y = -4(2x-y)^3$ (b) $f_x = 2x,\ f_y = -2y$

   (c) $f_x = e^x \ln y,\ f_y = \frac{e^x}{y}$ (d) $f_x = \frac{x}{\sqrt{x^2-y^2}},\ f_y = -\frac{y}{\sqrt{x^2-y^2}}$

   (e) $f_x = -ye^{-xy},\ f_y = -xe^{-xy}$ (f) $f_x = 2xy,\ f_y = x^2+3y^2$

2. (a) $f_{xx} = f_{yy} = 0,\ f_{xy} = f_{yx} = 1$

   (b) $f_{xx} = \frac{2y^2}{x^3},\ f_{xy} = f_{yx} = -\frac{2y}{x^2},\quad f_{yy} = \frac{2}{x}$

3. (a) $f(x,\ y) = x^2 + 2xy + y^3 - 2x + 2y + C$

   (b) $w = f(x,\ y,\ z) = x^3 + 2xyz + y^2 - 3yz - 2x + C$

4.3 다변수함수의 극값

1. (a) 극솟값 : $f(1,\ 1) = -1$

   (b) 극솟값 : $f(-1,\ 3,\ -2) = -14$

   (c) 극솟값 : $f\left(\frac{6}{5},\ \frac{6}{5},\ \frac{17}{5}\right) = -\frac{62}{5}$

2. 3. 4. 생략

4.4 라그랑주 승수법

1. (a) 극댓값 : $f(3,\ 3) = 9$ (b) 극솟값 : $f\left(\frac{2}{9},\ \frac{4}{9}\right) = \frac{4}{9}$

   (c) 극솟값 : $f(3,\ 1) = 6$

2. (a) $(l,\ k) = (50,\ 200)$일 때, 생산량 극대화, 라그랑주 승수 $\lambda = 21$(단위: 1만원)

   (b) $(l,\ k) = (80,\ 300)$일 때, 생산비용 극소화

3. 극댓값 : $f(2, 1, 3) = 38$

4. (a) $L(x,y,z,\lambda_1,\lambda_2,\lambda_3,\lambda_4) = -x^2 - y^2 - z^2 + \lambda_1(5-2x-y) + \lambda_2(2-x-z)$
   $+\lambda_3(-1+x) + \lambda_4(-2+y)$

(b) 임계점 $(1, 2, 0)$에서 극솟값 5를 갖는다.

제 5 장 선형계획법

5.2 기하학적 해법

1. (a) $(x_1, x_2)=(4, 2)$, $z=30$ (b) $(x_1, x_2)=(6, 3)$, $z=150$

   (c) $(x_1, x_2)=(14, 0)$, $z=140$

2. $(x_1, x_2)=(16, 12)$, $z=1280$

3. $(x_1, x_2)=(16, 4)$, $z=480$

4. 5. 생략

5.3 심플렉스법과 Charnes의 M법

1. (a) $(x_1, x_2)=(4, 3)$, $z=15$ (b) $(x_1, x_2)=\left(\frac{4}{7}, \frac{12}{7}\right)$, $z=\frac{16}{7}$

   (c) $(x, y)=(0, 5)$, $z=25$ (d) $(x_1, x_2, x_3, x_4, x_5, x_6)=(4, 0, 2, 0, 0, 5)$, $z=34$

2. $(x_1, x_2, x_3)=\left(\frac{10}{3}, \frac{40}{3}, 0\right)$, $z=\frac{50}{3}$

3. $(x_1, x_2, x_3, x_4)=\left(\frac{5}{2}, \frac{5}{2}, \frac{5}{2}, 0\right)$, $z=15$

5.4 쌍대문제

1. (a) $(x_1, x_2)=(8, 0)$, $z=8$ (b) $(x_1, x_2)=\left(2, \frac{1}{2}\right)$, $z=45$

   (c) $(x_1, x_2, x_3)=(1, 0, 1)$, $z=190$

2. (a) 마지막 행의 심플렉스 기준 0, 0, 2, 1은 음이 아니므로, 최적해에 대응하는 타블로

   (b) $(x_1, x_2)=(2, 2)$, $z=14$ (c) $z=14$

3. (a) $(x_3, x_4)=(0, 0)$, $z=8$

   (b) Maximize $G=8y_1+12y_2$ $s.t.$ $\begin{cases} y_1+3y_2 \le 1 \\ 2y_1+2y_2 \le 4 \\ y_1, y_2 \ge 0 \end{cases}$

   (c) $(y_1, y_2)=(1, 0)$

참고문헌

[1] 고석구(2004), 수를 사랑한 사람들, 경문사.
[2] 김안현·김향숙·신준용·표용수(2016), Mathematica를 활용한 대학수학의 이해, 경문사.
[3] 부경대학교 수학교재편찬위원회(2013), 기초수학의 이해(제2판), 경문사.
[4] 부경대학교 수학교재편찬위원회(2016), 선형대수의 기초와 응용(제3판), 보성각.
[5] 부경대학교 수학교재편찬위원회(2016), 이공계를 위한 미분적분학(제3판), 경문사.
[6] 신준용(2008), 경영 · 경제수학(제2판), 북넷.
[7] 왕규호(2004), 게임이론, 박영사.
[8] 이효구 · 박승안(2002), 경제 · 경영수학, 박영사.
[9] 전준규(2009), New 경영 · 경제수학(개정2판), 도서출판 대경.
[10] 표용수·어윤양·성덕현(2019), 쉽게 배우는 경영 · 경제수학(제4판), 경문사.
[11] 표용수 · 조용선(2014), 수학독립선언(개정판), 경문사.
[12] S. J. Leon(2006), *Linear Algebra with Applications*(7th), Prentice Hall.
[13] D. Poole(2011), *Linear Algebra*(3rd), Brooks Cole.
[14] J. Stewart(2006), *Calculus : Concepts and Contexts*(3rd), Brooks Cole.

찾아보기

| ㄱ |

가능영역 · 242
가능해 · 242
가역행렬 · 122
감소 · 65
같은 벡터 · 98
같은 함수 2
같은 행렬 · 105
계단꼴 · 155
계수행렬 · 151
고계도함수 · 57
고계편도함수 · 203
고유공간 · 172
고유벡터 · 170
고윳값 · 170
공역 2
교대행렬 · 126
구분구적법 · 79
그래프 2
극값 · 67, 208
극대 · 67
극대점 · 208
극댓값 · 67, 208
극소 · 66
극소점 · 208
극솟값 · 66, 208
극한 12, 20, 194
극한의 일의성 13
기본 행연산 · 126
기본가능해 · 252
기본해 · 252
기본행렬 · 126
기약행사다리꼴 · 157
기하학적 해법 · 247

| ㄴ |

내적 · 254

| ㄷ |

단사함수 3
단위계단함수 21
단위벡터 · 98
단위행렬 · 122
단조감소 16
단조증가 16
닮은 행렬 · 175
대각합 · 174
대각행렬 · 121
대각화가능 · 176
대각화행렬 · 176
대등 8
대체상품 · 202
대칭행렬 · 126
도함수 · 38
독립변수 · 192

동차연립일차방정식 · 159
동치 · 148

| ㄹ |

라그랑주 승수 · 218
라그랑주 승수법 · 218
라그랑주 함수 · 218
로그 · 49
로그함수 · 49

| ㅁ |

매개변수함수 미분법 · 44
목적함수 · 242
무한집합 8
미분가능 · 38
미분계수 · 38
미분법 · 38
미분한다 · 38

| ㅂ |

발산한다 12
벡터 · 98
벡터의 덧셈 · 99
벡터의 합 · 98
변곡점 · 66
보완적 상품 · 202
부분적분법 · 76, 91
부정적분 · 74
부족행렬 · 179
부차적 조건 · 218
불능 · 148
불연속 · 27
비용함수 · 202

| ㅅ |

사다리꼴 · 155
사잇값 정리 · 30
삼각꼴 연립일차방정식 · 149
삼각행렬 · 121
상계 13
상대적 변화율 · 54
상삼각행렬 · 121
상용로그 · 50
상한 13
생산함수 · 202
선행변수 · 155
선형계획 문제 · 242
성분 · 102, 105
성분표시 · 102
소행렬식 · 132
수렴한다 12, 21, 194
수반행렬 · 160
수열 12
스칼라곱 · 254
스칼라배 · 100, 106
시점 · 98
심플렉스 기준 · 254
심플렉스 타블로 · 253
심플렉스법 · 252
쌍대문제 · 272

| ㅇ |

아래로 볼록 · 66
아래로 유계 13
안장점 · 210
안정상태벡터 · 169
양함수 · 48
여유변수 · 243
여인수 · 132
여인수전개 · 132
역함수 6
역함수 미분법 · 44
역행렬 · 122

연립일차방정식 · 147
연속 · 27, 196
열벡터 · 105
영벡터 · 98
영행렬 · 107
예산제약집합 · 196
오일러 수 18
우미분계수 · 38
원문제 · 272
위로 볼록 · 66
위로 유계 13
위치벡터 · 102
유계 13
유계 Hesse의 행렬식 · 219
유클리드 벡터공간 · 103
유한집합 8
음함수 미분법 · 48
음함수 · 48
이변수함수 · 192
인공변수 · 263
인위변수 · 263
일대일 대응 4
일대일함수 3
일차독립 · 176
일차방정식 · 147
임계점 · 209, 219
잉여변수 · 243

| ㅈ |

자명해 · 159
자연로그 · 50
자유변수 · 155
적분변수 · 74
적분상수 · 74
적분에 대한 평균값 정리 · 85
전단사함수 3
선사함수 3
전치행렬 · 124
접선의 방정식 · 42
정규형 · 243
정방행렬 · 121
정사각행렬 · 121
정의역 2, 192
정적분 · 83
정칙 · 183
정칙행렬 · 122
제2계도함수 · 57
제2계편도함수 · 202
제3계도함수 · 57
제3계편도함수 · 203
제n계도함수 · 57
제약조건 · 218, 242
종속변수 · 192
종점 · 98
좌미분계수 · 38
증가 · 65
증분 · 38
지수함수 · 48
진수 · 49

| ㅊ |

최대·최솟값 정리 · 31
최대 · 68
최대하계 13
최댓값 · 68
최소 · 68
최소상계 13
최소제곱법 · 217
최솟값 · 68
최적해 · 242
추세분석법 · 216
추이행렬 · 182
치역 2, 192
치환적분법 · 75, 89

|ㅋ|

쿤-터커 정리 · 232, 233
쿤-터커 조건 · 233
크기 · 103

|ㅌ|

특성값 · 170
특성다항식 · 171
특성방정식 · 171
특성벡터 · 170
특이행렬 · 124

|ㅍ|

편도함수 · 199
편미분가능 · 199
편미분계수 · 199
편미분법 · 200
평균값 정리 · 59, 204
표준형 · 243
피봇원소 · 255
피적분함수 · 74

|ㅎ|

하계 13
하삼각행렬 · 121
하한 13
한계 · 41
한계수요 · 201
한계수익 · 41
한계원가 · 41
한계이익 · 41
한계효용체감의 법칙 · 68
함수 2
함수의 극한정리 22
합성함수 5
합성함수 미분법 · 44
항등함수 4
해 · 147
해집합 · 148
행동치 · 128
행렬 · 105
행렬 곱 · 108
행렬식 · 132
행렬의 합 · 106
행벡터 · 105
행사다리꼴 · 156
확대계수행렬 · 151
확률과정 · 180
효용함수 · 68
후진대입법 · 150

|영문 및 기타|

%변화율 · 54
Charnes의 M법 · 262
Cramer 법칙 · 163
Gauss 소거법 · 157
Gauss-Jordan 소거법 · 157
Hasse의 행렬식 · 211, 213
Lagrange의 나머지 항 · 62
Leibniz의 정리 · 58
Maclaurin 전개식 · 62
Maclaurin 정리 · 62
Markov 과정 · 180
Markov 연쇄 · 182
n변수함수 · 192
Rolle 정리 · 59
Schwarz 정리 · 204
Taylor 전개식 · 62
Taylor 정리 · 61, 204

표용수
부경대학교 응용수학과 명예교수

어윤양
부경대학교 경영학부 명예교수

성덕현
부경대학교 경영학부 교수

우창화
부경대학교 응용수학과 교수

쉽게 배우는
경영·경제수학

지은이 표용수 · 어윤양 · 성덕현 · 우창화
펴낸이 조경희
펴낸곳 경문사
펴낸날 2010년 9월 1일 1판 1쇄
2021년 3월 2일 5판 1쇄
등 록 1979년 11월 9일 제1979-000023호
주 소 04057, 서울특별시 마포구 와우산로 174
전 화 (02)332-2004 팩스 (02)336-5193
이메일 kyungmoon@kyungmoon.com

값 30,000원

ISBN 979-11-6073-389-1